赵敏俐·总主编

细读国学经典丛书

细读庄子

卢盛江——著

浪漫 人本 自然 平等 自适 泰然 旷达 逍遥

中国出版集团

研究出版社

图书在版编目（CIP）数据

细读庄子 / 卢盛江著 . —北京：研究出版社，2019.3
ISBN 978-7-5199-0053-3

Ⅰ.①细… Ⅱ.①卢… Ⅲ.①道家②《庄子》—通俗读物
Ⅳ.① B223.5-49

中国版本图书馆 CIP 数据核字（2017）第 020072 号

出 品 人：赵卜慧
责任编辑：寇颖丹

细读庄子
XIDU ZHUANGZI

卢盛江 著

研 究 出 版 社 出版发行
（100011 北京市朝阳区安华里 504 号 A 座）

北京建宏印刷有限公司 新华书店经销
2019 年 3 月第 1 版 2019 年 3 月北京第 1 次印刷
开本：787 毫米 ×1092 毫米 1/16 印张：22
字数：404 千字

ISBN 978 - 7 - 5199 - 0053 - 3 定价：49.00 元

邮购地址 100011 北京市朝阳区安华里 504 号 A 座
电话（010）64217619 64217612（发行中心）

总序言

中华民族的现代化建设离不开传统文化，这是我们在近百年的历史实践中得出的最宝贵的经验。2013 年 8 月，习近平总书记在全国宣传思想工作会议上提出的"四个讲清楚"，强调了传统文化在现代化建设中的重要意义。2014 年 2 月 24 日，习近平总书记在主持中共中央政治局第十三次集体学习时又说："培育和弘扬社会主义核心价值观必须立足中华优秀传统文化。牢固的核心价值观，都有其固有的根本。抛弃传统、丢掉根本，就等于割断了自己的精神命脉。博大精深的中华优秀传统文化是我们在世界文化激荡中站稳脚跟的根基。中华文化源远流长，积淀着中华民族最深层的精神追求，代表着中华民族独特的精神标识，为中华民族生生不息、发展壮大提供了丰厚滋养。"

要讲清楚传统文化在现代化建设中的作用，在立足传统的基础上培育和弘扬社会主义核心价值观，首先必须认真地学习传统文化。只有对传统文化有了透彻的了解，我们才能认识到它在当代文化建设中的价值和意义。学习传统文化的最佳方式是阅读经典，经典沉积着中华文化最核心的内容，在文化传承过程中发挥着最为重要的作用。早在先秦时代，《诗》《书》《礼》《乐》《易》《春秋》这六种著作，就被人们推崇为"经"。梁代刘勰说："经也者，恒久之至道，不刊之鸿教也。""经"在中国古代何以有这样崇高的地位？因为它们产生于中华文化的早期，是中华民族文明和智慧的结晶，也是后世文化发展的基础。我们今天所说的经典虽然超出了古代"六经"的范畴，但是它的基本内涵不变。凡是可以被后世称为经典的著作，一定具有永恒的价值、丰富的内容，一定适合各个不同历史阶段的文化需要。阅读经典，会使我们更深切地感受到中华文明的悠久与伟大，受到民族文化智慧的熏陶，领会先贤们在社会、人生、历史等诸多方面所做过的深刻思考，从而提升我们的文化水平和人生境界。

然而，经典产生的时代距离我们已经非常久远，特别是由于白话文运动兴起之后而产生的古今隔膜，本来就文字古奥、内容艰深的中国早期文化经典，对今人来讲在学习和阅读上都存在着很大困难。细读经典，就是有效的学习途径之一。

所谓细读经典，就是对经典进行一字一句的仔细研读。由于古今文字的差异，字义的变迁，句法结构的不同，对今人来讲，读通一篇古文已经不易。更何况，由于古今历史的变革，名物典章制度的变化，以及由于时代不同所造成的文化断裂和知识背景的差异，即便是从表面看起来似乎已经读通的句子，如果不经过仔细辨析，也往往会有望文生义之弊。而要弄通一部经典博大精深的文化内容，就更需要仔细研读。

然而在生活节奏越来越快的当代社会，除了专业学者之外，很少有人有时间细细地研读古代经典。有鉴于此，我们聘请了国内著名的专家学者，精选了古代经典中的若干篇目，编辑了这套细读经典丛书，期望由专家学者带领大家，在有限的时间内细读经典中的精华片段，从而了解经典的内容，体悟经典的魅力。在我看来，要认识优秀的传统文化，就必须细读经典，没有经过对经典的细读，就妄称自己了解了传统文化，奢谈传统文化的好与坏，除了少数的"天才"之外，对多数人而言不过是在自欺欺人。不了解传统文化，又如何谈得上弘扬和继承？所以，在这个喧哗而又浮躁的社会里，我们希望有人能够抽出时间坐下来，静静地品读经典，安定浮躁的内心，修养自己的品性，提高人生的智慧，创造高雅的生活。谈到古代经典，不免让有些人望而生畏。其实，如果你能坐下来真正平心静气地细读几篇，就会发现，经典从来就不是高头讲章，也并非如人们想象的那样深奥难穷。经典本身就来自生活。细读经典，我们才会从中体会到传统文化与我们的关系是多么亲近。细读《论语》，我们感到孔子就是一位可爱慈祥的老人，仿佛他正在与我们促膝谈心。细读《周易》，我们会发现古人是如何从自然与社会中总结经验，如何在生活中增长智慧并且又将其用于自己的生活……总之，我们之所以要细读经典，是因为只有如此，我们才能真正地了解传统文化，真正受到传统文化的熏陶，才能从传统文化中汲取有益的营养，才能将其真正地传承下去，落实到自身的文化实践中，而不是停留在口头上。

我们编选这套"细读国学经典丛书"的目的就是引导大家细读经典。为了真正落实"细读"两个字，我们确定了如下体例：第一是从经典中选取最能体现其精华内容的篇目。第二是对原文做简洁的注释，以求扫除读书识字的障碍。第三是进行细读，即由专家引导读者对所选篇目进行尽可能细致的导读。经典之所以称为经典，是因为其包含的知识内容特别丰富。因此在细读部分，专家们会根据所选篇目补充大量的知识，以便于读者对经典的理解。当然，对于一名优秀的读者来说，对经典的阅读不应该受专家的限制，还可以在此基础上阅读更多的资料，在对经典的涵泳中有更深入的理解。我们期望通过这样的方式，能够引导读者真正坐下来平心静气地读书。

"子曰：'学而时习之，不亦说乎？有朋自远方来，不亦乐乎？人不知而不愠，不亦君子乎？'"细读经典，就让我们从《论语》开篇的这三句话入手。对这三句话有了比较深切的了悟，由此而前行，就会不断地体会到细读经典的乐趣。

赵敏俐

于京西会意斋

序 言

一

　　庄子姓庄名周，宋国蒙（今河南商丘东北）人。生卒年不详，据《史记》，知道他与战国梁惠王、齐宣王同时，现在研究一般认为他可能生于公元前369年，卒于公元前286年，这就与孟子（前372—前289）同时。但《庄子》里未提到孟子。《史记·老子韩非列传》记载其曾为蒙漆园吏，那是管理漆园的小官。据《括地志》，漆园故城在曹州冤句县即今菏泽县北十七里，则漆园为城。《史记》又记载："楚威王闻庄周贤，使使厚币迎之，许以为相，庄周笑谓楚使者曰：'千金，重利；卿相，尊位也。子独不见郊祭之牺牛乎？养食之数岁，衣以文绣，以入太庙。当是之时，虽欲为孤豚，岂可得乎？子亟去，无污我，我宁游戏污渎之中自快，无为有国者所羁。终身不仕，以快吾志焉。'"《秋水》《列御寇》各有一个类似的故事，《史记》的记载可能据此演化而来。《庄子》里还有一些相关记述，如果这些记述有据，则我们可以推知庄子的一些事迹。《至乐》写，庄子妻死，其友惠施往吊，见庄子正箕踞鼓盆而歌，惠施非难他："与人居，长子，老，身死，不哭亦足矣，又鼓盆而歌。"可见庄子是有妻子的人，而且他的妻子死时已经"老"了。他生活贫困，有时靠打草鞋为生，曾向监河侯借过米。见魏王时穿的是补了又补的粗布衣服，草鞋上的带子也是断了又接起来的。但他坚决不做官，对功名利禄十分轻蔑。《庄子》里还有庄子钓于濮水（在今山东菏泽县东北之濮县）等故事。庄子和惠施有过许多争论，观点尖锐对立，但庄子对惠施的才识相当佩服。《徐无鬼》记述，惠施死后，庄子送葬，过惠子之墓，回头对跟从的人说，郢人将石灰涂在鼻端若苍蝇翅膀，使匠石斫去，匠石运斤成风，郢人听任他去斫，把石灰全部斫尽，而鼻子不伤，郢人站立不动，面不变色。庄子说，我能运斤成风，但没有谁可以成为我的对手了。

《史记》明确记载庄子作《渔父》《盗跖》《胠箧》三篇，又有《畏累虚》《亢桑子》，但未记《庄子》有多少篇。《汉书·艺文志》记载有五十二篇。西晋五种注本尚有司马彪、孟氏注本为五十二篇。但今存西晋郭象注本只有三十三篇（内篇七、外篇十五、杂篇十一），另十九篇何时而佚，有待再考。

自北宋苏轼开始，有人提出《庄子》三十三篇的真伪问题，清代争论尤为热烈，直到现代仍有争论。大体从思想特点与系统、文字风格、具体材料三方面辨别。有不同看法。一、以内七篇属庄子，外杂篇归庄子学派，或其他学派。二、以内篇若干篇，外杂篇的若干篇属庄子，其余为伪托窜入。三、以外杂篇属庄子，内篇为他人之作。

从现有研究结果看，外杂篇的大多数属庄子后学，内篇属庄子，可能可靠一些。从具体材料看，庄子之后（如汉代）的一些名物、事实、制度多出现在外杂篇。如，《胠箧》："田成子杀齐君，十二世有齐国"。从田成子到齐王建为十二代，齐王建是齐国最后的国君，齐国在前221年被秦所灭，可见此篇当作于秦灭齐后。如，《盗跖》中"封侯""宰相"皆非秦以前语，又避汉文帝讳，以田恒为田常。《天地》中"上仙""帝乡"为秦以后人语。《天运》中"三皇五帝"语始于《吕氏春秋》，《外物》中"饰小说以干县令"，"小说"一语不见于先秦典籍，"县令"为秦始设，汉代承之，《外物》当作于西汉。

外杂篇篇数各本不同，而内篇各家都是七篇。七篇篇名，各有其义，与外杂篇取篇首二三字为名者迥殊。《逍遥游》以南冥北冥起，而《应帝王》以南海之帝、北海之帝收，首尾照应，也可见可能是有意构成的完整结构。内七篇的文字风格也较一致，与外、杂不同。内七篇把一切归于彻底的"无"，对现实的批判更为彻底，与外、杂篇既论"无"，无为，又论无不为，论"有"不同，对现实的否定不那么彻底不同。因此，内七篇与外、杂篇的多数内容当出自不同作者。庄子之后的名物、事实，多出于外、杂篇，而没有出于内七篇，内七篇又是一个整体，则当是一人所作，这个人应当是庄子。不过，《庄子》内七篇和外、杂篇虽有区别，但总体来看，《庄子》三十三篇的多数内容可以看作庄子学派的思想。

二

《庄子》主要是人生哲学。

庄子的思想，是从愤世嫉俗的现实认识开始的。庄子可以说把现实的一切都看破了，看透了。他用一种极为愤激的态度，极为轻蔑的眼光，看待现实的一切，抨击现实的一切，彻底地否定现实。他说，现在这个社会，到处都是以强凌弱，以众暴寡，无耻者富，多信者（善于夸耀多得信任）显。社会全是虚伪，齐桓公小白杀兄入嫂，尧杀长子，舜放母弟，周公杀兄。比干剖心，子胥抉眼，因忠致祸也；直躬证父，尾生溺死，因信得患。没有什么东西可以相信。他对现实政治时时有一种恐惧感。说，方今之世，仅免刑焉，福轻乎羽，莫之知载；祸重乎地，莫之知避。要在地上画着线走路。每个人都在灾祸的射程之中。螳螂捕蝉，黄雀在后，祸福随时，死生无常。社会上的人都是互相猜疑，互相欺诈，没有任何诚信可言。天下互相践踏，纷乱不堪。莫名其妙被处死刑的人互相枕藉，带刑具的人互相拥挤，被杀戮的人满眼都是。整个社会都是一批强盗，而社会一切文明，都只能更便于这些人盗窃，所谓仁义道德，不过是偷盗的另一种称呼罢了。人一生下来，就无休止地受名利、权势、财富、贪欲、生死寿夭、是是非非，各种烦恼的困扰、系累、支配、控制，就失去了生命的自由。他感到生不如死，对现实彻底地失望，说，人生如梦，又说，哀莫大于心死。

否定现实，对现实感到失望，但庄子没有走向厌世弃世。相反，他对人生有着执着的追求。庄子反复思考的，是如何在这样的社会里不仅生存下来，而且获得自由。

庄子的人生态度，首先是精神的超脱，也就是精神的自由。现实是无法改变的，但精神上应该超脱一些东西。应该超脱，忘却名利。要超脱生死，要超脱是非。

庄子由愤世走向傲世，但现实中，他又主张顺世，顺命，顺物。知其无可奈何而安之若命，乘物以游心。顺世也是游世，既要精神的遨游，又要在现实生活，特别是险恶的政治环境中，寻找生存的缝隙，寻找生存的空间，如庖丁解牛，以无厚入有间，而游刃有余。

三

《庄子》思想的一个重要方面是它的认识论。

一是齐物论。万物齐一，物无非彼，物无非是，事物既是它自身（彼），又同时在向别一事物转化。方生方死，方死方生。一方面，生当中包含死的因素，生的过程就包含死的趋势；另一方面，死意味着化为他物，意味着他物之生，死当中包含生的条件。天下莫大于秋毫之末，而大山为小，莫寿于殇子，而彭祖为夭。物论，人们对万物的认识也齐一，没有差别。方可方不可，方不可方可。因是因非，因非因是。彼亦一是非，此亦一是非。物固有所然，物固有所可，无物不然，无物不可。

二是神秘主义。对一切真知表示怀疑。最高的知是不知。大量三问三不知，四问四不知之类的寓言。常常是只提问题，不作解答，而且这些问题都可以有两个相反的答案。彼是莫得其偶，为之道枢，枢始得其环，以应无穷。是亦一无穷，非亦一无穷，故曰莫若以明。为什么万物不可知？因为人的认识能力有限。吾生也有涯，而知也无涯，以有涯随无涯，殆已。已而为知者，殆而已矣。罔两问影，罔两即影子外圈的淡影，罔两随人影而动，人影随人体而动。一物有一物存有的条件和根据，一物之条件和根据又另有其条件和根据，事物层层相依，环环相扣，相续无穷，因而人们无法认识其究竟所以。人的认识标准也是主观的。现实生活中找不到大家都承认的共同的真理，因此一切认识活动不可靠，不可取，事物无法正确认识，真理无法证明。事物又是不断变易的，人的生死、祸福、梦醒都处于变易之中，变易不止，结果难卜，万物变化无穷，因此没法认识。

四

庄子思想的最高范畴是"道"。

庄子的"道"，是一种状态，一种境界。首先是指一种无差别的浑沌状态。道未始有封，道是没有界限的，没有界限就没有差别。彼亦一是非，此亦一是非。彼是莫得其偶，为之道枢。消除对立（偶），消除是非，是与非，没有任何差别。从认识论来说，这是相对主义，从本体论来说，这就是道的关键（道枢）。举莛与楹，厉与西施，恢诡憰怪，道通为一。为什么都为"一"，因为从道的观点来看，道的特点就是混"一"，即万物浑沌一体，不作任何区别，没有任何差别的境界。

这可能指客观万物浑沌的状态。但更主要恐怕指一种无差别的精神状态、精神境界。古人的认识智慧有其究极，究极就在以为未始有物，不区分客观事物，冥冥无分，这是道的最高境地。其次以为有物，但不作区别和辨析。再其次有界限，但没有是非。一旦有了是非，显露了是非，明辨了是非，道就荡然无存。

这又是一个无目的的，完全无为，一切因任自然的境界。已而不知其然谓之道。道有情有信，无为无形。天地万物，社会生活，精神心理，完全因任自然，无为无欲的状态，这就是"道"。

天地万物无不处于无差别无目的的状态中，因此道是普遍的，道无处不在。道存在于万物，并不等于万物即道，而是万物无差别、无目的这种状态为道。视万物无差别，万物为一，视万物为无，则万物皆有道，若视万物有分别，有是非，有穷通，则万物皆非道。在万物本有差别的现实中，推究其背后无差别的本原，以至把一切归于无限层次的虚无，这就是"道"的状态。

庄子所谓"道"，所谓无差别的境界，主要指一种精神境界，心理状态。这种精神状态，就是一种人格理想。庄子"道"的境界同时也是庄子追求的人生境界。在人生态度、处世原则上，尚超脱，超脱名利、权势、财富、贪欲、生死寿夭、是是非非，摆脱各种烦恼的困扰、系累、支配、控制，顺世游世，逍遥游，实际就是要人们进入这样一个消除一切对立，无差别无是非无矛盾的无知无欲的浑沌世界。《庄子》里有许多真人、至人、神人。这些真人、至人、神人，既是庄子人生哲学的集中体现，也是体道的真人。

如何体道闻道，是庄子关于"道"的思想的一个重要方面。体道、闻道，其方法概括起来，是两个方面，哲学的方法和修养的方法。

哲学的方法主要是认识论的方法。从认识论的角度看，世界一切都是相对的，万物齐一，物论也齐一，方生方死，方死方生，彼亦一是非，此亦一是非，莫大于秋毫之末，而小于泰山。理解了万物齐一的道理也就进入了无差别无目的的道的境界。

修养的方法，就是进入无知无欲的境界。道是无差别、无目的的精神境界，因此闻道就要无知无欲，进入这样一种精神状态。所谓心斋，吾丧我，坐忘，无听之于耳，无听之以心，用排除一切欲念、行为、思虑的神秘的直觉去体认道。所谓守宗，三日而后能外天下，七日而后能外物，九日而后能外生，朝彻，见独，无古今，入于不死不生之境。所谓撄宁，大量三问三不知，四问四不知之类的寓言，都说明，修养到无知无欲，就能体悟道有无差别境界了。

庄子论道，他的体道闻道，他的认识论和心斋修养，实际就是处世方法。既然事物是相对的，穷和通、祸福、大小、是非没有差别，那么，不分是非地顺世游世的人生态度也就有了认识论的根据。万物是不可知的，是非是不可分辨的，因此最好的办法就是放弃一切认识活动，不去分辨是非。道的境界，也就是庄子所追求的人生的境界。

五

从愤世开始，走向傲世顺世游世，终止于无差别、无是非的无何有之境，也就是道的境界，并且用万物齐一、物论齐一和神秘主义从认识论上加以说明，用心斋坐忘的修养方法去达于这一境界，这就是庄子的基本思想。庄子这一思想，有着丰富的内容。

本书选取最有代表性的篇章，加以细读，来阐发庄子这些丰富的思想。

本书用细读的方法。一些难懂的词语，有注释。难理解的句意，有解释。当然，更主要的，是思想内涵的阐发。庄子有时用一些比喻，这些比喻包含怎样的思想？庄子讲了大量的寓言，这些寓言的寓意是什么？庄子提出很多命题，这些命题独有的深刻内涵是什么？本书都将尽可能予以阐释。

庄子有一套理论体系，《庄子》全书，很多内容前后关联。本书尽可能加以综合，看一篇一段里的话，这一篇这一段所包含的思想，在庄子整个理论体系中是什么位置。联系整部《庄子》，联系庄子的思想体系，可以对他的某些论述某些寓言、命题有更准确深入的把握。

庄子的语言特点，和他的思想一样，飘忽不定，寂寞无形，变化无常，谬悠荒唐，芒无端崖。有些理论比较深奥，本书尽可能探幽寻微，沿隐以显，用比较通俗的语言，浅显易懂的方式，让读者理解庄子的思想。

本书会列举一些故事。《庄子》本来就是历史经验的总结。古代很多故事，实际就蕴含了庄子哲学。本书用这些故事，意图帮助读者更好地理解庄子思想。本书也会联系国外、当代的实例。庄子思想实际时时处处存在，庄子所谓道无所不在，不仅古代如此，不仅中国如此，今天、国外实际也是如此，这是人类共有的现象和问题，只是我们不太察觉而已。联系国外、当代的实例，可以帮助我们理解庄子，也可以使我们感到，研读《庄子》有其现实意义。

希望每一位读者，能从本书的细读中，有所启发，得到教益。

本书所用的版本，为中华书局一九八五年第四次印刷的清郭庆藩校释、王孝鱼点校的《庄子校释》。原文原为繁体字，径改为简体字。原文有误者，据点校本所引异本正之。标点时亦参他本正之。

应朋友之约，正好对《庄子》有些想法，因此接受下来写成此书。这是一个通俗普及读物，篇幅有限，无法对庄子思想做更深入系统的阐述，只能写下一些片断想法。参考了近年一些研究成果，不一一注明。

目 录

杂　篇

第十二章　庚桑楚·徐无鬼·则阳

第十三章　外物·寓言·让王·盗跖

第十四章　说剑·渔父·列御寇·天下

内 篇

今本《庄子》内篇有《逍遥游》《齐物论》《养生主》《人间世》《德充符》《大宗师》《应帝王》七篇。书分内外篇，是汉代以后始有的情形。汉淮南王刘安及其门人可能编纂过《庄子》一书，《庄子》内、外篇的体例，可能出自刘安。唐陆德明《经典释文·序录》尽列古时各种《庄子》文本的篇数和结构，司马彪注本、崔譔注本、向秀注本、郭象注本，内篇均为七篇，合于今本《庄子》内篇七篇之数。陆德明并称五十二篇《庄子》"言多诡诞"，又说"其内篇众家并同"，可以推断各家内篇七篇不仅篇目相同，而且内容也相同。

内篇七篇未出现汉代以后名物、事实、制度，当是早期的作品。七篇既论道之本体特点及修道方法（如《大宗师》），有认识论（如《齐物论》），又论处世养生方法（如《养生主》《人间世》），以及道德充实的标志（如《德充符》），理想的人生境界（如《逍遥游》），还有政治论（如《应帝王》），有一个相对完整的体系。七篇均以三字为题，《逍遥游》开篇北冥有鱼，鲲化为鹏徙于南冥。《应帝王》则言南海之帝、北海之帝，与南冥、北冥或者正相照应，或者其本有一相对完整之结构，相信出于同一作者。相对于外、杂篇，内七篇语言风格更为恣纵不傥，无有端崖，其思想终止于彻底的无，而非终止于有，或者更接近于庄子本人的思想。

第一章 逍遥游

逍遥即无所拘束，自由自在，即在此一境界中遨游。为得逍遥，则需无待，也就是因任自然，所谓乘天地之正，御六气之辨，以游无穷。要做到至人无己，神人无功，圣人无名。虽慕鲲鹏翔飞数千里，但犹有所待，至于蜩与学鸠，朝菌蟪蛄，均有所待。有宋荣子，定乎内外之分，辨乎荣辱之境，也未游于逍遥之境。须如许由，无所用天下。如藐姑射之山之神人，不食五谷，吸风饮露，游乎四海之外，大浸稽天而不溺，大旱金石流，土山焦而不热，不肯以物为事。如客以不龟手之药说吴王，大本拥肿，无用为用，树之于无何有之乡，始得游于逍遥之境。而这，可以说是整个《庄子》的主题。

【原文】

北冥有鱼①，其名为鲲。鲲之大，不知其几千里也。化而为鸟，其名为鹏。鹏之背，不知其几千里也；怒而飞，其翼若垂天之云。是鸟也，海运则将徙于南冥②。南冥者，天池也③。

《齐谐》者④，志怪者也⑤。《谐》之言曰："鹏之徙于南冥也，水击三千里⑥，抟扶摇而上者九万里⑦，去以六月息者也⑧。"野马也，尘埃也，生物之以息相吹也⑨。天之苍苍，其正色邪⑩？其远而无所至极邪⑪？其视下也，亦若是则已矣⑫。

【注释】

① 冥，同溟，指海。北冥，即北海。下"南冥"指南海。② 海运：海水震荡。③ 天池：通天的渊池。④《齐谐》：书名，出于齐国。⑤ 志怪：记载怪异的事情。⑥ 击：拍击。⑦ 抟：环绕。扶摇：旋风。⑧ 息：止息。句谓飞了六个月才止息。⑨ 野马似的游气，飞扬的尘埃，都是生物的气息被相互吹动而在空中游荡。息，气息。⑩ 其：岂，难道。正色：真正的颜色。邪：同耶。⑪ 其：抑，或许。⑫ 其：代词，指鹏。若是：像这样。则已：如同"而已"。

【细读】

志如大鹏高远

读《庄子》，最初的也是最深的印象，恐怕就是大鹏。人们不能不为它的壮伟所惊叹，它是由北海一种叫鲲的鱼变化而来的，鲲就有几千里之大，变化为鸟，叫作鹏。鹏的背就有几千里，奋起而飞，所谓"怒而飞"，它的翅膀就像天边的一大片云彩。这里的"垂"，是"陲""垂天"，就是天边的意思。海水一震荡，它就要飞往南海。南海，是通天的渊池。

这本是寓言，《庄子》书中遍是寓言。但庄子却引一本记述奇异故事叫《齐谐》的书，以证此说有据。《齐谐》书说，鹏鸟飞南海的时候，它的翅膀拍击水面三千里以内都震荡起来，卷起暴风飞升而上，到九万里高空，而且这一飞，就要六个月才休息。庄子说，大鹏高飞，在九万里高空看地球，可能就像我们看天空一样，看到的是一片苍苍之色。

这就是庄子的逍遥游？是，又不是。因为庄子追求的是无待，而大鹏还是有待。所谓有待，就是有条件。庄子追求的是无条件的自由。但是，高飞九万里的大鹏，确实为庄子所向往。庄子的想象力和魄力，确实飞腾九天，俯瞰世界；他的胸襟，确实吞吐万物，包容宇宙。他小视人间的一切。天下学术，儒、墨、宋钘尹文、彭蒙田骈慎到，无不一笔抹倒。他磅礴万物而为一，尧舜孔子，古来圣贤，人们仰之弥高，都不在他的话下。在他看来，天下的争斗，不过是蜗牛角的小国触氏和蛮氏争地之战而已。一部《庄子》，那寓言、卮言、重言，那谬悠之说、荒唐之言、无端崖之辞，洋洋洒洒、深宏恣肆、任意纵横。那高飞九万里的大鹏，那浩翰的海洋，那震荡三千里的水击，才足以显示庄子的气魄胸襟。

高远的追求是人生的动力。有壮伟的胸襟才会有开阔的视野。有高远的追求，未必人人都可以成就一番事业；但如果没有高远的追求，人生必然碌碌无为，一事无成。《论语》说：士不可以不弘毅。孙中山说：心信其可行，则移山填海之难，终有成功之日；心信不可行，则反掌折枝之易，亦无收效之期。黑格尔说：假如没有热情，世界上任何伟大的事业都不会成功。要实现人生的价值，理想、热情、信念、胸怀是必备的。

纵观古今，那些在历史上留下印迹的人，不论是政治家、思想家，还是文学家、艺术家、历史学家，哪个不是壮怀开阔，立志高远？

政治人物如此。陈涉少时为人佣耕，就立有鸿鹄之志。一世英雄项羽，不学书、不学剑，以为书足以记名姓而已，剑一人敌，而他要学万人敌。自西汉名臣龚舍，到唐太宗李世民，都说王者以天下为家。

其他人物亦如此。司马迁以究天人之际，通古今之变，成一家之言之气魄，写成了千古不朽的《史记》。李白受庄子精神影响，自比大鹏，他的《大鹏赋》有言："大鹏飞兮振八裔，中天摧兮力不济。"他又写《上李邕》："大鹏一日同风起，抟摇直上九万里。假令风歇时下来，犹能簸却沧溟水。"

我们的人生，是不是可以从庄子《逍遥游》的大鹏形象中得到某种启示呢？

【原文】

且夫水之积也不厚，则负大舟也无力。覆杯水于坳堂之上^①，则芥为之舟；置杯焉则胶^②，水浅而舟大也。风之积也不厚，则其负大翼也无力。故九万里，则风斯在下矣，而后乃今培风^③；背负青天而莫之夭阏者^④，而后乃今将图南^⑤。

【注释】

① 坳堂：堂中凹陷之处。② 胶：粘住。③ 培风：积蓄风势。④ 夭阏：阻拦。⑤ 图南：图谋飞向南方。

【细读】

积累必深厚

庄子说，水的积蓄如果不多，那就没有力量承载起一条大船。如果只是在房屋的低洼处倒一杯水，就只能浮起像小草那样的一条小船。如果放一只水杯就粘在地上无法行驶，这是水浅船大的缘故。风的积蓄如果不够大，那么它也没有力量负载大鹏的翅膀。为什么要高飞九万里？因为这样才能积蓄风势。背负着青天，但没有谁能阻拦它，这就可以向南飞行。

这有点奇怪。青天怎么背负？不过庄子水积不厚负舟无力的比喻却是恰当的。庄子所追求的，是绝对的自由，绝对的自由是不需要任何条件的。庄子的本意当是说明即使大鹏也不是无待，也不是真正的自由。因为它还需要九万里风在下，才能腾飞至南海。

我们从庄子这段话中领悟了一个道理，理想远大固然重要，要实现理想，还要有深厚的积累。物质条件越充分，经验越丰富，实现理想的可能性就越大。所以古人说，业精于勤而荒于嬉。勤，就是积累。又说，读书破万卷，下笔如有神。读书破万卷，也是积累。又说，操千曲而后晓声，观千剑而后识器。

古今成就大事业者，无不有丰厚的积累。

司马迁生于史官世家，祖先在周代时就任王室太史。父亲司马谈在武帝即位后，任太史令三十多年。司马迁自己十岁学古文书传，十三岁学《公羊春秋》，十四岁学《古文尚书》，又游历全国，访会稽禹之遗迹，到淮阴访求韩信故事，到丰沛访问刘邦萧何故乡，北过涿郡，登长城，南游沅湘，西至崆峒，还曾出使巴蜀。有这样的积累，加上发愤著书的信念，才写成《史记》这部史家之绝唱，无韵之《离骚》。

李时珍用三十多年时间，带着徒弟，跋山涉水跑遍全国各地，从武当山、庐山，到安徽、江苏等地，白天采集草药，向当地百姓请教；晚上整理归类，亲尝各种药草，收集民间单方和书籍文献。有如此丰厚的积累，方写成不朽名著《本草纲目》。

袁隆平研究杂交水稻，从1964年开始，整整六年时间，先后用了1000多个品种，做了3000多个杂交组合，才找到人工杂交水稻的出路，最后取得了成功。

从刘邦、唐太宗、宋太祖到成吉思汗，历代成就大业者，无不懂得积蓄力量。你要鹏程万里，就要积累万里之风势；你要负大舟，就要有海一样的波涛之水。

【原文】

蜩与学鸠笑之曰①："我决起而飞，抢榆枋②，时则不至而控于地而已矣，奚以之九万里而南为？"适莽苍者，三飡而反③，腹犹果然；适百里者，宿舂粮；适千里者，三月聚粮。之二虫又何知！小知不及大知④，小年不及大年⑤。奚以知其然也？朝菌不知晦朔⑥，蟪蛄不知春秋⑦，此小年也。楚之南有冥灵者⑧，以五百岁为春，五百岁为秋；上古有大椿者⑨，以八千岁为春，八千岁为秋。而彭祖乃今以久特闻，众人匹之，不亦悲乎？

【注释】

① 蜩：蝉。学鸠：即斑鸠。② 榆枋：榆树和檀树。③ 飡：同餐。三飡，指一日。④ 知：通"智"。⑤ 年：寿命。⑥ 晦朔：月终谓之晦，月初谓之朔，此处犹言早晚。⑦ 蟪蛄：寒蝉，春生夏死，夏生秋死，因此不知春秋。⑧ 冥灵：树名，叶生为春，叶落为秋。⑨ 大椿：木槿。

【细读】

境界有别莫攀比

大鹏高飞九万里，却被蜩与学鸠嘲笑，为什么要飞那么高、那么远？就在榆树檀树间飞来飞去，实在飞不动了，就在地上跳一跳，不也很好吗？这两只小虫子知道什么呢？到郊外去，只一天三餐时间，那肚子还饱饱的；到一百里之外，要多带些干粮；到一千里外，要用三个月时间准备粮食。确实境界不同，确实小知不及大知，小年不及大年。你看，朝生暮死的菌类，连一天早晚都不知道；那寒蝉，春生夏死，夏生秋死，连一年都过不了；那冥灵树，以五百岁为春，五百岁为秋；那大椿树，以八千岁为春，八千岁为秋。而大家却只知道八百岁的彭祖，而且还要比来比去，不是很可悲吗？后来庄子还说，这是小大之辨啊！

但是，小鸟也有自己的快乐，它们的生活天地就在小树丛间，这不很好吗？后面还说到斥鷃，一种生活在小池泽的小雀，它们升腾起来往上飞，也不过数丈高而已，只在蓬蒿之间飞来飞去，这不很好吗？像大鹏飞那么高，要九万里风托承，这不很累吗？到郊外去，一天往返，肚子还不饿，这不很好吗？到一百里之外，一千里之外，隔夜准备粮食，甚至准备三个月，这不很费事吗？朝菌不知晦朔，蟪蛄不知春秋，人活得太少，确实不好。但活五百岁、八千岁，就一定好吗？庄子说过，活着有亡国之事、斧钺之诛，还有冻馁之患，这都是生人之累。而死之后，无君于上，无臣于下，亦无四时之事，从然以天地为春秋，虽南面王乐，不能过也，安能弃南面王乐而复为人间之劳乎！

庄子真的就那么看不上小鸟吗？小鸟有待，大鹏不也有待吗？如果从有待的程度看，大鹏的负担还更重。小鸟只蓬蒿间就可以，大鹏则要有九万里风，大鹏不是更"有待"，负担更重吗？人活得越长，苦累越多，病痛越多，何必呢？他老人家不是还说万物齐一吗？小鸟和大鹏有什么差别呢？后来郭象注庄，不就是说，大鹏和小鸟，小大虽殊，逍遥一也吗？

庄子的话，常常是绕过来又绕过去。人生其实也是说过来又说过去，就看你怎么看。大鹏之志固然好，但小百姓也要过日子。那些有大志、做大事的人也要过小日子。你看陶渊明，曾经是猛志逸四海，后来不也是坐在堂前茂密的树荫下乘凉，种种蔬菜，弄弄书琴，喝点小酒？那桃花源不知有汉，无论魏晋，良田美池，鸡犬相闻，就那点小天地，不与外界往来，不是很好吗？你看杜甫，有过那样的壮志，是那样忧国忧民，一生颠沛流离，但他在成都安定下来后，也向慕小日子。你看那清江一曲、白沙翠竹，看着梁上的燕子，水中的鸥鸟，自由自在。老妻画纸为他做棋局，孩童为他敲针作钓钩，不也很好吗？轻轻松松、安安稳稳地过小日子，不很好吗！

人生境界不同，人生境界无穷，各有各的活法。最可悲的就是互相攀比。所以庄子说："众人匹之，不亦悲乎？"或许，这是我们要从庄子这里得到的启示吧？

【原文】

故夫知效一官①，行比一乡②，德合一君，而徵一国者③，其自视也亦若此矣。而宋荣子犹然笑之④。且举世而誉之而不加劝⑤，举世而非之而不加沮⑥，定乎内外之分，辩乎荣辱之境，斯已矣。彼其于世，未数数然也⑦。虽然，犹有未树也⑧。

【注释】

① 知：智慧。② 行：品行。比：亲近。③ 而：当读为"能"。徵：取信。④ 宋荣子：宋国人，一说即宋钘，宋国贤人。⑤ 劝：努力。⑥ 非：非议。沮：沮丧。⑦ 数数：汲汲，迫切；一说，常常。未数数然，意为很少人这样。⑧ 树：树立。未树，指道德修养没有到家。

【细读】

做人要有主见

庄子又提出四种人：他的智慧配做一个官员，他的品行可以成为全乡的表率，他的德行符合一个国君的要求，他的能力为全国所取信。但是，这四种人庄子并未看上。"其自视也，亦若此矣"，他们看待自己，大概就是这样。什么样？小知不知大知，小年不知大年，小鸟不知大鹏。较之这四种人，庄子更能看上的是宋荣子。

宋荣子就是宋钘。《庄子·天下篇》专门讲到了他。宋钘和尹文是同一个学派。庄子说，古代道术不为世俗所拖累，不修饰事物，不苛求于别人，不会与众人发生矛盾，等等。庄子说，宋钘、尹文学派追随的就是这种风气。这个学派创制了上下均平的华山冠，作为自己的标志，应接事物以抛弃偏见为根本，以柔道合天下之欢，调和海内纷争。受到欺侮也不感到耻辱，借以救止人民的私斗，外则休止兵戈，救止世界的战争，内则寡情淡欲等。这后几点，应该就是《庄子·逍遥游》所说的"定乎内外之分，辩乎荣辱之境"。

在先秦，赞成宋钘他们的主张的人并不多见，因此庄子说，"彼其于世，未数数然也"。对宋钘的主张，庄子也不以为然，"虽然，犹有未树也"，修养并没有到家。但是，庄子对他们有一个评价："举世而誉之而不加劝，举世而非之而不加沮。"之所以这样评价，从《庄子·天下篇》来看，可能是因为宋钘他们以其主张"周行天下"，对上游说诸侯，对下教化人民，虽然天下并不采用他们的主张，都讨厌他们，但他们还是喋喋不休地说教，不愿放弃。

庄子是否赞赏宋钘这一点，从叙述中看不出来。庄子主张齐同物论，主张混同世俗，顺世而行。但庄子思想实际上又特立独行。不管庄子怎么看，这里却点出一个道理：人要有独立的主张，不要人云亦云，不要像墙头上的草，随风两边倒。

历史上一些重要的科学发现，一些重要的思想学说的提出，总是不为人所理解。当哥白尼提出太阳系学说时，举世所相信的是教会和《圣经》的说法：地球是宇宙的中心，所有行星围绕地球转动。当达尔文写下《物种起源》，提出自然界万物通过进化，通过自然选择，随环境变化而变化时，大家所信奉的是教会的上帝造物之说。当爱因斯坦提出相对论，提出任何天体周围都存在巨大的引力场，光在引力场沿曲线传播，并预言恒星的光线掠过太阳表面时，由于引力场的作用，星光会有七秒角度的倾斜时，几乎整个科学界都轰动了，大部分科学家都说这想法太荒谬了。当袁隆平提出人工杂交水稻时，人们还只相信，水稻为自花传粉植物，不太可能进行人工有性杂交。

一些人在关键时刻所做的人生抉择，最初往往也不被人们所接受。一代船王包玉刚，当年辞去上海银行副总经理职务，携数十万元积蓄到香港想搞海运时；在他成立航运公司，改变传统的短期出租方式，采用长期出租方式时，家人和世人也都认为他是在冒险。当比尔·盖茨从哈佛大学辍学自主创业的时候，当马云辞去有稳定收入的公职自筹经费创业的时候，很多人也同样不理解。

历史上，一些人坚持自己的操行和信念，不顾世俗毁誉。屈原就是如此。当众皆竞进以贪婪，苟且逐利之时，只有屈原修身忠君，上下求索，虽九死其犹未悔。

真理往往在少数人手中。人云亦云，永远发现不了真理。在利欲熏心的社会，坚持个人操守尤其要超世脱俗。人在抉择的关键时刻，最能把握命运的往往是自己。随波逐流，往往只能碌碌无为。人要有主见。在人生的很多时候，确实如庄子所说，要"举世而誉之而不加劝，举世而非之而不加沮"。

【原文】

夫列子御风而行①，泠然善也②，旬有五日而后反③。彼于致福者④，未数数然也。此虽免乎行，犹有所待者也。若夫乘天地之正，而御六气之辩⑤，以游无穷者，彼且恶乎待哉⑥！故曰：至人无己，神人无功，圣人无名。

【注释】

① 列子：郑国人，名御寇。② 泠然：轻妙的样子。③ 旬：十天。有：通"又"。旬有五日，十五日。④ 致福：达于幸福。⑤ 六气：阴、阳、风、雨、晦、明。⑥ 恶乎待：依赖什么？

【细读】

无己，无功，无名

这段话是《逍遥游》的核心。列子是被庄子所否定的。列子虽然免去了行走的劳累，但也有所待，因为要御风而行。前面所述，从蜩与学鸠，还有那只生活在小池泽的斥鷃，不论不知晦朔的朝菌，不知春秋的蟪蛄，还是以五百岁为春、五百岁为秋的冥灵，以八千岁为春、八千岁为秋的大椿，都否定了。宋荣子自也在其列。大鹏呢？看来庄子变幻莫测。从理想高远来说，赞赏大鹏，但大鹏毕竟有待。

庄子的最高理想，是乘天地之正，御六气之辩，以游无穷者。简单地说就是顺乎自然。所谓无穷，是时间的无穷，也是空间的无穷。换言之，无论何时何地，都是逍遥。所谓乘天地之正，就是顺应自然的本性。所谓御六气之辩，就是驾驭六气的变化，也是顺应自然的变化。

具体来说，则是至人无己，神人无功，圣人无名。所谓至人、神人、圣人，其实都是庄子所说的真人，得道的真人。核心在于无己、无功、无名。这是《逍遥游》的核心，也是整部《庄子》的核心。可以说，整部《庄子》的全部理论，都蕴含在这几句话里。整部《庄子》的全部理论，都是从这几句话展开的。当然，后来的论述更丰富，无生死、无是非，等等。而要做到无己、无功、无名，重要的是顺应自然。顺应自然，自然就可以游于无穷。

怎样才是顺应自然？为什么可以游于无穷？为什么要无己、无功、无名？怎样才能做到，请读全部《庄子》吧！

这里简单说一点。无己太复杂。只说无功无名。直白地讲，就是不要功名利禄。当然，无功无名内涵更丰富一些，但首先是不要功名利禄。

　　为什么不要功名利禄？从逍遥游的观点看，追求功名利禄就不能逍遥。先不说精神的，只说现实的。魏晋时有嵇康，竹林七贤之一。他的好友山涛劝他出来做官。他写了《与山巨源绝交书》，说他有七件事受不了：他喜欢睡懒觉，早上起不来，当官却要上早朝；他喜欢抱着琴一路走一路唱，喜欢在野外钓鱼射鸟，但当官之后，有吏卒守着，不得妄动；上朝手不得乱动，但他身上有很多虱子，经常要搔虱子，不能穿得整整齐齐去拜见长官；不喜欢写东西，但当官就有很多杂事，那些要处理的事务文书堆满桌案，不酬答吧，犯教伤义，勉强应酬吧，又不能持久；不喜吊丧，但人们却以此事为重，这类场合不去人家会埋怨，去又实在受不了；不喜欢和俗人打交道，却要和他们共事，一群所谓的宾客满堂上，叽叽喳喳乱叫，耳朵都听烦了，而且各种奇怪的事情都有；心里不耐烦，但官家事务频繁，每天有事缠身，每天要操心事务。当时有魏晋玄学，竹林时期是"越名教而任自然"，和庄子所说的"乘天地之正""无功""无名"是相通的。

　　李白也是一个典型。他想在朝建立功业，但很快就受不了，说"安能摧眉折腰事权贵，使我不得开心颜"。他愿意千金散尽还复来，烹羊宰牛且为乐，会须一饮三百杯，但愿长醉不复醒。

　　《庄子·秋水》也写了一个故事。庄子钓于濮水，楚王派两个大夫来请他任职。庄子持竿不顾，说：我听说楚有神龟，已经死了三千岁，现在被人恭恭敬敬供奉在庙堂之上，我是愿意死后留着一副骨头而显贵呢，还是愿活着在泥涂中摇尾巴呢？

　　是啊，好不容易来到世上，那么辛苦做什么？一生奔波劳碌，不就为了那点儿功名利禄吗？放弃功名利禄，该干什么就干什么，多潇洒！

【原文】

　　尧让天下于许由①，曰："日月出矣而爝火不息②，其于光也，不亦难乎！时雨降矣而犹浸灌，其于泽也，不亦劳乎！夫子立而天下治，而我犹尸之③，吾自视缺然④。请致天下⑤。"

　　许由曰："子治天下，天下既已治也。而我犹代子，吾将为名乎？名者，实之宾也。吾将为宾乎？鹪鹩巢于深林⑥，不过一枝；偃鼠饮河，不过满腹。归休乎君！予无所用天下为！庖人虽不治庖⑦，尸祝不越樽俎而代之矣⑧。"

【注释】

① 许由：传说中的隐士。② 爝：燃。③ 尸：主治。④ 缺然：不足。⑤ 致：给与。⑥ 鹪鹩：巧妇鸟，亦名工雀。好深处而巧为巢。⑦ 庖人：掌厨人。⑧ 尸祝：大庙中祭祀时执祭版对神主祷祝的人。俎：古时祭祀时盛牛、羊等的礼器。

【细读】

做人不贪

尧让天下，《史记》也有记载。但司马迁只说尧逊位于虞舜，然后说：而说者曰尧让天下于许由，许由不受，耻之，逃隐。可见尧让天下于许由是一个传说。但是，晋皇甫谧《高士传》却将此事记载得颇为信实，并且还有许由逃至箕山，洗耳于颍水之事。司马迁也说他尝登箕山，说其上有许由冢。《庄子》的记述，显然有更多寓言的成分。

尧自比爝火，自比灌溉，而把许由比作日月，比作时雨。把许由推崇得太高了。推崇许由，是为了突现庄子的思想。许由的回答太绕了。先以名实之说讲一番：天下已经治理了，让我代替你，我将为虚名？名是实的宾从，我将为宾从吗？再说到，鹪鹩在深林中筑巢，只需占一根树枝就够了，偃鼠在河里饮水，只需喝满一腹就够了。意思是，天下那么大，对我有什么用？接着又说，我就像一个厨师，虽然不在厨房做事，但也不能越过樽俎去取代尸祝的工作。意思是说，我有我的工作，治理天下是你的工作，我不能越权取代。

这是说无功无名。拥有天下是最大的功名，而且是唾手可得，尚且不要，更不用说其他的功名。《齐物论》首先提出"吾丧我"，专论"无己"。这里庄子主要是说无功无名。

鹪鹩巢于深林，不过一枝；偃鼠饮河，不过满腹。简单地说，就是不要太贪，就是知足。无功无名，首先要知足。

老子显然有很多知足的话，什么知足者富，什么祸莫大于不知足，咎莫大于欲得，故知足之足常足。什么知足不辱，知止不殆，可以长久之类。老子是从避祸的角度来说的。

后代文人很多接受了这一思想。嵇康《与山巨源绝交书》说：但愿守陋巷，教子孙，时时与亲旧叙契阔，陈说平生，浊酒一杯，弹琴一曲，志愿毕矣。潘岳《闲居赋序》说：于是览止足之分，庶浮云之志，筑室种树，逍遥自得。池沼足以渔钓，春税足以代耕，灌园鬻蔬供朝夕之膳，牧羊酤酪俟伏腊之费。晋张华《鹪鹩赋》说：鹪鹩，小鸟也，生于蒿莱之间，长于藩篱之下，翔集寻常之内，而生生之理足矣。色浅体陋不为人用，形微处卑物莫之害，繁滋族类乘居匹游，翩翩然有以自乐也。又说，鹪螟巢于蚊睫，大鹏弥乎天隅，将以上方不足，下比有余。庾信《小园赋》也说：一枝之上，巢父得安巢之所；一壶之中，壶公有容身之地。白居易写《赠内》诗：蔬食足充饥，何必膏粱珍。缯絮足御寒，何必锦绣文。

庄子的思想和儒家及后代文人有很大不同。庄子的思想远不止于知足，但这里确实包含知足的思想。庄子写尧让天下于许由，实以许由自比。《庄子》里有很多庄子不受天下的故事，也有很多贫穷的故事，穿草鞋、要米等。穷得要靠要米度日，非要说鹪鹩巢于深林，不过一枝；偃鼠饮河，不过满腹，不管怎样都有点儿自我安慰、自欺欺人的味道。居有天下所巢的一枝、所饮的满腹，和穷得只剩下一枝、所食只能果腹，毕竟不一样。因为随便一阵风雨，就可以把所巢一枝摧折，随便一点儿饥荒，就可以让你食不果腹。

后代文人写自己知足自乐，情况也各不相同。有的是真实写照，有的则不过是自我标榜而已。张华后来历仕高官，位至司空；潘岳为求利禄，依附外戚贾谧，两人最终都在八王之乱中为赵王司马伦所害。白居易倒是得以善终，但他晚年生活甚为安逸，远不止他所说的蔬食足充饥，缯絮足御寒。

但是，庄子所说的却很有道理。在险恶的政局中，知足，是远害避祸的基本之法。知足、不贪，未必能避祸，但是，贪心太重，利欲熏心，则常常是引火烧身之本。前面说的张华、潘岳因追名逐利被害于乱世就是一个例子。还有汉代的梁冀，明代的严嵩，清代的和绅，都是有名的贪官，最终都没有好下场。

【原文】

肩吾问于连叔曰①："吾闻言于接舆②，大而无当③，往而不返④，吾惊怖其言，犹河汉而无极也⑤；大有径庭⑥，不近人情焉。"连叔曰："其言谓何哉？""曰：'藐姑射之山⑦，有神人居焉，肌肤若冰雪，绰约若处子⑧。不食五谷，吸风饮露，乘云气，御飞龙，而游乎四海之外。其神凝，使物不疵疠而年谷熟⑨。'吾以是狂而不信也⑩。"连叔曰："然。瞽者无以与乎文章之观⑪，聋者无以与乎钟鼓之声，岂唯形骸有聋盲哉⑫？夫知亦有之⑬。是其言也，犹时女也⑭。之人也⑮，之德也，将旁礴万物以为一⑯，世蕲乎乱⑰，孰弊弊焉以天下为事⑱。之人也，物莫之伤，大浸稽天而不溺⑲，大旱金石流土山焦而不热。是其尘垢粃糠，将犹陶铸尧舜者也⑳，孰肯以物为事。"

【注释】

① 肩吾、连叔：都是假设人名。② 接舆：孔丘时隐士，《论语》说他是楚狂人。但这里应该也是寓言人物。③ 当：论。大而无当：大得不着边际。④ 往而不返：说的话漫无边际，说出去就收不回来。⑤ 惊怖：惊怪非常。河汉：天河。⑥ 径：门外的路。庭：堂前地。两者相隔甚远，没有关系。⑦ 藐：遥远貌。姑射：山名，传神仙所居，在海中。⑧ 绰约：姿态柔美貌。处子：处女。⑨ 疵疠：灾害疾病。年谷：指庄稼。⑩ 以：认为。是：上面那段话。狂：诳，诳语。⑪ 瞽者：盲人。与：参与，指参与欣赏。文章：文彩。观：景象。⑫ 岂唯：难道只有。⑬ 知：通"智"，指认识上。⑭ 是：此。其言：指上文关于瞽聋的一段话。时：是。女：同汝，你。⑮ 之人：这种人。⑯ 旁礴：混同。⑰ 蕲：求。乱：治。⑱ 孰：谁。弊弊焉：劳碌疲惫的样子。⑲ 大浸：洪水。稽：至。大浸稽天：洪水滔天。⑳ 尘垢粃糠：指糟粕。

【细读】

磅礴万物以为一

肩吾问于连叔（这两个均为假设怀道之人），我听了接舆说（接舆是楚之贤人，与孔子同时，佯狂不仕），感觉他说的夸大不实，无法证实，就像天上的银河一样无边无际，和常理相差太远，不近人情。接舆说的就是藐姑射之山神人的那一段话。连叔说，没法和瞎子一起欣赏文彩的华丽，没法和聋子一起欣赏钟鼓之声。智慧也是这样。于是有了之人将磅礴万物以为一的一段话。庄子接着说，这就像宋人贩卖殷代的冠冕到越国，越国人断发文身，根本用不上。庄子又说，尧治天下之民，平海内之政，去藐姑射之山、汾水之阳见了四位神人（王倪、齧缺、被衣、许由），丧魂落魄一样忘却了他的天下。

藐姑射之山神人，主要含义有两点。一是游乎四海之外，二是磅礴万物以为一。乘云气，御飞龙，而游乎四海之外，就是超脱现实，超脱现实的各种关系。就是前面所说的乘天地之正，而御六气之辩，以游无穷。磅礴万物以为一，至少有两层意思。一是混同万物为一。功名利禄，是非，生死，美恶，大小，都混同为一。是亦一无穷，非亦一无穷，方可方不可，方不可方可，无物不然，无物不可。死生，存亡，穷达，贫富，贤与不肖，毁誉，饥渴，寒暑，都只看作事物的变化，命运的行为。二是物我融一。天地与我并生，而万物与我为一。因此可以乘物以游心，与物融化，又随物变化，不知周之梦为蝴蝶，蝴蝶之梦为庄周。

摆脱现实关系的束缚，超脱于现实之外，一切无所待，当然可以"不食五谷，吸风饮露"。未受到现实种种丑恶的影响，保持高洁纯洁纯朴的本性，当然可以"肌肤若冰雪，绰约若处子"。

游乎四海之外，现实的一切都和我没有关系，当然外物不可能伤着我（物莫之伤），洪水滔天也淹不着，天旱天热，金属石头都化成了岩浆，土山化作了焦土，也热不着（大浸稽天而不溺，大旱金石流，土山焦而不热）。游乎四海之外，磅礴万物以为一，就达于道的境界。道是自本自根，未有天地，自古以固存；神鬼神帝，生天生地，在太极之先而不为高，在六极之下而不为深，先天地生而不为久，长于上古而不为老。远古帝王豨韦氏得之，就开辟了天地，伏戏氏得之，就会合了阴阳，天上北斗日月得之，终古不变不息。道的境界如此之高，尧舜得天下之事算得了什么？从道的境界来看，它的尘垢粃糠就足以成就尧舜，怎么能受这点儿世俗之事的拖累呢？

从鹪鹩巢林、偃鼠饮河，到游乎四海、磅礴万物，正如前面从高飞九万里的鲲鹏到蓬蒿间飞来飞去的蜩与学鸠和斥鴳一样，跳跃太大了。极卑微就是极宏大，极低俗就是极高雅，大俗大雅，这就是庄子。

洋洋洒洒，无边无际，这就是庄子。不要以为这真是谬悠之辞，荒唐之言，无端崖之辞，不要以为真是大而无当。想一想吧！假如单位有一个晋升指标，大家都在争，打得头破血流，你去不去争？晋升上去了，其他都跟着上去了，工资待遇、房子、各种荣誉好处。这个时候你去争，这一切就都跟你有了关系。怨愤、烦恼、不平，血压上去了，同事关系僵了，都来了。如果你不去争，"游乎四海之外"，那你就超脱了，"不食五谷，吸风饮露"，你就可以肌肤若冰雪，绰约若处子，超尘脱俗，保持高洁之性。这时，"物莫之伤"，谁能伤害你？那些人打破了头，跟你有关系吗？大浸稽天，大旱金石流，土山焦，跟你有关系吗？你会被淹着吗？你会感到热吗？天塌下来也跟你没关系。你不够条件，争也白争。你够了条件，自有公议，不用争，也会落到你的头上。这个时候，你磅礴万物以为一，与物融化，随物变化，顺其自然，不是很好吗？你所求不多，你无所用天下为。但是，你专注于道，"其神凝"，应该也能"使物不疵疠"，不伤害物，也不受到物的伤害，自然"年谷熟"，有好的收成。

【原文】

惠子谓庄子曰①："魏王贻我大瓠之种②，我树之成而实五石③；以盛水浆，其坚不能自举也。剖之以为瓢，则瓠落无所容④。非不呺然大也⑤，吾为其无用而掊之⑥。"庄子曰："夫子固拙于用大矣。宋人有善为不龟手之药者⑦，世世以洴澼𫖮为事⑧。客闻之，请买其方百金。聚族而谋曰：'我世世为洴澼𫖮，不过数金，今一朝而鬻技百金⑨，请与之。'客得之，以说吴王。越有难，吴王使之将；冬与越人水战，大败越人，裂地而封。能不龟手，一也，或以封，或不免于洴澼𫖮，则所用之异也。今子有五石之瓠，何不虑以为大樽而浮乎江湖，而忧其瓠落无所容？则夫子犹有蓬之心也夫⑩！"

【注释】

① 惠子：宋人惠施，曾任梁惠王相，先秦名家学派代表人物。《庄子》有不少他和庄子的辩论，可能部分属于寓言。② 魏王：即梁惠王。③ 树：种植。④ 瓠落：即廓落，很大的样子。⑤ 呺然：空虚巨大的样子。⑥ 掊：击破。⑦ 不龟手：使手不冻裂。龟：通"皲"，皮肤因寒冷或干燥而破裂。⑧ 洴澼：漂洗。𫖮：通"纩"，丝絮。⑨ 鬻技：出卖技术。⑩ 蓬之心：如蓬草蔽塞之心。蓬，蓬草。

【细读】

因物而用

这里的惠施，是庄子唯一佩服的人。庄子认为，惠施是唯一能和他辩论的人。但在这里，庄子并未写惠施的辩才。

这里写的大瓠之种，剖之以为瓢，瓠落无所容，比喻的是庄子自己的学说。试想，前面所说的乘天地之正，御六气之辩，以游无穷，说的不食五谷，吸风饮露，游乎四海之外，磅礴万物以为一，大浸稽天而不溺，大旱金石流，土山焦而不热，哪个不是瓠落无所容？当然还有后面要说的吾丧我，人籁地籁天籁，大道不称，大辩不言，大仁不仁之类，都是瓠落无用之辞。庄子之说，本来就是无用之用。所以庄子要惠施以大瓠浮乎江湖。

不龟手之药的故事是人们所熟悉的。有祖传秘方，却不过世世漂洗丝絮，为人医治皲裂的皮肤。但有人买其方用于战事，作战中医治伤员，却得以大败越人，建功受赏，封土裂地。庄子本意是说他的学说对于社会无用、对于功名无用，对于养生全身则有大用处。但他说出了一个浅显而深刻的道理：万事万物，都要因物而用，用而不当，则为无用，用而得当，则为大用。

人才的发现和任用也是这样。用而不当则为庸才，用而得当则为大才。汉代韩信是一个例子。如果没有萧何识之，汉王用之，恐怕他也只能如宋人有善为不龟手之药者，世世以洴澼絖为事。如果只是担任普通将领而不是大将，他会怎样？后人有作《韩信论》者，谓鸷鸟百不如一鹗，高帝诸将固多，其所与取天下者，实一韩信耳。大材不可小使。试想，如果一鹗困于幽林，大材而小使，又会如何？

经济社会亦如此。一片贫瘠的荒山，种粮食长不了，种蔬菜长不好，但是适宜种脐橙。老树根满山都是，做不了木材，人们甚至不愿用它做烧柴，根根权权，不好烧，又不好砍。但是，有心人将其捡回家，弄干净，揣摩其形状，构想造型，稍加修剪，做成根艺，或者依形雕刻，做成根雕。发掘了它的价值。

要打破思维惯式。世界上的事物总是按常态发展的，人们也总是按常态思维。按常态思维，思路总是受常态束缚，往往只能发现常态下的问题。如果换一个角度思考问题，对问题的看法就会不一样。创新的思想往往首先需要打破常态、打破惯性思维。最洁白的东西怎么可能反而好像有污黑？最方正的东西怎么反而没有棱角？最大的声音怎么可能听不到声音？最大的形象怎么可能看不到形象？但是老子想了，他就提出了新的思想，创立了道家学派。事物怎么可能方生方死，方死方生？"吾"怎么可能丧"我"？物和我怎么可能融一？天下怎么可能莫大于秋毫之末，而泰山反而为小？怎么可能莫寿于殇子，彭祖反而为夭？但是庄子想了，因此建立了他的学说。

【原文】

惠子谓庄子曰："吾有大树，人谓之樗①。其大本拥肿而不中绳墨②，其小枝卷曲而不中规矩③，立之涂④，匠者不顾⑤。今子之言，大而无用，众所同去也⑥。"庄子曰："子独不见狸狌乎⑦？卑身而伏⑧，以候敖者⑨；东西跳梁⑩，不辟高下，中于机辟⑪，死于罔罟⑫。今夫斄牛⑬，其大若垂天之云。此能为大矣，而不能执鼠⑭。今子有大树，患其无用，何不树之于无何有之乡，广莫之野⑮，彷徨乎无为其侧⑯，逍遥乎寝卧其下，不夭斤斧⑰，物无害者，无所可用，安所困苦哉！"

【注释】

① 樗（chū）：臭椿树，落叶乔木，木质差。② 大本：主干。拥肿：臃肿。"拥"同"臃"。绳墨：木工用于取直线的工具。③ 规矩：木工工具，规以画圆，矩以画方。④ 涂：道路。⑤ 不顾：不看一眼。⑥ 去：摒弃。⑦ 独：难道。狸狌：野猫和黄鼠狼。⑧ 卑身：趴下身子。⑨ 敖：通

遨，遨游。⑩ 梁：通踉，跳跃。⑪ 中：触到。机辟：指捕禽兽的弩箭、陷阱等，上有触发的机关。⑫ 罔：通"网"。罟：网类。⑬ 犛（lí）牛：即牦牛。⑭ 执：捉拿。⑮ 广莫：辽阔。莫，通"漠"，广大的意思。⑯ 彷徨：纵任不拘貌。⑰ 夭：折。斤：大斧。

【细读】

立于"无何有之乡"

臭椿之树，大而无用。庄子说，何不树之于无何有之乡，广莫之野，彷徨乎无为其侧。类似的论述，《庄子·应帝王》篇也有。庄子借无名人说，他"将与造物者为人，乘夫莽眇之鸟，以出六极之外，而游无何有之乡，以处圹埌之野"。《庄子·在宥》篇也有"入无穷之门，以游无极之野。吾与日月参光，吾与天地为常"。

什么是"无何有之乡"？

无何有之乡是庄子追求的人生境界。它的核心是"无"。所谓"无"，要无己无功无名，一切无所系念。像尧一样以天下为事，以功名为事；像宋荣子那样定乎内外之分，辩乎荣辱之境。像学鸠和大鹏、蟪蛄和大椿辨乎小大，都是有所系念，都不可能进入无何有之乡。

一切无视无听，视而不见，听而不闻。要坐忘，堕肢体，黜聪明，离形去知，同于大通。要心斋，无听之以耳而听之以心，无听之以心而听之以气，虚而待物。

一切无差别。万物皆无差别。无生死，无是非，无美恶。举莛与楹，厉与西施，恢恑憰怪，道通为一。朝三暮四和朝四暮三没有差别，天地为稊米，毫末之为丘山，因其所有而有之，则万物莫不有；因其所无而无之，则万物莫不无；因其所然而然之，则万物莫不然；因其所非而非之，则万物莫不非。

一切任自然。《庄子·大宗师》引无名人说，游心于淡，合气于漠，顺物自然而无容私焉，而天下治矣。游心于淡，也是游心于无何有之乡。游心于淡，就要顺其自然。

这让我们想到晋代阮籍的几篇文章。一篇是《达庄论》，一篇是《大人先生传》，一篇是《清思赋》。这几篇东西都是写庄子境界的，腾云气，浮朝霞，奋乎太极之东，游乎昆仑之西，飘摇乎四运，翱翔于八隅，步于虚州，坐于帝室，独立于茫茫寥廓之中。"微妙无形，寂寞无听，然后乃可以睹窈窕而淑清。"阮籍是在反复写一位老庄至人式人物。这位大人先生以为："自其异者视之，则肝胆楚越也；自其同者视之，则万物一体也。""以生言之，则物无不寿；推之以死，则物无不夭。自小视之，则万物莫不小；由大观之，则万物莫不大。殇子为寿，彭祖为夭，秋毫为大，泰山为小。故以死生为一贯，是非为一条也。"他说，同为一体，因此"善恶莫之分，是非无所争，故万物返其所而得其情也"。阮籍所追求的，是虚无缥缈的与道一体的境界，这个境界也就是庄子所说的无何有之乡。

从这段话看，无何有之乡所要解决的，首先是无用之用的问题。臭椿之树，树干臃肿，小枝卷曲，不中绳墨，不中规矩，工匠不看，众人共弃，正因为无所可用，才能不夭斤斧，物无害者。其次是避祸远害的问题。樗树因无用，树之于无何有之乡，得以全生。野猫和黄鼠狼则不同，低下身子伏在地上，守候过往的小动物；忽东忽西地跳跃，不管是高还是下，一旦触动机关，就会死在网罗之中。

这也就是逍遥游的境界。《逍遥游》一篇，写得洋洋洒洒、变幻莫测，最终落在无何有之乡。只有无何有之乡，才能使身心逍遥而游。当然，如何才能逍遥游，还有很多问题。这是下面庄子要一一为我们提出的。

齐物论，即是万物齐一，又是物论齐一。因为万物齐同，没有差别，所以物论，即对客观事物的认识评论也应该没有差别。之所以不能齐同物论，首先因为不能吾丧我，即「吾」不能返归自然本真，不能消除私心成见。而事实上，万物即天籁，纯任自然，没有目的。这是认识论齐物论的问题，也是道和事物本原的问题，本体论的问题，因为万物林林总总，道通为一，消除事物对立，即为道枢。万物有的背后是无，乃至于无穷。这也是人生论。心存是非，物论不一，因此人们终身受物之累，不能道遥而游，而如死生无变于己的至人，则可游于四海之外。重要的是处理物我关系，若能如庄化蝶，蝶化庄周，与物融化，物我融一，又随物变化，则可以为养生之主矣。

【原文】

南郭子綦隐机而坐①，仰天而嘘②，苔焉似丧其耦③。颜成子游立侍乎前④，曰："何居乎⑤？形固可使如槁木，而心固可使如死灰乎？今之隐机者，非昔之隐机者也。"子綦曰："偃，不亦善乎，而问之也！今者吾丧我，汝知之乎！"

【注释】

① 南郭子綦：楚绍王庶弟，楚庄王司马，居南郭，故以为号。隐：倚靠。机：亦作几、案。② 嘘：呼气，慢慢地吐气。③ 苔焉：形体死寂的样子。耦：通"偶"，成对。④ 颜成子游：姓颜成，名偃，子綦弟子。⑤ 何居：何故。

【细读】

消除私心的"吾丧我"

《逍遥游》提出无己、无功、无名，主要说明无功、无名。现在论无己。庄子提出的是"吾丧我"。

吾丧我的精神状态是"形如槁木，心如死灰"。因为庄子把现实的一切都看破看透了，对现实完全失望。他在《盗跖》中说，现在这个社会到处都是"以强陵弱，以众暴寡"，"无耻者富，多信者显（善于夸耀多得信任者显贵）"。社会全是虚伪，齐桓公小白"杀兄入嫂"，"尧杀长子，舜流母弟（同母弟弟）"，"周公杀兄（指管蔡）"，"比干剖心，子胥抉眼，忠之祸也；直躬证父（证明父亲偷羊），尾生溺死，信之患也"。没有什么东西可以相信了。他对现实政治时时有一种恐惧感。如《人间世》："方今之时，仅免刑焉。福轻乎羽，莫之知载；祸重乎地，莫之知避。""画地而趋（在地上画着线走路）。"如《德充符》："游于羿之彀中（射程之中）。中央者，中地也，然而不中者，命也。"他在《在宥》中说，社会上的人都是互相猜疑、互相欺诈，没有任何诚信可言。天下各国互相践踏，纷乱不堪。莫名其妙被处死刑的人互相枕藉，带刑具的人互相拥挤，被杀戮的人满眼都是。他说人生如梦，"哀莫大于心死"，因此形如槁木，心如死灰。

但是，"形如槁木，心如死灰"还让人联想到庄子那些"用志不分，乃凝于神"的故事。痀偻者承蜩，天地之大，万物之多，而唯蜩翼之知；纪渻子为王养斗鸡，望之似木鸡。前面的《逍遥游》刚刚写了藐姑射山神人"其神凝"。这是一个凝神静思以体道的境界。

庄子和儒家不同。儒家更多考虑的是"人"，是群体。个体要服从群体秩序，己欲立而立人，己欲达而达人。非礼勿视，非礼勿听，非礼勿言，非礼勿行。礼就是群体秩序。而庄子所关心的是我，是个体，是个体的身心存在，他关心的是"吾丧我"。

《老子》第十三章说："宠辱若惊，贵大患若身……何谓贵大患若身，吾所以有大患者，为吾有身，及吾无身，吾有何患。"意思是说，得到宠幸和受到污辱，都感到惊恐。重视身体好像重视大患一样。什么叫重视身体好像重视大患一样？我之所以有大患，就因为我有这个身体。如果没有这个身体，我会有什么大患？庄子讲的"吾丧我"，或者也有老子讲的"及吾无身，吾有何患"的意思。

庄子看到，人一生下来，就与物相刃相靡，就为物所役。天下莫不以物易其性，小人以身殉利，士以身殉名，大夫以身殉家，圣人以身殉天下。或者淫于色，或者淫于声，或者乱于德，或者悖于理，喜怒相疑，愚知相欺，善否相非，诞信相讥，五色乱目，五声乱耳，五臭熏鼻，五味浊口，趣舍滑心。吾丧我，就是要把一切为仁义名利外物所役使的假我、非我抛弃掉。儒家要把自我返归社会，返归群体，庄子则要把自我返归自然，返归自然本真的"吾"。

吾丧我，更重要的是消除私心己见，消除成心。每个人都有成心，对是非有一定的主见，有的见识大，有的见识小，有儒墨之是非，有各家的钩心斗角。有成心，有主见，有是非之心，美恶之心，因此不能消除功名之心，不能不为外物所役。

这就要齐同物论。一方面，万物齐一；另一方面，物论齐一。物论齐一，就能消除成心，就能做到无己，就是吾丧我。这就很自然引出了一篇齐物之论。

【原文】

"女闻人籁而未闻地籁，女闻地籁而未闻天籁夫①。"子游曰："敢问其方②。"子綦曰："夫大块噫气③，其名曰风，是唯无作，作则万窍怒呺④。而独不闻之翏翏乎⑤？山林之畏佳⑥，大木百围之窍穴⑦，似鼻，似口，似耳，似枅，似圈，似臼，似洼者，似污者⑧；激者，謞者，叱者，吸者，叫者，譹者，宎者，咬者⑨，前者唱于而随者唱喁⑩。泠风则小和，飘风则大和⑪，厉风济则众窍为虚⑫。而独不见之调调，之刁刁乎⑬？"子游曰："地籁则众窍是已，人籁则比竹是已⑭，敢问天籁。"子綦曰："夫吹万不同⑮，而使自已也⑯，咸其自取，怒者其谁邪⑰？"（《庄子·齐物论》）

【注释】

① 籁：箫。人籁：人吹乐器发出的声音。地籁：风吹各种孔窍而能发出的声响。天籁：因任天然自然之声音，无声之音。② 方：道理。③ 大块：天地。噫气：吐气。④ 是：此。作：风发作。窍：孔洞。呺：通"号"。⑤ 而：你。翏翏：悠长的风声。⑥ 畏佳：高大参差的样子。⑦ 百围：言木之大。围，径尺为围。⑧ "似鼻"至"似污者"，形容窍穴的形状。枅：木制的酒瓶。圈：杯圈。臼：舂米的器具，多用石做成。洼：低洼的池沼。污：泥坑。⑨ "激者"至"咬者"，形容怒号的声音。激：激流声。謞：飞箭声。叱：发怒时叱咤声。吸：吸气声。叫：叫喊声。譹：号哭声。宎：沉吟声。咬：哀叹声。⑩ 于、喁：风相应和声。前者：指风。随者：指窍穴。⑪ 泠风：小风。飘风：疾风。⑫ 厉风：大风。济：停止。虚：指没有声音。⑬ 而：你。调调、刁刁：摇动貌。⑭ 比竹：众多竹管并列而成的乐器。⑮ 吹万：风吹千万个窍穴发出的声音。⑯ 自已：自行停止。⑰ 怒者：发动者。

【细读】

地籁、人籁、天籁

子綦说，今者吾丧我，接着说，你知道人籁而不知道地籁，你知道地籁而不知道天籁。接着又说，大地呼出长气，叫风。这风除非不发作，一旦发作，就千万个孔窍一起怒号。你难道没有听说过呼呼长啸的风声吗？那山中林木高大参差，百人合抱的大树上的窟窿，有的像鼻子，有的像嘴巴，有的像耳朵，有的像酒盅，有的像脸盆，有的像石臼，有的像池沼，有的像水坑。它们发出的声音，像水流激荡，像飞箭呼啸，像怒骂呵斥，像轻轻吸气，像大喊大叫，像号哭悲啼，像嘻笑作声，像唉声叹气。这些声音，前面唱出"于于"的声音，后面就随着唱"喁喁"的声音，细风就用细小的声音相应和，暴风就用大的声音相应和。暴风停止，各种孔窍发出的声音就空空如也。你难道没有见过那草木震撼摇动的景象吗？

于是子游问道：地籁就是风吹各种窍穴发出的声音，人籁就是排比而成的各种竹管发出的声音。那么天籁是什么？子綦回答：风吹千万个窍穴发出不同的声音，又让它们自己停止下来。这都是它们自己获取的，促使它们怒号的是什么呢？

天籁无声。正如《老子》所说，大象无形，大音希声。《庄子》说，体道者，视之无形，听之无声。又说，视乎冥冥，听乎无声；冥冥之中，独见晓焉；无声之中，独闻和焉。天籁就是听之无声的道之音。

道为万物之本，天籁也是众音之本。地籁、人籁，吹万不同，怒者其谁？怒者就是天籁。天籁不是地籁人籁，但又通过地籁人籁来体现。道无所不在，籁也无所不在。道生万物，天籁亦生众窍之声。无所不在的地籁人籁，就体现着天籁，但无所不在的天籁，又不等同于具体的地籁人籁。王弼《老子指略》曾说，不温不凉，不宫不商，为象也则无形，为音也则希声，故能为品物之宗主。又说，四象不形，则大象无以畅；五音不声，则大音无以至。又说，无状无象，无声无响，故能无所不通，无所不往。它既不是宫之音，也不是商之音，就有统摄所有声音的无限可能性。王弼所说未必符合庄子原意，但是，天籁不是具体的地籁人籁，因而统摄众籁，为众籁之本，这却符合庄子思想。

天籁没有目的。人籁有目的，即使是小孩自然的哭声，也有目的，饿了、哪里不舒服了；至于成人之声，更有目的，抒情、表意，喜、怒、哀、乐。但是天籁纯任自然，没有目的。

没有目的，也不知道由谁来主宰，一切由命运安排。假如造物主逐渐把我的左臂变成一只鸡，就用它来报晓；如果逐渐把我的右臂变成弹丸，就用它射取班鸠烤熟来吃；如果把我的尾骨变成车辆，把我的精神变成马匹，就用来乘坐。冶炼工匠铸造金属器具，铜块不能从熔炉里跳出来，说我一定要成为莫邪宝剑。叫我是牛，我就是牛；叫我是马，我就是马。天地音声也是一样，风吹到大孔，发出大的声音；吹到小洞，发出幽细的声音。你无法主宰，也无法干预，只有听由命运，最好听由命运。天籁没有自我的意志、自我的主见，从这个意义上，天籁也是"无己"，是"吾丧我"。也正因为这样，子綦用地籁人籁天籁来说明吾丧我，从吾丧我到天籁，顺理成章。

可以言论者，物之粗也；可以意致者，物之精也；言之所不能论，意之所不能察致者，不期精粗焉。天籁不期精粗，得意忘言，所以不作说明，只回答"怒者其谁"。

天籁纯自然，天籁本齐同，只是遇到似鼻，似口，似耳，似枅，似圈，似臼，似洼者，似污者，遇到不同的窍穴，而发出如激者、謞者、叱者、吸者、叫者、譹者、宎者、咬者等不同的声音。地籁如此，人籁更是如此。下面就要讲到人的各种喧嚣物论，人的各种成心成见。正是这些成心成见，使人陷入物累之中，使人不能逍遥而游。因此要齐同物论。

【原文】

大知闲闲，小知间间①。大言炎炎，小言詹詹②。其寐也魂交，其觉也形开③。与接为拘，日以心斗④。缦者，窖者，密者⑤。小恐惴惴，大恐缦缦⑥。其发若机括，其司是非之谓也⑦；其留如诅盟，其守胜之谓也⑧；其杀如秋冬，以言其日消也⑨；其溺之所为之，不可使复之也⑩；其厌也如缄，以言其老洫也⑪；近死之心，莫使复阳也⑫。喜怒哀乐，虑叹变慹⑬，姚佚启态⑭。乐出虚，蒸成菌⑮。日夜相代乎前，而莫知其所萌⑯。已乎，已乎！旦暮得此，其所由以生乎！

非彼无我，非我无所取⑰。是亦近矣，而不知其所为使。若有真宰⑱，而特不得其朕⑲。可行已信，而不见其形，有情而无形。百骸、九窍、六藏⑳，赅而存焉㉑，吾谁与为亲？汝皆说之乎？其有私焉㉒？如是皆有为臣妾乎？其臣妾不足以相治乎㉓？其递相为君臣乎？其有真君存焉㉔？如求得其情与不得，无益损乎其真㉕。一受其成形，不忘以待尽㉖。与物相刃相靡㉗，其行尽如驰，而莫之能止，不亦悲乎！终身役役而不见其成功㉘，苶然疲役而不知其所归㉙，可不哀邪！人谓之不死，奚益！其形化，其心与之然㉚，可不谓大哀乎㉛？人之生也，固若是芒乎㉜？其我独芒，而人亦有不芒者乎？

【注释】

① 闲闲：悠闲自大。间间：细加分别。② 炎炎：火猛气盛的样子。詹詹：多言，啰唆。③ 魂交：心神不宁貌。形开：四体不安。④ 拘：交合，引申为周旋。与接触的人物周旋，整天钩心斗角。⑤ 缦：缓慢。窖：深沉。密：谨密。⑥ 惴惴：提心吊胆的样子。缦缦：沮丧落魄的样子。⑦ 发：发言。机：弩上发射的机关。括：箭末扣弦的部位。机括：代指射箭。司：通"伺"，伺察。⑧ 留：沉默不语。诅盟：誓约。守胜：以守口不语取胜。⑨ 杀：肃杀，指这种心斗对身心的摧残。消：衰退。日消：一天天消瘦。⑩ 溺：沉溺。复：回复，回头。⑪ 厌：闭藏。缄：封闭。洫：本指田沟，有

自我封闭意。老洫：自我封闭的老手。⑫ 复阳：恢复生气。⑬ 变：变化无常。慹：通"蛰"，蛰伏不动，指无动于衷。⑭ 姚：轻浮。佚：通"逸"，纵逸。启：放荡。态：作态。⑮ 乐出虚：乐音发自虚空的箫管。蒸成菌：湿气蒸发会长出菌。⑯ 萌：始，生。其所萌：万物的缔造者。⑰ 所取：所用。⑱ 真宰：天然的主宰者。⑲ 朕：迹象。⑳ 骸：骨节。九窍：双眼、双耳、鼻两孔、口及上下二漏。六藏：心、肝、脾、肺、肾、命门。㉑ 赅：齐备。存：有。㉒ 说：通"悦"。私：偏爱。㉓ 皆为臣妾，则没有一个是主宰，故说不足以相治。㉔ 真君：即前说的真宰。㉕ 真：天然本性。㉖ 受：禀受。一受其成形：一旦禀受真君而形成自己。不忘：无法摆脱。待尽：等待生命的结束。㉗ 相刃：相互斗杀。相靡：相互摩擦。㉘ 役役：忙碌的样子。㉙ 苶然：困顿，精神不振的样子。疲役：疲于劳役。㉚ 形化：形体变化。指幼年变为中年、老年，直至死亡。与之然：和形体一起变化。㉛ 大：通"太"。大哀：非常可哀。㉜ 芒：愚昧

【细读】

物我之辨与寻找真宰

如何达于逍遥游？如何做到无己无功无名？如何吾丧我？庄子提出物我之辨，提出真宰问题。

他看到，自然界吹万不同，万窍怒号，各不相同。世态人情无不如此。有大智慧的悠闲自大，有小聪明的斤斤计较。善于雄辩的盛气凌人，拙于言辞的唠唠叨叨。睡觉的时候心神难宁，醒来之后四体不安。和周围的人接触周旋，整天耗费精力钩心斗角。有的心思缓慢，有的深沉叵测，有的小心谨慎。逢小恐惧提心吊胆，遇大恐惧丧魂落魄。有的说话快得像飞箭，仿佛早已洞察是非。有的沉默不语像谨守誓约，以守取胜。这种心斗对身心的摧残，就像秋冬对生物的伤害。他们沉溺其中，无法回头。他们深藏着，好像被捆绑一样，说明他们年纪衰迈，精神枯竭。心灵濒临死亡，没有谁能让他们恢复生机。有时喜欢，有时恼怒，有时悲哀，有时快乐，有时忧虑，有时伤叹，有时诡变，有时恐怖，有时轻浮，有时纵逸，有时放荡，有时做作。就像乐声发自空虚的箫管，地上的湿气蒸发而生出菌类，这种种情态白天黑夜交替在眼前变化，谁也不知道这种现象是怎么造成的。

这里，庄子又一次展示了他的小大之辨，小知大知，小言大言，小恐大恐。不论小还是大，都一笔抹掉。各种知识者不仅以私见相争，而且心斗，一天天走向枯死。

庄子说："非彼无我，非我无所取。"这里的彼和我，当然可以做更抽象更哲学的分析。它是客观和主观。彼此、物我、客主、对象和主体，都是相对应而存在。非彼

无我：没有认识感知的对象，就没有认识和感知的主体。反过来也是一样，非我无所取：没有认识和感知的主体，就得不到对于对象、客体的认识和感知。

正是世间的种种私见相争，钩心斗角，精神枯竭，为外物役使、摧残，人才失去了自然本真，才不能逍遥。但如果不是"我"有功名之心、利禄之心、是非之心，这"大知闲闲，小知间间"之态，又怎么会影响到"我"呢？你看那游乎四海之外的藐姑射之山神人，大浸稽天而不溺，大旱金石流、土山焦而不热，"物莫之伤"，"物"怎能"伤"它呢？

再与后面的话联系起来。"我"是什么？"我"是我的各部分的总和吗？"百骸、九窍、六藏，赅而存焉"，这才有了"我"吗？这不同样是"非彼无我"吗？人是各种器官的总和，是各种感知和情绪的总和吗？如果不是整体的"我"，这具体的器官、感知、情绪如何体现呢？但是庄子又问，这各种器官"吾谁与为亲"？你都一样喜欢它们吗？还是有所偏私？如果同等喜欢，它们不都成了臣妾？如果都是臣妾，相互之间不是就不能支配了吗？或许有一个"真君"来主宰呢？

庄子这里提出了真宰真君。他说，这样理解，算是接近一步了。但是，仍然不知道是什么东西在支配着它。仿佛有一个天然的主宰者，但是找不到它的征兆。可以从作用上使自己相信它的存在，但是看不到它的形迹。他说，无论找得到还是找不到真君的真实存在，都不会增加或损失它本身的真实。

正是吹万不同，正是世间各种偏心私见、是非争论，正是没有找到真君的存在，所以，人一禀受天地之气形成各自的形体，只要不死亡，就等着走向人生的尽头。与外物相互残杀、相互摩擦，行动就像奔驰一样，没有谁能让他停止下来。这不是很可悲吗？终身忙忙碌碌而看不到成功，劳累得精疲力竭，却不知道人生归宿何在，这不是很可哀伤吗？即使人说他没有死，有什么用处！他的形体变化，由年轻走向衰老，他的心也是一样，这不是很大的悲哀吗？人生在世，本来就应该这样昏昏昧昧吗？还是只有我一个人昏昧，其他人并不昏昧呢？

因此，达于逍遥游，做到无己无功无名，就要解决物我关系问题，就要寻找真宰。

【原文】

道恶乎隐而有真伪？言恶乎隐而有是非？道恶乎往而不存？言恶乎存而不可？道隐于小成[①]，言隐于荣华[②]。故有儒墨之是非，以是其所非而非其所是。欲是其所非而非其所是，则莫若以明。

【注释】

① 小成：偏小之成心。② 荣华：浮辩之辞，华美之言。

【细读】

消除成心，去蔽明道

物论纷扰，使人身心受累，怎么办？

人们对事物问题总有自己的看法，这是所谓"成心"。庄子说，能以此作为判断标准吗？谁没有自己的看法？正确的、错误的、全面的、片面的、公正的、偏颇的，都是成心。不一定是知道事物变化而自己知道追求的人才有成心，愚蠢的人也会有看法。春秋战国，百家争鸣，儒家讲仁义讲礼治，墨家泛爱兼利非攻非乐节用，法家隆礼重法，名家考辩名实，都有成心，以谁为标准？而且，很多人"未成乎心而有是非"，没有经过研究思考就判断了是非。百家争鸣，诸家各以自己之见游说诸侯，他们真有"成心"吗？不然，何以朝秦暮楚呢？很多人不过是巧言令色，以辩术取悦君主，谋求一官半职而已。世间的各种争论、政见斗争、学术辩议、市井乡里争吵，都有自己的是非，他们都成乎心吗？美国竞选总统，竞选时都拿中国说事，当上总统后又要同中国保持正常关系，好不到哪里去也坏不到哪里去。竞选之时，他们成乎心了吗？经过研究思考判断是非了吗？这不都是说今天去越国，而昨天已经到了（"今日适越而昔至"）吗？这不都是以无有为有吗？无有为有，即使神人大禹在世也没有办法，何况我们这些人！

在这个时候，我们不能只听一些人信誓旦旦，大言欺世，不管他们是否有成心，都要有自己的独立判断。

是的，如庄子所说，"言非吹也"。风吹是自然而然，但是人之言则不一样。人之言要受各种主观的限制，包括你的好恶、你的情绪、你的利益、你的知识修养。一旦言说，它就有限，说它好，就不能同时说它坏；说它美，就不能同时说它丑。它有待，它相对。不错，言者有言，人都是有话要说的，但是人所要说的话就不那么确定。可能因为事物是不断变化的，事物瞬间变化，已经说过的话等于没物。但更可能的是，有时候你不知道他是真的有话要说，还是没有话说。雏鸟出壳的声音是自然的，但是，人之言和它有区别还是没有区别呢？自然界是有风就吹，没有风就不吹，大风让人感到凉爽，小风让人感到舒服，马上就能感觉得到。但是世间却常常有人口是心非，说一套做一套，嘴上打着哈哈，背后却使绊子；嘴上说的是大东亚共荣圈，做的却是侵略掠夺杀人放火。坏事做绝，而好话说尽，这样的人不是也见过颇多吗？这些人说话，确实和自然界的风吹、雏鸟出壳的声音不一样。你确实不知道他们"果有言邪，其未尝有言邪"。

所以，庄子提出这样的问题就很自然。道，被什么所蒙蔽而有真伪？言，被什么所障蔽而有是非？道，流失到哪里已经不存在了？言，在什么场合就不适宜了呢？

庄子自问自答："道隐于小成。"小成就是成心，渺小的成心。那些大知小知，大言小言，都是小成，都是一家的私心之见。正是这些私心之见，蒙蔽了大道。

"言隐于荣华。"那些悠闲自大的言辞、斤斤计较的言辞、盛气凌人的雄辩之辞、唠唠叨叨的拙劣之辞，还有春秋战国时那些游说诸侯的巧言令色、当面一套背后一套的虚假之辞，都是浮伪荣华之辞。

所以庄子说，故有儒墨之是非，他们把对方所非者说成是，把对方所是者说成非。他说，与其把对方所非者为是，把对方所是者为非，"则莫若以明"。

到这里，我们知道，庄子对物论纷扰的批评，主要针对儒墨。就《庄子》来说，对儒家仁义道德之说批评得更多，对孔子嘲笑得更多。庄子认为，儒家那一套都是虚伪的，儒墨之说都是拘于一隅渺小的私心之见。

庄子提出"莫若以明"。《老子》说："复命曰常，知常曰明。"明就是空明宁静的状态，以明静的体道之心照之，就是"明"。道是自明的境界，明道之言也是自明之言。显现道和言的本来面目，或者就是这里所说的"莫若以明"。从前面的论述看，所谓莫若以明，就是不要有小成之见、荣华之言。这样，才能使隐于小成中的道，隐于荣华中的言显现出来。

在现实生活中，我们也不要为一些花言巧语所蒙蔽，不要为一些私见偏见所蒙蔽，这样才能对是非有所判断。

【原文】

物无非彼，物无非是①。自彼则不见，自知则知之。故曰彼出于是，是亦因彼。彼是方生之说也，虽然，方生方死，方死方生；方可方不可，方不可方可；因是因非，因非因是。是以圣人不由而照之于天，亦因是也。是亦彼也，彼亦是也。彼亦一是非，此亦一是非。果且有彼是乎哉②，果且无彼是乎哉？彼是莫得其偶③，谓之道枢④。枢始得其环中，以应无穷，是亦一无穷，非亦一无穷也。故曰莫若以明。

【注释】

① 是：此。② 且：句中助词，无义。③ 偶：对立面。④ 道枢：道的关键。

【细读】

得其环中，以应无穷

庄子在继续讲他的"莫若以明"的时候，基本上进入了两个对立面相互关系的辩说。

世间一切事物，没有不是"彼"，也没有不是"是（此）"。难道不是吗？当你站在彼方立场的时候，一切都是"彼"；当你站在此方立场的时候，一切都是"是（此）"。你站在孟子的立场，是人性本善。难道不对吗？人不是皆有不忍人之心吗？见孺子将入于井，不是皆有怵惕恻隐之心吗？你站在荀子的立场，又是人性恶。难道不是吗？每个人不是饥则欲饱，寒则欲暖，劳则欲休吗？人们不都是好利恶害，好逸恶劳吗？同样，你站在儒家的立场，就要用礼乐，但是站在墨子的立场，就要非乐。你站在荀子的立场，怎么看得见孟子的性善说呢？你要了解墨子所说的乐是"上考不中圣王之事，下度不中万民之利"，只有站在墨子的立场，这不是"自彼则不见，自知则知之"吗？如果换一个立场，把彼换成此（是），把此（是）换成彼，彼和此（是）有什么分别呢？这不是"彼出于是，是亦因彼"吗？这不是"彼是方生"吗？

但是，事物相反的两个方面，又一定是截然对立的吗？生和死截然对立吗？生的过程难道不是一个不断走向死亡的过程吗？一个旧的事物的死亡，不正意味着另一个事物的新生吗？一切生物，从出生那天起就不断走向死亡，同样，旧的细胞死亡又意味着新的细胞诞生。地壳隆起，高山诞生，大海消亡，反过来，没有大海的消亡，又怎么会有高山的诞生？这不是"方生方死，方死方生"吗？

所以，凡事不要只从一个方面考虑，也要从另一个方面考虑。所以，对一些事情期望值不要太高。

所以庄子说："圣人不由而照之于天。"天就是道，照之于天，就是用道的高度观照这一切。他又说："彼是莫得其偶，谓之道枢。枢始得其环中，以应无穷。"所以，"莫若以明"。之所以物论纷扰，人为物役，不就是因为把事物看成了对立吗？有对立面，就有彼，有此；有是，有非；有可，有不可；有生，有死。但是，如果"照之于天"，"是亦彼也，彼亦是也。彼亦一是非，此亦一是非"，那么，还有对立面吗？这不就"彼是莫得其偶"吗？偶，就是和你的认识相对相偶的对立面。莫得其偶，就是"道枢"。道枢是什么？比如围绕中心的一个环，有上、有下，有左、有右。你在上，对立面就是下；你在左，对立面就是右。有其"偶"，有对立面，就有彼此，有是非。你以上为是，则必然以下为非；你以左为可，则必然以右为不可。你离环中越远，则越有对立面，你在上面，就离下面越远；你在左面，就离右面越远。这就越显彼此、是非，你越无法做到无是非，也就越无法做到无功无名，无法吾丧我，无法逍遥。但实际是，事物是方可方不可，方不可方可，因是因非，因非因是。怎么办呢？你得其环中。围绕中心的这个环，你得其环中，这样你就既不在上，也不在下；既不在左，也不在右。这就"莫得其偶"，这就可以应无穷，可以是亦一无穷，非亦一无穷。

那么，在我们的现实生活中，是不是也要消除对立面，是不是也要"莫得其偶"？是不是也要"得其环中"？也要"是亦一无穷，非亦一无穷"呢？

【原文】

以指喻指之非指，不若以非指喻指之非指也；以马喻马之非马，不若以非马喻马之非马也^①。天地一指也，万物一马也。

可乎可，不可乎不可。道行之而成^②，物谓之而然。恶乎然？然于然。恶乎不然？不然于不然。物固有所然，物固有所可。无物不然，无物不可。故为是举莛与楹^③，厉与西施^④，恢恑憰怪^⑤，道通为一。

【注释】

① 先秦名家公孙龙提出指之非指，白马非马的命题，前一个"指""白马"，是具体的事物，后一个"指""马"，是抽象的概念。② 道：道路。③ 举：全，皆。莛：草茎。楹：房柱。④ 厉：丑妇。西施：春秋时越国美女。⑤ 恢：恢谐。恑：通诡，狡猾。憰：通"谲"，欺诈。怪：奇异。

【细读】

道通为一

讲完消除成心，讲完莫若以明，讲完道枢，得其环中，以应无穷，庄子一步一步将议题引入万物齐一。

　　他从名家公孙龙著名的命题入手。既然指之非指，白马非马，既然名称与其相应的事物各自独立存在，既然从名称出发否定事物是没有必要的，那么，又有必要从事物出发来否定名称吗？没有必要区分名和实，不是可以彻底否定两者的对立吗？不区分名实，彻底否定两者的对立，不就天地一指，万物一马吗？同样，有必要以生否定死，以是否定非，或者以死否定生，以非否定是吗？同样，有必要用儒家否定墨家，或者相反，有必要以墨家否定儒家吗？以大知否定小知，或者相反，以小知否定大知吗？取消它们的对立，它们不就是一回事吗？

　　庄子接着说，对的就是对的，不对的就是不对。又说，路是人走出来的，事物是人们叫它这样它就是这样。难道不是吗？尧舜，为什么是圣人？因为大家叫他们圣人。如果我说尘垢粃糠将犹陶铸尧舜，那么，尘垢粃糠就可以陶铸尧舜。红薯，为什么是红薯，因为人们叫它红薯。如果大家叫它地瓜，它就是地瓜；叫它山药蛋，它就是山药蛋。西安，为什么是千年古都？因为大家说它是千年古都，它就是千年古都。如果大家说它是西部落后地区，它就是西部落后地区。桂林和海南为什么是旅游胜地？因为大家叫它们旅游胜地，它就是旅游胜地；大家说它是边远蛮荒之地，它就是边远蛮荒之地。到柳州、桂林、海南任职，为什么是贬谪？因为大家说这是贬谪，它就是贬谪，如果大家说这是旅游，它就是旅游。

　　为什么如此？如此就是如此。为什么不如此？不如此就是不如此。为什么鸟在天上飞？因为它是鸟，所以在天上飞。为什么鱼在水里游，因为它是鱼，所以在水里游。

　　物固有所然，物固有所可。无物不然，无物不可。事物本来就有它之所以如此的原因，事物本来就有值得赞许的地方。没有什么事物没有它之所以如此的原因，没有什么事物没有值得赞许的地方。万物都有其存在的理由和根据。儒家重仁义，墨家讲兼爱，法家重刑法，都有它们之所以如此的原因。你天天奔驰宝马，山珍海味，呼风唤雨，自有你这样的理由。我每天日晒雨淋，劳作流汗，粗衣淡食，也有我这样的根据。大房柱架在大房梁上当然好，小草茎在草丛中不也很自在吗？西施当然很美，但是厉亦自有其安逸的生活，未必没有值得称许之处。所以世界上形形色色、千差万别的东西，从道的角度来看都是一体的。

　　想想这些，你就不必为世事纷扰、处境艰难、诸事不顺而愤愤不平、烦恼不已了。

【原文】

其分也，成也；其成也，毁也。凡物无成与毁，复通为一。唯达者知通为一，为是不用而寓诸庸①。庸也者，用也；用也者，通也；通也者，得也；适得而几矣②。因是已，已而不知其然，谓之道。劳神明为一，而不知其同也③，谓之"朝三"。何谓"朝三"？狙公赋芋④，曰："朝三而暮四。"众狙皆怒。曰："然则朝四而暮三。"众狙皆悦。名实未亏，而喜怒为用，亦因是也。是以圣人和之以是非，而休乎天钧⑤，是之谓两行⑥。

【注释】

① 寓：寄托。诸：之于的合音。庸：常。② 适：到。几：近，差不多。③ 神明：精神，心神。④ 狙：狝猴。狙公：养狝猴的老翁。赋：分发。芋：橡子。⑤ 休：在树下休息，此类无为任之之意。天钧：天之钧陶，喻循环运转之天道。⑥ 两行：任由是非两方各自发展。

【细读】

顺其自然不执着

庄子继续说："其分也，成也；其成也，毁也。"仍是讲两个对立面。他讲得没错，事物的分散，往往就是它们的成全。事物的成全，往往也是它们的毁灭。难道不是吗？三国分晋，对于晋来说是分，却形成了韩、赵、魏三国，并且标志着新兴地主阶级登上历史舞台，标志着七雄并争的战国时代到来。秦统一中国，对于齐、楚、燕、韩、赵、魏六国来说却是灭亡。城市改造拆迁，旧房子没有了，是分，但是分到新房子，又是成。高考失败，自主创业，经商成功，赚到很多钱。对于学业来说是毁，对于经商来说是成。反过来也是一样，没能升任要职，没有当上处长，是毁、是分，但是不需要整天为繁杂事务忙碌，乐得清闲自在，又是成。荣升高官，当上了处长，是成，但又忙又累损耗了身体，落下一身病，又是毁。

所以庄子说，事物无所谓成与毁，事物的成与毁都是贯通为一的。只有通达的人才知道这贯通为一的道理，不去作分别，不论成与毁，都看作寻常。一切顺其自然，自然而然而不知其所以然，这就是道。

但是，有的人并不知道这个道理，成天殚精竭虑，要在这当中找出一二三四，不知道是也好非也好，成也好毁也好，其实都是"同"，都差不多。比如养狝猴的给狝猴分发橡实，说："早上给你们三升，晚上给你们四升。"那些狝猴很气愤。养狝猴的改口说："那就早上给你们四升，晚上给你们三升。"所有的猕猴都高兴了。

生活中这样的例子不少。一个人拼命赚钱，把身体弄坏了，赚来的钱都用来治病了。另一个人不赚大钱，悠闲生活，保养身体，不需要花钱治病。两个人有什么区别呢？日本人租用一块地，五年不种东西，休养地力，也清除污染。再后来，土地肥力很好，年年高产，而且种出的蔬菜水果没有污染，卖出了好价钱。普通人年年耕种，竭尽地力，而且任其被污染，前几年是有好收成，但越往后越差。这两种结果有什么区别呢？所以庄子说：名实未亏而喜怒为用，亦因是也。朝三暮四和朝四暮三只是名义不同，却引发了发怒和高兴两种截然不同的结果，这正是因为他们不懂得前面的道理。

庄子最后说："是以圣人和之以是非，而休乎天钧，是之谓两行。"和之以是非，即是和非都差不多。休乎天钧，就是顺其自然。所谓"两行"，就是对立的两个方面你感觉都很好，都能"行"，是也好非也好、成也好毁也好、穷也好达也好，都能顺其自然，无为逍遥。赚钱多少都差不多，考上大学没考上大学都差不多，知通为一，把一切都看得平常一些，为是不用而寓诸庸。休乎天钧，顺乎自然。钱多就多用一点儿，钱少就少用一些，考上大学就好好学习，没考上大学就自谋职业，过另一种生活。大学毕业了，没必要一定在北方工作，或者一定在南方工作。在北方工作，就多吃点儿新鲜牛羊肉，冬天滑雪溜冰；在南方工作，就静享山清水秀的美景，南方的小吃美味。张华、潘岳升任朝廷高官，风光无限，后来却又被害身亡，又有什么好呢？陶渊明隐居田园，无缘功名利禄，户庭无尘杂，虚室有余闲，息交游闲业，卧起弄书琴，又有什么不好呢？苏轼被贬海南，但日啖荔枝三百颗，不也很好吗？

【原文】

古之人，其知有所至矣①。恶乎至？有以为未始有物者②，至矣，尽矣，不可以加矣！其次以为有物矣，而未始有封也③。其次以为有封焉，而未始有是非也。是非之彰也，道之所以亏也④。道之所以亏，爱之所以成⑤，果且有成与亏乎哉？果且无成与亏乎哉？有成与亏，故昭氏之鼓琴也⑥。无成与亏，故昭氏之不鼓琴也。昭文之鼓琴也，师旷之枝策也⑦，惠子之据梧也⑧，三子之知几乎皆其盛者也⑨，故载之末年⑩。唯其好之也以异于彼，其好之也欲以明之。彼非所明而明之，故以坚白之昧终⑪。而其子又以文之纶终⑫，终身无成。若是而可谓成乎，虽我亦成也；若是而不可谓成乎，物与我无成也。是故滑疑之耀⑬，圣人之所图也⑭。为是不用而寓诸庸，此之谓以明。

【注释】

① 知：认识。有所至：达到的最高境界。② 以为：认为。未始：未曾。③ 封：界限。④ 彰：明。亏：损失，损坏。⑤ 爱：偏爱，个人偏好。⑥ 昭氏：昭文，古之善琴者。鼓：弹奏。⑦ 师旷：字子野，晋人，精通音律。枝策：拄杖，指手持拐杖打拍子。⑧ 惠子：惠施。据梧：惠施常据梧休息吟叹，在树下与人辩论。⑨ 知：智，才智。几：近。盛：最强。⑩ 载：从事。之：三人所热衷之事。末年：晚年。⑪ 坚白：即坚白论，战国时名辩论题之一。公孙龙子主"离坚白"，以为视觉只看到石头的白色而看不到坚硬，触觉只摸到坚硬而摸不到白色。墨子主"盈坚白"，以为坚白同为石的属性而不可分离。⑫ 文：昭文。纶：琴弦，指弹琴的技艺。⑬ 滑：混乱。疑：疑是。滑疑：能言善辩，能乱是非异同。耀：炫耀。⑭ 图：革除。

【细读】

有成即有亏

作者说，古代的人，他们的认识达到很高的境界。有的认为最早的开始是没有物的；接着以为有物，但没有界限；再其次，以为有界限，但没有是非。是非一旦出现，"道"就有了亏损。这是"道"亏损的原因，是私心养成的原因。

接着讲了三个人的事。善琴者昭文，昭文鼓琴，就有完成和亏损；昭文不鼓琴，就无所谓完成和亏损。昭文的鼓琴、师旷的击乐、惠施的倚树争辩，三位先生的技艺智慧可谓达到了顶点。三人终其一生都以为自己的所好不同于别人，便想用自己的所好去教诲明示他人。惠施并非真正明道，却总用自以为是的明理去明示他人，所以惠施一生陷于"坚白之论"的偏蔽昏昧之中。而昭文的儿子又继承其父弹琴的事业，以致终身无成。

这段话前面还有一段，说古代的人认识已达到很高的境界。他们认识到原始本无物的存在；接着又以为有物，但没有界限；再其次以为有界限，但没有是非。是非一旦出现，"道"就有了亏损，"道"的亏损是由于个人偏好所造成的。这段话，阐明了从无物到有物、有界限、有是非的层次，说明庄子的思想是有层次的。天下万事万物，果真有成与亏吗？

从昭文、师旷、惠施三人的故事来看，昭氏鼓琴、师旷击乐，奏响某音，必然掩盖其他音；惠施主坚白论，就不能同时主其他各论。他们或于音声、或于论辩，都主一音一说，于事物都有分别，所以有成与亏。这有点儿像后来王弼所说的，任何具体的"有"都有其局限性。"若温也则不能凉矣，宫也则不能商矣，形必有所分，声必有所属。"有声则有分，有分则不宫而商矣。分则不能统众。故有声者非大音。就温度来说，它是温热，就不能同时是寒凉，就不能统摄寒凉；就声音来说，它是宫之音，就不能同时是商之音，就不能统摄商之音。它一旦成为具体的实有，就受到了限制，就不能统摄别的事物、不能统众。成了宫之音，则亏了商之音。

庄子说，如果这也算"成"，那么，我也有"成"。如果这不叫"成"，那么，物与我皆无成。像这样混乱疑似的言论，炫耀于世的行为，正是圣人要去除的。

庄子提出成与亏，应该仍是针对战国时期的百家争鸣而言的。百家争鸣中的任何一家，都偏于一家之说。就这一家之说而言，是"成"，但肯定了某一家，就否定了另几家。肯定儒家，就否定墨家；肯定杨朱，就否定法家。你说人性本善，人皆有恻隐之心、羞恶之心、辞让之心，为什么人又都好逸恶劳、饥则欲饱、寒则欲暖？名家持坚白论，就否定了其他各家之论。这就有了成与亏，有了纷扰的争辩，有了各种烦恼。成与亏，是一个对立面。有成即有亏，因此不能有所偏执，不要有成，也就不会有亏。针对百家争鸣如此，针对后人处世亦如此。如果人们凡事不过于执着，对于财富名利不过度追求，也就不会有太多的烦恼，因为凡事有成必有亏，有得必有失。西晋一官员，凡事不自作主意，不表示态度，总是拟就几个提案，视主上喜好，随时呈上去。因为朝廷各派势力复杂，主一种意见，反对者必然忌恨。不表示态度，让皇上拿主意，则可以四方回旋，八面玲珑。

【原文】

今且有言于此①，不知其与是类乎，其与是不类乎？类与不类，相与为类，则与彼无以异矣。虽然，请尝言之。有始也者，有未始有始也者，有未始有夫未始有始也者。有有也者，有无也者，有未始有无也者，有未始有夫未始有无也者。俄而有无矣②，而未知有无之果孰有孰无也。今我则已有谓矣③，而未知吾所谓之其果有谓乎，其果无谓乎？

【注释】

① 今且：假设之词。② 俄而：忽然，顷刻之间。③ 谓：言论，话语。

【细读】

从有到无到没有无

这是庄子关于追溯事物本源的一段话，有些绕口。庄子说：今天姑且在这里说那么多话，不知是否与那些学者的议论属于同类，还是不属于同类？不论是同类还是非同类，都是发言，因此相与为类；既然都是发言，相与为类，我的议论和那些学者的议论也就没有什么区别了。正如"有有也者，有无也者"。议论的内容不同，观点不同，这是"有"，所谓"有"，就是有差别。但是，既然上推根源，它们都是发言，这就是"无"，所谓"无"，就是无差别。

接下来仍然绕口。有一个"开始"，有一个"没有开始"，有一个"没有开始"的开始。有一个"有"，有一个"无"，有一个"没有无"，有一个"没有无"的无。联系《齐物论》前面的一段话："古之人，其知有所至矣。恶乎至？有以为未始有物者，至矣，尽矣，不可以加矣！其次以为有物矣，而未始有封也。其次以为有封焉，而未始有是非也。是非之彰也，道之所以亏也。"这段话是从"无"推向"有"。无（未始有物）—有（有物，但没有界限（封））—有界限，但没有是非—不但有界限，而且有是非。而现在顺序正好倒了过来：开始—没有开始—"没有开始"的开始。有—无—没有无—"没有无"的无。

再联系《老子》所说的："道生一，一生二，二生三，三生万物。"道是无物。道生一，一是有物，但混而为一。一生二，二就有了界限。二生三，三生万物，万物皆有界限、有差别、有是非。

追溯事物本源，是为了进一步说明万物和物论齐一。"有"是有界限、有差别的，但溯其本源，是"无"。"无"就没有差别，没有差别，就是齐一。但是这个"无"和那个"无"还是有界限、有差别。再往前追溯，"有未始有无也者，有未始有夫未始有无也"，以至于无穷，无限层次彻底的"无"，这就是万物的本源，既然无限层次彻底的"无"，当然万物齐一。这也就是"道"。

既然是无限层次彻底的"无"，所以庄子说："不知道这里所说的'无'到底是'有'还是'无'。"同样的道理，"今天说了话，不知道今天我所说的，到底是有话说，还是没有话说，到底是说了，还是没说"。说和没说，也是齐一了；说和没说，背后也是"无"。

世间万物难道不是这样吗？公鸡和母鸡有差别，这是"有"。但是往前追溯，在没有孵出公鸡、母鸡之前都是蛋，有差别吗？既然没有差别，因此是"无"。这个蛋和那个蛋可能还有不同，一个稍大一点儿，一个稍小一点儿，再往前推，蛋没有生下来的时候，在母鸡肚子里有差别吗？没有差别，这是没有无的无。鸡蛋和鸭蛋有差别，家鸡和家鸭有差别，但是往前推，它们都不能飞；不能飞的家禽和能飞的鸟有差别，但是往前推，它们都是禽类，有差别吗？鸟和狼有差别，但是往前推，它们都是动物，有差别吗？

高山和大海有差别，这是"有"，但是多少万年前，高山本为大海，大海本为高山；或者它们都本为大海，或者都本为大陆，它们有差别吗？没有差别，就是"无"。往上推，和金星、火星相比，不论高山大海都在地球上，它们有差别吗？地球和金星火星有差别，但是，从整个宇宙看，它们都在太阳系，它们有差别吗？

社会和人生难道不是如此吗？一个企业家，身资亿万；一个普通工人，每月工资数千元，但是大企业家和普通工人一样，也是一日三餐，晚上一样要休息，一样也辛苦，又有什么差别？

本体论、认识论和人生论在这里是一体的。万物和物论之所以齐一，是因为道是无，是无限层次彻底的无。而万物和物论齐一，又从认识论的角度证明了万物之本源和本体为无。既然万物和物论齐一，既然万物之本源为无，所谓无，就是无差别、无界限。因此，人生也就不应该事事斤斤计较，不计较利害、不计较是非，将生活中所有的问题都看作差不多。这样看待事物、看待社会、看待生活，就可以做到无己无功无名，就不会为物所役，就不会有烦恼，就可以逍遥游。

【原文】

天下莫大于秋豪之末①，而大山为小②；莫寿乎殇子③，而彭祖为夭④。天地与我并生，而万物与我为一。既已为一矣，且得有言乎？既已谓之一矣，且得无言乎？一与言为二，二与一为三。自此以往，巧历不能得⑤，而况其凡乎⑥！故自无适有⑦，以至于三，而况自有适有乎！无适焉⑧，因是已。

【注释】

① 秋豪：即"秋毫"，动物秋天换的新毛，极细。② 大山：即泰山。③ 殇子：夭折的婴孩。④ 彭祖：传说中的长寿之人，相传活了八百岁。⑤ 巧历：巧于计算的人。⑥ 凡：一般的人。⑦ 适：往，发展。⑧ 无：通"毋"。

【细读】

天下莫大于秋毫之末

秋天动物换的新毛是极细的，但他说天下没有比之更大的了。泰山一向被认为雄伟高大，但他说泰山是小的。婴孩刚出生不久就夭折了，但他认为婴孩是长寿的。彭祖活了八百岁，但他认为彭祖是短命的。

这听起来很难理解，但万物何尝不是如此。万物都是相对的，秋毫是极细的，但还有比它更细的；泰山是雄伟高大的，但与喜马拉雅山、与整个地球相比它又算得了什么？殇子是短命的，但和一些不知朝暮的菌类、和一些连出生的机会也没有的生命相比怎么样？彭祖是长寿的，但同是生物，他和千年古树相比又怎么样？活了八百岁，假如这八百岁活得并不健康，天天受病痛折磨，或者并不幸福，每天在煎熬焦虑中度过；而一个普通人虽然只活了七八十岁，但是身体健康，生活幸福，这两个人相比，到底是谁的生活更好？

现实生活中又何尝不是如此？一瓶水和一百根金条哪个更值钱？当然是一百根金条。但是如果身陷沙漠，一瓶水能维持生命，而金条只会增加负担，这时哪个又更值钱呢？城市环卫工人工作又脏又累，但如果没有他们，城市只会又脏又乱。尽管他们处于社会底层，但他们是不是也应该得到与上层人物一样的尊重呢？

"天地与我并生，而万物与我为一。"又是惊人的夸张。但是，天地和我均源于无，均顺应自然、出于自然。"举莛与楹，厉与西施，恢恑憰怪，道通为一"，万物齐一，当然也与我齐一，天地一指，万物一马。天地和我都有生有死，都体现无所不在的大道，那就不能说天地一定恢宏，个人一定渺小。既然如此，又为何不能说天地与我并生，而万物与我为一呢？

且我未生，则天地与我无涉；我既生，则天地即我之天地。天地无私，阳光普照，空气同滋，流水共养。当是时也，天地所生万物，自然造化精华，皆为我所享用，我即自然，自然即我。苏轼《赤壁赋》有言，"自其变者而观之，则天地曾不能以一瞬；自其不变者而观之，则物与我皆无尽也，而又何羡乎！且夫天地之间，物各有主，苟非吾之所有，虽一毫而莫取。惟江上之清风，与山间之明月，耳得之而为声，目遇之而成色，取之无禁，用之不竭，是造物者之无尽藏也，而吾与子之所共适"。这不也是天地与我并生，而万物与我为一的境界吗？

万物一体，万物齐一，这是道的境界。但人们总是习惯于对事理硬加分辨，划出很多界限。人们喜欢有"言"，万物一体为"无"，而"言"则为"有"。这还不算，"一与言为二，二与一为三"，界限越来越多，分辨越来越细，巧于计算的人都无法算出其最后结果，何况是普通人？从无到有尚且如此，从有到有更让人无所适从。只要明白万物为一就可以了，何须要那纷扰的言说、烦人的物论呢？

【原文】

夫道未始有封①，言未始有常②，为是而有畛也③。请言其畛：有左有右，有伦有义④，有分有辩⑤，有竞有争，此之谓八德⑥。六合之外⑦，圣人存而不论⑧；六合之内，圣人论而不议⑨；春秋经世先王之志⑩，圣人议而不辩⑪。

故分也者，有不分也；辩也者，有不辩也。曰：何也？圣人怀之⑫，众人辩之以相示也⑬。故曰：辩也者，有不见也。夫大道不称⑭，大辩不言，大仁不仁⑮，大廉不嗛⑯，大勇不忮⑰。道昭而不道，言辩而不及，仁常而不成，廉清而不信，勇忮而不成。五者圆而几向方矣⑱。故知止其所不知，至矣。孰知不言之辩，不道之道？若有能知，此之谓天府⑲。注焉而不满，酌焉而不竭⑳，而不知其所由来，此之谓葆光㉒。"

【注释】

①封：界限。②常：是非定准。③为是：因此。畛：界限。④伦：次序等级。义：宜。⑤辩：别。⑥八德：群生功用，从无到有，变化无穷的八种界限。⑦六合：上下东南西北六方，即天地。⑧圣人：此指道家圣人。⑨论而不议：论述而不评议。⑩春秋：指史书。经世：治世之事，即社会政事。⑪辩：争辩。⑫怀之：胸中包容万物。⑬辩之：分辩是非，分别彼此。相示：争相显示。⑭称：称道，说明。⑮不仁：不会有所偏爱。⑯廉：廉洁。嗛：通谦。⑰忮：健，强。⑱几：近乎。向：转向。⑲天府：天然的府库，喻指圣人胸怀宽广，能包容一切。㉑酌：舀取。㉒葆光：隐藏着的光明。

【细读】

大辩不言

怎么做到物论齐一，庄子提出"大辩无言"。

他说："道未始有封。"这可以理解为道没有什么范围，就是说，道无所不在。但前面说，先是未始有物，其次未始有封，再其次未始有是非。这里的道未始有封，应该指道没有界限，没有界限，也就是没有差别。事物之间没有差别，这就是道。

接着说：言是没有是非标准的。因为言论没有标准，所以才产生了许多界限（畛）。这界限，有的赞成，有的反对（有左有右），有议论，有评判（有伦有义，伦，通论；义，通议），有分别，有辩论（有分有辩），有强辞，有争论（有竞有争）。庄子把这叫作"八德"。这"八德"，即言的界限的八种表现，也就是物论不齐的表现。

庄子提出，天地以外的事情，圣人听任它而不加谈论；天地之内的事情，圣人只谈论而不评议；经历了许多世代的先王的史迹，圣人只评议而不分辩。圣人是不分别、不辩论的，胸怀包容万物，但众人却辩论不休争着表现自己。所以，凡是辩论，就有自己看不到的地方。

所以，大道是不需要称扬的，大辩是不言说的，最大的仁爱是不偏爱，最好的廉洁是不谦让，最高的勇敢是不显倔强。为什么呢？因为一旦明白显现出来，就不是"道"了。言的争辩总有达不到的地方；仁慈用得太平常就不能保全；过于显得廉洁清白，反而难以为人取信；勇敢过于显现强势，总有不能成事的时候。这五个方面，都适得其反，本意要"圆"，却常常而转向"方"。

这里最重要的是"大辩不言"。五者之中，道、仁、廉、勇四者固然重要，但要达到物论齐一，重要的是"大辩不言"。"大辩不言"，重要的又是"不言"。为什么要"不言"？就是因为道是没有界限的，一旦言说就有了界限、有了是非；有界限、有是非，物论就不能齐一。怎样做到"不言"？就是存而不论，论而不议，议而不辩。

不言，就能达于物论齐一。所以庄子接着说，"知"要停止于所不知，这就是最高境界。又说，谁知道不言之辩、不道之道，如果有谁知道，这就是天然的府库。天府，是注入多少都不会溢满的，无论从中舀取多少也不会枯竭，而且不知道它的来源，这就叫作隐藏着的光明。

难道不是吗？对于一件事，你不评价其中的是是非非，那么不管事情如何变化，都不能伤害到你，你的光亮是隐藏着的。这就做到了万物齐一，物论齐一，就达到了道的境界。

【原文】

齧缺问乎王倪曰①："子知物之所同是乎②？"曰："吾恶乎知之！""子知子之所不知邪？"曰："吾恶乎知之！"

"然则物无知邪？"曰："吾恶乎知之！虽然，尝试言之。庸讵知吾所谓知之非不知邪③？庸讵知吾所谓不知之非知邪？"

【注释】

① 齧缺、王倪：传说为尧时贤人。尧的老师叫许由，许由的老师叫齧缺，齧缺的老师叫王倪。
② 子：先生。③ 庸讵：何以。庸：用。讵：何。

【细读】

三问三不知

齧缺问王倪：你知道万物共有的标准吗？答：我怎么知道？问：你知道你所不知道的原因吗？答：我怎么知道？问：那么，对万物就无法认识了吗？答：我怎么知道？虽然如此，我还是尝试着来谈一谈。我怎么知道我所知道的就是不知道呢？我怎么知道我所不知道的不是知道呢？

三问三不知，反映了庄子神秘主义的认识论。庄子对一切真知表示怀疑。在他看来，最高的知是不知。为什么万物不可知？首先，因为人的认识能力有限。后面《养生主》就说，人生生命有限，而认识对象无穷，以有限的生命追求无穷的世界，就会陷入无穷无尽的烦恼之中。所以，人们应该放弃一切认识活动。另外，认识标准是主观的。现实生活中找不到大家都承认的共同真理，因此一切认识活动都是不可靠、不可取的。

万物不可知，根源在于万物齐一。如前面所说的，"彼亦一是非，此亦一是非"，"彼是莫得其偶，谓之道枢。枢始得其环中，以应无穷"。彼此双方都找不到它的对立面（偶），这就是道的枢纽。围绕一个中心不停地旋转，不偏向任何一面，不对任何事情做出是与非、彼与此的判断，这样就可以应付无穷的是与非、彼与此的分别，所以说"是亦一无穷，非亦一无穷，故曰莫若以明"。"以明"是庄子经常用的概念。《老子》说："知常曰明。"万物皆由道产生，而终复归于道，周而复始，循环不已，这种变化的规律，就是"常"，了解这个规律就是"知常"，就是"明"。把世间千差万别的矛盾现象都看作"天钧"之行，任其自然，不予分辨，这就是"莫若以明"。在庄子看来，既然万物是不可知的，是非是不可分辨的，最好的办法就是不去分辨，不去求其真知。

当然，还因为道不可见、不可闻，"至道之精，窈窈冥冥；至道之极，昏昏默默"，"目无所见，耳无所闻，心无所知"，才能体道。

也因此，《庄子》中有一些以不知为知的寓言和论述。《应帝王》开篇有啮缺问于王倪，四问而四不知的寓言。其意是说，以不知为知，始能领悟圣人之大道。三不知的话语，比较早还见于《左传》哀公二十七年，说是一问三不知，本义是说君子之谋，要了解开始、过程和结尾，都考虑到才能向上报告，但现在三个方面都不知道就向上报告，必然会遇到难处。到庄子这里，意思显然不一样。它是神秘主义的认识论，是体道的境界，当然也是处世态度。

作为处世态度，《红楼梦》中的薛宝钗可以作为一个例子。对于薛宝钗的为人，王熙凤有一个评价："不干己事不开口，一问摇头三不知。"她豁达大度，有城府，会做人，善于避嫌躲祸、装愚守拙、随分从时，善于处理复杂微妙的人际关系。贾母问宝钗爱吃何物、爱听何戏，她总是依贾母素喜者说出来；元春不喜"绿玉"，她命宝玉改成"绿蜡"；她对下人施小惠而顾大体，老婆子仆妇们都喜欢异常；她赠送土物不忘送贾环一份。贾府人人都说宝钗好。庄子的三问三不知，内涵当然更丰富，但是薛宝钗的装愚守拙、随分从时，也可以说深得庄子处世态度之精神。

【原文】

且吾尝试问乎女①：民湿寝则腰疾偏死，鳅然乎哉②？木处则惴栗恂惧，猿猴然乎哉③？三者孰知正处④？民食刍豢⑤，麋鹿食荐⑥，蝍蛆甘带⑦，鸱鸦耆鼠⑧，四者孰知正味⑨？猿猵狙以为雌⑩，麋与鹿交，鳅与鱼游。毛嫱丽姬⑪，人之所美也，鱼见之深入，鸟见之高飞，麋鹿见之决骤⑫，四者孰知天下之正色哉⑬！自我观之，仁义之端⑭，是非之涂⑮，樊然殽乱⑯，吾恶能知其辩⑰。

啮缺曰："子不知利害，则至人固不知利害乎？"王倪曰："至人神矣！大泽焚而不能热⑱，河汉沍而不能寒⑲，疾雷破山飘风振海而不能惊，若然者，乘云气，骑日月，而游乎四海之外，死生无变于己⑳，而况利害之端！"

【注释】

①女：通"汝"，你。②民：人。湿寝：睡在潮湿的地方。疾：病。偏死：半身瘫痪。鳅：泥鳅。③木处：居住在树上。惴栗：害怕得发抖。恂惧：害怕。④正处：合适的处所。⑤刍豢：食草的叫刍，食谷的叫豢，指禽兽。⑥荐：茂盛的草。⑦蝍蛆：蜈蚣。甘：可口，爱吃。带：蛇。⑧鸱：猫头鹰。鸦：乌鸦。耆：通"嗜"，爱吃。⑨正味：真正的美味。⑩猵狙：猿猴的一种。⑪毛嫱丽姬：均古美人，毛嫱，一说为越王的美姬。丽姬：即骊姬，晋献公夫人。丽姬一作"西施"。

⑫ 决骤：迅速奔跑。⑬ 正色：真正的美貌。⑭ 端：头绪。⑮ 涂：途径。⑯ 樊然：杂乱的样子。殽：错杂。⑰ 辩：通"辨"，区别。⑱ 大泽：大草泽。热：使之热。⑲ 河：黄河。汉：汉水。沍：冻结。⑳ 变于己：使自己发生变化。

【细读】

孰知天下之正色

万物之所以齐一，还因为人们思想封闭，看问题主观。庄子用寓言来说明这一点。

"啮缺问王倪"，三问三不知。王倪反过来说：我姑且问你，如果我睡在潮湿的地方就会腰疼或者半身不遂，泥鳅是这样的吗？人住在树上就会怕得发抖，猿猴也是这样吗？人、泥鳅、猿猴这三种动物，你知道各自标准的住处是什么吗？人吃肉食、麋鹿吃草、蜈蚣爱吃蛇、猫头鹰和乌鸦喜欢吃老鼠，这四类动物，谁知道真正的美味是什么呢？

王倪接着说，猿猴把猕猴看作配偶、麋和鹿交配、泥鳅和鱼交配。毛嫱和丽姬是人们公认的美人，但是鱼儿见了她们就潜入深水，鸟儿见了就飞向高空，麋鹿见了就狂奔疾驰。人、鱼、鸟和麋鹿这四种动物，谁知道天下真正的美色呢？

有很多例子可以说明，庄子借王倪所说的是一种不可辩驳的事实。广西人爱吃桂林米粉，陕西人爱吃臊子面，山西人爱吃刀削面。四川人、湖南人会说，上海菜有什么好吃的，一点儿辣味都没有；上海人、江浙人会说，四川菜太辣了，简直让人受不了。北方人说南方，那么潮湿，身上汗粘粘的，太难受了；南方人说北方，一到冬天就光秃秃、干巴巴的，有什么好。同是南方，有人喜欢它的山清水秀，有人却不满足：春夏秋冬四季不分明，连"池塘生春草，园柳变鸣禽"的诗境都体会不到。还有焦大不会娶林妹妹，贾宝玉也不会爱尤三姐。

是的，孰知天下之正色，孰知天下之正处，孰知天下之正味！

再看《齐物论》开篇所述纷杂的物论，那大知小知，那大言小言；那心思缓慢的，那深沉叵测的，那谨慎周密的。有必要为一点儿物论钩心斗角吗？有必要悠闲自大，斤斤计较，盛气凌人，唠唠叨叨，心神难宁，四体不安吗？回过来看儒墨各家的争鸣，有必要吗？

所以庄子接着借王倪的话说：在我看来，仁义的头绪，是非的道路，都纷杂错乱，我怎么知道它们的区别呢。

万物齐一，物论齐一。当处长和当科长、当科员差不多，月工资六千元、八千元和一万元差不多，工作在大城市和乡下差不多，在南方和北方差不多，找对象漂亮不漂亮差不多，个子高一点儿矮一点儿差不多，钱多一点儿少一点儿差不多。高考考上没考上差不多。

所以庄子最后借齧缺之话问：你不知道利害，难道至人也不知道利害吗？又借王倪的话回答：至人可神奇了！林泽里起了大火，也不会觉得热。黄河汉水封冰了也不会冷；迅疾的雷霆劈破了山岩，暴风掀起滔天海浪，他也不会惊恐。像这样的人，驾着云雾、骑着日月，遨游于四海之外，对于死生都无动于衷，何况是世间利害的事端呢。

想到这些，我们就没必要太计较生活中一些小的利害了。

不计较利害，不计较是非，万事万物都差不多，心态平衡了，你就超然物外了，世间任何变化都不会影响你的心态，你就可以逍遥游了。

【原文】

瞿鹊子问乎长梧子曰①："吾闻诸夫子②：'圣人不从事于务③，不就利④，不违害⑤，不喜求⑥，不缘道⑦，无谓有谓，有谓无谓，而游乎尘垢之外⑧。'夫子以为孟浪之言，而我以为妙道之行也。吾子以为奚若？"

长梧子曰："是黄帝之所听荧也⑨，而丘也何足以知之⑩！且女亦大早计⑪，见卵而求时夜⑫，见弹而求鸮炙⑬。予尝为女妄言之⑭，女以妄听之。奚旁日月⑮，挟宇宙，为其吻合⑯，置其滑涽⑰，以隶相尊⑱？众人役役⑲，圣人愚芚⑳，参万岁而一成纯㉑。万物尽然，而以是相蕴㉒。予恶乎知说生之非惑邪㉓！予恶乎知恶死之非弱丧而不知归者邪㉔！

【注释】

① 瞿鹊子：孔门后学。长梧子：被封在长梧。② 夫子：孔丘。③ 务：世务。④ 就：趋就，追逐。⑤ 违：避开。⑥ 喜求：热衷于求。⑦ 缘道：有意遵循大道。⑧ 尘垢：世俗。⑨ 是：此，指上述关于圣人的话。黄帝：古代五帝之一。荧：眼花燎乱。⑩ 丘：孔丘。⑪ 女：通"汝"，你。大：太。大早计：求之过急。⑫ 时夜：司夜，五更时分鸡鸣报晓，故古人称鸡为司夜。⑬ 弹：打鸟用的弹丸。鸮：鹏鸟。炙：烤肉。⑭ 尝：试。女：通"汝"，你。妄：姑且。⑮ 奚：通曷，何不。旁：通"傍"，依傍。⑯ 为：与。其：指日月、宇宙。吻合：即旁礴万物以为一之意。⑰ 置：任。滑涽：

昏乱。⑱ 隶：奴仆之类。以隶相尊：将下贱的与尊贵的同等看待。⑲ 役役：忙碌奔波的样子。⑳ 芒：通钝。㉑ 参：糅和。万岁：指时间久远的大道。一：一体，整个。纯：通沌，混沌。㉒ 是：指参万岁而一成纯的道理。蕴：蕴藏，包容。㉓ 说：通"悦"。㉔ 弱：年少。丧：亡失。

【细读】

仅不就利、不违害尚不足

这里庄子假设了瞿鹊子与长梧子的一段对话。前段是瞿鹊子问长梧子，后段是长梧了答瞿鹊子。瞿鹊子是孔门后学。长梧子被封在长梧，故称。这应该是虚构的寓言。

字面意义很简单。瞿鹊子对长梧子说，他从孔夫子处听说过，有人说圣人不从事世俗的事务、不追逐利益、不回避祸害、不喜好安求、不经意遵循大道；无言如同有言，有言如同无言。因而遨游于世俗之外。

对于这段话，孔夫子认为是虚诞不实之言，瞿鹊子则认为其是精妙之道的体现，但是长梧子却不认为这是精妙之言。他说，这种话连黄帝听了都会感到迷惑，何况孔丘呢，他怎么能够理解？而且你也操之过急，就像见到鸡蛋就想得到报晓的公鸡，看见弹丸就想得到烤熟的鸟肉一样。

长梧子说，何不依傍日月，怀抱宇宙，与日月宇宙混为一体，任随万物混乱错杂，对卑贱与尊贵一视同仁？众人忙碌奔波，圣人却愚昧昏沌，糅合无限久远的大道而成为混沌的世界。万物总是这样，以此而相互包容。

那么长梧子为何不满意瞿鹊子所以为的精妙之言，又何以对此不以为然？他认为"不从事于务，不就利，不违害，不喜求，不缘道"，这是对的。但其中仍然将世务当作烦杂的世务，把利当作利，把害当作害……就是说，虽然不求名利，但是脑子里仍然有利与害、是与非的差别。换句话说，在"大知闲闲，小知间间，大言炎炎，小言詹詹"，纷扰杂乱的物论中，你清楚孰是孰非，因而就是避非。

就像在生活中有人向你行贿一百万元钱，你"不就利"拒绝了，但是你仍然觉得那一百万元是"利"。医生诊断你得了某种难治的病，虽然你内心坦然接受，但你仍然觉得那是个病。了解了这些，我们就能明白，圣人不仅要"不就利，不违害"，连利与害有差别的念头都不要有，要任随万物混乱错杂。卑贱与尊贵一视同仁，利与害、是与非全然混同，糅合一切成为混沌的世界，万物包容成为一体的世界。

【原文】

既使我与若辩矣①，若胜我，我不若胜②，若果是也③，我果非也邪？我胜若，若不吾胜，我果是也，而果非也邪④？其或是也，其或非也邪⑤？其俱是也，其俱非也邪⑥？我与若不能相知也，则人固受其黮闇⑦。吾谁使正之⑧？使同乎若者正之，既与若同矣，恶能正之！使同乎我者正之，既同乎我矣，恶能正之！使异乎我与若者正之，既异乎我与若矣，恶能正之！使同乎我与若者正之，既同乎我与若矣，恶能正之！然则我与若与人俱不能相知也，而待彼也邪？

"何谓和之以天倪⑨？"曰："是不是，然不然。是若果是也，则是之异乎不是也亦无辩。然若果然也，则然之异乎不然也亦无辩。化声之相待⑩，若其不相待，和之以天倪，因之以曼衍⑪，所以穷年也。忘年忘义⑫，振于无竟⑬，故寓诸无竟⑭。"

【注释】

① 若：你。② 不若胜：不胜你。③ 果是：一定对。④ 而：你。⑤ 或是：一方对。或非：一方不对。⑥ 俱是：两方都对。俱非：两方都不对。⑦ 固：必然。黮闇：不明的样子。⑧ 谁使：使谁。⑨ 天倪：自然。⑩ 化声：变化着的各种声调，即上所言纷扰之物论。相待：相对立。⑪ 因：任凭。漫衍：无穷变化。⑫ 忘年：忘记年月。忘义：忘记是非。⑬ 振：畅。竟：通境。无竟：无穷的境界。⑭ 寓：寄托。诸：之于的合音。

【细读】

和之以天倪

问题还是要回到那谁也不肯退让的争论。假如我和你辩论，你胜了我，我没有胜过你，你果真对吗？我果真错了吗？如果我胜了你，你没有胜过我，我果真对吗？你果真错了吗？还是有的对、有的不对呢？还是都对或者都不对呢？我和你都是没法知道的。别人当然更是稀里糊涂。我请谁来判断？如果让跟你观点相同的人来判断，他的看法已经和你相同了，怎么能做出公正的判断？如果请观点和我相同的人来评判，他的观点已经和我相同了，又怎么能做出公正的评判？如果请观点和你我都不同的人来评判，他的观点和你我都已经不一样了，怎么能做出公正的评判？如果让观点和你我都相同的人来评判，既然观点和你我都相同，又怎么能做出公正的评判？那么，我和你以及其他人，都不能互相评判是非，还要等待其他的人吗？

又是庄子式的绕口令，庄子式的逻辑推理。从逻辑上推理，现实的是非不能以任何人的主观认识为标准。大与小，以秋毫之末为标准，还是以泰山为标准？寿夭，以殇子为标准，还是以彭祖为标准？天下之正处、正味、正色以谁为标准？泥鳅、猿猴、麋鹿、蝍蛆、鸱鸦、猵狙、鱼、鸟还是人？同样的道理，英国脱欧公投，以脱欧派为标准还是以留欧派为标准？美国民主党和共和党，一个主张自由主义，一个主张保守主义；一个主张全面减税，一个主张低收入及中产家庭减税、高收入家庭增税，以谁为标准？

庄子一连串凌厉的问句，明显带着一种怨愤的情绪。语言的不平总是反映着现实的不平。你说聪明睿智，超越凡人为圣；你说仁者爱人，恻隐之心是仁之端，羞恶之心是义之端，是非之心是智之端；你说知耻笃志是勇，见义勇为是勇，但我看到的是社会上的一伙入室强盗，妄意室中之藏是圣，入先是勇，出后是义，知可否是知，分均是仁。以谁为标准？当司马氏杀害嵇康的时候，他们说过以什么为标准吗？嵇康说的为天下而尊君位，不为一人而重富贵，错了吗？他说现在是大道沉沦，智慧日用，宰割天下，以奉其私，错了吗？

实践是检验真理的唯一标准。但是，不管是历史局限还是思想局限，庄子都不可能提出这一点。他的兴趣本来就不在理论上，而是在人生上。他探讨理论问题、认识问题，但他的最终目的是探讨人生问题。评判标准问题是一个逻辑问题，更是一个现实人生问题。他用那么多篇幅，反反复复探讨万物齐一的道理，最终是要探讨逍遥自由的人生道路和精神境界。这一大段绕口令式的逻辑推理，看似让人无所适从，但正是在这无所适从之中，有庄子的独立思考。

他的思考就是"和之以天倪"，即用自然的天平来调和万事万物。他说，"对"同时也是"不对"，"这样"同时也"不是这样"。"对"假如真的"对"，那么，"对"和"不对"之间的差异也就无须争辩了；"这样"假如真是"这样"，那么，"这样"和"不是这样"之间的不同也就无须争辩了。是与非是相互对立的，但它们之间又好像不是真的对立。用自然的天平来调和它们，循着无穷的变化，以此遨游一生，忘却死生、忘却是非，遨游于无物的境界，这样也就能够托身于无是无非、无穷无尽的天地了。

庄子的意思是，不要管它什么标准，无论是主观标准还是客观标准。因为这个世界本来就不存在绝对公正的标准。不要以为"是"就是"是"，"非"就是"非"，"是"有时就是"非"，"非"有时就是"是"。同样的道理，"善"有时就是"恶"，"恶"有时就是"善"。若能做到不去执著分辨，那么无论遇到什么是是非非、烦人烦心的问题，你就都可以坦然应对了。

【原文】

罔两问景曰①："曩子行②，今子止；曩子坐，今子起。何其无特操与③？"

景曰："吾有待而然者邪④？吾所待又有待而然者邪？吾待蛇蚹蜩翼邪⑤？恶识所以然？恶识所以不然？"

昔者庄周梦为胡蝶，栩栩然胡蝶也⑥。自喻适志与⑦！不知周也。俄然觉，则蘧蘧然周也⑧。不知周之梦为胡蝶与？胡蝶之梦为周与？周与胡蝶，则必有分矣。此之谓物化⑨。

【注释】

① 罔两：影子的影子。景：古影字。② 曩：从前。③ 特操：独特的操守。④ 有待：有所依赖。⑤ 蛇蚹：蛇腹下的横鳞。⑥ 栩栩然：喜悦活泼的样子。⑦ 喻：通"愉"。适志：心意满足。与：通"欤"。⑧ 蘧蘧然：惊疑的样子。⑨ 物化：物我之间界限消除，物我化为一体。

【细读】

罔两问景和庄周梦蝶

这是两则很有意思的寓言。

一则是罔两问景。罔两是影子外面的阴影。它问影子：刚才你行走，现在你停下。先前你坐着，如今又站起来。你怎么没有一点儿自我独立的操守？影子回答：我是有所依凭才这样的吗？我所依凭的又有所依凭才这样的吗？我所依凭的就像蛇依赖腹下的横鳞、蝉依赖翅膀一样吧？我怎么知道为什么会这样？又怎么知道为什么不会这样？

一则是庄周梦蝶。前几天，庄周梦见自己变成蝴蝶，一只翩翩飞舞的蝴蝶。他感觉非常快意，竟然忘记了自己是庄周。一会儿醒过来，又惊疑自己是庄周。不知是庄周梦为蝴蝶呢？还是蝴蝶梦为庄周？庄周和蝴蝶一定有分别，这就叫事物的融合变化。

在前面瞿鹊子和长梧子之间的辩论中，还提到一则关于梦的寓言，说睡梦中饮酒作乐的人，早晨醒后或许遇到祸事而哭泣；梦中伤心哭泣的人，早晨醒后或许高兴地去打猎。当人在梦中，并不知道自己是在做梦，有时候在梦中还在做着另一个梦，醒来之后才知道一切都是梦。人生有了大觉悟之后，才会知道自己的一生就是一场大梦，只有愚蠢的人才自以为清醒，以为自己什么都知道。动不动就"君呀""臣呀"

地呼叫。

这几则寓言，当然有人生如梦的寓意。人生百年，富贵也好名利也罢，都转瞬即逝。唐代小说《枕中记》的卢生，不是枕中入梦，享尽荣华富贵，而一觉醒来，店主人的黄粱饭还没有煮熟吗？既然人生如梦，又何必费尽心机追名逐利？既然万事皆转瞬即逝，那么富贵名利和贫穷困苦又有什么差别呢？这不正印证了万物齐一的道理吗？

这说明人生都是"有待"的。罔两是影子的影子，影子怎么动，它就得怎么动。影子走它就得走，影子停下它就得停下；而影子又依赖于物体，物体走它就得走，物体停下它就得停下。当然，物体也应该有所依赖，比如，人要走就要依赖于脚；脚要走又要依赖于大脑的指挥、依赖于整个身体；而整个身体，又要依赖于血液的流通、呼吸的运转……以至于无穷。正如鲲鹏之飞要九万里风在下、适百里者需宿舂粮、适千里者要三月聚粮一样。竞争某省部级、厅局级职位，需要研究生以上学历、多年的基层工作经验、各种政绩，你有这个条件吗？世间任何事物的存在和运动都依赖于某种条件，而其所依赖的条件又依赖其他条件。

那么，怎样做到"无待"，做到逍遥游呢？很简单，顺其自然。乘天地之正，而御六气之辨，以游无穷者，彼且恶乎待哉！具体来说，物体和影子走，你就跟着走；物体和影子停下来，你就停下来；物体和影子起立，你就起立。不要知道你为什么有所待，也不要知道你的所待为什么又有所待。

这也就是物化，与物融化，随物变化。庄周梦为蝴蝶，你就栩栩然是蝴蝶，怡然自得，不知你是庄周。一下子醒了，你就蘧蘧然是庄周。不要问是庄周梦为蝴蝶，还是蝴蝶梦为庄周。命运为你安排了一个又苦又累的工作，你就把它看作一场梦，栩栩然蝴蝶也；一旦你有机会翻身，获得了地位和财富，你也只当是梦醒了化为庄周。得其环中，你就能应无穷，没有主观成心，吾丧我，你就知道万物齐一，就能达于物化境界，你就逍遥游了。

本篇讨论人生观。在前两篇讨论无功无名无己、齐同万物的基础上，进一步讨论养生。养生主，就是养生之主，养生之道。「生」指身体与生命，是形体的生命，也是精神的生命。既要远祸避害，更要精神自由。何以养生？欲望不能太强，不能以有涯随无涯，同时，为善无近名，为恶无近刑。要缘督以为经。具体来说，则如庖丁解牛，小心翼翼，以无厚入有间，游刃有余。始能在复杂政局的夹缝中远祸避害，保全生命。同时，注重精神的修养，听天所为，安时而处顺，如薪尽火传，真君如在，生死残缺都可置之度外。

【原文】

吾生也有涯①，而知也无涯②。以有涯随无涯，殆已③！已而为知者④，殆而已矣！为善无近名⑤，为恶无近刑。缘督以为经⑥，可以保身，可以全生，可以养亲⑦，可以尽年⑧。

【注释】

①涯：限。②知：知识。③殆：危险。④已：已经如此。⑤无：毋。⑥缘：沿着。督：中，指名与刑之间的空子。经：常。⑦亲：父母。⑧年：自然寿命。

【细读】

以有涯随无涯，殆已

养生主，是论养生之道和处世之道。养是养护，生是身体和生命，主是宗主、主宰。养生之主是什么？是道，是精神。

为什么以有限的生命去追求无穷的知识，就会陷入困顿之中？为什么已经困顿不堪时还要从事求知活动，就太危险了？是因为人的生命是有限的，而世间知识是无限的吗？或者是庄子认为，知识越多则机巧越多？因为他曾说过"绝圣弃知，大盗乃止；擿玉毁珠，小盗不起"，也说过"上诚好知而无道，则天下大乱矣"。他还说过弓箭、鸟网之类的智巧多了，鸟的生活就被搅乱了；钓饵竹篓之类的智巧多了，鱼的生活就被搅乱了。

人生在世，凭个人的能力、条件，所能得到的东西是有限的，而很多人希望得到的东西是无限的，人的欲求是无限的。条件能力有限而欲求无限，当然很危险。这有点儿像《老子》说的，"罪莫大于可欲，祸莫大于不知足，咎莫大于欲得"。历史上，因贪心不足、贪得无厌而丧命的还少吗？

另外，自古有言宦门深似海。张华、陆机、潘岳不知西晋政局深浅，贸然贪竞，都落得被害身亡的下场；李白不知道李璘与李亨正争帝位，只凭一股热情参加李璘幕府，最后获罪下狱，流放夜郎。历史上因朝廷倾轧而获罪丧生的不在少数，真是"吾生也有涯，而知也无涯"啊！这种情况，以"有涯随无涯"，不是很危险吗？

庄子又说，"为善无近名"。"为善"是良心，"无近名"又是无奈。汉末那些党人被害，不就是因为他们抗争为善，而且是名士吗？看看嵇康，在一群虚伪的名教之士当中，他立身高洁，与那些礼法之士在感情上、思想上格格不入。像阮籍那样口不言人过，他做不到；吕巽诬陷其兄，又霸占其嫂，要他不说话，他做不到；要他搭理名教中人钟会，他做不到；要他投身司马氏，出仕朝廷，他更做不到。他的行为令名教中人难堪、令礼法之士难堪。嵇康代表着士人们对司马集团的不满情绪，他因此在士人中有极高的威望。他因吕安事件被抓入狱，数千太学生请以嵇康为师，许多豪俊之士自请入狱，陪同嵇康坐牢。嵇康是"为善而近名"，于是造成他被杀的悲剧。

"为恶无近刑"，做了坏事不遭刑害。这句话不免让人惊异，这是庄子吗？但读一读庄子那些愤世嫉俗的文字，就会有所理解。试想，在"殊死者相枕"，"桁杨者相推"，"刑戮者相望"的社会，有几人不为恶？几人能洁身？试看那些曾受迫害、陷害的人，又有几个从未迫害陷害过别人？且不说难做到出污泥而不染，只说"处昏上乱相之间"，大家为恶，独你不为恶，反而常常引祸上身。因此庄子说，要像气循任、督二脉周流不息一样，遵循中正自然之路，就可以保护身体，可以保全生命，可以养护精神，可以享尽天年。

【原文】

庖丁为文惠君解牛①，手之所触，肩之所倚，足之所履②，膝之所踦③，砉然响然④，奏刀騞然⑤，莫不中音⑥，合于《桑林》之舞⑦，乃中《经首》之会⑧。

文惠君曰："嘻，善哉！技盖至此乎⑨？"

庖丁释刀对曰⑩："臣之所好者道也，进乎技矣⑪。始臣之解牛之时，所见无非牛者；三年之后，未尝见全牛也。方今之时，臣以神遇而不以目视，官知止而神欲行⑫。依乎天理⑬，批大郤⑭，导大窾⑮，因其固然。技经肯綮之未尝⑯，而况大軱乎⑰！良庖岁更刀，割也；族庖月更刀，折也。今臣之刀十九年矣，所解数千牛矣，而刀刃若新发于硎⑱。彼节者有间，而刀刃者无厚，以无厚入有间，恢恢乎其于游刃必有馀地矣⑲。是以十九年而刀刃若新发于硎。虽然，每至于族⑳，吾见其难为，怵然为戒㉑，视为止㉒，行为迟㉓，动刀甚微㉔，謋然已解㉕，如土委地㉖。提刀而立，为之四顾，为之踌躇满志㉗，善刀而藏之㉘。"

文惠君曰："善哉！吾闻庖丁之言，得养生焉。"

【注释】

① 庖：厨工。丁：其名。文惠君：旧注谓梁惠王，但梁惠王谥号为"惠成"，未有"文惠"之谥。当为某大国国君。解：分解，宰割。② 履：踩，踏。③ 踦：通"倚"，抵住。④ 砉然，响然：均状声词，形容解牛的声音。⑤ 奏刀：进刀。騞然：状声词，形容骨肉分离的声音。⑥ 中音：合于乐音。⑦《桑林》之舞：商汤王时的舞曲名。⑧ 经首：尧时《咸池》乐曲中的一章。会：韵律，节奏。⑨ 盖：通"盍"，何。⑩ 释：放下。⑪ 进乎：超过。⑫ 官：感觉器官。⑬ 依：按照。天理：天然的生理结构。⑭ 批：劈击。郤：筋骨间的空隙。⑮ 导：引向。窾：洞穴，指骨节间的窍穴。⑯ 技："枝"之误字。枝经：经络聚结之处。肯：附着于骨头上的肉。綮：筋骨连接的地方。未尝：没有试过。⑰ 大軱：大骨，即髀骨。⑱ 发：磨出。硎：磨刀石。⑲ 恢恢乎：宽绰的样子。⑳ 族：筋骨盘结之处。㉑ 怵然：小心谨慎的样子。为戒：为之警戒。㉒ 视为止：视力专注集中。㉓ 行为迟：动作缓慢。㉔ 微：轻。㉕ 謋然：象声词，形容牛体解开时发出的声音。㉖ 委地：丢在地上。㉗ 踌躇：从容自得的样子。满志：心满意足。㉘ 善：通"拭"，擦。

【细读】

为人处世如庖丁解牛

这是大家熟悉的寓言。庖丁真是神，宰割牛，完全凭心神感觉而不用眼睛去看，感官作用停止了，而心神还在运行。牛的筋骨盘结，他依然能够在其中找到大的空隙，刀在里面运行，像没有厚度一样，绰绰有余。这就是我们平时说的游刃有余。那刀用了十九年了，还像刚刚用磨刀石磨过一样。这已不是技术，而是道。庖丁说他所追求的是道，已经超过技术，这是以技论道。庄子经常以技论道：佝偻承蜩、津人操舟、吕梁丈夫蹈水、梓庆为鐻等。

首先讲解牛之道。庖丁所看到的不是全牛，而是牛的各种筋骨之理。要依照牛的自然生理结构，劈割开筋骨间大的空隙，引刀进入骨节间的空穴，顺着牛的天然结构去分解。解牛进刀骨肉分离的声音无不合乎美妙的音乐，既符合《桑林》舞曲的节奏，也合于《经首》乐音的韵律。道的境界就是一种美的境界、一种美的享受。

庄子不过是借庖丁解牛以喻人生之道。人生处世，也应该持审美的态度，人生应该顺乎自然，面对各种复杂和困难的情况，找到生存和发展之路。要学会在复杂的局面中游刃有余，每当遇到筋骨盘结难以下刀的情况，就要格外警惕，小心仔细，眼神要特别专注，动作要迟缓，动刀十分轻微。闯过一道难关，解牛成功，也不能大意，要拭刀而藏之，准备下一次解牛。

阮籍便深谙庖丁解牛的道理，政治上采取谨慎避祸的态度。魏晋之际，司马氏奸诈阴险、残酷无情、篡权、嗜杀，史称其时"名士减半"，一片血腥，可是阮籍居然得以全生。他周旋、避让，寻找生存的缝隙。对于当时政治上的是非得失、当前时事、当时人物，他不发表任何议论。他十几岁与叔父一起去见袁州刺史王昶时，可以终日不开一言。钟会几次找他，问他对时事的看法，阮籍便借酣饮酣醉加以回避。可以言及玄远，不对具体事情发表任何具体意见。入仕为官，必然卷入政治纷争，在险恶政局容易招致杀身之祸。完全不为官，让人觉得你不与他们合作，容易从另一方面引来杀身之祸。阮籍是能不做的官尽量不做，没办法非要做的官则尽量远离政治纷争的中心。既要做官，又要避祸，崇奉老庄之道的阮籍像庖丁解牛一样，就是在筋骨与筋骨错综相连，几乎找不到缝隙的地方寻找空隙，在这条缝隙里游刃解牛，寻找生存的空间，得以保全的。

【原文】

公文轩见右师而惊曰①："是何人也？恶乎介也②？天与③，其人与④？"曰："天也，非人也。天之生是使独也⑤，人之貌有与也⑥。以是知其天也，非人也。"

泽雉十步一啄⑦，百步一饮，不蕲畜乎樊中⑧。神虽王⑨，不善也⑩。

【注释】

① 公文轩：姓公文，名轩，宋国人。右师：官职名，此指任过右师的一个人。② 恶乎：何以。介：一足。③ 天与：天造成的吗？④ 其：抑。⑤ 是：上经，这个样。⑥ 与：赐予，赋予。⑦ 泽

雉：生活在草泽中的野鸡。⑧ 蕲：求。畜：养。樊：笼。⑨ 王：通"旺"。旺盛，饱满。⑩ 不善：不好，指被禁闭在樊笼里不得自由。

【细读】

摆脱名利樊笼之累

这里有两则寓言。

第一则寓言讲的是，公文轩见到右师，大为吃惊，说，这是什么人？怎么只有一只脚呢？这是天生的，还是人为的呢？右师回答，是天生的，不是人为的。天命就使他只有一只脚，人的相貌是上天所赐予的，因此知道他的断足之祸来自上天的处罚，而不是人为的结果。

在庄子的养生观念中，养神重于养形。形体的健全残缺与否，无关紧要，无须在意。见到像右师这样只有一只脚的人，也不用大惊小怪。那是上天赋予的形貌，应该依乎天理，顺其自然。从另一个角度理解，右师本有两只脚，为什么现在只有一只脚？可能遇祸，可能受刑。右师一足是人为，本非天然。但即使如此，也要安之若命。遇祸受刑也是天命。在险恶的局势中，能像庖丁那样全身远祸、游刃有余的毕竟不多。遇祸受刑是常有的事。这个时候，就要如庄子所说的，知其无可奈何而安之若命，哀乐不易施于前。这也是依乎天理，顺其自然的一种表现。

当然，也可以进一步设想，庄子的时代，"福轻乎羽，莫之知载；祸重乎地，莫之知避"，"殊死者相枕"。即使受刑刖足，谁又敢有半点儿怨怒之言呢。若敢有怨怒之言，则可能会招来更大的横祸。读一下历代史书和文集，那些遭祸的人们在被贬或受刑之时，他们留下的奏章哪个不是反过来感皇上之恩、谢己身之罪？这个时候，他们只能把一切归之于天，飞来横祸也是命运。这正是全身之道、养生之道。

另一则寓言讲的是，草泽中的野鸡，十步才能啄到一口食物，一百步才能喝到一口水。但它们还是不希望被关在笼里，尽管在笼子里随时可以吃到食物、喝到水。在笼中精神虽然旺盛，但并不舒适。

这个故事的寓意很清楚，养生重在养神，而不在养形；不在物质享受，而在身心自由。后来嵇康著《养生论》，主张养生要形神共养，尤重养神。要节制嗜欲，嗜欲虽出于人，而非道之正。养生有五难：贪图名利、不除喜怒、好色、贪图美味、思虑过度。物质的享受即物欲，被看作养生之难。

这里的樊笼可能有多重比喻，凡是束缚人的身心自由，使人不得逍遥游的，如名利之求、是非之辨、善恶之别等，都是樊笼。但是，后人多以官场入仕为樊笼，将樊笼与自由生活相对立。陶渊明的《归园田居》就说，"羁鸟恋旧林，池鱼思故渊"，"久在樊笼里，复得返自然"。庾信的《拟连珠》说，"是以笼樊之鹤，宁有六翮之期"。骆宾王的《夏日游山家同夏少府》说，"一遣樊笼累，唯余松桂心"。李白的《至陵阳山登天柱石酬韩侍御见招隐黄山》也说，"脱身若飞蓬，鸾凤翻羽翼，啄粟坐樊笼，海鹤一笑之"。韦应物的《忆沣上幽居》说，"一来当复去，犹此厌樊笼"。李群玉的《请告出春明门》说，"本不将心挂名利，亦无情意在樊笼。鹿裘藜杖且归去，富贵荣华春梦中"。

读一读《庄子》中那些鄙薄名利的故事，可以知道，庄子的"樊笼"，应该也指官场仕途。楚王请他出仕，他持竿不顾，愿作生而曳尾于涂中的龟；往见惠施，视官位如腐鼠。都可以看出这一点。

就其基本思想来说，庄子并非主张离世独立，隐居山间。庄子是主张在人世间随遇而安，从中寻找生存空间、逍遥之境和精神自由。但是，他确实很想脱离官场仕途。

【原文】

老聃死①，秦失吊之②，三号而出③。弟子曰："非夫子之友邪？"曰："然④。""然则吊焉若此可乎⑤？"曰："然。始也吾以为其人也，而今非也。向吾入而吊焉⑥，有老者哭之，如哭其子；少者哭之，如哭其母。彼其所以会之⑦，必有不蕲言而言⑧，不蕲哭而哭者。是遁天倍情⑨，忘其所受⑩，古者谓之遁天之刑⑪。适来⑫，夫子时也⑬；适去，夫子顺也。安时而处顺，哀乐不能入也，古者谓是帝之县解⑭。"

指穷于为薪⑮，火传也⑯，不知其尽也。

【注释】

① 老聃：姓李，名耳，字聃，人称老子。② 秦失：老聃的朋友。③ 三号：号哭三声。④ 然：是的。⑤ 焉：之，指老聃⑥ 向：刚才。⑦ 彼：指哭者。会：聚集。⑧ 言：借为唁。⑨ 是：此。遁：失。遁天：失去天性。倍情：违背真情。⑩ 所受：所禀受的天性。⑪ 遁天之刑：违背天理而得到的刑罚。⑫ 适：正该。⑬ 时：应时。⑭ 是：此。帝：天帝。县：通"悬"。天之县解：天的束缚解除了。⑮ 指：应为"楷"之误字或借字。楷，木柱。穷于为薪：即指为薪而穷。⑯ 火传：火可以传下去。

【细读】

安时处顺与薪尽火传

生死，是人生的大问题。老聃死，秦失吊之，按其弟子的看法，不应该只号哭三声就出来。老聃是秦失的朋友，但是秦失回答：开始的时候我把他当作一般人看待，现在不这样了。刚才我进去吊唁时，有老年人在哭，像父母哭自己的孩子；有年轻人在哭，像孩子在哭自己的父母。这些人聚集在这里，必定有不想吊唁却在这里吊唁的人。不想吊唁却在这里吊唁，这违背自然天性、违背人的真情，忘记了自己所禀受的天性。古人把这称作因违背天性而受到的刑罚。该来的时候，夫子应时而来；该去的时候，夫子顺势而去。安于时命，顺应处境，哀伤和欢乐都不能侵入心怀。古人把这称作自然地解除天帝的束缚。

庄子反复讲过生死问题。他说过"方生方死，方死方生"，那是讲万物齐一。万物齐一，生死无异，当然就可以超脱生死，达于无待。他说过一些生不如死的话，那是愤世嫉俗。他不是厌世、厌生主义者，不是以涅槃为人生追求的最高境界。相反，他是现世主义者。他写的一切，逍遥游、齐物论……都是在现世生活中寻找生存之路。他只是主张自然。感情要自然，老聃死，可以吊唁，但如果不想吊唁却在这里吊唁，违背自然的天性，违背人的真情，这就不行。这让人联想起汉末虚伪的名教，有人为表孝心，在父母墓前筑室而居二十多年，却在墓道生育三个子女。这与庄子在这里所批评心行不一是一致的。

对待别人的感情要自然，在对待生死问题上也要顺其自然。生因自然而生，死亦归于自然。该来的时候适时而来，该去的时候顺时而去。一方面，有悲伤，因此三声号哭；另一方面，又安时处顺，不是过分哀伤。

这也是养生的大问题。养生不能以有限之生命追随无限之知识世事，要在错综复杂的人生处境特别是政治处境中寻找生存的空隙，要把人生挫折归之于天，而不怨人。同样，在生死问题上也要顺应自然，如果在生死问题上都能安时处顺，还有什么问题能使人受到困扰呢？

庄子说，"以木柱作为烧柴，可以烧完，但是作为火，却要延续下去，薪尽火传，是没有穷尽的"。人的形体会自然消失，但人的精神却可以永久传下去。庄子论养生，确实重养神。他反对以富贵、寿善为尊，以身安、厚味、美服、好色、音声为乐。他说，"纯粹而不杂，静一而不变"，此养神之道。他说，"天守全，其神无郄，物奚自入"。庄子要说的仍是人生问题、养生问题。既然薪尽火传，既然人的精神可以永存，那么人在避祸远害的同时，更应该注重精神的保养。养生之主，或许正在于精神。

人间世，就是人间社会。作者展示了「方今之时，仅免刑焉，福轻乎羽，莫之知载；祸重乎地，莫之知避」，死者以国量乎泽若蕉的画面。作者就是要探求，在这残酷现实和险恶政局中如何外处世并自处。作者设计了一套办法：如何与暴君相处，如何出使敌国完成外交使命，如何诱导本性恶劣的太子。作者认为，不要薪求救治社会，也无法做到端直积极，不能螳臂当车，伴虎只能顺，只能虚而待物，知其无可奈何而安之若命，托不得已以养中，以无用为用，支离其德。这是前篇缘督以为经，以无厚入有间养生问题的进一步展开。提出的心斋，不仅处乱世伴暴君需要，对于超脱人生的各种是非烦恼也是需要的。

【原文】

颜回见仲尼①，请行。曰："奚之？"曰："将之卫。"曰："奚为焉？"曰："回闻卫君，其年壮，其行独②。轻用其国，而不见其过。轻用民死，死者以国量乎泽若蕉③，民其无如矣！回尝闻之夫子曰：'治国去之，乱国就之④。医门多疾。'愿以所闻思其则⑤，庶几其国有瘳⑥乎！"

仲尼曰："嘻，若殆往而刑耳⑥！夫道不欲杂，杂则多，多则扰，扰则忧，忧而不救。古之至人，先存诸己，而后存诸人⑦。所存于己者未定，何暇至于暴人之所行！且若亦知夫德之所荡而知之所为出乎哉⑧？德荡乎名，知出乎争。名也者，相轧也；知也者，争之器也。二者凶器，非所以尽行也。且德厚信矼⑨，未达人气；名闻不争，未达人心。而强以仁义绳墨之言术暴人之前者⑩，是以人恶有其美也，命之曰菑人。菑人者，人必反菑之。若殆为人菑夫！

【注释】

① 颜回：孔子的弟子，姓颜，名回，字子渊，鲁国人。仲尼：孔子，仲尼为字。孔子与颜回的这段谈话完全出自假托。② 独：专断。③ 蕉：草芥。④ 就：趋赴，前往。⑤ 瘳（chōu）：病愈，这里指国家恢复了元气。⑥ 殆：恐怕，大概。刑：遭受刑戮。⑦ 存：存立，这里指道德修养的建立。⑧ 荡：丧失，毁坏。所为：产生的原因。⑨ 矼（qiāng）：坚实、笃厚。⑩ 绳墨：喻指规矩、规范。术（術）：通作"述"。一说"術"字是"衒"字之误，卖弄的意思。

【细读】

先存诸己而后存诸人

　　这是庄子虚构的一段颜回与孔子之间的对话。卫国国君独断专行，百姓受尽苦难。颜回试图游说卫君把卫国治理好。庄子假设了一场颜回与孔子的对话，提出了自己的主张。

　　颜回听说卫国国君正值壮年，行为专断，处理政事轻率，却看不到自己的过失。他轻率地役使百姓而不顾忌百姓的生命，因此国中的人几乎死光，死去的人就像沼泽地里的茅草一样多。老百姓简直是没有去处了。

　　卫国现实如此，孔子认为，颜回为治理乱政贸然而去，可能会遭到杀戮。孔子分析了各种情况。他说，道不应该混杂，混杂了，头绪就会多；头绪多，心情就会被扰乱；心情烦乱，就会滋生忧患；滋生了忧患，便无可挽救。古时候道德高尚的人，总是先在自己身上确立道的修养，然后才促使他人确立。如果自己的道德尚未确立，又哪里顾得上暴君的所作所为呢？孔子说，道德由于争名而丧失，智慧由于争胜而产生。名这个东西，能诱使人们互相倾轧；智这个东西，是人们争斗的工具。这两个东西都是凶器，是不可能推行于世的。

　　孔子说，一个人道德淳厚、行为诚实，但未必符合别人的口味。虽然你自己不争名誉，但未必被他人理解。如果你硬要在暴君面前陈说仁义礼法之类的言论，会被认为是用别人的恶行来显示自己的美德，这叫伤害别人。你伤害了别人，别人反过来一定会伤害你。

　　在现实生活中亦是如此，很多人满腔热情，想要去帮助别人，却没有考虑周全，有时效果反而适得其反，伤害了别人。"先存诸己而后存诸人"是一个非常重要的命题，如果自己德行不够，就不能以充满感染力的自身行为和语言去感化他人。只有先修身立德，积攒了足够力量，长养足够的智慧，在面对任何变化和问题都能够圆融地解决的时候，再考虑去帮助和规劝别人。

【原文】

　　回曰："敢问心斋①？"仲尼曰："若一志②！无听之以耳而听之以心，无听之以心而听之以气③。听止于耳④，心止于符⑤。气也者，虚而待物者也。唯道集虚，虚者，心斋也。"

　　颜回曰："回之未始得使⑥，实自回也；得使之也，未始有回也⑦，可谓虚乎？"夫子曰："尽矣！吾语若：若能入游其樊而无感其名⑧，入则鸣，不入则止⑨。无门无毒⑩，一宅而寓于不得已⑪，则几矣⑫。绝迹易，无行地难。为人使易以伪，为天使难以伪。闻以有翼飞者矣，未闻以无翼飞者也；闻以有知知者矣，未闻以无知知者也。瞻彼阕者⑬，虚室生白⑭，吉祥止止⑮。夫且不止，是之谓坐驰⑯。夫徇耳目内通而外于心知⑰，鬼神将来舍，而况人乎！是万物之化也，禹、舜之所纽也⑱，伏戏、几蘧之所行终⑲，而况散焉者乎⑳。"

【注释】

　　① 心斋：心中洗除私心杂念。② 若：你。一志：意念专一，排除杂念。③ 听以心，听以气：即对外界听而不闻，心守虚寂。④ 止：不动。一说，"听止于耳"为"耳止于听"的倒装。⑤ 符：合，引申为感。心止于符，即心对外界外物停止接触感应。⑥ 得使：受到教诲。⑦ 未始有回：未曾有我颜回的存在，即无己、吾丧我的意思。⑧ 樊：籓篱。入游其樊：即进入卫国。名：名位。⑨ 入：入于耳，指卫君听得进去。鸣：说。止：不说。⑩ 无门无毒："颜回"前有"医门多疾"的话，此处"门"指医门。毒：指药治。无：通"毋"。无门：意谓不要摆出医师的门面。无毒：不要把自己的主张看作治病的良方。⑪ 宅：安居，处所。一宅：完全安处，指心灵完全安处，没有杂念。⑫ 几：差不多。⑬ 瞻：观望。阕：空。彼阕者：那个虚空的境界。⑭ 虚室：虚空的心灵。生白：呈现纯白无物的映像。⑮ 止止：来临了。前一"止"作集、来临解，后一"止"为语助词。⑯ 坐驰：形体安坐而心神飞驰。⑰ 徇：使。耳目内通：把听觉、视觉引向自身体内。外于心知：排除心知的作用。⑱ 纽：关键。⑲ 伏戏、几蘧：都是传说中上古帝王。所行终：终身奉行的准则。⑳ 散焉者：没有成就的人，指一般人。

【细读】

但行心斋

　　既然前面提出的各种办法都不行，孔子提出了"心斋"。孔子说，你心志专一，排除杂念，不要用耳朵听，而用心听；不要用心听，而用气听。耳朵停止听外界的事物，心停止对外界事物的接触感应。气这个东西，是虚空而容纳万物的，只有道能聚集于虚空之中。虚空的心境，就是心斋。

　　那么怎样才能做到"心斋"呢？具体来说有以下几点：

　　"入游其樊而无感其名。"《养生主》曾说，"泽雉十步一啄，百步一饮，不蕲畜乎樊中"。樊中，就是樊笼。为仕入于官府、入于朝廷，就是"入游其樊"。最好是不要入于樊中，如果实在没有办法要入仕，则首先"无感其名"，不要为功名利禄所诱惑。像颜回这样抱着治理乱国功名的目的去卫国，是不行的，必将招来杀身之祸。因为争名就会丧失道德，诱使人们互相倾轧。从前关龙逢被夏桀所杀，比干被商纣所害，都是因为这两个人名声好。为什么名声好就会招致祸害？庄子说，那是因为你是用别人的丑行来炫耀自己的美德，实际上伤害了别人。既然你伤害了别人，别人就会伤害你。就像嵇康，以自己的高洁之名，显出了司马集团的虚伪之实，让大家都知道了名教中人的虚伪。或者在一群平庸无能之辈中，表现你的才能，彰显你的名声，那些平庸无能之辈必然忌妒你，也就必然会加害于你。因此，心斋首先在"无感其名"，也就是《逍遥游》所说的"无功无名"。

"入则鸣，不入则止。"入仕于朝廷，阮籍的做法是口不言人之过，对朝政时事、当时人物不发表任何言论，能够做到像阮籍这样当然最好。但是，一般人难免对朝政持有自己的看法。这时就要理智处事，历史上因强颜谏诤而获罪的不在少数。汉末一些正直的朝官，为与外戚宦官势力抗争，在朝谏诤、在野横议，结果有很多人获罪甚至被杀。韩愈身为监察御史，因关中旱饥，不管君主愿不愿听，非要上疏请免徭役赋税，被贬阳山令；后又因谏迎佛骨触怒宪宗，几乎被杀，最后被贬潮州刺史。像颜回这样抱着治国救难的目的，对君王有所劝谏，如《人间世》所说，卫君必然乘他劝谏的机会与他争论以展示自己的巧辩，这是以火救火，以水救水，是火上浇油。在没有取得卫君的信任之前就贸然直言，必定会死在这个暴君面前。因此，行事要有智慧，不标新立异，而要入则鸣，不入则止。

"无门无毒。"乱国如病人，不要以为你就是医生，你就有治病的良药良方。像卫君正值壮年，独断专行，虽然国家因他而乱，百姓因他而死，但他会认为自己错吗？他必然是刚愎自用，自以为有一套治国方略。这样的君主，你还想在他面前显出自己的高明吗？还想用你的药方治理被他弄得一塌糊涂的国家吗？历史上又有几个像唐太宗这样虚怀若谷、虚心纳谏的圣明君主？

"一宅而寓于不得已。"心神完全安处，凡事抱着不得已而为之的态度。一些君主总是习惯于压抑别人的思想而使之顺从自己的主张，他们总是固执己见，不能随物变化。这个时候，你只能托心于无可奈何的境地。

"瞻彼阕者，虚室生白。"观望那虚静空明的心灵，虚空的心境中一片纯白光明，不要让任何东西干扰你虚静的心境。朝廷纷杂的事务、每天每时每刻都有的是是非非，你只当没看见、没听见。不用耳朵听，而用心去听，用气去听。徇耳目内通而外于心知，排除心知的作用，把听觉、视觉引向身体内，不要向外，也就是说要听而不闻。不要有独立的主见，当然更不要有功名之心。

做到这些当然很难。因为行走不留下痕迹容易，不在地上行走就很难。被人驱使，容易虚伪；被天驱使，就很难虚伪。听说过有翅膀才能飞翔的，没听说过没有翅膀也能飞翔的；听说过凭借智慧了解事物的，没听说过不凭借智慧也能了解事物的。但是，如果做到了心斋，达到虚室生白的境界，那就达到了道的境界，因为道就是虚。心斋心虚，内心一片虚空，就能容纳万物、融于万物、通达万物。内心虚空，就是庖丁解牛所说的无厚，以无厚入有间，就能游刃有余。无形无影，如一阵风，任你社会政局怎样复杂险恶，筋骨盘错，总能找到一条夹缝，总能找到生存的空间。

【原文】

叶公子高将使于齐①，问于仲尼曰："王使诸梁也甚重②，齐之待使者，盖将甚敬而不急③。匹夫犹未可动也④，而况诸侯乎！吾甚栗之⑤。子尝语诸梁也曰：'凡事若小若大，寡不道以欢成⑥，事若不成，则必有人道之患⑦；事若成，则必有阴阳之患⑧。若成若不成而后无患者，唯有德者能之。'吾食也执粗而不臧，爨无欲清之人⑨。今吾朝受命而夕饮冰，我其内热与⑩！吾未至乎事之情而既有阴阳之患矣！事若不成，必有人道之患。是两也⑪，为人臣者不足以任之⑫，子其有以语我来⑬！"

仲尼曰："天下有大戒二⑭：其一，命也；其一，义也。子之爱亲，命也，不可解于心；臣之事君⑮，义也，无适而非君也⑯，无所逃于天地之间。是之谓大戒。是以夫事其亲者，不择地而安之，孝之至也；夫事其君者，不择事而安之，忠之盛也⑰；自事其心者，哀乐不易施乎前⑱，知其不可奈何而安之若命，德之至也。为人臣子者，固有所不得已。行事之情而忘其身，何暇至于悦生而恶死⑲！夫子其行可矣！

丘请复以所闻⑳：凡交近则必相靡以信，远则必忠之以言㉑，言必或传之㉒。夫传两喜两怒之言㉓，天下之难者也。夫两喜必多溢美之言，两怒必多溢恶之言㉔。凡溢之类妄，妄则其信之也莫㉕，莫则传言者殃。故法言曰㉖：'传其常情㉗，无传其溢言，则几乎全㉘。'且以巧斗力者㉙，始乎阳，常卒乎阴㉚，泰至则多奇巧㉛；以礼饮酒者，始乎治，常卒乎乱㉜，泰至则多奇乐。凡事亦然㉝，始乎谅，常卒乎鄙㉞；其作始也简，其将毕也必巨㉟。言者，风波也；行者，实丧也㊱。夫风波易以动，实丧易以危，故忿设无由，巧言偏辞㊲。兽死不择音㊳，气息茀然，于是并生心厉㊴。剋核太至，则必有不肖之心应之，而不知其然也㊵。苟为不知其然也，孰知其所终㊶。故法言曰：

‘无迁令，无劝成[42]。过度益也[43]。’迁令劝成殆事[44]。美成在久，恶成不及改，可不慎与！且夫乘物以游心，托不得已以养中[45]，至矣。何作为报也[46]！莫若为致命[47]，此其难者。”

【注释】

① 叶公子高：楚庄子玄孙，被封于叶，字子高。使于齐：出使齐国。② 王：楚王。诸梁：叶公子高字诸梁。重：出使任务重大。③ 敬：表面恭敬。不急：实际不着急。④ 匹夫：普通的人。动：感动，感化。⑤ 栗：担心。⑥ 寡：少。道：由。⑦ 人道：人为的。⑧ 阴阳之患：身体阴阳失调之患，即身心受到伤害。⑨ 执：取。臧：善，精美。意谓只求吃上粗糙的，不敢希望精美的。爨：烧火做饭。句谓烧火做饭，不要企求清凉。意谓出使齐国不敢希望出色地完成任务，只求平安无事。⑩ 早上接受使命，晚上就饮起冰来。意谓着急。与：通“欤”。⑪ 两：双，谓双重之患。⑫ 不足以任之：谓承受不了双重之患。⑬ 子：先生，指孔子。其：表示祈求。有：又。以：下省“之”字。语我来：对我说。⑭ 戒：法则。⑮ 事君：事奉国君，为国君服务。⑯ 无适而非君：不论走到哪里，都离不开国君。⑰ 忠之盛：最大的忠心。⑱ 自事其心者：自己伺奉自己身心的人，意谓善于调养的人。易施：改变移动。前：当前的心境。⑲ 行：执行，实行。情：情实。忘其身：忘却自己的喜怒哀乐。何暇：哪有功夫。悦生：喜欢生。恶死：厌恶死。⑳ 复以所闻：再把所听到的说一说。㉑ 交：交往，指国家间的交往。靡：亲顺。信：信任。忠之以言：用语言表达互相忠诚。㉒ 言必或传之：语言一定要有人传达。或：有人。㉓ 两喜：双方都高兴。两怒：双方都愤怒。㉔ 溢美：夸张了好处。溢恶：夸张了坏处。㉕ 类妄：类似说谎。信之也莫：不太相信。莫：通“漠”，淡漠。㉖ 法言：古代格言。㉗ 常情：基本内容。意谓不传那些两喜两溢之言。㉘ 几乎全：大概可以保全自己。㉙ 以巧斗力：以智巧角力取胜。㉚ 始乎阳：开始作公开的办法。卒乎阴：最终用秘密的办法。㉛ 泰至：太过。奇巧：奇特的机巧。㉜ 乱：喝醉了酒而乱了规矩。㉝ 凡：一切。㉞ 谅：信，诚实。鄙：险恶。㉟ 作：发生。简：微小。巨：大，严重。㊱ 风波：喻捉摸不定。实丧：得失。㊲ 忿设无由：愤怒的发作没有原因。设：形成。巧言偏辞：花言巧语，言辞偏激。㊳ 不择音：狂乱而叫。气息：呼吸，喘气。茀然：气自短促。㊴ 心厉：心上恶意，指害人之意。㊵ 剋核：限制要求。不肖：不善。应之：报答，答应。㊶ 所终：结果，下场。㊷ 迁：移，变。迁令：改变命令。㊸ 劝：勉励，促进。劝成：促成。益：同“溢”。㊹ 殆事：害事。㊺ 养中：保养心中的精气。㊻ 何：何必。作：作意。报：齐国的报答。意谓何必在齐国的报答上考虑太多。㊼ 莫若：不如。致命：致君之命。意谓不如如实地传达国君的意思。

【细读】

乘物以游心

　　这里是假托孔子与楚庄王玄孙叶公子高的对话。叶公子高将要出使齐国，去向孔子请教。他说，这次出使的使命非常重要，但齐国接待使者表面上十分恭敬，实际上却推托怠慢。他认为自己连一个普通人都难以说动，何况是一个诸侯呢？所以他十分害怕。

　　孔子当初对他说过，凡事不论大小，很少不是由于双方愉快才办成的。事情如果办不成，一定会有人为的祸患；事情如果办成了，又会有阴阳不调的疾病。无论成与不成，都不会留下祸患，只有有道德的人才做得到。叶公子高因此内心焦躁。

　　孔子因此对他说：天下有两条最需要警戒：一是命运，二是义理。子女敬爱父母，这是天然的本性，这是无需解释的；臣子事奉君主，这是事理的当然。无论走到哪里，都不可能没有君主；不论走到天地哪个地方，都无法逃脱，这就是最需要警戒的。因此侍奉双亲，不论到哪里，都要使父母安适，这是孝的极致；侍奉国君的，不论什么事，都要使他安然，这是忠的最高境界。懂得调养自己心性的人，不论悲哀还是欢乐，都不能改变自己当时的心境。知道事情无法改变而泰然处之，这是道德修养的最高境界。作为臣子，本来就有不得已的事情。遵照实际行事，忘记自身的哀乐得失，哪里顾得上喜欢生而厌恶死呢？

　　孔子接着说，凡与相近的邻国交往，一定要以诚信相亲顺；与相距较远的国家交往，就要用语言表示相互忠诚。言语一定要有人传达，传达双方都喜欢或双方都恼怒的语言，这是天底下很难的事。两边都高兴，必定夸大了好处；两边都恼怒，必定夸大了坏处。不论夸大好处还是坏处，都类同于谎言。而谎言就会使双方都不相信。两边都不相信，那么传言者就会遭殃。所以古代格言说，要传达正常的事情，不要传达过分夸张的言辞，这才能保全自己。

　　孔子说：用智巧斗力的人，往往是一开始用公开的办法，而后来用秘密的办法，做得过分了，就会产生很多阴谋诡计。按照礼仪来饮酒的，往往开始时规规矩矩，后来也就一片混乱，饮酒过分了，就会有很多异乎寻常的娱乐。世上的事情也是这样。往往一开始诚实，到后来就粗野了；一开始比较简单，到后来就比较严重。言语就像风吹动的水波，传达语言就会有得有失。风波容易引起动荡，得失容易招致危险。所以，愤怒的发作没有别的原因，就是听信了花言巧语或有偏见的话。就像野兽临死时狂嚎乱叫，气息急促，就会产生害人的念头。凡事苛求过分，别人就会用不好的念头来对付你，而你还不知道是怎么回事，更不知道会有什么结局。

于是孔子说，古代格言这样说，不要随便变更命令，也不要勉强促其成功。超过了限度，就是多余。孔子说，改变命令，促其成功，都会坏事。完美的成功需要很长时间，一旦做坏了，就没办法改过来了。一定要谨慎。

孔子因此说，要任随事物变化而让心神遨游，事情要寄托于不得已，保养内心的中和之气，这就达到很高境界了。何必考虑在齐国的报答？不如如实地传达国君的指命，这有什么难呢？

"乘物以游心，托不得已以养中"，这就是庄子的原则。这是出使外交的原则，也是一般处世的原则。所谓乘物，就是随任事物变化。具体来说就是无迁令，无劝成，不随便变更命令，也不勉强促其成功。因为世事复杂，很难传两喜两怒之言，动辄会招致祸殃。而且人心险恶，"以巧斗力者，始乎阳，常卒乎阴，泰至则多奇巧"。另外，很多人愤怒发作没有别的原因，只是听信了花言巧语。与物融合，随物变化，不要有自己的主见，一切无所系念，这就是游心。游心，是心神遨游于无的境界，就像庖丁解牛一样，在复杂的、世事险恶的政局中寻找夹缝，游刃有余。只有与物融合，随物变化，才能在人间世逍遥而游。

【原文】

颜阖将傅卫灵公大子①，而问于蘧伯玉曰②："有人于此③，其德天杀④。与之为无方⑤，则危吾国；与之为有方，则危吾身。其知适足以知人之过⑥，而不知其所以过。若然者，吾奈之何⑦？"蘧伯玉曰："善哉问乎！戒之⑧，慎之，正女身也哉⑨！形莫若就⑩，心莫若和⑪。虽然，之二者有患⑫。就不欲入⑬，和不欲出⑭。形就而入，且为颠为灭⑮，为崩为蹶⑯；心和而出，且为声为名，为妖为孽⑰。彼且为婴儿⑱，亦与之为婴儿；彼且为无町畦⑲，亦与之为无町畦；彼且为无崖⑳，亦与之为无崖。达之㉑，入于无疵㉑。汝不知夫螳螂乎？怒其臂以当车辙㉒，不知其不胜任也，是其才之美者也㉓。戒之，慎之，积伐而美者以犯之㉔，几矣㉕。汝不知夫养虎者乎？不敢以生物与之㉖，为其杀之之怒也；不敢以全物与之㉗，为其决之之怒也㉘。时其饥饱，达其怒心㉙。虎之与人异类，而媚养己者㉚，顺也。故其杀者㉛，逆也㉜。"

【注释】

① 颜阖：传为鲁国贤人。傅：做某人的老师。大：通太。大子，即太子。② 蘧伯玉：传为卫国贤大夫。③ 人：指卫灵公太子。④ 德：性。天杀：天生喜欢杀人。⑤ 与之：和他相处。无方：没有原则。⑥ 适足：仅仅能够。⑦ 奈之何：对他怎么办？之：指太子。⑧ 戒：警惕。⑨ 女：通"汝"。正女身：端正你自己本身。⑩ 形：形态，外表。就：主动接近，靠近。⑪ 和：调和，诱导。⑫ 之：这。患：隐患。⑬ 入：深入，陷入。⑭ 出：显露。⑮ 颠：坠落，堕落。灭：毁坏，败坏。⑯ 崩：垮台。蹶：跌倒。⑰ 妖、孽：喻指凶恶的结局。⑱ 婴儿：比喻天真无知。⑲ 町畦：田界，引申为规矩、界限。⑳ 崖：山崖，山边，山际，引申为拘束。㉑ 疵：毛病。㉒ 怒：奋举。当：通"挡"。车辙：本指车轮碾过的辙印，此指车轮。㉓ 是：恃。美：得意可观。㉔ 积：多次，屡次。伐：夸耀。而：你。犯之：触犯太子。㉕ 几矣：(就和螳螂)差不多了。㉖ 生物：活生生的动物。与之：给它。㉗ 全物：(给老虎吃的)整个小动物。㉘ 决：裂，撕裂。㉙ 时：假借为"伺"，等候。达：引导。达其怒心：对它发怒的性情要加以引导。㉚ 媚养己者：顺从养自己的人。㉛ 杀：伤人。㉜ 逆：触犯了它。

【细读】

处事入无疵之境

这是鲁国贤人颜阖与卫国贤大夫蘧伯玉对话中的一段。颜阖将为卫灵公的太子当老师，临行前他请教蘧伯玉说，现在这里有这么一个人，天性喜欢杀人。与他相处如果没有原则，就会危害我们的国家；如果讲原则，就会危及自身。他的智力仅够知道别人的过错，却不知道自己怎么犯的错。像这种情况，我该怎么办？

蘧伯玉说，对这种情况一定要小心警惕，重要的是端正自己的行为。外表上最好亲近他，内心却要有和顺诱导之意。尽管如此，这两种办法都有隐患。亲近不能过于深入，和顺不能太过显露。外表的亲近过于深入，就会招致堕落、毁灭、垮台和失败；内心的和顺过于显露，虽然能获得许多声誉，但也可能带来凶恶的结果。最好的办法是，他如果像婴儿一样要脾气，你也跟着像婴儿一样要脾气；他如果做事没有规矩，你也跟着没有规矩；他如果无拘无束，你也跟着无拘无束。做到了这一切，就能进入没有过失的境地。

庄子对中国古代政治太了解了。中国古代帝王为了保住权位，没有几个不会杀戮危及皇位的人，功高震主者、政治异己者、起兵造反者甚至亲叔伯、亲兄弟。或许是中国古代政治的特点养成了帝王们多疑、嗜杀、喜怒无常的性格。他们知道别人的过失，因为他们会时时考察谁会危害自己的地位；他们不知道自己的过失，因为他们大多刚愎自用、自以为是。

这样的帝王，这样的最高权势者，根本不能去触怒他。庄子用几个故事说明了这一点。

一个是螳臂当车。车子压过来，螳螂用力举臂，想把车轮挡住。却不知道自己的力量根本就不能胜任，这是因为它把自己的才能看得太了不起的缘故。

另一个是养虎。养虎的人，不敢拿活物给它吃，因为它一捕杀活物，就会激起它凶残的天性；也不敢拿整个的小动物给它吃，因为在撕裂过程中也会激起它的残忍的天性。因此要按照老虎饥饱的时刻去喂它，疏导它的喜怒之情。老虎和人不是同类，却喜欢驯养它的人，就是因为养虎的人顺着它的本性。有的人被老虎伤害，就因为这些人违逆了它的性情。

还有一则是养马。说那些养马的人，用精美的竹筐盛马粪，用珍贵的大蛤壳装马尿。一旦有蚊虻叮咬在马身上，那爱马的人如若拍打不及时，马就会怒气冲天，咬断勒口，挣断辔头，撞碎胸络。本意爱马，结果却适得其反。

这几则故事令人想到，在帝王的威势之下，敢于挑战其权威的有谁不会被碾成碎粉；那些伴君如伴虎的朝臣，哪个不是每天战战兢兢，如履薄冰，唯恐突然大祸临头；那么多忠臣不过是一心为国家、为君王除弊害，待君王如同爱马之人照顾马一样，但很多不是同样招致杀身之祸？

这样的政治，庄子为之设想的，是顺。顺，是庄子的基本思想。顺命是顺，顺自然是顺。在这里，则是顺君主之性。吾生也有涯，而知也无涯。君主喜怒无常的性格，你摸得透吗？这种情况下，以有涯随无涯，不是很危险吗？再如庖丁解牛，你不能顺着君主的性子来，寻找一游刃有余的缝隙吗？

在这里，是非和功名，当然都让位于生存。在这样的君主面前，你还能讲什么是与非吗？是和非、善与恶的区别，在这残酷的现实面前，还有意义吗？这不自然就走向万物齐一吗？

【原文】

匠石之齐，至乎曲辕，见栎社树①。其大蔽数千牛，絜之百围②；其高临山十仞而后有枝；其可以为舟者旁十数③。观者如市，匠伯不顾，遂行不辍④。弟子厌观之，走及匠石⑤，曰："自吾执斧斤以随夫子⑥，未尝见材如此其美也。先生不肯视，行不辍，何邪?"曰:"已矣⑦,勿言之矣!散木也⑧。以为舟则沉,以为棺椁则速腐,以为器则速毁⑨,以为门户则液樠⑩,以为柱则蠹⑩。是不材之木也⑩。无所可用,故能若是之寿。"

匠石归,栎社见梦曰⑫:"女将恶乎比予哉?若将比予于文木邪⑬?夫柤梨橘柚果蓏之属,实熟则剥⑭,剥则辱。大枝折,小枝泄⑮。此以其能苦其生者也⑯,故不终其天年而中道夭,自掊击于世俗者也⑰。物莫不若是。且予求无所可用久矣!几死,乃今得之⑱,为予大用。使予也而有用,且得有此大也邪⑲?且也若与予皆物也,奈何哉其相物也㉠?而几死之散人,又恶知散木!"匠石觉而诊其梦㉑。弟子曰:"趣取无用,则为社何邪㉒?"曰:"密㉓!若无言!彼亦直寄焉!以为不知己者诟厉也㉔。不为社者,且几有翦乎!且也彼其所保与众异㉕,而以义喻之,不亦远乎㉖!"

南伯子綦游乎商之丘㉗,见大木焉,有异㉘:结驷千乘㉙,隐,将芘其所藾㉚。子綦曰:"此何木也哉?此必有异材夫!"仰而视其细枝,则拳曲而不可以为栋梁;俯而视其大根㉛,则轴解而不可以为棺椁;咶其叶,则口烂而为伤㉝;嗅之,则使人狂酲三日而不已㉞。子綦曰:"此果不材之木也,以至于此其大也。嗟乎神人,以此不材㉟。"

宋有荆氏者㊱,宜楸柏桑㊲。其拱把而上者㊳,求狙猴之杙者斩之㊳;三围四围,求高名之丽者斩之㊵;七围八围,贵人富商之家求禅傍者斩之㊶。故未终其天年而中道之夭于斧斤,此材之患也。故解之以牛之白颡者㊷,与豚之亢鼻者㊸,与人有痔病者,不可以适河㊹。此皆巫祝以知之矣,所以为不祥也,此乃神人之所以为大祥也。

【注释】

① 匠石:姓石的木匠。之:往。曲辕:地名,当属齐国。栎:树名。社:土地神。社树:被供奉为土地神的树。② 絜:用绳子计量。围:计量单位,旧说直径一尺为一围。③ 临山:临居山顶,高出于山顶。仞:长度单位,八尺为一仞。旁:近。④ 市:集市。观者如市:形容观者人多热闹。伯:长。匠石当为工匠首领,故称为匠伯。辍:停止,止步。⑤ 厌:满足。厌观:饱看,看了个够。走:快跑。⑥ 斤:斧的一种。⑦ 已矣:罢了。⑧ 散木:没有用的木材。⑨ 棺:棺材。椁:外棺。古代棺木有两层,内层称棺,外层称椁。器:用具。⑩ 液樠:脂液流出樠树。樠:树名,树心似松,会有指液流出。蠹:蛀虫。⑪ 不材:不能用作木材。⑫ 见梦:托梦。⑬ 女:通"汝",你。比予:和我相比。文木:纹理正常,可以作木料的树。⑭ 柤:通"楂"。果蓏:有核为果,无核为蓏。实熟:果实成熟。剥:被剥。⑮ 泄:通"抴",拉,牵扭。⑯ 苦其生:使其一生受苦。⑰ 自掊击于世俗:自讨世俗之人的打击。⑱ 几死:几乎被砍死。得之:得到无用之用的愿望。⑲ 大:高大。⑳ 相物:互相看作有用无用之物。㉑ 诊其梦:占梦。㉒ 趣:趋。趣取:追求。为社:做土地神。㉓ 密:保密。㉔ 直:特。直寄:特意寄托。以:因。为:被。诟:诟病,侮辱。厉:病,辱骂。㉕

几：几乎。翦：砍伐。彼其所保与众异：它和众多树木保存生命的方法不同。㉖ 义：常理。喻：说明。远：太远，失去分寸。㉗ 南伯子綦：即南郭子綦。商之丘：即商丘。㉘ 有异：有异常情况，指大得出奇。㉙ 结：集。驷：四匹马拉一车。千乘：千辆车。㉚ 隐：藏。芘：通庇。蘋：荫。意谓车辆千乘都可以隐藏庇护在树荫之下。㉛ 大根：粗大的下部树干。㉜ 轴：树心。解：松散。轴解：中心不结实。㉝ 咶：同"舐"。为伤：受到伤害。㉞ 酲：醇酒。狂酲：大醉如狂。㉟ 嗟乎：赞叹的语词。以：用。意谓神人效法这种无用之材作为大用。㊱ 荆氏：宋地名。㊲ 宜：适宜，指适宜种植。楸：一种落叶乔木。㊳ 拱：两手合握。把：一手把握。形容树枝的粗细。㊴ 杙：小木桩。可用来拴狙猴。㊵ 高名：华丽高磊。丽：屋栋。㊶ 樿傍：单幅板的棺材。㊷ 解：解祷，求神免灾的祈祷。以：用。颡：额。㊸ 豚：小猪。亢：高。㊹ 适：往。意谓以上四种不祥之物，不可用来作为祭品丢进河里。

【细读】

无用为大用

　　庄子用几则寓言说明了"无用为大用"的道理。

　　一则寓言说，一个名叫石的木匠到齐国去，经过曲辕这个地方，见到一棵被奉为土地神的大栎树，树荫大到可以遮蔽几千头牛，树围足有一百多尺，树身高出山顶七八十尺才有分枝，足足可以造十来条船。观赏的人多得像赶集一样，可是石连看都不看，脚步不停地一直往前走。他的弟子看了个够，追上他的师傅说，自从拿着斧头跟了师傅，没见过这么好的木材，为什么师傅连看都不看一眼就走了呢？石说，这是毫无用处的散木，用它做船会沉没，用它做棺椁会腐烂，用它做用具会很快毁坏，用它做门户会流出脂液，用它做柱子会生蛀虫，这是不能用作材料的木头。正因为它没有用处，所以才有这样长的寿命。

　　石回到家里，那株栎树托梦给他说，你看那些有用的树，山楂树、梨树、橘树、柚子树这些果树，果实熟了就被采摘，采摘就会被扭折，大枝被折断，小枝被扭歪。这是因为它们有才能，才会受这样的苦，所以它们不能享受天年，而中道夭折，这是它们自己招来的世俗打击。世上的事物无不如此。我追求无所可用的目标已经很久了，好几次差一点儿死掉，好不容易才活到现在，这正是我的大用。假使我也有用，能够长到现在这么大吗？

　　另一则寓言说，南伯子綦游乎商之丘，见到一棵奇异的大树。集结一千辆四马拉的车，这棵大树的树荫都能把它们隐藏起来。但是那棵树的细枝却弯弯曲曲，不可以做栋梁。它树干粗大，却是破裂支解的，不可以做棺木。用舌头舔一舔它的树叶，嘴巴就会溃烂受伤；用鼻子闻一闻，就会使人狂醉三天醒不过来。这棵树正因为无用，才长到这么大。神人大概就像这棵不成材的大树吧？

还有一则寓言，说宋国有一个叫"荆氏"的地方，那里适合种楸树、柏树和桑树。当这些树长到两手握或者一手握粗细的时候，就会有人把它砍去用作拴猴的木桩；当这些树长到三四围粗细的时候，就有人把它砍去用作高大的梁柱；当这些树长到七八围粗的时候，就有人把它砍去用作棺木。这些树，都没能终其天年，都是中途就夭折。这就是成材的灾祸。古人在为解除水灾而祭河神的时候，凡是白额头的牛、翘鼻子的猪、患有痔疮的人，都不可以作为祭品投到河里。因为巫祝认为它们不吉祥。但这正是神人因它可保身而认为是最大吉祥的原因。

所谓无用，是不要显示自己的才干。无用之用，显然是针对黑暗现实而来的。无用，是为了全身。你对社会有用，就意味着你可能得到权利，而这必然伤害别人的权欲利益。宰相之位，天下只有一个，你占了别人就不能占。《淮南子·人间训》曾说，天下有三危，一是少德而多宠，二是才下而位高，三是身无大功而有厚禄。楚庄王封孙叔敖，孙叔敖辞去肥饶之所，而受沙石之地，结果其后代得以独存，这叫损之而益。历史上不乏全身而退的例子。全身而退，就是示社会以无用。当然，还有不少功成身退的。从汉代张良，到后来的许多人物，都知道激流勇退。曾国藩就是如此。进南京之后，有人建言，东南半壁无主，我公岂无意乎。这时，曾国藩却看到了朝廷针对他的动作，看到有人历数他破坏纲纪的八条罪状。曾国藩因此办了三件事，盖贡院提拔江南人士；建造南京族兵营房，请八旗兵南来驻防；裁撤数万湘军。他自削兵权，自去利权，斩杀羽翼，以释清廷之疑，终于换得信任，也换得曾家后代的平安。

【原文】

支离疏者①，颐隐于脐②，肩高于顶③，会撮指天④，五管在上⑤，两髀为胁⑥。挫针治繲⑦，足以糊口；鼓策播精⑧，足以食十人⑨。上征武士⑩，则支离攘臂而游于其间⑪；上有大役⑫，则支离以有常疾不受功⑬；上与病者粟⑭，则受三锺与十束薪⑮。夫支离其形者，犹足以养其身，终其天年，又况支离其德者乎⑯！

【注释】

① 支离疏：作者假设的人名。支离：形体支离破碎不全貌。② 颐：面颊。隐于脐：藏于肚脐。③ 顶：头顶。④ 会：束发，发髻。撮：用以束发的头巾。⑤ 五管：五脏的腧穴，一说指五根脊

椎骨。⑥ 髀：大腿。胁：胸胁。为胁：大腿成为胸胁的一部分。⑦ 挫针：缝补。治繲：浣洗衣服。⑧ 鼓：振动。策：蓍草。鼓策：筮人占卦时的动作。播精：指占卜。⑨ 食：供食，供养。⑩ 上：统治者。武士：战士。⑪ 攘臂：捋袖出臂，表示没有被征的忧虑。⑫ 役：徭役，劳役。⑬ 常疾：长期残疾。功：工作。⑭ 与：赐予。病：此指残疾。粟：谷。⑮ 锺：容量单位，六斛四斗为一锺。薪：柴。⑯ 支离其德：道德破碎残缺，被世俗认为不正常。

【细读】

支离其形与支离其德

这是一个奇异的人，一个奇异的故事。

支离疏，形体残疾。脸颊藏在了肚脐里，肩膀比头顶还高，后脑的发髻翘上了天，五脏的腧穴都朝上，两条大腿和胸胁长到了一起。这样一个残疾人，靠为人洗衣缝补，替人算卦占卜，能够养活家里人。但凡征兵、徭役，他都可以不受其害。而每次上面救济，救济粮食和柴物，他都有份。

庄子借支离其形，提出支离其德的问题。支离其形者，因身体残疾，得以养身，得以终其天年，何况支离其德者！

道和德，都是《庄子》的根本问题。道自不必说，有情有信，无为无表，神鬼神帝，生天生地，无所不在。德也同样是《庄子》的大问题，论述颇多。"游心乎德之和。""德者，成和之修也。德不形者，物不能离也。""无为也，天德而已矣。""无为言之之谓德。""天下之非誉无益损焉，是谓全德之人哉。""德全而神不亏。""心不忧乐，德之至也。""至德不得。""至人之于德也，不修而物不能离焉。""天下有道，则与物皆昌；天下无道，则修德就闲。"

这与老子应该有点儿关系，尽管老子和庄子思想并不全同。老子侧重于政治哲学，而庄子侧重于人生哲学。但是，《老子》确实更多地讲到道与德。

老子说："上德不德，是以有德；下德不失德，是以无德。""上德无为而无以为，下德无为而有以为。""故失道而后德，失德而后仁。"在老子这里，有"上德"，有"下德"，有"不德"，有"不失德"。上德应该就是"道"，道的具体体现，就是德，当然是"上德"。

庄子这里，应该也有上德。前面所述的"游心乎德之和"云云，应该就是庄子心目中的上德。庄子这里也有"不德"，这里讲的支离其德，或者就是庄子的不德。

支离其德的"德"，当然指世俗之德，世俗形成了自己的道德和道德标准。对这些世俗的道德和道德标准,《庄子》里有多处批评。庄子说,天下莫不奔命于仁义,而仁义恰恰伤性乱世。他以为世俗所谓圣、勇、义、知、仁,不过是为大盗所备而已。诸侯之门而仁义存焉。他说,仁、义、礼、乐、圣、知等,都使人丧失本性。当然,还有世俗的是非观、美丑观、生死观以及对功名的追求等。

支离其德,就是破除世俗这些道德。就是要无功、无名、无己,就是要吾丧我,就是要万物齐一,无生死、无大小、无是非,当然,也就是要游于四海之外,庄周梦为蝴蝶,蝴蝶梦为庄周,全浑然不觉。要与物融化,又随物变化。对于世事,无听之以耳而听之于心,无听之以心而听之以气,要虚而待物。不要像颜回一样,想治国拯乱;不要像叶公子高一样,受命外交而内心焦虑。

支离其德,是处世之道,是乱世全生之道;支离其形,亦是于世无用,故得以全生。支离其德,全无功名之心、是非之心,于世无用、于人无害,则孰能害之?

【原文】

孔子适楚①,楚狂接舆游其门曰②:"凤兮凤兮,何如德之衰也③。来世不可待,往世不可追也④。天下有道,圣人成焉⑤;天下无道,圣人生焉⑥。方今之时,仅免刑焉⑦。福轻乎羽,莫之知载⑧;祸重乎地,莫之知避⑨。已乎已乎,临人以德⑩!殆乎殆乎,画地而趋⑪!迷阳迷阳,无伤吾行⑫!吾行郤曲,无伤吾足⑬!"

山木,自寇也⑭;膏火,自煎也⑮。桂可食⑯,故伐之;漆可用,故割之。人皆知有用之用,而莫知无用之用也。

【注释】

① 适楚:到楚国去。② 游其门:走过他的门口。③ 二句以凤凰讽喻孔子。何如:何以。④ 待:等待。追:追及,挽回。二句表示对未来的绝望。⑤ 成:指成就圣人的事业。⑥ 生:指全其生。⑦ 仅免刑焉:仅仅免于刑戮。⑧ 载:承受,引申为享受。二句谓,幸福比羽毛还轻,不知道怎么才享受得到。⑨ 灾祸比大地还重,不知道怎样躲避它。⑩ 已乎:算了吧。临人:待人,教人。⑪ 殆:危险。画地而趋:自己画定一个圈子在里面跑。⑫ 迷阳:一种多刺的草。行:程。无伤吾行:不要妨碍我的行程。⑬ 郤曲:道路迂曲。⑭ 寇:砍伐。自寇:自己招致砍伐。⑮ 膏:油膏。膏火:古人用动物的油脂点火照明,故称。煎:燃烧。⑯ 桂可食:桂皮、桂枝可作药用或食用。

【细读】

山木自寇，膏火自煎

庄子写了一则寓言。说孔子到楚国去，楚国狂士接舆走过他的门口说，世道如此衰败，未来的世界不可期待，过去的世界无法挽回。天下有道的时候，圣人成就事业；天下远道的时候，圣人保全生命。现在这个世道，只求免除刑罚而已。幸福比羽毛还轻，你无法得到；灾祸比大地还要重，你无法躲避。这个世界太危险了，甚至走路也要在地上画好线，稍有不慎就会遇祸。

应该说，乱世多祸，应该归因于乱世。历史上，开国帝王多杀功臣。刘邦杀楚王韩信、梁王彭越、淮南王英布；朱元璋通过胡惟庸案、蓝玉案杀三万多人，这又何尝不是因为刘邦和朱元璋猜忌残忍，想要巩固自己的皇权地位？

同样，人生的很多烦恼，也是社会的不公造成的。左思诗说，"世胄蹑高位，英俊沉下僚"，这是门阀制度造成的。李白诗说，"吟诗作赋北窗里，万言不直一杯水""骅骝拳跼不能食，蹇驴得志鸣春风"，也是社会造成的。

还有很多的社会不公。论资历、论能力、论水平、论政绩，哪一点我都比他强，凭什么他就步步高升，我却原地踏步？论学历、论项目、论成果、论学术影响，我哪点比他差，为什么他能评上教授，我却不能？

但是，庄子却认为，这全是自己造成的。山中的树木，是自己招致人类砍伐；燃火照明的膏火，是自己导致煎熬。有人说，桂树可食，因此就有人砍伐；漆有用处，所以便遭受割剥。

这或许是说明历史事实的又一面。商鞅应该是一个典型吧？如果不是他严刑峻法，刻薄寡恩，那些贵族会那样怨恨他吗？如果他不是贪图封地富有，以独揽秦国国政为幸；不是积怨甚深，而是听赵良的话，把封地归还秦国，劝秦王重用那些隐居山林的贤才，赡养老人、抚育孤儿、尊崇有德之士，会有后来的结果吗？如果不是他自己规定，留宿没有凭证的客人要连坐治罪，当他逃亡到边关，欲宿客舍的时候，客舍主人会不敢让他留宿吗？这不是作法自毙吗？这不是典型的山木自寇，膏火自煎吗？

同样，李斯还有前面提到的张华、潘岳，如果不贪恋名利，会遭到被害的下场吗？刘邦、朱元璋的那些功臣，如朱元璋的功臣蓝玉，如果不是功高震主、居功自傲、骄横跋扈、侵占民田、蓄养庄奴，对皇权构成威胁，怎么会被杀？

这让人想起辩证法所说的，外因是事物变化的条件，外因通过内因起作用。历史上功臣被杀，还让人想起老子所说的："持而盈之，不如其已；揣而锐之，不可长保。金玉满堂，莫之能守；富贵而骄，自遗其咎。""兵强则灭，木强则折。"

但是，庄子的意思应该是，社会是没有办法改变的。庄子思想的基本点，不是改变外部环境和条件，而是改变自己。这一点与儒家不同，儒家是要改造社会，他们的观点是克己复礼，要维系严格的贵贱等级的社会秩序。

第五章 德充符

「德」是道德，「充」是充实或完美，「符」是象征、标志。「德充符」就是完美道德的标志。与儒家重人伦关系、行为规范的道德不同，庄子的「德」为规范的道德不同，庄子的「德」与「道」联系在一起，可以说是「道」的具体体现。从这个意义上，前几篇论无功无己无名，齐同物论，人间处世，都可以说是论道德的具体内容。这一篇也谈到万物皆一，游心乎德之和，不肯以物为事，死生、存亡、穷达、贫富等都看作事之变，命之行也，不足以滑和，不可入于灵府。但这一篇主要不是论道德的具体内容，而是用寓言的形式，描写几个肢体残缺而道德充实的人，主要说明「德」与「形」相对，说明人的形体无关紧要，重要的是精神境界，是处世的人生态度。

【原文】

　　鲁有兀者王骀①，从之游者与仲尼相若②。常季问于仲尼曰③："王骀，兀者也，从之游者与夫子中分鲁④。立不教，坐不议⑤，虚而往，实而归⑥。固有不言之教，无形而心成者邪⑦？是何人也？"仲尼曰："夫子⑧，圣人也，丘也直后而未往耳⑨。丘将以为师，而况不若丘者乎⑩。奚假鲁国⑪，丘将引天下而与从之。"

　　常季曰："彼兀者也，而王先生⑫，其与庸亦远矣⑬。若然者，其用心也独若之何⑭？"仲尼曰："死生亦大矣，而不得与之变⑮；虽天地覆坠⑯，亦将不与之遗⑰。审乎无假而不与物迁，命物之化而守其宗也⑱。"

　　常季曰："何谓也？"仲尼曰："自其异者视之⑲，肝胆楚越也⑳；自其同者视之，万物皆一也。夫若然者，且不知耳目之所宜㉑，而游心乎德之和㉒。物视其所一而不见其所丧，视丧其足犹遗土也㉓。"

【注释】

　　① 兀者：被处刑断足的人。王骀：假设人名。② 从之游者：跟从他游处的人。相若：相当。③ 常季：孔子弟子。④ 中分：对半分。句谓鲁国的学生，一半跟从孔子，一半跟从王骀。⑤ 不予指教，也不议论问题。⑥ 去的时候，脑子是虚空的，却满载而归。⑦ 固：乃，岂，表反诘。成：形成，掌握，领会。⑧ 夫子：那个人。孔子称王骀。⑨ 直：特。后：迟，落后。我孔丘也太落后未能追随他。⑩ 以为师：拜他为师。不若：不如。⑪ 假：但。奚假：岂止。⑫ 王先生：作先生的师长。

王：长。⑬庸：庸人。与庸：与庸人比较。⑭用心：指导思想。⑮不得：不会。与之：跟着。⑯覆：天塌下来。坠：地陷下去。⑰之：指天地。遗：失，指天塌地陷。⑱审：安。无假：无所待。迁：变化。命：主宰。宗：根本。⑲异者：不同的方面。⑳楚越：楚国和越国，喻相隔甚远。㉑宜：感到适宜。㉒和：取消界限、对立，万物为一。㉓遗土：丢了一个土块。

【细读】

游心乎德之和

这是庄子假设的常季和孔子的对话。常季为孔子弟子，事迹不详，可能为庄子假设的人物。这里的孔子同样是庄子化了的孔子。

说是鲁国有一个受刑被砍断了脚的人，名叫王骀。跟从他学习的人数，同孔子的学生人数在鲁国差不多各占一半。而且，他站着不教学生，坐着不发议论，学生来的时候心里空空的，回去的时候脑子里却是满满的。常季因此问孔子，真的有不用语言的教学吗？真的有不见形迹而让人内心受到感化有所成就吗？这是一个什么样的人啊？

孔子回答说，这是一个圣人。我也落在后面，还没有去求教。我准备拜他为师，更何况不如我的人。岂止是鲁国，我还要带领天下的人跟从他学习。

孔子说，死亡和生存是人生的大事，但是都不能使他的心境有所变化。即使天塌下来，地陷下去，他心里也不会感到失落。他处于无所待的境地，不跟从外物变迁，明察万物的变化，而固守自己的本心。

接着，孔子便有上面这番话。孔子说，从事物相异的角度看问题，肝和胆那么近，却像楚国和越国一样远。从事物相同的角度看问题，那么，万物都是一体的。像这样的人，不会知道自己的耳朵和眼睛更适合怎样的声音和颜色，而是让自己的心灵遨游于和谐的道德的境界。万事万物，看到它们相同的方面，而不知道它们何处有所丧失，看到丢失了一只脚，就好像失落了一个土块一样。

这是《德充符》的一则。《德充符》是讨论道德完美的标志。这里提出的一点，就是"游心乎德之和"。

"和"，是先秦一些思想家共有的观念。不过各家所谓"和"的具体内涵不同。儒家以为，礼之用，和为贵，是要人们认同、遵循严格的贵贱等级制度，而内心保持和谐的状态。儒家注重的是人与社会的和谐。庄子和道家所主张的，则是人与自然的和谐。庄子也看到差别，看到自然万物的差别。人生的很多烦恼就是由差别产生的。但是，庄子一方面看到差别，另一方面认为，在万物的差别面前，内心要保持平和。

比如，自其异者视之，肝胆楚越也。要说差别，事物总是有差别，世上没有完全相同的两个事物，也就没有完全如意的事情。就说工作吧，同在北京工作，同在著名大学工作，应该一样吧！但细看，还是有差别，一个北大，一个清华，我就喜欢北大，可偏偏在清华工作。工资待遇，一个八千八百元，一个九千元，应该差别不大，但是要细究，还是相差二百元。有的人可能就为这二百元的差别，因为在北大工作，而不是在清华工作，心里纠结。这就叫自其异者视之，肝胆楚越也。这样，内心没法平和，没法游心于德之和。

但是另一方面，自其同者视之，万物皆一也。要说相同，万物总有相同的方面。世间万物总能找到平衡。可不是吗？你说北方和南方差别很大，饮食就不一样，可是，你非得要吃北方的水饺？南方比如广西的米粉，不是也很好吃吗？

不知耳目之所宜。是的，人的耳朵，眼睛，并不固定只爱听一种声音，只爱看一种颜色。你爱听京剧，可是在浙江，很少能听到京剧，人们喜欢的是越剧，你就听越剧吧！不也很美吗？你爱看西洋人物油画，可是，中国水墨山水画不也很美吗？

死生变化，人生只能有一次。天地覆坠，比喻重大的人生灾难，却是会有的。这个时候，你的心境能不受影响，就是心游于德之和了。1957 年反右，1966 年"文化大革命"，有的人受到冲击，错划成右派，或者被打成牛鬼蛇神，什么走资派，什么反动学术权威等等。于是批斗，戴高帽子，游街，坐飞机。从权倾一方的领导，人所景仰的权威，一下子被批被斗，被炮打，被火烧，被流放。这无异于人生的天地覆坠。有的人受不了，自杀了。有的人从此萎靡不振。但有的人不把这当一回事，挨批斗回来，照样看书，做自己的学问。"文革"结束，这些人不是很快取得了很好的学术成就吗？

所以，人生有时候要有自己的信念，不管外物有什么变化，作为一个人，要固守自己的本心，这样就不会感到失落。

【原文】

常季曰："彼为己①，以其知得其心②，以其心得其常心③，物何为最之哉④？"仲尼曰："人莫鉴于流水而鉴于止水⑤，唯止能止众止⑥。受命于地，唯松柏独也⑦，在冬夏青青；受命于天，唯舜独也正。幸能正生⑧，以正众生⑨。夫保始之徵⑩，不惧之实⑪。勇士一人，雄入于九军⑫。将求名而能自要者，而犹若是⑬，而况官天地⑭，府万物⑮，直寓六骸⑯，象耳目⑰，一知之所知，而心未尝死者乎⑱！彼且择日而登假⑲，人则从是也[20]。彼且何肯以物为事乎！"

【注释】

① 彼：指王骀。为己：完善自己。② 知：通"智"，智力。③ 常心：永恒不变的心境。④ 物：指王骀的弟子。最：聚集。⑤ 莫：没有人。鉴：照。止水：静止的水。⑥ 三"止"字先后解作：止水、留、停止。⑦ 正：天地真性。⑧ 生：通性。正生：修正心性。⑨ 正众生：使心性纯正。⑩ 保：守。徵：信，指信诺。⑪ 实：本质，实际。⑫ 九军：天子六军，诸侯三军，合为九军。泛指军队之从众。⑬ 要：要求。自要：自己要求自己。⑭ 官：主宰。⑮ 府：包藏。⑯ 直：但。寓：寄托。直寓六骸：寄托于身体。⑰ 象：虚象，形象。⑱ 一：同一。前一"知"，通"智"。一知之所知：把人们的各种认识视为同一。⑲ 登：升。假，通"遐"，高远。⑳ 从是：追随他这一点。

【细读】

鉴于止水

这是接着上面的问答。

常季说，王骀致力于自我的修养，用他的智慧，感受到自己的心灵，又能和自己的心灵领悟到永恒不变的心境。但是为什么那么多的人聚集在他身边呢？

孔子回答说，没有人能在流动的水里照见自己，人只能在静止的水里才能照见自己。只有静止的事物才能使其他的事物静止下来。树木同受命于大地，只有松柏禀受了自然真性，所以它们冬夏常青。人们都受命于上天，但只有尧舜独得生命之性，所以他们身处万众之首。他们心性纯正，才能使得万众心性随之纯正。能够保持本始之性的人，具有无所畏惧的性格。就像勇士，即使只有一个人，也敢奋勇地冲入千军万马之中。为了求取功名而自我要求的勇士尚且如此，何况那些主宰天地，包藏万物，把形体寄寓于天地之间，把耳目所闻当作虚设，心灵没有死去的人！这些人，不久就要选择一个时日，登上更高远的境地，人们都会随从于他，他怎么会把世俗的事当一回事呢？

这里是说，兀者王骀不需要靠其他，只靠他的道德修养，就能吸引他的弟子。王骀所靠的，是虽死生之变，天地覆坠而永恒不变的心境，是游心于德之和的修养。兀者王骀是这样，自然界的松柏也是这样，松柏禀受天地之正，因此无论冬夏，都郁郁青青。尧舜也是这样。他们修养心性，因此使众生心性归于纯正。

所以说，人莫鉴于流水而鉴于止水。从自然现象来说，流水是照不见人的，只有止水，平静如镜的水，才能照见人。最古的时候，还没有铜镜的时候，人们大概就是在平静如镜的水中照见自己，知道自己的形象。

庄子的意思是说，人心不静，各种私欲太多，各种系念太多，就不可能吸引别人。只有心境平静，无所系念，有如静水的人，才能吸引别人。

从这里能够受到启示的，是一个人在社会上的影响，往往不是靠别的，而是靠他的无形的人格力量，道德力量，当然，有的也靠他的知识力量。

比如汉末一些名士。这些名士在外戚宦官专权，朝政腐败之际，上疏抗争，处士横议，品核公卿，裁量执政，利用有限的职权惩治外戚宦官为非作歹的党羽，他们因此受到迫害，而在士人中却有很高的声望。士人互相题拂，高自激扬，有所谓三君、八俊、八顾、八及之称。郭泰归乡里，儒士大夫送至河上，车子数千辆。郭泰和李膺同舟而济，众人望之，以为神仙。范滂于第一次党禁，入狱后获释，从京师出发，汝南、南阳士大夫迎接他的车子也是数千辆。朝廷党禁，党人受到追捕，收容藏匿者也受连累被诛杀，但很多党人逃亡时，却是一路有人破家相容。名士们的声望，就是靠一种无形的力量，正义的力量，与腐败抗争的力量。

比如嵇康。因吕安事件被捕入狱，数千太学生请以嵇康为师，许多豪俊之士自请入狱，陪同嵇康坐牢。可以看出嵇康在士人心目中有怎样的声望。嵇康之所以有这样的声望，也在于他的高洁人格。上不臣天子，下不事王侯，鄙薄虚伪的名教，不与篡权的司马集团合作。当然，还有他的名士风姿。龙章凤姿，天质自然，岩岩若孤松之独立，其醉也，巍峨若玉山之将崩。而且，临刑东市，神色不变，取琴弹奏，从容一曲《广陵散》。

因此，一个人，重要的是注重自己的内心修养，人格修养。不是有《陋室铭》说，山不在高，有仙则名；水不在深，有龙则灵吗？不是说，虽在陋室，也是谈笑有鸿儒，往来无白丁吗？

【原文】

申徒嘉①，兀者也，而与郑子产同师于伯昏无人②。子产谓申徒嘉曰："我先出则子止，子先出则我止③。"其明日，又与合堂同席而坐④。子产谓申徒嘉曰："我先出则子止，子先出则我止。今我将出，子可以止乎，其未邪？且子见执政而不违⑤，子齐执政乎⑥？"申徒嘉曰："先生之门，固有执政焉如此哉⑦？子而说子之执政而后人者也⑧？闻之曰：'鉴明则尘垢不止⑨，止则不明也⑩。久与贤人处则无过。'今子之所取大者⑪，先生也，而犹出言若是，不亦过乎。"子产曰："子既若是矣⑫，犹与尧争善⑬，计子之德不足以自反邪⑭？"申徒嘉曰："自状其过以不当亡者众⑮，不状其过以不当存者寡。知不可奈何而安之若命，唯有德者能之。游于羿之彀中⑯，中央者，中地也⑰；然而不中者，命也。人以其全足笑吾不全足者众矣⑱，我怫然而怒⑲；而适先生之所⑳，则废然而反㉑。不知先生之洗我以善邪㉒？吾与夫子游十九年㉓，而未尝知吾兀者也。今子与我游于形骸之内㉔，而子索我于形骸之外㉕，不亦过乎！"子产蹴然改容更貌曰㉖："子无乃称㉗！"

【注释】

① 申徒嘉：郑国人。② 郑子产：郑国大夫，名侨，字子产。伯昏无人：假设人名。③ 子产不愿和犯人在一起，故如此说。④ 合堂：同在一个屋里。⑤ 执政：宰相。子产是宰相。违：避开。⑥ 齐：平齐。与执政平起平坐。⑦ 先生：指伯昏无人。⑧ 说：通"悦"，喜欢。后人：瞧不起人。⑨ 鉴：镜子。⑩ 止：沾染灰尘。明：光亮。⑪ 子：您。取大：借重。⑫ 若是：如此。⑬ 与尧较量短长。⑭ 反：反省。句谓衡量你的品德，难道还不足以令你自省吗？⑮ 状：陈述。过：过错。亡：指亡足。不当亡：不当受断足之刑。⑯ 羿：传说中射箭的高手。彀：使劲拉弓。彀中：射程之内。⑰ 中地：射中的境地。⑱ 全足：双足齐全。⑲ 怫然：脸上变色发怒的样子。⑳ 适：往。所：处所。㉑ 废然：消除怒气的样子。反：通"返"。㉒ 洗我以善：用善来教育我。㉓ 夫子：先生。㉔ 形骸之内：指内心。㉕ 形骸之外：外貌。指腿。㉖ 蹴然：不安而变色。㉗ 称：称述。意谓你不要这样说了。

【细读】

久与贤人处则无过

这是借又一则寓言提出的思想。

说是有申徒嘉者，也是受刑被砍掉一只脚。他和郑国子产一同在伯昏无人门下学习。这里的子产，当然不是历史上郑国那个杰出的政治家，和伯昏无人一样，是庄子虚构的人物。子产对申徒嘉说："如果我先出去，你就先别动身；如果你先走，我就暂且不动身。"第二天，子产又和申徒嘉同一个屋子同一条席子坐着，子产又对申徒嘉说："我先出去，你等一会儿再走。你先出去，我就等一会儿再走。现在我要出去了，你能等一会儿吗？还是不能等一会儿呢？你遇见执掌国政的人也不回避，你想和执政大臣平起平坐吗？"

　　申徒嘉说："我们伯昏无人先生门下有你这样的执政大臣吗？你是喜欢你的执政之位而不把别人放在眼里吗？我听说，镜子如果明亮，就不会沾染尘埃。如果沾上了尘埃，镜子就不会明亮。经常和贤人相处，就不会有过失。现在你地位这样显赫，是由于老师的缘故，你居然说出这样话，不是太过分吗？"

　　可是子产又说："你已经受刑被砍断了足，还想和尧争美吗？你估量一下你的德行，还不足以自己好好反省一下吗？"

　　申徒嘉再反驳说："自己陈述过失，但计较得失，以为不该受刑断足的人很多；不表白自己的过失，不计较得失，认为自己应该受到断足之刑的人很少。知道事情没有办法改变，把它看作命运的安排，处之泰然，只有有道德修养的人才做得到。世上人们都生活在羿的射箭范围之内，这是被弓箭命中之地，但是也有不被命中的，这是命运啊。很多人身体健全有两只脚，却讥笑我只有一只脚，我总是勃然大怒。但是到了伯昏无人这里，我马上消除了怒气，恢复了常态。不知道是先生用善德让我经受了洗沐呢？还是我自己领悟的呢？现在你我是通过内在的道德来交往，但你却要用外在的形体来要求我，这不是太过分了吗？"

　　申徒嘉的一番话，核心是受刑被断足而不计较得失，知其无可奈何而安之若命。人最重要的不是形体健全，而是道德修养的完美。《德充符》就是论道德完美的标志。但是这个核心之中，还包含一些思想。

　　鉴明则尘垢不止，止则不明也。这是说，人的心灵不能沾染尘埃，如果沾染了尘埃，就会不明亮。人处混浊尘世，很难不受侵染。但是庄子认为，重要的是内心保持清洁，内心不受污染。只要内心不受污染，就能出污泥而不染。这实际是提出，在混浊社会如何处世的问题。是众人皆浊我亦浊，还是众人皆浊我独清？庄子的回答应该是后者。

　　这当然也让我们想起两个偈句。一是神秀的："身是菩提树，心如明镜台。时时勤拂拭，勿使惹尘埃。"一是慧能的："菩提本无树，明镜亦非台。本来无一物，何处惹尘埃。"都是以镜子比喻纯净的心灵，都是要使纯净的心灵不受尘埃污染。相比较而言，神秀的偈句与庄子的鉴明则尘垢不止之说更为接近一些吧？不管怎样，在尘世间，保持内心的清静不受污染，是很重要的。

　　久与贤人处则无过。本意是说，申徒嘉久与他的老师伯昏无人相处，受老师思想和人格熏陶，心灵境界自然而然得到提升。受刑断足，原来怫然而怒，后来就放心废然而返。这又让人想起传统的亲君子，亲贤臣，远小人之说。荀子说过，蓬生麻中，不扶而直。又说，君子居必择乡，游必就士，所以防邪僻，而近中正。当然还有汉

《列女传》所载孟母三择邻之说。第一次居处近于墓，孟子学为丧葬。第二次迁居市旁，孟子学为贾人炫卖之事。第三次近于屠，孟子又学为买卖屠杀之事。最后迁居学宫旁，孟子始学礼仪。庄子所说的，是与道家贤人久而相处。就我们日常生活而言，择邻选友，亲君子，远小人，不也是很重要的吗？

【原文】

鲁有兀者叔山无趾[1]，踵见仲尼[2]。仲尼曰："子不谨[3]，前既犯患若是矣[4]。虽今来，何及矣[5]！"无趾曰："吾唯不知务而轻用吾身[6]，吾是以亡足。今吾来也，犹有尊足者存[7]，吾是以务全之也[8]。夫天无不覆，地无不载，吾以夫子为天地，安知夫子之犹若是也！"孔子曰："丘则陋矣[9]。夫子胡不入乎？请讲以所闻。"

无趾出，孔子曰："弟子勉之[10]！夫无趾，兀者也，犹务学以复补前行之恶[11]，而况全德之人乎[12]！"

无趾语老聃曰："孔丘之于至人，其未邪[13]？彼何宾宾以学子为[14]？彼且蕲以诐诡幻怪之名闻[15]，不知至人之以是为己桎梏邪[16]？"老聃曰："胡不直使彼以死生为一条[17]，以可不可为一贯者[18]，解其桎梏，其可乎？"无趾曰："天刑之[19]，安可解！"

【注释】

① 叔山无趾：作者虚构的人物，居叔山，遭刑而失去脚趾，故称。② 踵：脚跟。踵见：因没有脚趾，因此用脚跟行走去见。③ 谨：谨慎。④ 犯患：遭殃。⑤ 何及：哪里来得及。⑥ 不知务：不知世务。⑦ 尊足者：比足还尊贵的东西，指道德。⑧ 是以：因此。务全：努力保全。⑨ 陋：浅薄。⑩ 勉之：努力。⑪ 前行之恶：从前行为的过错。⑫ 全德：道德完美。⑬ 未：未达到。⑭ 宾宾：恭敬的样子。⑮ 蕲：求。诐诡：奇异。⑯ 是：此。桎梏：镣铐，在脚为桎，在手为梏。⑰ 一条：与下之"一贯"意同，相连相通之意。⑱ 可不可：可与不可。⑲ 刑：惩罚。

【细读】

犹有尊足者存

《德充符》写了好几个身体残缺的人物。前有王骀、申徒嘉，后面还有。这里写叔山无趾也是一个。

说是叔山无趾因遭刑而被跺去脚趾，因此只有用脚后跟行走去见孔子。孔子对他说："你那么不谨慎，从前你惹祸招致今天的后果，就算你今天来了，还来得及吗？"

叔山无趾说："我正是不懂世务，轻率地使用自己的身体，因此而失去了脚趾。今天我来求教，是因为还有比足更尊贵的东西，我因此想要保全它。天覆盖万物，地无所不载，我一向把您看作天地，哪里知道先生居然是这样的呢？"

叔山无趾于是走了。孔子对他的弟子说："你们大家要努力啊。像叔山无趾这样的人，受刑失去了脚趾，却还努力学习以弥补以前行为的过失，何况身体完好的人呢？"

叔山无趾对老聃说："孔子和得道的至人相比，恐怕还差一些吧？他为什么那样恭恭敬敬地向您学习呢？他还企求用奇异怪诞的声誉来名闻天下，他还不知道得道的至人把这看作桎梏啊。"老聃说："怎么不直接让他懂得生和死是一回事，可与不可是相通的呢？以此解除他的精神枷锁，这是很好吗？"叔山无趾说："这是上天对他的惩罚，怎么可以解除他的枷锁？"

这里重要的，是提出一个观念，即犹有尊足者存。足是人的身体的重要部分，失去了足，人的身体就残缺了。但庄子认为，还有比足更为尊贵的东西。

这个比足还尊贵的东西，在庄子这里，是指道德修养。庄子所谓道德修养，如这里所说的，是要以生死为一条，以可与不可为一贯，忘怀得失，游心于德之和。在庄子看来，道德的完美，比身体的完美更重要。这样的人生境界，远过于失去的一只足。

推而广之，我们可以把庄子所谓的道德修养，看作一种人格精神。我们看一些身残而志不残的真实故事。

爱迪生，是大家所熟悉的。因一次事故，耳朵聋了。但这不能阻止他的实验，他因此发明了电灯、电影、留声机，一生中发明的东西有 1000 多种。

霍金，也是大家知道的。患肌肉萎缩的卢伽雷病，在艰难中，继续他的宇宙学研究。行动不便，全身瘫痪，不能说话，唯一能动的就是两只眼睛和三根手指。他借助电脑和语言合成器帮忙，完成他的《时间简史》以及关于黑洞的研究，成为当今最杰出的科学家之一。

美国总统罗斯福，应该也是一个例子吧！因一次游泳患上小儿麻痹症，失去了双腿，但他坚持锻炼，靠护腿套和儿子的扶持，走上演讲台，成功当选美国总统，之后带领美国度过"二战"的艰难岁月。

还可以举出更多的例子。瞎子阿炳，吴运铎，听说凡·高也有残疾，还有现代的张海迪。就最近网媒还看到，有人失去双手，用脚夹筷子吃饭，用脚夹住笔写书法。

这些人身上，是不是体现一种精神？是不是让我们看到，人的身体固然重要，但更重要的是如何体现人的价值，如何张扬人格精神。这些人身上，不是看到"有尊足者存"？

当然，庄子所说，不仅指身体的残疾。人生所面临的问题多多，人的一生，风风雨雨，已经失去和将会失去的，远不止一只足。失去爱情，失去亲人，失去高职提升或出国深造的机会，等等。

这个时候，你想过，犹有尊足者存吗？想过有比梦想，比好工作，好职位，好大学更尊贵的东西吗？你一次失恋失败就垂头丧气，萎靡不振？还是不计得失，坦然面对人生可能遇到的形形色色的艰难曲折？庄子的思想不是可以引人思考吗？

【原文】

仲尼曰："丘也尝使于楚矣，适见豚子食于其死母者①。少焉眴若②，皆弃之而走。不见己焉尔③，不得类焉尔④。所爱其母者，非爱其形也，爱使其形者也⑤。战而死者，其人之葬也不以翣资⑥；刖者之屦⑦，无为爱之。皆无其本矣⑧。为天子之诸御⑨，不爪翦⑩，不穿耳；取妻者止于外⑪，不得复使。形全犹足以为尔⑫，而况全德之人乎！今哀骀它，未言而信⑬，无功而亲⑭，使人授己国，唯恐其不受也，是必才全而德不形者也⑮。"

【注释】

① 豚子：小猪。食：吃奶。② 少焉：不一会儿。眴若：惊慌而眨眼睛的样子。③ 不见己：不看自己。焉尔：才如此。④ 不得类：不是类似活着的样子，指母猪。⑤ 使其形者：指精神。⑥ 翣：棺材的装饰品。战死的士兵没有棺材下葬，当然用不着棺材上的装饰品。⑦ 刖：一种将脚砍去的酷刑。刖者：受刑被砍去脚的人。屦：鞋子。⑧ 本：所从属的本体。如棺材是翣的本体，脚是屦的本体。⑨ 诸御：各种侍从人员。⑩ 爪翦：剪指甲。⑪ 取：通"娶"。止于外：只能留在官外。即结婚后不能再留在官中任侍从。⑫ 尔：指剪指甲、穿耳洞这些行为。⑬ 信：被信任。⑭ 亲：被敬爱。⑮ 才全：才性完美。德不形：道德不形之于外。

【细读】

爱使其形者

"孔子"说，他曾经到过楚国，正好遇见一群小猪在死去的母猪跟前吸奶。但不一会儿，那些小猪就惊异地眨巴着眼睛，丢弃母猪而跑走。它们发现死去的母猪不再看它们，母猪不像过去活着的样子。由此可知，小猪爱它们的母亲，不是爱它的形体，而是爱主宰这个形体的东西。我们再来看，战场上死去的士兵，埋葬他们的时候，不用棺材，当然也不用棺材的装饰品。受过刖刑的人，已经没有足了，对于鞋子也不需要去爱惜它了。因为它们的本体已经失去了。作为天子的侍从人员，不剪指甲，不穿耳眼，娶妻的人只能待在宫外，不再进宫服役。为了保全形体尚且如此，何况保全德行的人呢？现今哀骀它未曾开口说话，人们就信任他；没有什么功绩，人们也亲近他；可以使人把国事托付给他，还唯恐他不接受。这一定是才智完美而德行不外露的人。

这里提出一个重要思想。非爱其形也，爱使其形者也。

这里，"形"，就是事物的形体。"使其形者"，就是主宰事物的东西。这个主宰事物形体的东西，就是精神。小猪在死去的母猪面前吸奶，母猪的形体没有改变，但小猪之所以离它而去，就因为母猪已经死了，失去了生命，失去了精神。哀骀它的故事同样说明这一点。哀骀它以恶骇天下，却那样吸引人，也是靠他的精神。

庄子所谓精神，所谓"使其形者"，有其特有的内涵。庄子所谓精神，就是道的精神，就是他反复讲的，一生死，齐是非，不计任何名利得失，就像哀骀它一样，即使鲁国国君把一国国事托付给他，他仍然视若惘然，先是闷然而后应，后是弃国而去。

推而广之，人们所看重的，确实是内在的精神，而不是外在的形体。

比如，历史上，有一些品行不好的人，比如一些奸臣，这些人有的也有一定的艺术成就，诗、书、画，都有不错的。比如蔡京。虽说不一定以人废言，以人废诗废书废画，但人们在想到这些人的为人时，再看他们的诗、书、画，总有那么一些不舒服吧？

比如，诗文是贯注真情。只读他们的诗文，觉得不错，但一看他们的为人，会觉得失真。比如潘岳。他有著名的《闲情赋》。如果只读他这篇作品，他似乎是一个不慕名利，清高自守的士人。但在实际生活中，他趋炎附势，他想巴结的权贵，人还没到跟前，只是远远地看见车马扬起的灰尘，就倒地而拜。了解他的为人，就会发现他的作品是虚伪的。元好问论诗，就说过："心画心声总失真，文章宁复见为人；高情千古《闲情赋》，争信安仁拜路尘。"这不是形体犹在，而精神全无了呢？

当然，人生不完美的，不仅仅是形体。比如，金钱财富，拥有多少财富算完美？一生赚多少钱算完美？恐怕没有止境吧？人的贪欲是没有止境的，所谓"富"也是没有边的。这个时候，是不是要有一点知足者富的精神呢？任由贪欲，恐怕会招致祸害吧？生活本身的完美重要，还是精神的完善更重要？

【原文】

哀公曰①："何谓才全②？"仲尼曰："死生、存亡、穷达、贫富、贤与不肖、毁誉、饥渴、寒暑，是事之变，命之行也③，日夜相代乎前④，而知不能规乎其始者也⑤。故不足以滑和⑥，不可入于灵府⑦。使之和豫⑧，通而不失于兑⑨，使日夜无郤⑩，而与物为春⑪，是接而生时于心者也⑫。是之谓才全。"

【注释】

① 哀公：即鲁哀公。② 才全：才智完备。③ 命：天命。④ 代：更替，替代。⑤ 知：智力。规：通"窥"。⑥ 滑：乱。和：和顺。⑦ 灵府：心灵。⑧ 和豫：和顺安乐。⑨ 兑：即《老子》"塞其兑，闭其门"之兑，道家所谓心知外流的道穴，嗜欲的孔窍。不失于兑：不从道穴流失。⑩ 郤：通"隙"。无郤：无间断。⑪ 与物：随任外物。⑫ 生：反映。时：四时。

【细读】

才全

这一节解释才全德不形的具体内涵。先看才全。

才全是什么？就是才智完备。什么是才智完备？首先，要把人生的一切看作事物的变化，天命的运行。这当中，包括死亡和生存，存在和消亡，仕途失意（穷）和得意（达），贫穷和富贵，贤能和愚顽，受到诋毁和赞誉，饥饿和干渴，寒冷和暑热。

这当中很多问题是古代士人经常遇到的，比如，穷达，贫富。很多士人怀才失意就牢骚满腹，比如孟郊，一生穷困失意，贫困时，曾经说，借车载家具，家具少于车。经常用诗写他的凄凉哀怨，比如《秋怀》诗，写他"冷露滴梦破，峭风梳骨寒，席上印病文，肠中转愁盘"。比如柳宗元，被贬柳州，就写诗，说，海天愁思正茫茫，江流曲似九回肠。但是，另一些士人则看得比较开。比如陶渊明，王绩，苏轼。

庄子说：这一切就像白天和黑夜在我们眼前交替，人的智慧无法窥见它们的开始。其实，庄子所说的，有些是自然现象，比如死生，寒暑。他说日夜相代乎前，也是自然现象。存亡，可以是自然现象，也可以是人事现象。但他说事之变，命之行的很多，只是人事现象。比如穷达，贫富，贤与不肖，毁誉，饥渴。这些人事现象，是人之所为，但另外，很多却是人所无法把握，庄子因此统统把它们归为自然现象，把这一切看作自然的变化。

庄子认为，当你把这一切看作和白天黑夜更替一样的自然变化，穷达、贫富，贤与不肖、毁誉种种，就不值得扰乱心性的平和，不值得侵害人的心灵。

庄子说"使之和豫"，使内心和顺安乐，同时，"通而不失于兑"。所谓"兑"，来自《老子》。兑是嗜欲的孔窍。人的烦恼，很大程度上来自嗜欲。嗜欲过高，则死生、存亡、穷达、贫富、贤与不肖、毁誉等，都会扰乱人的心灵。如果如《老子》所说，塞住嗜欲的孔窍，关闭嗜欲的门径，就终身不会有扰劳烦心的事（塞其兑，闭其门，终身不勤）。因此庄子说，人的心智不要从嗜欲的道穴流失（不失于兑）。至于"通"，一方面，是通于外物。所谓通于外物，就是与万物融而为一，顺万物之自然。另一方面，是心智的畅通，死生、存亡、穷达、贫富等本来会令人烦恼之事不郁结于心，心智始终保持畅通状态。

使日夜无隙，而与物为春。白天和黑夜是没有间隙的，白天过去就是黑夜，反之亦然，黑夜过去就是白天。东半球是白天，西半球就是黑夜。事物都是相反相成的。人事现象也是一样，方生方死，方死方生，方存方亡，方亡方存，穷困过去就是通达，通达背后就是穷困。贫富，贤与不肖，毁誉，等等，无不如此。一切都是会变化的，这样，随任万物变化，就可以和万物一起享受阳春之气，应接万物，而使心灵应顺四时（接而生时于心）。春就是春，夏就是夏，秋就是秋，冬就是冬。同样的道理，穷，就任其为穷；达，就任其为达；贫，就任其为贫；富，就任其为富。

这样，心灵就不会受到伤害，心灵才智才会守备。这就是才全。

【原文】

"何谓德不形①？"曰："平者，水停之盛也②。其可以为法也③，内保之而外不荡也④。德者，成和之修也⑤。德不形者，物不能离也⑥。"

【注释】

① 德不形：德不外露。② 水停之盛：水最平静的状态。③ 法：准则。④内保之：内部保持稳定。⑤ 成和之修：养成和顺的修养。⑥ 物不能离：与物和顺，故物不能离。

【细读】

德不形

"德不形"，首先让人想到的，是老子所说的，道可道，非常道，名可名，非常名。相应地，如果德可形，则不是庄子所说的德了。

其次想到的，是前面说过的，支离其德，就是破除世俗之德。世俗的仁义观要破除，当然，前面所说的那些问题，都有世俗的死生观、存亡观、穷达观、贫富观等。世俗的这些观念，最重要的特点，就是斤斤计较得失，斤斤计较存亡、穷达、贫富、贤与不肖、毁誉等，德不形，就是破除这些世俗观念。

也就是这里所说的，德者，成和之修也。就是说，成就了和顺的修养。"和"，是庄子反复强调的一个观念。这里所说的"成和之修"，和前面所讲的游心于德之和，基本思想是一致的。具体来说，是在万物的差别面前，内心要保持平和。这里刚说的，死生，存亡，穷达，贫富，贤与不肖，毁誉，饥渴，寒暑，这些事物，你可以看到它们很大的差别，截然相反的方面，你也可以把它看作事之变，命之行，也就是看作自然的现象。庄子所探求的，就是人和自然的和谐。所谓成和之修，游心于德之和，说的都是人与自然的和谐。万事万物，差别悬殊，但你的内心要保持和谐和顺，不为之所动，不为之烦恼。

这就可以理解庄子所说的"平者，水停之盛"。所谓水停之盛，就是水静止的状态，达到极点。老子和庄子，都讲两个字，一个是虚，一个是静。老子说，致虚极，守静笃。就是要虚到极点，静到极致。虚到极点，也就是庄子所说的，虚而待物，即心斋。虚到极点，心中无一物，任何外物，世间一切烦恼都不能进入心间，才能容纳万物，才能一切事情都处之坦然。静到极致，或者说水停之盛，世间再大的事变艰难，也不能对心灵有所惊扰，都不能在心中溅起一丝一毫的波纹，内心都可以保持绝对的平静。人生达到这般境界，还有什么困苦纷扰不能经受呢？

这其实也就是《齐物论》所说的形如槁木，心如死灰，所说的吾丧我。也就是《逍遥游》所说的大浸稽天而不溺，大旱金石流，土山焦而不热。这里所说的死生，存亡，穷达，贫富，贤与不肖，毁誉，饥渴，寒暑，这些变化，在成和之修的人心中，都能平静处之，不会有任何纷扰，都可以做到静如止水。

其可以为法，是说，在万物差异变化面前，保持内心平静，这就是人生的法则，准则。内保之而外不荡。所谓内保之，是说，内心保持这种心境。所谓外不荡，是说，不论外界事物如何变化，死生、存亡、穷达、贫富、贤与不肖、毁誉、饥渴、寒暑等如何巨变，都不能使心中荡起一丝波纹。

做到了这些，就能"物不能离"。所谓"物不能离"，就是与物融一。如果德而有形，遵循世俗的死生观、存亡观、穷达观、贫富观等，则死就是死，生就是生；存就是存，亡就是亡；穷就是穷，达就是达；贫就是贫，富就是富；等等。如果德而不形，超脱死生、存亡、穷达、贫富，一切随任自然，死，就随任而死，生，就随任而生；存，就随任而存，亡，就随任而亡；穷，就随任而穷，达，就随任而达；贫，就随任而贫，富，就随任而富。这就做到了与物融一，做到了物不能离。

这就是哀骀它以恶骇天下，而能吸引人的地方。所以鲁哀公听了孔子这番话，有一天告诉孔子的弟子闵子骞，说，当初我作为君主统治天下，执掌管理人民的法纪，为他们的生死而忧虑，那时我以为很通达了。现在听了至人的话，担心我没有忧国忧民的实际，轻易使用我的身体，而导致国家灭亡。

才全，德不形，是君主应有的修养，是人生应有的修养。

【原文】

有人之形，无人之情①。有人之形，故群于人②；无人之情，故是非不得于身③。眇乎小哉④，所以属于人也！謷乎大哉⑤，独成其天！

【注释】

①　情：指主观性情，即下面所说的世间是非。②　群于人：与人为群。③　不得于身：不得侵扰于身。④　眇：细小。⑤　謷乎：伟大的样子。

【细读】

有人之形，无人之情

这里提出两个概念，一是有人之形，二是无人之情。

关于"无人之情"。所谓"情"，和所谓"德"一样，有世俗与超俗之别。人本来有正常的感情，喜怒哀乐，是非好恶。但在庄子看来，这都是世俗之情。所谓无人之情，就是不能有这些世俗之情。

具体来说，如这节文字所说的，是非不得于身，即不得侵扰于身。是非之说，是非之别，在庄子看来，正是世俗之情。体道之人，不能有是非之心。

庄子在这节文字之前，也有一节文字，说，圣人游心自适，认为智慧是孽根；人为的约定如同用胶粘合物体，只是勉强的结合，并不牢固；有所得是因为有所取；工巧是为了做生意。他说，圣人从不谋划，哪里需要智慧？圣人与物本来就融合为一，哪里需要用胶人为地粘合？圣人无所失，哪里需要得？圣人不贩卖货物，哪里需要经商？

这里提出四种品德，智慧、融合、获得、工巧。这四种品德，在庄子看来，都来自上天的养育，所谓上天的养育，就是禀受于自然。已经禀受于自然，哪里需要用人？

这四个方面，如果出自人为，就是世俗之情。关于智慧，庄子和老子一样，说过很多绝圣弃知的话。庄子说，这个世界为什么那么多窃国大盗，就是因为人为的智慧太多。斗斛、权衡、符玺、仁义，都是人的智慧的产物，正因为是人为的智慧，所以世间大盗并斗斛、权衡、符玺、仁义一起窃之，窃钩者诛，窃国者为诸侯，诸侯之门仁义存焉。关于人为的约定，自古至今，这类约定誓契还少吗？最终，这些契约起作用了吗？人与人之间，归根到底，要靠自然的感情来维系。关于得（德），处处希望得到某种东西，是为了满足人的欲望。有所得，必有所失；始有所得，终有所失；不求所得，就不会有所失。斤斤计较得失，当然是世俗之情。至于工巧，直接来说，是为了商贾，推而广之，人类的争斗，都出自机巧之心。工巧，当然是世俗之情。

庄子在这节文字之后，有一节文字，也说明何为无人之情。说是惠施对庄子说，人本来无情吗？庄子说，是的。惠施说，人而无情，怎么可以说是人呢？庄子说，天道赋予人以容貌，自然赐与人以形体，怎么能不称之为人呢？惠施又说，既然称之为人，怎么可以说没有情呢？庄子说，你所说的，并不是我所说的情。我所说的无情，是说，人不得以喜好和厌恶的感情来伤害自己的内心，顺应自然而不是人为地增加生命。

这里提出两点。一是不以好恶内伤其身。好恶是主观的，有好恶，就有是非；有是非，就有烦恼；有烦恼，内心就不平静，就不能如前面所说的，内保之而外不荡。内心不平静，不和顺，当然会内伤其身。而好恶，是世俗之情。

二是常因自然则不益生。《老子》说："益生曰祥，心使气曰强，物壮则老，谓之不道，不道早已。"就是说，人为地益生，贪生纵欲，就会遭致灾殃，欲念主使和气，就是强，事物过于强壮，就会走向衰老，这就不合于天道，不合天道，就会灭亡。养生是需要的，但不要人为地去"益生"，要因其自然。益生，贪生纵欲，也是世俗之情。无人之情，就不能人为地益生。

关于"有人之形"。庄子说，道与之貌，天与之形。这就是"人"。有人之形，故群于人。《荀子》："人不能无群，群而无分则争。"所谓"群"，就是人的社会属性。

庄子看到有人之形，看到人的生理属性，同时看到"群于人"，承认人的社会属性。但是，他的着眼点，并不是人之形，即人的生理属性，也不是人的社会属性。他看重的，是融于自然。世俗之情不能要，人之形，人之群也是不重要的。所以他写了那么多游心于德之和的形体残缺之人。除了前面所写的之外，这节文字之前，又写了两个形貌丑陋的闉跂支离无脤和瓮㼜大瘿，一个瘸腿、驼背、没有嘴唇，一个脖子上长着瓮盆般的大肉瘤。但他们都各自赢得卫灵公和齐桓公的宠爱。庄子说："德有所长而形有所忘。人不忘其所忘而忘其所不忘，此谓诚忘。"就是说，他们的德性有过人之外，人们就忘记他们形体上的缺陷。形体残缺是世人应该忘记的，但世人没有忘记；他们道德上的过人之处是不应该忘记的，但世人却忘记了，这就忘记了最本质的东西。

对于庄子来说，保留人的本性是最重要的，而人的形体则是次要的，因此他说，真是渺小，所以他属于人类；真是伟大，独他与自然融合为一。

第六章 大宗师

本篇论道和修道。天道为万物之宗，万众之师，因此称为『大宗师』。其中『以刑为体，以礼为翼』之类，可能掺入后人别家之说，但大体可反映庄子的本体论思想。作者从天人关系入手，先论得道之真人，说明不论处于任何境地，都处之淡然，天人合一，以人顺天，这就是得道之真人的境界，也是道的境界。既然以人顺天，就应该安于自然，相忘于江湖，把死生看作天命运行的必然。接着说明道的特征，是无为无形，自本自根，永恒无限，生天生地，而无目的。再说明修道需持守天性，在一切变化扰乱中保持绝对平静的心境，安时而处顺，去除一切物质欲求和精神系累，达于坐忘之境。

【原文】

知天之所为①，知人之所为者，至矣。知天之所为者，天而生也②；知人之所为者，以其知之所知以养其知之所不知③，终其天年而不中夭者，是知之盛也④。虽然，有患⑤。夫知有所待而后当⑥，其所待者特未定也⑦。庸讵知吾所谓天之非人乎⑧？所谓人之非天乎？且有真人而后有真知。何谓真人？古之真人，不逆寡⑨，不雄成⑩，不谟士⑪。若然者，过而弗悔，当而不自得也。若然者，登高不栗⑫，入水不濡⑬，入火不热，是知之能登假于道也若此⑭。

古之真人，其寝不梦，其觉无忧⑮，其食不甘⑯，其息深深⑰。真人之息以踵⑱，众人之息以喉。屈服者，其嗌言若哇⑲。其耆欲深者⑳，其天机浅㉑。

古之真人，不知说生㉒，不知恶死㉓。其出不䜣㉔，其入不距㉕。翛然而往㉖，翛然而来而已矣。不忘其所始㉗，不求其所终㉘。受而喜之㉙，忘而复之㉚。是之谓不以心捐道㉛，不以人助天，是之谓真人。若然者，其心志，其容寂，其颡頯㉜；凄然似秋，暖然似春㉝，喜怒通四时，与物有宜而莫知其极㉞。……古之真人，其状义而不朋㉟，若不足而不承㊱；与乎其觚而不坚也㊲，张乎其虚而不华也㊳；邴邴乎其似喜乎㊴！崔乎其不得已乎㊵！滀乎进我色也㊶，与乎止我德也㊷；厉乎其似世乎㊸！謷乎其未可制也㊹！连乎其似好闭也㊺，悗乎忘其言也㊻。……故其好之也一㊼，其弗好之也一。其一也一，其不一也一。其一与天为徒㊽，其不一与人为徒㊾。天与人不相胜也㊿，是之谓真人。

【注释】

① 所为：作用。② 天而生：自然产生，没有人为痕迹。③ 养：保养。④ 知之盛：智慧的顶点。三句谓用他智力所理解的来保养所不理解的，不强求所知，享有天年，这就是最高的智慧。⑤ 有患：有问题。⑥ 所待：所依赖的，指知识有所依据。当：得当。⑦ 特：但。⑧ 庸讵：何以。天：天然。⑨ 逆：违逆。寡：失，失败。⑩ 雄：夸耀。成：成功。⑪ 谟：谋。士：假借为事。⑫ 栗：发抖。⑬ 濡：沾湿。⑭ 登假：升至，达到。⑮ 觉：醒来。⑯ 不甘：不求美味。⑰ 息：呼吸。⑱ 息以踵：气功有息踵法，要求运气到脚跟。⑲ 屈服者：在辩论中被人所屈服的人。嗌言：咽塞在喉头的话。哇：呕。⑳ 耆：通"嗜"。耆欲：嗜欲。㉑ 天机：天然的本能。浅：浅薄。㉒ 说：通"悦"。说生：以生为可喜。㉓ 恶：厌恶。㉔ 山：生。䜣：同"欣"，欢喜。㉕ 入：死。距：通拒，抗拒。㉖ 翛然：自由自在的样子。㉗ 始：生。㉘ 终：死。㉙ 受：得到。㉚ 忘：通亡，指失去生命。复之：复归于天道。㉛ 捐：损。㉜ 志：心意安于天道。容：容貌。寂：静。颡：额，脑门。頯：质朴没有装饰的样子。㉝ 凄然：严肃的样子。暖然：温和的样子。㉞ 有宜：能相配合。极：尽头。㉟ 其状：真人的情状。义：宜，合。不朋：不结成朋党。㊱ 不足：但无须承受。㊲ 觚：棱角。不坚：显得不坚强。㊳ 其虚：胸怀虚空。不华：不浮华。㊴ 邴邴乎：焕发的样子。㊵ 崔乎：忙碌的样子。㊶ 滀乎：和蔼的样子。进我色：让人易接近。㊷ 与乎：随和。止：安。止我德：让我心性归服。㊸ 厉乎：依郭庆藩注引崔本，作"广乎"，辽阔，无边际。世：古与"太"通，甚大。㊹ 謷乎：高远的样子。制：限制。㊺ 连乎：流连。闲：当为"闲"字缺笔。闲：闲逸。㊻ 怳乎：心不在焉的样子。㊼ 一：相同。㊽ 万物同一，合于自然，故与天为徒。㊾ 不同一，则与人交友。㊿ 天与人并不冲突。

【细读】

得道之真人

《大宗师》论道和修道。开头几段论得道之真人，通过论真人，论得道的人生境界。这是论真人的一段。

庄子先论天人关系。他说，知晓天的作用，了解人的作用，这是最高境界。知道天之所为，就知道一切都是天然生就的。了解人的作用，用他的智力所及懂得的知识来滋养他的智力所未能了解的知识，这样的人能够享其天年，不至于中途夭折，这是达到了人的知识的顶点。但是还是有忧患。人的知识要有所依据才能允当，但是它的依据是不确定的。怎么知道我说的自然不是人为的东西，所谓人为的东西不是天然的？

庄子的意思是说，人为的知识终究是不可靠的，人的知识的对象总是变动的，因此总是有局限的。天与人的界限是不可分的，只有天即自然是可靠的，因此要天人合一，以人顺天。

庄子所说的古之真人，正是顺天之人，顺应自然之人。庄子说，有真人而后有真知。所谓真知，就是契合天道之知，就是能够很好地处理天人关系之知。那么，怎样才算是真人呢？古之真人有怎样的特点？庄子提出几点。

第一，真人不违逆失败，也不以自己的成功而夸耀，对任何事情都不做考虑。像这样的人，有了过失，并不懊悔，处事得当，也不自鸣得意。这样的人，登上高处也不会发抖，没入水中也不会沾湿，进入火中也不觉炎热。知识达到道的境界的人才能做到这样。就是说，不论成功与失败，过失与得当，都处之淡然。不论处于任何境地，都不能使其心境受到惊扰。

第二，古之真人睡觉时不做梦，醒来后没有忧虑，吃东西不求香甜，呼吸非常深沉。真人的呼吸用脚后跟，常人的呼吸用喉咙口。常人辩论时被人屈服，声音像咽塞在喉头。凡是嗜好和欲望强烈的人，他们的天机就浅薄。这是说，真人有天机和修养深厚，他们的修养就像练气功的一样，可以达到用脚后跟呼吸的程度。没有多少嗜欲，因此睡觉不会做梦，醒来没有忧虑。

第三，就是前面这段所说的，不会贪恋生存，也不厌恶死去；出生并不高兴，死去也不拒绝。顺其自然而来，顺其自然而去。不会忘记自己自然而来，也不企求自己归向何方。得到生命，就欣然接受，失去生命就让它返归原处。这就叫不以心智损害大道，也不用人为的努力去资助大道。这是说，真人以超然的态度对待生死。

第四，古之真人，与人合得来，但不会和人结成朋党；他无所谓足与不足，因此无须承受；性格坚强，但不会显得有棱角；胸怀虚淡宽广但不浮华；他神采焕发好像十分喜悦，又忙忙碌碌好像不得已的样子；样子和蔼使人喜欢接近，样子随和让人心性归服；他心境开阔，好像宽广的世界；志趣高远好像没有什么限制；潇洒流连，显得十分闲逸；心不在焉，连要说的话也忘记了。这是真人超凡脱俗，虚怀若谷，忘怀一切，又包容一切。

第五，真人喜欢什么出于自然，厌恶什么也出于自然。他和别人同一，出于自然；他和别人不同一，也是出于自然。万物齐一，他师从于天；与他物不同，他随从于众。天与人并不相冲突相侵犯，就是说，真人一切随任自然，达于天人合一的境地。

不论处于任何境地，都处之淡然，没有嗜欲，没有忧虑，超然生死，虚怀若谷，忘怀一切，又包容一切，天人合一，以人顺天，这就是得道之真人的境界，这是道的境界，也是庄子追求的人生境界。

【原文】

　　死生，命也，其有夜旦之常①，天也。人之有所不得与②，皆物之情也③。彼特以天为父④，而身犹爱之，而况其卓乎⑤！人特以有君为愈乎已⑥，而身犹死之，而况其真乎⑦！

　　泉涸⑧，鱼相与处于陆，相呴以湿⑨，相濡以沫⑩，不如相忘于江湖⑪。与其誉尧而非桀也⑫，不如两忘而化其道。夫大块载我以形⑬，劳我以生⑭，佚我以老⑮，息我以死。故善吾生者⑯，乃所以善吾死也。夫藏舟于壑⑰，藏山于泽，谓之固矣⑱。然而夜半有力者负之而走⑲，昧者不知也⑳。藏小大有宜，犹有所遁，若夫藏天下于天下而不得所遁，是恒物之大情也㉑。特犯人之形而犹喜之㉒，若人之形者，万化而未始有极也㉓。其为乐可胜计邪㉔？故圣人将游于物之所不得遁而皆存㉕，善妖善老㉖，善始善终㉗，人犹效之㉘，又况万物之所系，而一化之所待乎㉙！

【注释】

　　① 夜旦：昼夜。常：常态，永恒的现象。② 与：参与，干预。③ 情：常情。④ 彼：人。特：只是。以天为父：以天为根本。⑤ 其卓：卓越的，指天道。⑥ 愈：超过。⑦ 真：真宰。⑧ 涸：水干。⑨ 呴：吐气。湿：湿气。⑩ 濡沾湿，沫：口沫。⑪ 相忘：互相忘掉。⑫ 尧：古圣君。桀：夏桀，暴君。⑬ 大块：天地，即自然。载我以形：用形体让我有所寄托。⑭ 劳：疲劳。⑮ 佚：通"逸"。⑯ 善：好，认为好。⑰ 壑：山沟。⑱ 固：牢固。⑲ 负之：背着它。之：指舟和山。⑳ 昧：通"寐"。㉑ 恒物：常物，大情：基本情形。㉒ 特：仅。犯：借为"范"，铸造。㉓ 未始：未曾。极：止境。㉔ 为乐：得到的快乐。㉕ 之所不得遁而皆存：万物都不会失去而得以保存的境界，即道的境界。㉖ 妖：夭之通假字。㉗ 始：生。终：死。㉘ 效：效法。㉙ 系：从属。一化：一切变化。待：依赖。

【细读】

相忘于江湖与藏天下于天下

既然天人合一，以人顺天，就应该安于自然。

庄子接着说，死生，都是命运安排，就像白天黑夜的永恒交替，都是自然的规律。世界万事万物是人所不能干预的，这是事物发展的常情。万事万物都以天为父，从而以身爱戴它，何况那卓越的大道呢？一般人都认为国君的地位超越自己，而终身为他效劳，何况那道的真宰呢！这里所谓卓越的大道，所谓真宰，就是自然。包括死生在内，一切都应该听从自然的安排。

庄子提出相忘于江湖。庄子说，泉水干涸了，鱼儿困在陆地上，互相吐湿气来呼吸，用口沫互相沾湿，不如让它们回到江湖，互相忘掉。庄子接着说，与其赞美唐尧而非难夏桀，不如将两方的是非功过都忘记而融化于大道。

鱼儿为什么要相濡以沫？因为所处环境太恶劣了。回到江湖，才是它们自得其适的环境。与其誉尧而非桀，不如两忘而化其道，也是同样的道理。按照老庄的思想，理想的社会，是不需要人为治理的社会。一旦需要圣明之君去治理，就说明这个社会出了问题。老子说过，我无为，而民自化；我好静，而民自正；我无事，而民自富，我无欲；而民自朴。又说，无为而无不为，取天下常以无事，及其有事，不足以取天下。又说，大道废，有仁义；智慧出，有大伪；六亲不和，有孝慈；国家昏乱，有忠臣。同样的道理，之所以要赞美圣君，指斥暴君，就因为社会需要圣君。社会之所以需要圣君，就因为国家昏乱，国家有事。最好的治理，是无为无欲，是社会不需要治理，就像鱼儿不需要相濡以沫一样。

庄子又提出藏天下于天下。他说，把船藏在山沟里，把山藏在水泽中，看起来很牢固，但是到了半夜，很有力量地把它们背起就跑了，人们在睡梦中还不知道。把大的山小的船藏得那么牢固，尚且会丢失，更不用说藏得不牢固。如果把天下藏于天下，就不会丢失了。这是寻常事物的基本情形。

这是以船和山做比喻。说明世间没有永恒留存的东西，世间任何事物，有得就有失。名利，祸福，穷达，贫富，都会失去。最好的办法，就是藏天下于天下，将世间一切归于自然。归于自然，无所得，也就无所失。

当然，生命也是这样。一个人的生命，不能仅仅视为个人所有。如果这样，无论你怎样珍视它，保护它，最终会失去它。最好的办法，是把自己的肉体和生命看作大自然的一部分，个体生命无论生还是死，无论怎样物化，都是在大自然中循环，这就不会有所失，就可以与自然融而为一，获得永恒。

因此庄子接着说，人们仅仅获得了人的形体就欣然自喜，不知道世间万物变化无穷无尽，其中的乐趣简直难以算计。所以，圣人要游于万物不会丧失的境地，和大道一起永存。对于夭折、衰老、出生、死亡这些事情都视为快事，人们尚且去效法，何况是万物所维系、一切变化所依赖的大道呢？

要之，把死生看作天命运行的必然，忘记世间的一切是非得失，把一切归之于自然，游心于永恒的大道，这就是庄子的思想。

【原文】

夫道，有情有信①，无为无形；可传而不可受②，可得而不可见③；自本自根④，未有天地，自古以固存；神鬼神帝⑤，生天生地；在太极之先而不为高⑥，在六极之下而不为深⑦，先天地生而不为久，长于上古而不为老。

【注释】

① 情：实，实在。信：信验。② 传：心传，通过心灵传导。受：通"授"。③ 得：心得，心领神会。④ 自本自根：道自己产生自己。⑤ 神：神灵，化。帝：上帝。⑥ 太极：最大的极限，指天地未形成之前、阴阳未分的元气，此指天。先：上。⑦ 六极：天地四方的极限，亦称六合。

【细读】

无为无形、永恒长存的道

这是论道的特征，也是论以道为思想基础的人生哲学。

道有情有信，无为无形。这是《老子》说的，道这个东西，是恍恍惚惚的。恍恍惚惚之中，有形象，有实物，窈冥之中有精质，这精质的东西是真实的，有信验的。《老子》又说，大道是广泛流行的，没有它不到的地方，万物依赖它而生存，它养育万物，万物归附于它。这也是庄子的思想。道主宰万物，万物归附于道，万物的生成、滋养、运行，均依赖于道。按照庄子的思想，在我们生活当中，道无处不起作用。道当然是实在的，有信验的。

但是道又是无所作为，没有形迹的。《老子》说过，道这个东西，想看它，却看不见，叫作夷；想听它，却听不见，叫作希；想摸它，却摸不到，叫作微。这三者的形象是无从察知的，它是混而为一体的。它是没有形状的形状，不见物体的形象，所以叫作恍惚。迎着它，看不到它的前头，随着它，却看不见它的后面。这也是庄子的思想。所谓无为，是说，道生成万物，养育万物，完全是无意识的，无目的的。道不会有意地生成某种东西，也不会有目的地阻止某个东西。一切任其自然。万物自然的状态，就是道的状态。万物自然，当然也不能有任何人为。人而有意识地作为，我要为当上处长而努力，我要为年薪百万而奋斗，这就不是无为。道又是无形的。万物皆自然，你看不到有什么东西起着作用，春夏秋冬四季变化，万物春生夏长秋收冬实，你能看到谁在主宰？同样的道理，人的一生，仕途是否顺利，穷达与富贵，生与死，主宰它的不是仿佛一种自然的力量，无形的力量吗？

可传而不可受，可得而不可见。可以凭心灵感知而不可口头教授，可以从领悟中得到，却不可能看见。老子说，道可道，非常道；名可名，非常名。庄子说过，道不可言，言而非也。既然不可道，不可言，当然不可教授，只可心领神会。道是万物浑沌的状态，也是一切任其自然、一切无所系念的精神状态。既然一切无所系念，当你就某事而教授于人，你就有所系念了，就已不是道的状态了。就是非而言，一切无是非；就美恶而言，一切无美恶。当你言之他人之时，就已有是非美恶之念，就已不是自然状态浑沌状态了。

自本自根。道自身就是自己的根，自己的本。道是自然的状态，无为的状态。自然的状态，万物浑沌的状态，只能是自然形成；无为的状态，一方面自身无为，另一方面，当然更不可能有他人所为。一切无所系念，只能是你自己对一切无所系念。当你内心融于万物，一切任随自然，虚而待物之时，你自然就进入道的境界。这个状态，是自然产生的，自然形成的，别人无法代替，也无法助力。

未有天地，自古以固存。还没有天地之前，在远古时代就已存在了。神鬼神帝，生天生地。鬼之所以神灵，上帝之所以神灵，不是自然而然形成的？不是一种自然状态？天和地，怎样产生的？难道不是自然而然产生的？难道不是一种自然而然的状态？无限的时间，无限的空间，道都存在，都是自然的状态。太极之先，天地产生之前，难道不是自然的状态？六极之下，超出天地四方，到极远的空间，难道不是自然的状态？所以说，在太极之先而不为高，在六极之下而不为深，先天地生而不为久，长于上古而不为老。

后面庄子还有一大段论述。万事运行，万物存在，确实皆由自然而然。上古帝王豨韦氏开天辟地，伏羲氏调和元气，天上众星围绕北斗，日月运行不息，冯夷畅游江河，黄帝攀云登天，颛顼居于玄宫，西王母安居少广宫，等等，莫不因以自然，莫不由于道。这也就是老子所说的，天得一以清，地得一以宁，神得一以灵，谷得一以生，侯王得一以为天下贞。一，也就是道。

【原文】

南伯子葵问乎女偊曰①："子之年长矣，而色若孺子②，何也？"曰："吾闻道矣。"

南伯子葵曰："可得学耶？"曰："恶！恶可！子非其人也。夫卜梁倚有圣人之才而无圣人之道③，我有圣人之道而无圣人之才。吾欲以教之，庶几其果为圣人乎④？不然，以圣人之道告圣人之才，亦易矣。吾犹守而告之⑤，参日而后能外天下⑥；已外天下矣，吾又守之，七日而后能外物⑦；已外物矣，吾又守之，九日而后能外生⑧；已外生矣，而后能朝彻⑨；朝彻，而后能见独⑩；见独，而后能无古今⑪；无古今，而后能入于不死不生。杀生者不死，生生者不生。其为物，无不将也⑫，无不迎也⑬，无不毁也⑭，无不成也⑮。其名为撄宁⑯。撄宁也者，撄而后成者也。"

【注释】

① 南伯子葵：即《齐物论》的南郭子綦。女偊：庄子虚构的人名。② 色：神色。孺子：小孩。③ 卜梁倚：姓卜梁，名倚。庄子虚构的人名。④ 庶几：或许。⑤ 守：坚持。⑥ 参日：参即三，参日即三日。外：遗弃，舍弃。外天下：将天下置之度外。⑦ 外物：将周围事物置之度外。⑧ 生：生命。一谓借为"性"，外性，即忘却自己的心性。⑨ 朝彻：朝日初升而照彻万物，谓一旦豁然贯通。⑩ 见独：见到独特的常人见不到的东西，即大道。⑪ 无古今：古今没有差别。⑫ 将：送。⑬ 迎：迎接。⑭ 毁：破坏。⑮ 成：形成。⑯ 撄：干扰，扰乱。宁：平静。

【细读】

怎样悟道

这是讲悟道的。

女偊年长，但神色却如婴孩（色若孺子），就因为闻道。但是，道是不可以学的。言下之意，只能靠自己悟道。学，带有主观人为的因素，而悟，则纯然是一种修养。悟道还要有两个条件，一是有圣人之才，二是有圣人之道。所谓圣人之才，是天生的素质。所谓圣人之道，是闻道悟道的方法道理。卜梁倚有圣人之才而无圣人之道，女偊有圣人之道而无圣人之才，都不能悟道。女偊以圣人之道告卜梁倚，因此卜梁倚有可能成为圣人，有可能悟道（庶几其果为圣人乎）。

悟道首要的是"守"："吾犹守而告之"。所谓"守"，就是持守，守住天性，不使受到扰乱。"守"，也意味着不是有意修学，而是自然而然地进入无思无虑，渐归空寂的精神境界。

参日而后能外天下。持守三天，然后能够做到把天下置之度外。《庄子·逍遥游》说尧让天下于许由，许由曾说，予无所用天下。《庄子·天地》又说，古之畜天下者，无欲而天下足，无为而万物化，渊静而百姓定。庄子所说的"外天下"，可能指治理天下之事。《庄子·秋水》有庄子钓于濮水，不愿接受楚国相位，以及惠子相梁，庄子往见，而视梁相之位为腐鼠的故事。三日而后能外天下，或者是说能以无为无欲治天下，或者即舍弃治天下之事，也就是舍弃世俗的功名。或者，此"天下"指一般的天下之事、身外之事。虽说有过你们要关心国家大事的号召，但相对来说，与自己关系不是那么大的天下之事、身外之事，人们不太关心，要舍弃是比较容易的。

七日而后能外物。持守七天，能够做到把万物置之度外。这里的"物"，应该就是《逍遥游》"孰肯以物为事"、《齐物论》"与物相刃相靡"的那个"物"。不仅大的功名要舍弃，而且，日常生活中的是非、可不可、大小、美恶、穷达、贫富、毁誉等，都要舍弃。

又守之九日而后能外生。这里所谓"生"，可能指生命。"外生"，就是忘记生死，将生死置之度外。一说这里的"生"借指性，外生，即忘却自己的心性，也就是吾丧我。不管怎样，"物"是身外的，"生"是身内的。身外的要舍弃，身内的也要舍弃。身外之物要舍弃相对比较容易，身内之物要舍弃，则更难。

这里所谓三日、七日、九日云云，应该是大致的说法。其实，三日外天下，七日外物，九日外生，能做到是很不容易的。如佛家的渐悟，没有长时间的修炼，是不可能做到的。

已经外生，则一旦有如朝阳照彻大地而悟彻大道（朝彻），一旦悟彻，则可见独立自存的大道。《老子》曾说，天得一以清，地得一以宁。道是独一无二的，故谓之一，也谓之独。见独，就是见大道。见独而后能无古今，无古今而后能入于不死不生。前面庄子说过，道是未有天地，自古以固存；先天地生而不为久，长于上古而不为老。就是说，道在时间上是无限的，是永恒的境界。无古今，不死不生，也就是无限永恒，与万物同在，与天地永存。为什么？因为能杀死所有生物的东西本身不会死，产生万物的东西自身不会生。

道这个东西，对于万物，没有不遣送的，没有不迎接的；没有不损毁的，没有不形成的。就自然万物而言，春来不迎，冬去不送。春生一切，没有不形成的；冬藏万物，没有不损毁的。就人生而言，是与非，誉与毁，穷与达，贫与富，均任其自来自去，任其自成自毁。

撄宁，在一切变化扰乱中保持绝对平静的心境。这应该是修养的至高境地。前面

《德充符》说过，平者，水停之盛，要内保之而外不荡。内心平静，是体道之境，有如水平则可照物。一般说来，风平容易浪静，但现在庄子说，风不平亦需浪静。日常生活，无大事相扰，无灾难来临，心境容易平静。一旦遭遇不平不幸，是非、誉毁、穷达、贫富之巨变，这时仍要保持内心平静，就不那么容易。但庄子说，恰恰要撄而后成。这就如前面《逍遥游》所说的，大浸稽天而不溺，大旱金石流，土山焦而不热；如《齐物论》所说的，大泽焚而不能热，河汉沍而不能寒，疾雷破山，飘风振海而不能惊。在大浸稽天、大旱金石流，土山焦、疾雷破山、飘风振海这样的撄乱面前而能保持宁静平和的心境，这就进入了体道的人生境界。

【原文】

子祀、子舆、子犁、子来四人相与语曰①："孰能以无为首，以生为脊，以死为尻②；孰知死生存亡之一体者，吾与之友矣。"四人相视而笑，莫逆于心③，遂相与为友。俄而子舆有病④，子祀往问之。曰："伟哉⑤，夫造物者将以予为此拘拘也⑥！曲偻发背⑦，上有五管⑧，颐隐于齐⑨，肩高于顶⑩，句赘指天⑪。"阴阳之气有沴⑫，其心闲而无事⑬，跰𨇤而鉴于井⑭，曰："嗟乎！夫造物者又将以予为此拘拘也！"

子祀曰："女恶之乎？"曰："亡，予何恶。浸假而化予之左臂以为鸡，予因以求时夜；浸假而化予之右臂以为弹，予因以求鸮炙；浸假而化予之尻以为轮，以神为马，予因以乘之，岂更驾哉㉑。且夫得者，时也；失者，顺也。安时而处顺，哀乐不能入也，此古之所谓县解也㉒，而不能自解者，物有结之㉓。且夫物不胜天久矣㉔，吾又何恶焉。"（《庄子·大宗师》）

【注释】

① 子祀等四人：庄子假设人名。② 孰：谁。首：头。尻：屁股。从无到生，到死，皆出于自然。③ 逆：违逆。莫逆于心：顺心。④ 俄而：不久。⑤ 伟哉：了不起啊。⑥ 拘拘：拘挛不直的样子。⑦ 曲偻：鸡胸驼背。发背：背曲向上突露。⑧ 五管：五脏血管。背曲向上突露，故五管向上。⑨ 颐：面颊。齐：假借为"脐"。面颊隐藏在肚脐里。⑩ 肩膀比头顶还高。⑪ 句赘：颈椎。驼背头下垂，因此颈椎指向天。⑫ 沴：阴阳之气不各而引起灾害。⑬ 闲：宽闲。无事：若无其事。⑭ 跰𨇤：行步倾跌不稳的样子。鉴：照。⑮ 女：通"汝"，你。恶：厌恶。⑯ 亡：无，指没有厌恶。⑰ 浸：逐渐。假：假如。⑱ 时夜：司夜，指鸡鸣报晓。⑲ 鸮炙：鸮鸟的烤肉。⑳ 尻：屁股。轮：指车。㉑ 更：更换。驾：马车。㉒ 县解：即悬解，解除倒悬之苦。㉓ 物有结之：被外物所束缚。㉔ 物：万物，包括人力。

【细读】

安时处顺，哀乐不能入

　　庄子设想四个人物：子祀、子舆、子犁、子来。四个人在一起闲谈说，如果谁能以无为头颅，以生为脊柱，以死为屁股，如果有谁能知道死生存亡浑为一体的道理，我就和他做朋友。四人相视而笑，心心相印，于是相互交为朋友。这是莫逆于心的寓言。

　　不久，子舆有病，子祀前去探望。子舆说，了不起啊！造物者将要把我变成拘挛不直的样子。只见他驼背偻腰，五脏的脉管朝上，面颊藏在肚脐里，肩膀高过了头顶，颈椎弯曲朝天，这是阴阳之气不调和而有的灾难。但是子舆心中安然闲逸，若无其事。有一天，步履蹒跚来到井边一照，说："造物者又要把我变成这样拘挛不伸的样子。"

　　于是，子祀问子舆，你厌恶这个样子吗？子舆回答：我并不厌恶。我怎么会厌恶呢。假如造物主渐渐地把我的左臂变化为鸡，我就用它来报晓。假如将我的右臂变为弹弓，我就用它来射求斑鸠，并把它烤熟来吃。假如把我的屁股变为车子，把我的精神变为马，我就乘坐它，用不着另找马车。

　　子舆说，得到生命，是因为适时；失去生命，是因为顺理。安时而处顺，哀乐不能进入心中，这就是古代所说的解除了倒悬之苦。有些人不能自我解脱，是因为受外物束缚。自古以来，人和万物都不能胜过上天，我又有什么厌恶呢？

　　这一段，还有前后的几段，讨论对待生死的态度。

　　庄子认为，生死是自然的现象，完全是造物主的安排。前面所说的，造物主把子舆变成拘挛不直的样子，把他的左臂变化为鸡，右臂变为弹弓，屁股变为车子，精神变为马。后面还有寓言说，造物主要把他变成老鼠的肝，变成虫子的臂膀。还说，大地负载着人的形体，使他在活着的时候得到劳累，年老的时候得到安逸，死去的时候得到安息，天地就是一个大熔炉，造物主就是技艺高超的工匠，要把人变成什么，就变成什么。人无法违抗造物主的安排。

　　庄子接着提出，人既然无法违抗造物主的安排，在生死问题上就应该顺其自然。变为鸡，就用来报晓；变为弹弓，就来射求斑鸠；变为车子，就乘坐。人不能违抗自然，就像后面寓言所说的，如果一个工匠铸造金属器具，一个铜块从熔炉里跳出来，说，我要成为莫邪宝剑，工匠一定会认为这是不吉祥的金属。对待生死，在安时处顺，哀乐不入于心中。如下面所说，子来生病，上气不接下气将要死去，妻子和儿子都围着哭。子犁去探视，子来不但不悲伤，反而说了一番顺其自然的话，酣然睡去，又自在无忧地醒来。后面子桑户、孟子反、子琴张三人相与友的寓言，子桑户死，未葬，另二人甚至临尸而歌。庄子借孔子的口说，不知道生的原因，也不知道死的原因，不知道生和死哪个在先，哪个在后，如果已经变化成了某一物，只不过就此等待那些他所不知道的变化而已。

在生死问题上，也看出儒道两家思想的差别。道家视生死为自然，后面庄子写道：子贡就说，临尸而歌不合于礼。庄子借孔子之口说，孟子反、子琴张他们是游于"方之外"者，而孔子他们是游于"方之内"者。所谓"方之内"，是世俗之人；所谓"方之外"，是超越世俗的。"方之外"者忘却生死，让生命随着自然反复终始，不知道哪里是开端，哪里是终结，茫茫然徘徊在尘世之外，逍遥自在地畅游于无为无欲的境地，他们怎么会烦累不堪地受世俗之礼的束缚呢？所以庄子借孔子之口说，天之小人，人之君子；人之君子，天之小人。

庄子还认为，生死问题上安时处顺，就进入道的境界。庄子借孔子之口说，一旦出现适意的心情，来不及笑，发自内心的笑又来不及事先安排，听任自然的安排而顺应变化，就进入了与寂寥虚空的天道混同一体的境界。他说，鱼相忘于江湖，人相忘于道术。意思是说，生死问题上安时处顺，就进入了自由自在的道的境界。

【原文】

颜回曰："回益矣①。"仲尼曰："何谓也？"曰："回忘仁义矣。"曰："可矣，犹未也②。"

他日复见，曰："回益矣。"曰："何谓也？"曰："回忘礼乐矣。"曰："可矣，犹未也。"

他日复见，曰："回益矣。"曰："何谓也？"曰："回坐忘矣③。"仲尼蹴然曰④："何谓坐忘？"颜回曰："堕肢体⑤，黜聪明⑥，离形去知⑦，同于大通⑧，此谓坐忘。"仲尼曰："同则无好也⑨，化则无常也⑩。而果其贤乎！丘也请从而后也⑪。"

【注释】

① 益：进步。② 犹未：还不够。③ 坐忘：静坐而忘怀一切。④ 蹴然：惊奇而神态突然发生变化的样子。⑤ 堕：通"隳"，废弃。堕肢体：把身体看作不存在。⑥ 黜：废除。黜聪明：把聪明才

智废除掉。⑦ 离形：精神脱离形体。去知：去除智慧。⑧ 大通：大道。⑨ 好：喜好，偏好。⑩ 常：经常不变，执着。⑪ 请从而后：愿跟在后面。

【细读】

坐忘

坐忘，是庄子的一个重要论述。

先要忘仁义礼乐。《老子》是否定仁义的，说，绝仁弃义，民复孝慈。又说，失道而后德，失德而后仁，失仁而后义，失义而后礼。夫礼者，忠信之薄，而乱之首。《庄子》认为，大仁不仁（《齐物论》），有亲非仁（《大宗师》），至仁无亲（《天运》）。又说，道不可致，德不可至，仁可为也，义可亏也，礼相伪也（《知北游》）。就是说，仁义从一开始就是不遍不周、有亏有伪的东西。他也说，子之爱亲是命，臣之事君是义，但认为要出自自然（《人间世》）。这段文字之前，庄子认为，仁义不过是强加给自由人的墨刑和劓刑，按照儒家教条躬服仁义而明言是非，人们的自由心灵必然受到束缚，无法自由自在地遨游于变化无穷的境地。在《骈拇》篇，庄子则把仁义看作是侈于性的东西，非道德之正，躬腰屈膝地遵习礼乐，和颜悦色地推行仁义，以此来抚慰天下人的心，这是丧失了人的正常状态。庄子认为，否定、忘却仁义礼乐，才能恢复正常的人性。这应该是坐忘的一个基础。

坐忘重要的一点，是堕肢体。所谓堕肢体，忘却自己的肢体，就是要忘怀人的肢体产生的各种生理欲求。老子和庄子都有很多见素抱朴、少私寡欲的话，所谓寡欲，重要的就是消减生理上物质上的欲求。《庄子》有一些关于庄子生活的故事，说庄子生活贫困，因为家里贫困，曾经向监河侯借过米。有时靠打草鞋为生，见魏王时穿的是补了又补的衣服，草鞋上的带子也是断了又接起来的。这些故事有的见载于司马迁《史记》，未必完全可信，但是，庄子生活贫困，生活欲求不高，当有根据。《庄子·至乐》就批评，天下所乐者，身安厚味美服好色音声；所下者，贫贱夭恶也；所苦者，身不得安逸，口不得厚味，形不得美服，目不得好色，耳不得音声。坐忘而堕肢体，应该就是忘怀这些物质生活欲求。

黜聪明。一方面，是忘却舍弃人为的智巧。老子就说过，绝圣弃智，民利百倍；绝巧弃利，盗贼无有。庄子也说过，绝圣弃知，大盗乃止；摘玉毁珠，小盗不起；焚符破玺，而民朴鄙；掊斗折衡，而民不争（《胠箧》）。另一方面，也是更主要的，是忘却、舍弃精神上的欲求。庄子看来，人生最痛苦的，莫过于精神的奴役。人生在世，总要追逐各种富贵名利权势，总要计较各种是非美恶大小得失，总要受外物奴役。追求的这些东西，计较的是非得失，往往转瞬即逝。而为了追逐名利权势，计较是非得失，人与人总是钩心斗角。如《齐物论》所描述的，睡觉时心神不宁，醒来后四体不安，天天耗费心力，或者惴惴不安，或者沮丧落魄，人一旦形成自己的形体，就处在与外物相互残杀、相互摩擦之中，终身忙忙碌碌不得归处。庄子反复说，要归于无何有之乡，游心于德之和，就是要摆脱精神的奴役。

离形去知，离形即堕肢体；去知即黜聪明去除物质欲求和精神奴役，就同于大通，就达到道的境地。坐忘，和前面所说的三日外天下，五日外物，九日外生，朝彻见独一样，都是用某种修养形式体悟道的境地。

应帝王，是应答关于帝王治天下的问题，把自然之道用于治理天下，以应无穷，这就是应帝王。讲无知无欲，不显露才智，不恃才扬己，深藏不露，变化莫测，浑沌无为，不见可欲，使民心不乱，当然有老子思想的痕迹。但强调四问而四不知，任人以己为马为牛，与造物者为人，游于无何有之乡，无为名尸，无为谋府，用心若镜，不将不迎，应而不藏，实更多带有庄子修身守道的思想特点。最后的浑浑沌沌，也可看作庄子追求的处世境界。因此，这是作者的政治论，也是庄子的人生论。

【原文】

　　齧缺问于王倪①，四问而四不知。齧缺因跃而大喜，行以告蒲衣子②。蒲衣子曰："而乃今知之乎③？有虞氏不及泰氏④。有虞氏其犹藏仁以要人⑤，亦得人矣，而未始出于非人⑥。泰氏其卧徐徐⑦，其觉于于⑧；一以己为马，一以己为牛⑨，其知情信⑩，其德甚真，而未始入于非人⑪。"

【注释】

　　① 齧缺、王倪：均虚构人名。② 蒲衣子：传尧时隐士。③ 而：尔，你。④ 有虞氏：舜，上古五帝之一。泰氏：即伏羲氏，三皇之一，亦称五帝之一，据传他画八卦，教民捕鱼畜牧。⑤ 藏仁：怀仁于心。要：笼络。⑥ 出：超出。非人：外物。句谓未曾摆脱外物的系累。⑦ 徐徐：安闲自得的样子。⑧ 觉：醒来。于于：闲适的样子。⑨ 任人称自己为马为牛，谓与物俱化，不再执着自我。⑩ 知：通"智"。情：实。⑪ 未曾受外物系累。

【细读】

四问而四不知

　　这是《应帝王》的一段。《应帝王》论述帝王如何治理天下。《齐物论》说："彼是莫得其偶，为之道枢，枢始得其环中，以应无穷。"无心而任乎自化，把自然之道用于治理天下，以应无穷，这就是应帝王。

这段话首先是四问而四不知。这四问而四不知，见于《齐物论》，是子知物之所同是乎，子知子之所不知邪，然则物无知邪，子不知利害，则至人固不知利害乎。《齐物论》提出四问四不知，是要说明万物齐一的道理，一切无知，则达于万物齐一，则能摆脱一切系累，死生无变于己，更不用说一般的利害之端。这里则把它作为应帝王的重要问题，治理天下，首先要无知无欲。

治理天下为什么要无知无欲，因为在老庄看来，天下难治，在于民心之乱，而民心之所以会乱，就因为在上者尚智尚能。老子就说，不尚贤，使民不争；不贵难得之货，使民不为盗；不见可欲，使民心不乱。又说，常使民无知无欲，使夫智者不敢为也。庄子也反复说到这一点。《马蹄》说，工匠的罪过，就在于破坏原木而制造器物；圣人的罪过，就在于提出仁义。百姓之所以争名夺利，就因为他们好知。《胠箧》篇也说，天下之所以大乱，就在于上好知而无道。

接着，作者提出仁的问题。作者以为，有虞氏之所以不及泰氏，就因为有虞氏其犹藏仁以要人。所谓藏仁，就是心怀仁义；要人，是笼络人。庄子为什么反对仁义？因为仁者爱人。在庄子看来，所谓爱人，实际是偏爱。爱这个人，就意味不那么爱那个人，爱总是有偏差的。对于庄子来说，道是包容万物的，无为之治是不能有偏私的。庄子提出大仁不仁，有亲非仁，泽及万世不为仁。因此要忘仁义。他认为，所谓仁义，对于人性来说是多余的，是扰乱人性的。大仁不仁，任由自然真性发展，百姓都有素朴的本性，不需要考虑对谁施行仁爱，也就不会有什么系累。而施行仁义，百姓失其素朴本性，时时要考虑用仁爱来笼络人心，仁义就成为一种系累。因此庄子说，亦得人矣，而未始出于非人。就是说，施行仁义，在一定的时期内可以笼络人心，但终归没有超出外物的系累。

泰氏是作者理想的帝王。泰氏其卧徐徐，其觉于于。睡着了安闲自得，醒来后非常闲适。这就是《大宗师》所写的，古之真人，其寝不梦，其觉无忧。作者的意思是说，泰氏没有用智巧扰乱民心，民性淳朴，无知无欲，如《胠箧》所说，百姓甘其食，美其服，安其居，"若此之时，则至治已"，就是说，不需要治理，天下已是太平安定。因此泰氏能那样安闲自得。

作者曾说，一以己为马，一以己为牛。这是说，不要看重外在的声名，听任别人称自己为牛，听任别人称自己为马。有为而治，带着某种目的去治理天下，往往追求治绩，追求声名。无为而治，任其自然，就不会追求外在的声名，而求实绩。所以作者接着说，其知情信，其德甚真，他的智慧确实可信，他的德性毫无伪饰。毫无伪饰，无为而治，不求外在的声名，当然就不会受外物的任何系累，所谓非始入于非人。非人，就指外物。入于非人，就是受外物系累。

【原文】

肩吾见狂接舆①。狂接舆曰："日中始何以语汝②？"肩吾曰："告我，君人者以己出经式义度③，人孰敢不听而化诸④？"狂接舆曰："是欺德也⑤。其于治天下也，犹涉海凿河而使蚊负山也。夫圣人之治也，治外乎⑥？正而后行⑦。确乎能其事者而已矣⑧。且鸟高飞以避矰弋之害⑨，鼷鼠深穴乎神丘之下以避熏凿之患⑩，而曾二虫之无知⑪！"

天根游于殷阳⑫，至蓼水之上⑬，适遭无名人而问焉⑭，曰："请问为天下⑮。"无名人曰："去！汝鄙人也⑯，何问之不豫也⑰！予方将与造物者为人⑱，厌则又乘夫莽眇之鸟⑲，以出六极之外，而游无何有之乡，以处圹埌之野⑳。汝又何帠以治天下感予之心为㉑？"又复问，无名人曰："汝游心于淡，合气于漠㉒，顺物自然而无容私焉㉓，而天下治矣。"

【注释】

① 肩吾：庄子虚构人名。狂接舆：孔丘时隐士，《论语》谓其为楚狂人。② 日中：虚构人物。汝：你。③ 君人者：统治人的人，即国君。出：发布，公布。经：法典。义：通"仪"，准则。经式义度：统治国家的法度。④ 孰：谁。化：接受教化。⑤ 欺德：虚伪的道德。⑥ 治外：统治别人。⑦ 正：端正自己。行：推行。⑧ 确：确定。⑨ 矰：一种用丝强系住以便收回猎物的短箭。弋：弋射，用绳系箭而射。⑩ 鼷鼠：小家鼠。深穴：动词，打深洞以藏身。神丘：社坛。熏：用烟熏。凿：凿洞。⑪ 曾：乃。二虫：指鸟儿和鼷鼠两种小动物。⑫ 天根：假设人名。殷阳：殷山之南。⑬ 蓼水：水名。⑭ 适遭：恰好遇到。无名人：假设人名。⑮ 为天下：治天下。⑯ 鄙：卑鄙。⑰ 何：为何。豫：厌。问之不豫：问个没完没了。⑱ 方将：正在。造物者：指道。与造物者为人：即与道融一。⑲ 厌：厌烦。莽眇：缥缈。喻为心神在虚无缥缈的世界遨游。⑳ 圹埌：空旷辽阔。㉑ 帠：法，方法。以治天下感予之心为：感治天下来烦扰我的身心。㉒ 游心于淡，即入于虚静。合气于漠：即心气平和。㉓ 无容私：排除私心杂念。

【细读】

圣人之治，正而后行

这则寓言，说的是肩吾见狂接舆。狂接舆问，日中始对肩吾说了些什么？肩吾说，日中始告诉他，做国君的按照自己的意志定出法度，谁敢不听从，谁敢不遵从这样的教化。狂接舆说，这是虚伪的道德。用这样的手段去治理天下，就好像进入海水挖掘河道，让蚊虫背负大山一样，是完全行不通的。圣人的统治，仅仅是治理外表吗？他要先端正自身，然后再推行他的治理办法。他施行人们确实能够做到的事情，如此而已。天上的鸟儿知道高飞来躲避弓箭的伤害，小老鼠挖很深的洞穴藏在神坛之下，来躲避烟熏和掘地的灾难，你这样无知怎么还不如两只小动物？

这是说，按照统治者意志定出的仁义礼法，是无法统治百姓的。这只能治理外表。因为礼法制度越严密，百姓就越会想办法来躲避，就像天上的鸟会高飞来躲避弓箭的危害，地下的老鼠会挖洞来躲避烟熏一样。这就是《老子》说的，政治宽厚，人民就淳朴；政治严苛，百姓就狡黠。我无为，而民自化；我好静，而民自正；我无事，而民自富；我无欲，而民自朴。最好的办法，是正己，即端正自己的品行。

接着是天根游于殷阳的寓言。天根是虚构人名。天根游于殷阳，到了蓼水之上，正巧遇见无名人。无名人也是虚构人物。他向无名人请教，怎么治理天下。无名人却不高兴，说，走开，你真是浅鄙之人也，问事怎么不加考虑？我正要与造物者交友，高兴了又乘上轻捷缥缈的鸟，飞出天地四方之外，遨游于无何有之乡，住在广阔无边的旷野。你为什么要用治理天下的话语来骚扰我的心思？天根再问他，无名人便说，你把心神遨游于虚淡之中，意气融合于寂漠无为之中，顺物自然，不要有半点私心，天下自然就治理了。

这里是说，治理天下，不要求名。虚构无名人之人名，寓意就是治理天下要无名。统治者治理天下，要顺其自然，不要有私心，也就是老子说的，圣人常无心，以百姓心为心。同时心境要恬淡，不要有贪欲，也就是老子说的，不欲以静，天下将自正；我无为，而民自化；我好静，而民自正；我无事，而民自富；我无欲，而民自朴。

中国历史上几个著名的治世，都是政治开明宽厚，减轻人民负担，统治者给百姓比较多的自由。比如汉代文景之时，轻徭薄赋，除田租税之半，与民休息，重视农业，劝课农桑，开放山林川泽，促进副业和盐铁生产，废止秦代严苛法治，形成了历史上著名的文景之治。

【原文】

郑有神巫曰季咸①，知人之死生、存亡、祸福、寿夭②，期以岁月旬日若神③。郑人见之，皆弃而走④。列子见之而心醉⑤，归，以告壶子⑥，曰："始吾以夫子之道为至矣，则又有至焉者矣⑦。"壶子曰："吾与汝既其文，未既其实⑧。而固得道与⑨？众雌而无雄，而又奚卵焉⑩。而以道与世亢，必信⑪，夫故使人得而相汝⑫。尝试与来，以予示之⑬。"

明日，列子与之见壶子。出而谓列子曰："嘻！子之先生死矣！弗活矣！不以旬数矣⑭！吾见怪焉，见湿灰焉⑮。"列子入，泣涕沾襟以告壶子。壶子曰："乡吾示之以地文，萌乎不震不正⑯，是殆见吾杜德机也⑰。尝又与来。"明日，又与之见壶子。出而谓列子曰："幸矣子之先生遇我也！有瘳矣⑱，全然有生矣！吾见其杜权矣⑲。"列子入，以告壶子。壶子曰："乡吾示之以天壤⑳，名实不入，而机发于踵㉑，是殆见吾善者机也㉒。尝又与来㉓。"明日，又与之见壶子。出而谓列子曰："子之先生不齐，吾无得而相焉㉔。试齐，且复相之。"列子入，以告壶子。壶子曰："吾乡示之以太冲莫胜㉕，是殆见吾衡气机也㉖。鲵桓之审为渊㉗，止水之审为渊㉘，流水之审为渊㉙。渊有九名㉚，此处三焉。尝又与来。"

【注释】

①神巫：神灵的巫祝。②知：预测。③期：约，预期。④弃而走：躲避抛弃他而跑走。⑤心醉：迷恋于神巫的技术。⑥壶子：列子的老师。⑦至：高级。又有：更有，有更高级的。⑧与：给予，授予。既：尽。文：表面。实：内在的，实质的。⑨而：你。与：通"欤"。⑩奚：何。只有雌性，没有雄性，怎么会下卵呢？意谓事情是双方的，一方不表露，季咸是无法测知的。⑪亢：通"抗"，抗衡。信：通"伸"，表露自己。⑫相：相术，一种巫术，通过相面，测定人的吉凶祸福。⑬与来：把季咸带来。以予示之：把我介绍给他看一看。⑭不需用旬来计算，意谓活不了多久。⑮怪：怪异，死亡的征候。湿灰：湿灰不可复燃，必死的征兆。⑯乡：刚才。地文：宁神运气的一个阶段。震：动。正：长。万物萌动又非有意识的动。⑰是：此。杜：闭塞。德机：生机。⑱瘳：病愈。有瘳：有好转的希望。⑲权：变。杜权：闭塞中有转机。⑳天壤：天地，指天地之间的生气，人体之内神与气相结合才能有生气了，因此比作天壤。㉑名实：虚名与实利。不入：不入于心。神、气结合，须依托于恬淡的心境，名利入心则无法宁静。名实不入：不参杂虚名实利。机发于踵：气息

从脚后跟往上运行。㉒ 是：此。殆：恐怕。善：病愈，生意的萌动。机：气机。㉓ 尝：试着。㉔ 齐：通"斋"，斋戒。无得：无法。㉕ 冲：冲气，老子谓，万物负阴以抱阳，冲气以为和。太冲：即太和，阴阳二气调和。莫胜：没有偏胜，指阴阳二气十分均衡。㉖ 衡：平。衡气机：守气不动，气机平静。㉗ 鲵：小鱼。桓：盘桓，徘徊。审：沉静。鲵桓之审：沉静中仅有小鱼徘徊的微动，比喻静中有动，即前面壶子示季咸的地文。㉘ 止水之审：最静的状态，比喻静而又静的太冲莫胜。㉙ 流水之审：动中有静，比喻天壤。㉚ 渊有九名：据《列子·黄帝》，另六种是：滥、沃、氿、雍、汧、肥。

【细读】

示之以天壤和太冲莫胜

这是神巫季咸见壶子的寓言。

说的是郑国神巫季咸占卦算命十分灵验，能够预测人的死生存亡和祸福寿夭，年、月、旬、日，都能算得非常准。郑国人看见他就躲开逃走，生怕他预卜出自己的死期或灾祸。列子见到却非常佩服，如痴如醉。回去告诉他的老师壶子。于是壶子让列子把季咸带来给自己看相。这天列子和季咸一起来拜见壶子。季咸一见壶子，大为吃惊，出门后对列子说：哎呀！不好了，你的先生活不了十天了，我看到了他临死前的怪异征兆，那神情就像淋湿了的死灰。

列子哭着把季咸的话告诉壶子。壶子却对列子说，刚才我在季咸面前显示的是地文，那是大地般寂静的心境气象。似乎茫然不动又非完全静止，他大概看到了我闭塞生的气息。你再把他带来吧。

第二天，列子又带着季咸来拜见壶子。季咸出门后对列子说，幸亏你的老师遇见了我，有好转的希望，完全可以救活。我看到了他闭塞的生机又活动了。

列子回来，把季咸的话告诉壶子。壶子说：刚才给他显示的是天壤，就是人体之内神与气相结合而产生的有如天地之间生气的气息，虚名和实利都不入于心，我的生机是从脚后跟发出的。他大概看到了我的这一线生机。

第三天，列子带着季咸再来。季咸出门对列子说，你的先生没有斋戒，神情变化不定，我没有办法给他看相。等他斋戒了，我再来给他看相。列子把季咸的话告诉壶子。壶子说，刚才我给他显示的是太冲莫胜，也就是阴阳二气均衡和谐的状况。他大概看到了平衡的气机。沉静中仅有小鱼徘徊的微动叫作渊，完全平静的深水叫作渊，流水之中的平静也叫渊。渊有九种名目，这还只是三处。

这里直接说的是气功。一代神巫季咸见壶子，壶子居然能让他看不出自己的真相。壶子靠的应该就是气功。他能靠气息的调息，控制自己。所谓地文，是闭塞生的气息，显出一片寂静，似乎茫然不动。所谓天壤，是人体内神与气结合而产生的气息。所谓生机从脚后跟发出，所谓太冲莫胜，也就是阴阳二气均衡和谐的状况。这都是运用了气功。

但是，这应该是借气功比喻人事。它的一个特点，是深藏不露，变化莫测，让对方摸不清自己的真实状况。在庄子看来，人生处世，特别是帝王之术，不能处处显露自己，不能显露才智，不能恃才扬己，而应宁神静气，无为无欲。

关于这一点，《老子》有很多论述。《老子》论治政，以为重要的是大智若愚，掩情匿端。作为君主，在政治斗争中，要好恶不形于外，作为政治斗争中的一方，要让对方感到高深莫测，摸不清自己的底细，要善于韬晦。他论道，以为上面不显光亮（其上不皦），下面也不显得阴暗（其下不昧），它绵绵不绝而不可名状（绳绳兮不可名）。因为高深莫测，因此"复归于无物"，因此是"无状之状，无物之象"，因此叫"恍惚"，"迎之不见其首，随之不见其后"。这可以看作君道韬晦状态的描述。他又说："古之善为道者，微妙玄通，深不可测。"这说的也是君道，君道就应该高深莫测。他又说，善于行走的不留痕迹；善于言谈的，没有过失；善于计算的，不用计数的筹策；善于关门的，不用关门的关和键；善于捆绑的，不用绳索而解不开。这都是说，无为之政，不露痕迹；南面之术，掩情匿端，因此无辙迹，不用筹策。他又说，君主应该把才智的孔窍和门径关闭起来，闭明塞聪，收敛藏匿自己的聪明（塞其兑，闭其门），摧折自己的锋芒，消除己之异见（挫其锐，解其纷），含敛光耀（和其光），混同尘世（同尘）。《老子》也有一些类似气功的描述。比如，专气至柔，能如婴儿乎。比如，骨弱筋柔而握固。庄子用气功说明处世之道，治政之术，所写壶子示之以地文，示之以天壤，示之以太冲莫胜，变化莫测，不露真相，与老子思想应有渊源关系。

【原文】

壶子曰："乡吾示之以未始出吾宗①。吾与之虚而委蛇②，不知其谁何③，因以为弟靡④，因以为波流⑤，故逃也⑥。"然后列子自以为未始学而归。三年不出，为其妻爨⑦，食豕如食人⑧，于事无与亲⑨，雕琢复朴⑩，块然独以其形立⑪，纷而封哉⑫，一以是终⑬。

【注释】

① 吾宗：指天。未始出吾宗：意为人与天浑然一体。② 委蛇：随顺自然的样子。③ 不知：指季咸不知。其：壶子自指。谁何：怎样一个人。④ 弟：通"稊"，一种草。弟靡：形容草随风而倒的样子，借指季咸所见壶子阴顺自然而多变的样子。⑤ 波流：像波浪流动。⑥ 逃：季咸逃。⑦ 爨：烧火煮饭。⑧ 食豕：喂猪。食人：拿东西给人吃。⑨ 无与亲：无所亲疏。⑩ 雕琢：斫削。复朴：恢复纯朴心性。⑪ 块然：像土块一样无知无觉。⑫ 纷：指世事纷扰。封：封闭心窍，不染世尘。⑬ 一以是终：固守纯一之道以终其身。

【细读】

示之以未始出吾宗

壶子向季咸显示太冲莫胜，季咸无得而相，走后第二天又见壶子。还没站定，又大惊失色吓走了。列子没有追上，回来报告壶子。又有上面这段话。

壶子说，刚才我向季咸显示的是与天浑然一体的状态，和他随顺自然，季咸搞不清我是怎样的人，只看见我像茅草一样随风而倒，像江水一样顺波逐浪而流，所以他逃跑了。

这时，列子才知道自己先前什么也没有学到，于是回家，三年不出家门，为妻子烧火做饭，像侍候人一样喂猪，处理事情没有亲疏之分，去除浮华，恢复纯朴的本性，像土块一样呆呆地站在那里，对于纷扰的世事一无所感，坚守纯一之道而度过一生。

这是上一节的继续，仍然是深藏不露，掩情匿端。这里，所谓未始出吾宗，所谓宗，就是大宗师的宗。大宗师，就是道。吾与道合，天即是吾，因此是吾宗。未始出吾宗，就是没有超出道的境界。所谓虚而委蛇，虚是虚无，入于道，入于虚无之境，因此一切随顺自然。所谓食豕如食人，是忘却万物差别，猪和人没有差别，与自然万物融而为一。所谓块然独立，就是《齐物论》所描述的形如槁木，心如死灰的吾丧我的境界。这里，进一步写随任自然，写冥然与万物为一。这是虚无的道的境界，也是处世为政的境界。

我们看到，历史上很多政治家都善于深藏不露，掩情匿端，而最终达成自己的政治目的。

春秋时楚庄王是一个例子。楚庄王少年即位，面临朝政混乱，他却三年不理朝政。很多人都很疑惑，只有个别人知道他为隐忍侍机，就像一只鸟，三年不飞不鸣，是因为翅膀没有长成，一旦长成，飞必冲天，鸣必惊人。果然，楚庄王隐忍退让，休养民生，积蓄力量之后，开始听政，废除旧政，启用新政，诛杀奸臣，起用一批忠臣良将，国内大治，日渐强盛。于是举兵，打败齐国，又战胜晋国，成为春秋五霸之一。事见《韩非子·喻老》，也见刘向《新序》。《史记·滑稽列传》也载有类似故事，不过说的是齐威王。

明朝朱元璋也是一个例子。朱元璋举兵抗元，攻占南京。这时，占据浙江、四川、湖广的张士诚、陈友谅、明玉珍等人都已纷纷称王称帝。朱元璋自知力量还不够强大，于是采取缓称王的策略，形式上与刘福通的宋政权保持臣属关系，既使刘福通把他当作自己的得力助手而毫无戒备之心，也使张士诚、陈友谅不再公开与朱元璋为敌。朱元璋不露锋芒，默默地壮大自己的力量，然后一一打败所有对手，平定南方和辽东，成就了一代帝业。

康熙除鳌拜也是一个例子。康熙八岁继承王位，辅佐大臣鳌拜自恃为清王朝立下赫赫战功，打击其他三位辅政大臣，大肆培植亲信，一时间，鳌拜爪牙遍布朝野，鳌拜更是专横跋扈，独揽朝政。少年康熙自知一下子难以制服鳌拜，韬光养晦，隐忍退让，先稳住鳌拜。鳌拜装病不上朝，康熙亲自登门看望。不久，又加封鳌拜为一等公。又招人进宫弈棋和演"布库之戏"（即扑击、摔跤），陪他娱乐。鳌拜以为小皇帝贪玩，并不在意。不料康熙以弈棋为名，召见亲信进宫秘密策划，"布库之戏"，是精选身体强健的少年练习武艺，培养敢死队。康熙亲政之后，天天亲临乾清门听政理事，遇事直接召见满汉大臣商讨，逐步摆脱鳌拜的控制。在条件成熟之后，乘鳌拜无备，设计一举将鳌拜逮捕，以鳌拜为首的政治集团顷刻瓦解，骨干分子纷纷束手就擒。

【原文】

无为名尸①，无为谋府②，无为事任③，无为知主④。体尽无穷，而游无朕⑤。尽其所受乎天，而无见得，亦虚而已。至人之用心若镜，不将不迎⑥，应而不藏⑦，故能胜物而不伤。

【注释】

① 无为：不要。尸：主，承受者。② 谋府：储藏智谋的府库。③ 事任：以事自任。④ 知主：智慧的主宰。⑤ 朕：迹。⑥ 将：送。⑦ 应：反映。

【细读】

用心若镜，不将不迎

这一段，论帝王治天下，也论人生处世。

无为名尸。不要成为声名的得主。老子早就说过，名与身孰亲，身与货孰多，得与亡孰病。《逍遥游》论逍遥游，就有"至人无名"。名利会带来灾害。历史上，因名伤身的不计其数。《人间世》中就指出关龙逄、比干之所以被杀，是因为他们好名。《骈拇》批评士以身殉名，批评伯夷死名于首阳之下。前面讲过的嵇康也是典型的例子。就主政而言，老庄都主张自然而然，不要让百姓感到统治者的存在，所谓太上不知有之。其次才是让百姓亲近他，赞誉他，所谓其次亲而誉之。赞誉，就有了名声。就实际工作而言，与其假造声势，不干实事，不如多干实事，造福百姓。

无为谋府。不要成为储藏智谋的府库。不要事事自作主张，计谋全出自一个人。按照老子的思想，君主应该以百姓心为心，让百姓皆注其耳目，所谓让百姓皆注其耳目，就是让百姓的耳目皆为我所用。老子强调虚其心。之所以要虚其心，是为如果君主不是虚其心，而是成为储藏智谋的府库，还怎么可能容纳百姓之心，容纳百姓之耳目。如前面所说的，不要以为君主按照自己的意志定出了仁义礼法，百姓自然就会服从。

无为事任。不要成为事务的承担者。君主应该处无为之事，应该无为而无不为。所谓无为，是君主无为；所谓无不为，是臣下无不为。朝廷事，天下事，君主不可能事事亲为，而应有所为有所不为。如汉代刘邦，他不可能像韩信那样亲自将兵，不可能事事像陈平、萧何那样筹划。他的所长，是驾驭臣下，而不是事事亲为。作为君主，应该执大象，天下往，所谓执大象，就是执守大道。要行不言之教，无为之益。

无为知主。不要成为智慧的主宰。按照老子的说法，大道废，有仁义，智慧出，有大伪。智慧越多，机巧越多，人多技巧，奇物滋起，法令滋彰，盗贼多有。政治宽厚，百姓就淳朴；政治严苛，百姓就狡黠。见素抱朴，少私寡欲，绝学无忧。因此，为政为人都不要总是自作聪明，不要过于显露自己的才智。

用心若镜，不将不迎，应而不藏。至人的用心就像镜子，事情过了，不送，事情来了，不迎，只是如实反映，而不留藏心中。君主也好，人生也好，总会有各种各样的事，可悲的事，烦心的事，艰难的事，坎坷的经历，是是非非，大大小小。这些事情来了怎么办？我不去迎接，来了就让它来。事情过去了，就让它过去，不去送它，过去就让它过去。顺其自然，坦然应对人生一切事变。眼前山穷水尽，就让心灵的镜子照着这山穷水尽。一旦柳暗花明，镜子里就一片柳暗花明，前日的山穷水尽在镜子里不但没有半点影子，而且不留半点痕迹。不让过去的烦心事艰难事在心里留下痕迹，留下伤痕。不要一朝被贬，终生抱恨，一时坎坷，永世不忘。无喜无悲，亦有亦无，可有可无，凄然似秋，暖然如春，喜怒通四时。

无为名尸，无为谋府，无为事任，无为知主，不将不迎，应而不藏，自然能胜物而不伤，超越万物，而不被物所伤。不论经历怎样的坎坷，都能泰然处之，内心和谐宁静。这就能享受天赐的人生而无所求（尽其所受乎天而无见得），这就可体悟无穷的大道，游心于虚无的境地（体尽无穷，而游无朕，亦虚而已）。

【原文】

南海之帝为儵①，北海之帝为忽，中央之帝为浑沌。儵与忽时相与遇于浑沌之地，浑沌待之甚善。儵与忽谋报浑沌之德②，曰："人皆有七窍以视听食息③。此独无有，尝试凿之。"日凿一窍，七日而浑沌死。

【注释】

① 儵：与下文的忽、浑沌，均为虚构名字。② 谋报：商量报答。③ 七窍：七孔，指二眼、二鼻孔、二耳、一口。息：呼吸。

【细读】

浑沌与儵忽

这则浑沌与儵忽的寓言有很深的寓意。

南海之帝叫儵，北海之帝叫忽。有学者解释，《楚辞·少司命》云："儵而来者忽而逝。"儵是说知之来，忽是说知之逝。一来一逝，迅疾得如飘风，因此叫作儵、忽。来者是出，象阳明，因此南海之帝叫儵；逝者是入，象阴晦，因此北海之帝叫忽。浑沌比喻不知之体，居中以运其知，因此中央之帝为浑沌。这则寓言告诉我们，人的知，都是儵忽而来，儵忽而逝，唯有浑沌的状态才是永恒的。

当然，也有说，《庄子》内七篇，第一篇《逍遥游》开篇是北冥有鱼，其名为鲲，化为鹏，海运则将徙于南冥。《应帝王》为内七篇的最后一篇，浑沌与儵忽为最后一篇的最后一则寓言，故以南海之帝、北海之帝与南冥、北冥照应。这告诉我们，浑沌，就是逍遥游的境界。

浑沌的状态，就是原本初始的状态，自然的状态。这则寓言还告诉我们，自然的状态，是最好的状态。自然，就是无为；无为，就容不得任何有为人为。比如儵与忽经常在浑沌之地相会，浑沌热情款待他们。儵与忽商量如何回报浑沌的恩惠，说，人皆有七窍来看事物，听声音，吃东西，呼吸空气，但浑沌却没有，我们尝试着帮他凿开七窍吧。每天凿一窍，七日凿成七个洞，而浑沌也就死了。君主治理天下，应该顺其自然，无为而治。如《老子》所说，想要治理天下，却用强力去做，不可能得到天下。天下是神圣的东西，不能出于强力，不能加以把持。有意人为，必然失败；有意把持，一定会失去。在庄子看来，儒家仁义礼法就是人为强加给社会的。《老子》说，社会本为小国寡民，不用各种器具，那时可以甘其食，美其服，安其居，乐其俗。而有了仁义礼法，就有了祸乱。《老子》说，失道而后德，失德而后仁，失仁而后义，失义而后礼，失去了忠信，就有礼，而礼，就是祸乱之首。《老子》又说，民之饥，以其上食税之多，是以饥。民之难治，以其上之有为，是以难治。历史上很多统治者，违背自然，把自己的意志强加给社会。有为，就意味着扰民。一些变法意在富国强兵，革除积弊，但因为不合时宜，反而成为官僚阶层扰民害民的工具，使百姓利益受到损害。一些举措，本意在发展经济，短期可能有某种效益，却破坏自然生态，带来长久的危害。

开七窍，就是开启智慧；视听食息，就是满足人的各种欲求。一方面，在庄子看来，开启民智，引发欲求，危害更大。因为不见可欲，使民心不乱。要常使民无知无欲，使夫智者不敢为。五色令人目盲，五音令人耳聋，五味令人口爽；驰骋畋猎，令人心发狂；难得之货，令人行妨。是以圣人为腹不为目。所谓为腹不为目，就是只满足基本的生活需求，而不追求声色之娱。另一方面，开启智慧，人就会有机巧之心，钩心斗角，争权夺利，倾轧欺诈，都因人的有智巧之心。如《老子》所说，古之善为道者，非以明民，将以愚之。民之难治，以其多智，故以智治国，国之贼。不以智治国，国之福。

外 篇

外篇，据唐陆德明《经典释文·序录》列古时《庄子》文本篇数，司马彪注本为二十八，崔譔注本为二十，向秀注本为二十。今所存十五篇，为郭象注本篇数。外篇有独立标言树义者，如《骈拇》《马蹄》等篇论人性，《刻意》《缮性》论养神修心。但也多发挥、申明内篇宗旨，有谓内篇理深幽澂，外篇以事显之者，曼非绝对，大致有据。如《秋水》之于《齐物论》，《达生》之于《养生主》，《山木》之于《人间世》，《知北游》之于《大宗师》等等。因发明内篇，故所论时有繁杂重复。内篇三字为题，外篇均取篇首二字为题。据考证先秦著作《荀子》《韩非子》和《吕氏春秋》，已引今本外篇之《马蹄》《胠箧》《天地》《秋水》《至乐》《达生》《山木》《田子方》《知北游》各篇，可知一些篇成型较早。但流传过程，后世或有改易增饰，故时出后世之名物事实。作者时亦论因时而变，官施不失其宜，拔举不失其能之圣治，以天道之尊卑先后，论君先臣后，父先子后，明是非，明赏罚等，这都掺入了道家之外儒法以及刑名各家思想。

第八章 骈拇·马蹄·胠箧·在宥

四篇从不同角度论人性，批评仁义圣智。《骈拇》以人体生理之骈拇枝指为喻，说明人性需自然纯真，而仁义智辩，以求名逐利，为家为国，都是残生伤性，是道德上的骈拇枝指。《马蹄》进一步指出，仁义不仅危害身心，而且给天下带来灾难，原始时代人们纯朴无知，才是人的本性。《胠箧》说明仁义圣智成为盗贼窃国，扰乱天下的工具，因此要绝圣弃知。《在宥》由人性自然进而提出无为政治，主张任由万事万物自然存在和自由发展，不加任何人为，实行无为而治。

【原文】

骈拇枝指，出乎性哉，而侈于德①。附赘县疣，出乎形哉，而侈于性②。多方乎仁义而用之者，列于五藏哉，而非道德之正也③。是故骈于足者，连无用之肉也；枝于手者，树无用之指也；多方骈枝于五藏之情者，淫僻于仁义之行④，而多方于聪明之用也⑤。

是故骈于明者⑥，乱五色，淫文章⑦，青黄黼黻之煌煌非乎⑧？而离朱是已⑨。多于聪者，乱五声，淫六律⑩，金石丝竹黄钟大吕之声非乎⑪？而师旷是已⑫。枝于仁者⑬，擢德塞性以收名声⑭，使天下簧鼓以奉不及之法非乎⑮？而曾史是已⑯。骈于辩者，累瓦结绳窜句⑰，游心于坚白同异之间⑱，而敝跬誉无用之言非乎⑲？而杨墨是已⑳。故此皆多骈旁枝之道，非天下之至正也㉑。

彼正正者㉒，不失其性命之情。故合者不为骈，而枝者不为跂㉓；长者不为有余，短者不为不足。是故凫胫虽短㉔，续之则忧；鹤胫虽长，断之则悲。故性长非所断，性短非所续，无所去忧也。意仁义其非人情乎㉕，彼仁义何其多忧也。（《庄子·骈拇》）

【注释】

①骈：并。拇：拇指。骈拇：拇指与第二指连生。枝指：拇指旁生的小指。性：自然本性。侈：多余。②附赘：附赘在身上多余的肉。县：通"悬"。县疣：长在身上的毒疣。附赘县疣后天生成，

所以对于自然本性来说是多余的。③ 多方：多生枝节。五藏：肝、心、脾、肺、肾。据《内经》，仁、义、礼、智、信分别配五藏，但是后天加上的，因此说非道德之正。④ 多方：疑为衍文。骈枝：即骈拇枝指。意谓在仁、义、礼、智、信上多生枝节。淫僻：淫邪偏僻。行：道路。谓走上仁义道德的淫僻之路。⑤ 谓在聪明的运用上多生枝节。⑥ 骈于明：过于明察。⑦ 乱五色：青、黄、赤、白、黑为五色。青与赤相交为文，赤与白相交为章。在五色、文章之外还分辨别的颜色，反而造成五色混乱。⑧ 黼黻：古代礼服上绣的花纹。煌煌：华丽夺目。⑨ 而：如。离朱：传说黄帝时视力最好的人。已：也。⑩ 聪：听力。五声：宫、商、角、徵、羽，为古时音符。六律：用长短不同的竹管，吹出清浊不同的十二音，分为阴阳各六音，称为六吕六律。⑪ 金石丝竹：各种乐器。黄锺：六律之首。大吕：六吕之首。⑫ 师旷：晋人，精通音律。⑬ 枝于仁：在仁义上多生枝节。⑭ 擢：拔。⑮ 簧鼓：吹簧打鼓，喻宣传鼓吹。奉：崇拜。不及：不可企及。法：法式，榜样。⑯ 曾：曾参，孔子弟子。史：史鳅，卫灵公臣子。二人均以仁孝出名。⑰ 累瓦、结绳：均古时记事的方法，引申为记事。窜句：穿凿字句。⑱ 坚白：即坚白论，战国时名辩论题之一。公孙龙子主"离坚白"，以为视觉只看到石头的白色而看不到坚硬，触觉只摸到坚硬而摸不到白色。墨子主"盈坚白"，以为坚白同为石的属性而不可分离。⑲ 敝跬：费力的样子。誉：夸耀。⑳ 杨：杨朱，字子居，宋人，主张"为我"。墨：墨子，《墨经》中的"坚白同异"的理论。㉑ 至正：最纯正的德性。㉒ 正正：当为至正之误。㉓ 跂：多生一指。㉔ 凫：野鸭。胫：脚。㉕ 意：想来。

【细读】

不失性命之情

这是论人性的。讨论人性是为了抨击仁义，从人性的角度抨击仁义。

庄子指出，脚的大趾和二趾是连在一起的，如果拇指旁边再生出一个小手指，附赘在身上的赘肉和悬着的肉瘤，就超出了人的正常天性。同样的道理，仁义也是人的本性多余的东西，被用来说教，但并非天然纯正的道德。

庄子指出，淫邪于仁义的行为，超出了聪明的正常运用。视力超过常人，就会搅乱五色，混淆文采，就会把青色、黄色、白色、黑色混杂在一起，弄得眼花缭乱，就像离朱一样。听力超过常人，就会搅乱五声，混淆六律，结果八音混杂，声律标准完全变乱，就像师旷一样。在仁义方面过于标榜，抬高自己的德行，借以博取名声，使天下骚动不安，来奉行做不到的礼法，也是一样的，像曾参和史鳅就是这样的人。曾参是孔子的弟子，以秉性仁孝闻名。史鳅是卫灵公之臣，为人鲠直，自杀以尸谏荒淫的卫灵公而受到孔子称许。辩论口才过于出色，就会耗费心力，进行"坚白""同异"

一类的无谓的言辞辩论,像杨朱和墨翟就是这样的人。所有这些,都像骈拇枝指一样,不是最纯正的德性。

庄子指出,最纯正的德性,应该不违背人的自然天性。从自然天性来看,两指合生不能说是骈,手上多生一指不能说是跂。原本长的不能认为是多余,原本短的不能认为有所不足。就像野鸭的腿虽然短,但接上一截就令人发愁;鹤鸟的腿虽然长,如果截去一段就很可悲。天性长的不应该截短,天性短的不应该接长,不应该为此忧虑。但是仁义却不出自人的天性,讲求仁义的人为什么会那么多忧虑呢?

这是论人性的。从人性的角度阐明庄子的思想。人应该有正常的天性,过于聪明不行。他主要所抨击的,一是仁义。这是针对儒家。二是杨墨,应该也包括公孙龙。对这几家,后面的《天下》篇有专门的评价,那是学术的评价。这里则从人性的角度,对这几家表示批评。儒家和杨墨,是当时比较占上风的思想。事实上,庄子所针对的,还有当时的其他诸子百家。如《齐物论》所批评的,大知闲闲,小知间间,大言炎炎,小言詹詹,都应该在庄子的批评之列。这些争辩,从齐物论的角度看,是物论不齐一的表现;从人性论的角度看,则不合于人性。如这一篇所说的,是侈于性,非道德之正;是乱五色,淫文章,乱五声,淫六律,非天下之至正。

庄子人性论的基本点,当然是自然。出于自然,则两指合生不能说是骈,手上多生一指不能说是跂。野鸭腿短,鹤鸟腿长,都出于自然。而仁义和坚白之论,则是违背自然的。人性是一种自然的存在,因此应该顺其自然,不能强制人为,人应该自适其性。

正是从这个思想出发,后来的玄学,提出名教要出于自然。所谓名教要出于自然,就是看到汉末晋代,很多的伪名教,伪名士,打着名教的旗号,篡权夺位,滥杀名士。一边奢侈享乐,一边标榜名教。人性要出于自然,实际提出思想史上一个重要问题。

【原文】

吾意善治天下者不然①。彼民有常性②,织而衣,耕而食,是谓同德③;一而不党④,命曰天放⑤。故至德之世⑥,其行填填⑦,其视颠颠⑧。当是时也,山无蹊隧⑨,泽无舟梁⑩;万物群生,连属其乡⑪;禽兽成群,草木遂长⑫。是故禽兽可系羁而游⑬,鸟鹊之巢可攀援而窥⑭。夫至德之世,同与禽兽居,族与万物并⑮,恶乎知君子小人哉!同乎无知,其德不离⑯;同乎无欲,是谓素朴⑰;素朴而民性得矣。(《庄

子·马蹄》)

【注释】

① 意：想，认为。不然：不这样。② 常性：不变的本性。③ 同德：共性。④ 一：同一。党：偏爱。⑤ 天放：天赐的自由。⑥ 至德：最高的道德。⑦ 填填：悠闲稳重的样子。⑧ 颠颠：质朴纯真的样子。⑨ 蹊：小路。隧：大道。⑩ 舟：船。梁：桥。⑪ 连属：相互连接。⑫ 遂长：成长。⑬ 系羁而游：牵着游玩。⑭ 援：拉。窥：探视。⑮ 族：聚在一起。并：共处。⑯ 不离：不失常性。⑰ 素朴：纯朴。

【细读】

至德之世，素朴而民性得

这是庄子对至德之世的描述，反映了庄子的政治观和人生观。

他说，他认为，善治天下者就不会这样。这是指前面一段叙述。前面一段庄子叙述马，蹄子可以行走于霜雪，毛可以抵御风寒，吃草饮水，蹦蹦跳跳，这都是马的真性。纵然有高大的楼台，宽敞的宫殿，对马来说没有任何用处。后来伯乐来了，说，他善于治马。于是给马烙上火印，剪平马的毛，刻削马蹄甲，给马戴上笼头，又用牢圈和栅栏把它圈起来。这样一来，十分之二三的马就死掉了。接着又让它们饿，让它们渴，赶着它们奔跑，教练它们步伐整齐，前面挂着衔木铃铛，后面用鞭子威胁它们，这样就有一半的马死掉了。造陶器的人说，我善于造陶器。让圆的符合圆规，让直的符合角尺画的尺度。木匠说，我善于整治木材。使弯的符合曲线板，直的符合墨线划的直线。庄子说，这正是治天下人所犯的过错。善治天下者就不会这样。

彼民有常性。常性，就是自然的本性。至德之世，首要的就是持守人的自然本性。像马一样，保持它行走于霜雪，抵御风寒，吃草饮水，蹦蹦跳跳的真性。对于人来说，不能残生伤性，不要有仁义礼法的束缚，要去除功名利禄之求。

织而衣，耕而食，是谓同德。同德，就是共同的本性。没有更奢侈的需求，没有机巧复杂的什伯之器，只是原始的生产和生活，织而衣，耕而食而已。

一而不党，命曰天放。党是偏私，结党，也是等级。礼法社会人有严格的等级差别，在严格礼法等级基础上，人们容易偏私结党。至德之世，没有政治上的等级，因此也不会偏私于谁。没有道德上的差异，大家都抱纯一之心，大家都一视同仁，这就叫一而不党。没有等级，没有偏私，没有政治上的压制和精神上的压抑，禀心纯一，自然放任，这就叫天放。

故至德之世，其行填填，其视颠颠。心为物役的人，失去自然本性的人，成天追名逐利的人，钩心斗角的人，心是浮躁的，心神是难宁的，四体是不安的，或者深沉叵测，或者小心谨慎，或者提心吊胆，或者纵逸放荡，而至德之世的人，走路是悠闲稳重的样子，看东西是质朴纯真的样子。

山无蹊隧，泽无舟梁。山上没有大路小路，河泽里没有舟船桥梁。这是老子说的，虽有舟舆，无所乘之。没有也不需要现代的文明技巧。因为各种技巧都是贪欲的产物。

万物群生，连属其乡，禽兽成群，草木遂长。万物按照它们各自的本性生长，不论禽兽还是草木，没有谁规定它们应该怎么生长，没有谁跟对待马一样，要烙火印，剪毛，刻马蹄甲，戴笼头，又圈栅栏，或者鞭子威胁它们。至德之世万物，是愿意怎么生长就怎么生长，大家共同生长，因此叫群生，叫成群，叫遂长。人和人之间也没有隔阂，乡土相互连接。

禽兽可系羁而游，鸟鹊之巢可攀援而窥。同与禽兽居，族与万物并。人与自然和谐相处，不破坏自然，不伤害万物。人和禽兽的关系亲密无间，可以牵着禽兽一起游玩，鸟鹊的巢穴可以任人攀爬上去窥看。人和禽兽一起居住，万物聚集一起。

恶乎知君子小人哉。同乎无知，其德不离；同乎无欲，是谓素朴。素朴而民性得矣。没有君子和小人的区别，大家都无知无欲，不迷失自己的自然本性，都抱素朴之心。素朴，就保留了人的自然本性。

【原文】

彼圣人者①，天下之利器也②，非所以明天下也。故绝圣弃知③，大盗乃止；擿玉毁珠④，小盗不起；焚符破玺⑤，而民朴鄙⑥；掊斗折衡⑦，而民不争；殚残天下之圣法⑧，而民始可与论议；擢乱六律⑨，铄绝竽瑟⑩，塞瞽旷之耳⑪，而天下始人含其聪矣⑫；灭文章⑬，散五采⑭，胶离朱之目⑮，而天下始人含其明矣；毁绝钩绳而弃规矩，攦工倕之指⑯，而天下始人有其巧矣。（《庄子·胠箧》）

【注释】

① 圣人：此指圣人之智。② 利器：维护国家统治的重要工具。③ 绝、弃：均抛弃意。④ 擿：同掷，扔掉。⑤ 焚符破玺：把符烧了，把印砸烂。⑥ 鄙：朴野。⑦ 掊：打坏。折：折断。斗、衡：

斗斛、秤杆。⑧ 殚残：彻底摧毁。⑨ 擢乱：搅乱。六律：本指黄锺、大蔟、姑洗、蕤宾、夷则、无射六音，此指乐音的各个标准音。⑩ 铄：销毁。竽：类似笙的一种吹奏乐器。瑟：一种弦乐乐器，二十五根弦。⑪ 瞽旷：古代乐师，亦称师旷。⑫ 含：含有，保有。聪：听觉灵敏。⑬ 文章：青与赤相配。⑭ 散：离散。五采：即五色。散五采，指各自恢复原来单纯的颜色。⑮ 胶：粘合。离朱：古时视力最好的人。⑯ 擢：折断。工倕：相传为尧时著名巧匠，传发明了规、矩。

【细读】

绝圣弃知，大盗乃止

绝圣弃知，是老子提出的，《胠箧》一篇专门讨论，庄子又有发挥。

庄子说，圣人的智慧，是统治国家的重要工具，不可以明示于天下。把圣人智慧抛弃，就不会有大盗谋国谋政；毁弃玉石珍珠，没有什么可偷盗，小的盗贼就不会产生；把信符烧掉，印玺打破，老百姓就会淳朴老实；把斗器砸掉，秤杆折断，不知道谁多谁少，大家就不会有争执了；把天下制定的圣贤法制彻底破坏，老百姓才能参加国家大事的议论；把标准的音符扰乱，把竽瑟这些乐器毁绝，塞住听力最好的瞽旷的耳朵，天下才能人人保全天生正常的听力；把各种文采、图案毁绝，把视力最好的离朱的眼睛粘住，天下才能人人保全天生正常的视力；把各种人造的工具毁弃，把巧匠工倕的手指折断，天下才能人人保有天生正常的技巧。

庄子当然是愤世嫉俗。人类文明进步包括科技进步，是不应该否定的。但是，人类文明进步、科技进步确实是一柄双刃剑，原子能的发现，可以发展核能造福人类，也可以制成核武器大规模残杀平民。同样的道理，主政一方，不应利用文明制度谋取私利，而应让它为百姓谋福祉，确是值得思考的问题。

【原文】

闻在宥天下①，不闻治天下也②。在之也者，恐天下之淫其性也③；宥之也者，恐天下之迁其德也④。天下不淫其性，不迁其德，有治天下者哉⑤？昔尧之治天下也，使天下欣欣焉人乐其性⑥，是不恬也⑦；桀之治天下也，使天下瘁瘁焉人苦其性⑧，是不愉也⑨。夫不恬不愉，非德也。非德也而可长久者，天下无之。人大喜邪，毗于阳⑩；大怒邪，同毗于阴。阴阳并毗，四时不至，寒暑之和不成，其反伤人之形乎⑪！使人喜怒失位，居处无常⑫，思虑不自得，中道不成章⑬。于是乎天下始乔诘卓鸷⑭，而后有盗跖、曾史之行。故举天下以赏其善者不足[15]，举天下以罚其恶者不给[16]，故天下之大不足以赏罚。自三代以下者，匈匈焉终以赏罚为事[17]，彼何暇安其性命之情哉[18]。（《庄子·在宥》）

【注释】

① 在：存在，引申为安定。宥：宽容。② 治：指用仁义、刑法进行统治。③ 淫：迷失，淆乱。④ 迁：改变。⑤ 有：岂有。⑥ 欣欣焉：快乐貌。⑦ 恬：恬静，安静。⑧ 瘁瘁焉：劳累疲病貌。⑨ 愉：舒畅，惬意。⑩ 毗：偏。⑪ 阴阳失调，不能适应四时寒暑气候的变化，因此会伤害到人的身体。⑫ 失位：失常。无常：不定。心神居处不定。⑬ 中道不成章：做事半途而废。⑭ 乔诘：骄傲自大。卓鸷：不凡，超群。⑮ 举：尽。⑯ 不给：不够。⑰ 匈匈焉：乱哄哄的样子。终：始终，专门。⑱ 彼：指普通民众。

【细读】

闻在宥天下，不闻治天下

庄子提出在宥天下。在，宥，是相互两个层面。在，是存在，是自在安定，是让人的本性安定下来，即保持它的天然本性。在，因此担心天下人迷失本性，"淫其性"。宥，是宽容，是随意。用一种宽容的态度，不作任何人为的治理和约束，任凭这种天然本性自由发展。宥，因此担心天下人不是发展其本性，而是改变其本性，所谓"迁其德"。

庄子认为，只要天下人保持自然本性，任凭其自由发展，自然无为，天下就会太平，各种道德规范、仁义礼法，都是多余的。不但暴君夏桀治天下，使天下人疲劳憔悴，身心受苦，是为害天下。即使人们所认为的圣明君主帝尧治天下，使天下感到身心快乐，也不能让人恬淡宁静。

这是一个阴阳调和的问题。庄子说，人过于高兴，阳气过剩，就会伤害阳气；过于愤怒，阴气过盛，就会伤害阴气。阴阳二气受到干扰，四时的变化就失常。寒暑的交替融和不能正常，反过来就会伤害人的形体。大喜大怒，使人情绪混乱，心神不得安定，不能按照自己的本性去思考问题，自然之道不能得到彰显。这时社会就变得矫情伪饰，这才出现了盗跖这样的盗贼以及曾参、史鰌这样好名之人。

社会变得矫情伪饰，出现盗跖、曾参和史鰍这样的人物，自然就要有赏罚。但是，想赏赐天下所有的好人，是做不到的；想惩罚天下所有的坏人，也是做不到的。

天下如此之大，无法都做到赏罚，自夏商周三代以下，总是闹哄哄地做着赏罚的事，人们怎么有时间安心固守自己天然本性的真情呢？

讲阴阳调和，与传统医学理论一致。成书于春秋战国时期的《黄帝内经素问》，就有《阴阳应象大论篇》，说，喜怒伤气，寒暑伤形，暴怒伤阴，暴喜伤阳。喜怒不节，寒暑过度，生乃不固。阴阳调和，讲的是养生，结合养生以论政治，论人生，是庄子思想的一个特点。

在庄子看来，天下互相践踏，纷乱不堪，罪因就在搅乱人心，在治天下，而不是在宥天下。

读到这里，我们想到什么呢？我想到，东汉重孝廉，于是有人在墓道筑室守孝二十三年，却在墓道生了三个儿子。我想到，同是东汉末，孔融以孝悌闻名，却以不孝之罪而被杀。我还想到，我们的激励机制很多，我们的法律条文很多，但是，你评先进，他就作假；你有法制，他就钻法律的空子。明明他犯了法，却振振有词，显得比你还有道理。看到这些，我们是不是要想一想，不要搅乱人心呢？让社会人心多来一些纯洁质朴呢？

【原文】

天下脊脊大乱①，罪在撄人心。故贤者伏处大山嵁岩之下②，而万乘之君忧栗乎庙堂之上③。今世殊死者相枕也④，桁杨者相推也⑤，刑戮者相望也⑥，而儒、墨乃始离跂攘臂乎桎梏之间⑦。意⑧，甚矣哉！其无愧而不知耻也甚矣！吾未知圣知之不为桁杨椄槢也⑨，仁义之不为桎梏凿枘也⑩，焉知曾、史之不为桀、跖嚆矢也⑪！故曰：绝圣弃知，而天下大治。（《庄子·在宥》）

【注释】

① 脊脊：通"藉藉"，形容互相践踏倾轧。② 嵁：深。嵁岩：深岩。句谓贤者隐居山林。③ 栗：忧栗。庙堂：本指宗庙明堂，古时帝王议事，告于宗庙，议于明堂，故亦以庙堂指代朝廷。④ 殊：身首异处。相枕：尸体交加。⑤ 桁杨：架绑着头颈和脚踝的长刑具，供多人共用，因此必须相互推拥而行。⑥ 相望：比喻人多，集体行刑。⑦ 离跂：阔步。攘臂：挥舞手臂。桎：脚镣。梏：手铐。⑧ 意：通"噫"。⑨ 椄槢：木尖，即楔子，句谓圣智的作用象枷锁木尖一样，只能加强残酷的统治。⑩ 凿：榫眼。枘：榫头。句谓仁义成了加固桎梏的关键。⑪ 曾：曾参，字子舆，孔子弟子。史：史鰌，字子鱼，卫灵公臣子。此二人以仁孝出名。桀：夏桀。跖：盗跖。嚆矢：响箭。古时

盗贼抢劫之前，先发响箭作为信号。句谓曾、史之流是暴君盗贼出现的先声。

【细读】

勿撄人心

　　这里提出在宥天下的一个重要问题：勿撄人心。

　　问题是借崔瞿与老聃的问答提出来的。崔瞿是虚构人物。崔瞿问老聃：不治天下，怎么使人心向善？这就引发了老聃关于勿撄人心的一番议论。

　　老聃先说了一番撄人心的危害。接着指出，扰乱人心的，就是仁义。老聃接着说，天下人互相践踏倾轧而大乱，罪因就在于扰乱了人心。所以贤明的人隐居在大山深岩之下，大国的君主在朝廷之上担惊受怕。老聃批评儒家墨家指出，现在，世上被斩首的尸体互相交叠，戴着枷锁的互相推挤，受到刑法遭到杀戮的到处可以看到，儒家墨家学者却正在戴着枷锁的犯人中间阔步行走，挥臂高谈。这也太过分了，太不懂惭愧，不知羞耻了。我不知道圣知是不是为木枷做接头和楔子，仁义是不是为桎梏做榫眼和榫头，不知道曾参、史鳅这样的仁孝之人，不是夏桀、盗跖的先声。所以，灭绝圣人，抛弃智慧，天下就会太平。

　　这是对现实极为愤激也是极为深刻的抨击。作者展现的是一幅可以说血淋淋的画面。作者抨击现实，目的是抨击儒墨，抨击仁义礼法。《庄子》内篇虽然也说忘仁义，忘礼法，《齐物论》反对大知闲闲，小知间间，反对形形式式的是非物论，实际是反对包括儒墨在内的百家争鸣。但是，没有这样猛烈的抨击。内篇的思想和语言要谬悠一些，荒唐一些，恣纵一些，而这里更直露一些。谨兜、三苗、共工被流放，夏桀、盗跖的产生，能否全归罪于仁义的提倡？历史的情况可能更为复杂。墨家虽也讲兼爱尚贤，但他们的兼爱尚贤与儒家的仁义还是有所不同，而且他们同时还尚俭尚力。把现实纷乱同时归罪于儒墨是否恰当？而且，这里说的殊死者相枕，桁杨者相推，刑戮者相望，等等，主要应是法家所为。儒家，特别是早期，还是主张为政焉用杀。到了荀子，才主张严刑峻法，所谓杀人者不死，伤人者不刑，乱莫大焉，礼走向法，成为礼法。

　　但是，庄子这里提出的问题却是重要的：治理天下，不能扰乱人心。

　　这是社会走向文明的一个严峻问题。文明，对于社会来说，可能是一柄双刃剑。一方面它带来进步，物质的丰富，财富的增多，经济的进步，科技的发展。但是另一方面，它也使人的欲望希求不断扩张，有时是无限膨胀。甘其食，美其服，安其居，乐其俗，已不能满足人们的需要，人们还向慕名利，追求权势，当然还有其他。为着名利，为着权势，就有各种争斗，有争斗，也就有杀戮。这不正是扰乱人心的结果吗？历史上那数不清的争权夺利，以及数不清的倾轧杀戮，不都是因此而生吗？

文明进步是不可阻挡的，但是，文明进步的同时，如何不扰乱人心，使人心归于淳朴？如何使社会走向和谐？却是社会发展需要长期思考的问题。

【原文】

至道之精，窈窈冥冥①；至道之极，昏昏默默②。无视无听③，抱神以静，形将自正④。必静必清，无劳女形，无摇女精⑤，乃可以长生。目无所见，耳无所闻，心无所知，女神将守形，形乃长生。慎女内⑥，闭女外⑦，多知为败⑧。我为女遂于大明之上矣⑨，至彼至阳之原也⑩；为女入于窈冥之门矣，至彼至阴之原也。天地有官⑪，阴阳有藏⑫，慎守女身，物将自壮。我守其一⑬，以处其和⑭，故我修身千二百岁矣，吾形未常衰⑮。（《庄子·在宥》）

【注释】

① 窈窈冥冥：深藏的状态。② 昏昏默默：暗昧的状态。③ 无视：无通"毋"，不要。④ 形：形体。自正：自然正常。⑤ 女：通"汝"，你。⑥ 内：指内心活动。⑦ 外：指耳、目等外部感觉器官。⑧ 多：喜好。多知：好智。⑨ 为女：与你。遂：至，到。大明：极其光明。⑩ 原：根源，本原。⑪ 官：掌管。⑫ 藏：蓄。⑬ 一：即道。⑭ 以：而，并且。处其和：处于阴阳和谐状态。⑮ 常：通"尝"。

【细读】

无劳女形，无摇女精，乃可以长生

这是论长生的。

养生，本来就是庄子的一个基本思想。一部《庄子》所论，很多就是如何处世以全生养生，处世哲学之外，也论生理上的养生。内篇就有类似气功的养生之术的描写。外杂篇有一些论长生的内容。这是其中的一段。

庄子论长生，核心是清静内守。主要有养形与养神两个方面。养形是重要的，人的形体不要过于劳累（无劳女形），天地万物各有职守，阴阳都有其蓄藏，谨慎地守护你的身体，万物自然茁壮（天地有官，阴阳有藏，慎守女身，物将自壮）。但更主要是养神。要保持安静，做到心清（必静必清），不要摇动你的精神（无摇女精）。对外界事物的变化不要看不要听不要想，所谓无视无听，目无所见，耳无所闻，心无所知，小心地养护你的内心，关闭你的感觉器官（慎女内，闭女外），知道得太多了就会坏事（多知为败）。要形神共养，养神是养形的基础。心神安静，形体自然正常（抱神以静，形将自正）。眼睛什么也不看，耳朵什么也不听，内心什么也不想，你的精神就会守护你的形体，形体就会长生（目无所见，耳无所闻，心无所知，女神将守形，形乃长生）。

养神，也就是进入道的境界。道深藏不露，昏暗沉默，无视无听，目无所见，耳无所闻，心无所知，就可以达到最光明的境界之上，极盛之阳的本原，异常深邃的境界之门，也就是达到道的境界。守住道的境界（我守其一），内心处于和谐（以处其和），就可以长生。

这些，正是后来道教养生的基本思想。魏晋嵇康著《养生论》，就提出，外物以累心不存，神气以醇白独著，旷然无忧虑，寂然无思虑，又守之以一，养之以和，和理同济，同乎大顺，这就可以养生。东晋葛洪著《抱朴子》，有《论仙》等篇都论养生，以为学仙之法，欲得恬愉淡泊，涤除嗜欲，内视反听，尸居无心，静寂无为，忘其形骸，养其心以无欲，颐其神以粹素。这与庄子所论是一脉相通的。

但是，这又是以养生养身以论治国。老子就是以养身论治天下。老子说，能够以贵身、爱身的态度去为天下，才可以把天下托付给他（故贵以身为天下，若可寄天下；爱以身为天下，若可托天下）。庄子这篇《在宥》，也是以人性自然论为基础，论无为政治。庄子论养身，宗旨在论无为政治。

从养身角度论政治，先要捐天下。这段养身论述，是庄子假拟黄帝与广成子的对话。黄帝为天子十九年，教令施行于天下，去拜访广成子，请教治民之术。但广成子以为不值得告诉黄帝至道。于是黄帝退而捐天下，修筑一座供自己独居的房子，席坐白茅，闲居三个月，再去拜访广成子，广成子才为他语言道。庄子的意思是说，只有捐天下，才谈得上治天下。所谓捐天下，就是抛弃权位，无心于治天下之事。

接着当然就是无劳女形，无摇女精，目无所见，耳无所闻，心无所知。前面说的，人过于高兴，阳气过剩，就会伤害阳气；过于愤怒，阴气过盛，就会伤害阴气；大喜大怒，使人情绪混乱，心神不得安定。说到搅乱人心，说到底，都是劳女形，摇女精。无劳女形，无摇女精，就要解决大喜大怒，情绪混乱，搅乱人心的问题。在宥天下，任由天然本性自由发展，不淫其性，不迁其德，去除人们所推崇的八种品德，即所谓明、聪、仁、义、礼、乐、圣、智，这样才能安性命之情。要安性命之情，重要的也就是目无所见，耳无所闻，心无所知。

君主不以治天下为意，虽治天下而无权位功名之欲，清静无为，安性命之情，不搅乱人心，自然天下大治，这就是庄子的无为政治论。

当然，这同时也是人生论，是处世哲学。世间之事，是是非非，功名利禄，目无所见，耳无所闻，心无所知，无视无听，抱神以静，内心和谐，无劳女形，无摇女精，当然也就没有那么烦恼。如庄子后面所说的，入无穷之门，以游无极之野。所谓入游无极之野，也就是入于无何有之乡，也就是逍遥游。

【原文】

鸿蒙曰："意，心养①！汝徒处无为②，而物自化。堕尔形体③，吐尔聪明④，伦与物忘⑤，大同乎涬溟⑥；解心释神⑦，莫然无魂⑧。万物云云⑨，各复其根⑩，各复其根而不知⑪。浑浑沌沌，终身不离⑫；若彼知之，乃是离之。无问其名，无窥其情⑬，物固自生。"（《庄子·在宥》）

【注释】

① 心养：即养心，为突出心，所以宾语提前。② 徒：只，只要。③ 堕：通"隳"，废弃。④ 吐：舍弃。⑤ 伦：类。伦与物忘：与物忘伦的倒装，意为忘却自身与万物的差别。⑥ 涬溟：混混沌沌的状态。⑦ 解、释：均为放弃、不用之意。⑧ 莫：通"漠"。莫然：茫茫然。无魂：连魂灵也没有，意为无意识，忘心。⑨ 云云：通"芸芸"，草木茂盛，喻众多。⑩ 根：根本，本原。⑪ 不知：自身并未意识到。⑫ 不离：指不失本性。⑬ 窥：注视。

【细读】

徒处无为而物自化

这是虚构鸿蒙和云将的对话，继续论在宥天下。

鸿蒙说，要养心。你只要保持无为，万物自然就会变化。忘掉你的身体，丢弃你的聪明，忘掉自身和万物的类别差异，完全混同于混沌自然的状态之中，把你的心思精神全部放弃，茫茫然连你的魂灵也要忘掉，纷纷种种的万物都回归它们的本性，回复到本性又全然无知。浑浑沌沌，终身不离自己的本性。如果它们意识到恢复了本性，那就是脱离了自己的本性。不要询问它的名字，也不要关注它的情形，万物本来就是自然生长。

这里，庄子提出的一个思想是，徒处无为，而物自化。

自化，是庄子关于道的思想的内在之义。在庄子这里，道是自本自根，所谓自本自根，就是自己产生，自我变化。自本自根，也就是自化。正因为这样，《秋水》篇也说："无动而不变，无时而不移，何为乎，何不为乎？夫固将自化。"也提出自化。

自化，也是老子的一个基本思想。老子就说过："道常无为而无不为，侯王若能守之，万物将自化。"老子又说："万物作而弗始，生而弗有，为而弗恃。"所谓作而弗始，也就是任由万物自然变化，不去干预它，当然也不持有它。

这里，听到云将在天气不和，地气郁结，六气不调，四时不节之时，要合六气之精以育群生，鸿蒙为什么说，我不知道，我不知道？是因为云将不是无为，而是有为，有意治政。有意治政，就不是任由事物自化。

这里，无为，是统治者无为；自化，则是物自化，也就是百姓自化。所谓自化，就是不能把自己的意志加之于百姓。

庄子提出的又一点，是心养。心养，也就是养心。所谓养心，重要的是忘，忘我，忘心，忘记物我的区别，也就是物我要混沌一体。

心养，当然可以想到庄子的心斋和坐忘。心斋坐忘，就是要心入于无知无欲，虚无的境界，这个虚无的境界，就是道的境界。心斋坐忘，一切无视无听，就可以心无系累，超脱人世间的一切纷乱烦恼。庄子认为，这也是治政的境界。云将说到自以为放纵自得，可走到哪，百姓就跟到哪时，鸿蒙为什么说，这是扰乱天道的正常运行，草木昆虫都会遇到灾难，这是因为云将既没有忘我，也没有忘物。他还想治理百姓。庄子认为，心养，在宥天下，就是连治理天下这件事本身也应该忘记。

三篇以天德天道论帝德帝道圣道。《天地》指出君德就是天德，须一切无心无为，以体现天道。《天道》中指出，帝王应该效法天道，虚静恬淡，寂漠无为，《天运》说明天道之运因时而变，顺天道则自然可成功，违背则不但无功，反而有祸。几篇有些内容是对内篇《应帝王》的补充和说明。章节之间联系有的比较松散。《天道》论君道无为而尊，臣道有为而卑，当循天道而尊卑有序。《天运》以为礼义法度亦应时而变者，遵循大道变化规律，则怨恩取谏教生杀均可用。虽重虚静自然，而已渗透其他各家思想。

【原文】

天地虽大，其化均也①；万物虽多，其治一也②；人卒虽众③，其主君也。君原于德而成于天④。故曰：玄古之君天下⑤，无为也，天德而已矣⑥。以道观言，而天下之君正⑦；以道观分，而君臣之义明⑧；以道观能，而天下之官治⑨；以道泛观，而万物之应备⑩。故通于天地者⑪，德也；行于万物者⑫，道也；上治人者，事也⑬；能有所艺者⑭，技也⑮。技兼于事⑯，事兼于义⑰，义兼于德，德兼于道，道兼于天。故曰：古之畜天下者⑱，无欲而天下足，无为而万物化，渊静而百姓定⑲。《记》曰⑳："通于一而万事毕㉑，无心得而鬼神服。"（《庄子·天地》）

【注释】

① 均：平均，普遍没有偏私。② 一：万物的主宰。③ 卒：众。人卒：百姓。④ 原：本。原于德：以德为本。成于天：自然而成。⑤ 玄古：远古。⑥ 天德：自然无为。⑦ 观：表示，显示。言：名。正：得当。⑧ 分：职分。⑨ 能：能力，技能。治：称职。⑩ 泛：广，博。应备：供应完备。⑪ 通：贯串，遍及。⑫ 行：作用。⑬ 事：政事。⑭ 艺：才能。⑮ 技：技能，技术，指比较专门的能力，而能则泛指能力。⑯ 兼：统属。技工各有专攻，专则不能相通，所以必须有主事者加强协调管理。⑰ 义：此指君臣之义。君臣名分确立，则万事皆有条理。⑱ 畜：养。以德养民，故曰畜。⑲ 渊静：如深渊的水一样宁静。⑳《记》：记载上古传言之书，不详。㉑ 一：指道。毕：完成。

【细读】

无为而万物化，渊静而百姓定

《天地》篇是君德论，论述君主应该有怎样的道德，为什么要有这样的道德，以及如何修养道德。

这一段讨论君主无为。

为什么君主无为？因为是天德，效法天之德。天之德如何？天地虽大，其化均也。天地间有一种支配万物变化的力量，这种力量普通而没有偏私，而万物的变化以不同形相禅，始卒若环，没有开始，也没有结束，没有先，也没有后，莫得其伦，均平如一，因此是天均。万物虽多，其治一也。《老子》说，道生一，又说，天得一以清，地得一以宁，神得一以灵，谷得一以生。《天地》下文也说，泰初有无，无有无名。一之所起，有一而未形。一就是道。道生万物，也主宰万物。天均何以支配万物？道何以主宰万物？因其无为。同样的道理，人卒虽众，其主君也，人君何以为众人之主？也因其无为。因为君原于德而成于天，而自然（天）是无为的，天德是无为的，故曰，玄古之君天下，无为也，天德而已矣。

为什么无为能治天下？因为无为而无不为，君主无为，臣下有为，天下之官各有其职分。何以君主无为，臣下有为？因为有君臣之名分。何以有君臣之名分？作者用"道"来说明。作者说，以道观言而天下之君正。《老子》说过，道可道，非常道；名可名，非常名。《齐物论》中则说，道未始有封，言未始有常。这里的言，也就是老子所说的名。《在宥》篇中说，有天道，有人道，无为而尊者，天道也；有为而累者，人道也。主者，天道；臣者，人道也。既然主者天道，臣者人道，以道观言，从道的立场来考察，那么，君主的名分名号就是正确的。同样的道理，以道观分而君臣之义明。分，也是名分。就是说，君臣名分，也是由道决定的，天地间无为而尊者就是天道君道；有为而累者就是人道臣道。也是同样的道理，天地间万物均各尽其能，因能授职，官员各尽其职；天地万物各有特征，作用各异，万物所需总能完备，这都合于天道。所以说，以道观能而天下之官治，以道泛观而万物之应备。

作者提出天、道、德、义、事、技的概念。通达于天地的是德，作用于万物的是道。至于义，则是前面说过的君臣之义。事，则是上治人，君主统治人民的事务。技，是技术，是能力有所专攻。道、德、义、事、技，概括了君主治理天下的各个层面。这几个层面的关系如何呢？他说，技兼于事，事兼于义，义兼于德，德兼于道，道兼于天。就是说，技艺统属于事务，事务统属于君臣之义，而君臣之义统属于德，德统属于道，而道统属于天。天下事务，从道到技，统属一体。因此说，古代畜养天下的，没有欲望而天下富足，无所作为而万物归化，渊深宁静而百姓安定。又说，通于一之天道，万事就能完成；无心而得，则鬼神也要信服。

这应该是老子无为思想的进一步阐发。在老子这里，无为就是道，所谓为道日损，损之又损，以至于无为，所谓道常无为而无不为。庄子进一步提出君臣之义，实际是说，君无为而臣下有为。老子这里，道和德有时是一体的，所谓常德不离，复归于婴儿，上德无为而无不为，这里说的德，实际就是道。庄子这里所说的君原于德，玄古之君天下，无为也，天德，所谓德，其实也是道。老子又说，失道而后德，庄子这里也说，德兼于道。老子说，人法地，地法天，天法道，道法自然，道是天之上更高的层面。而庄子这里则说，道兼于天，似乎天是道之上更高的层面。这里讲君主名分，讲君臣之义明，讲天下之官治，尽管为说明无为而治，但那毕竟是儒家的东西。作者在道、德之外提出义、事、技，都是为了更具体地说明什么是无为之治。当然，他努力从理论上说明，把治理天下的具体事务，努力提升到道的层面，说明无为何以能使万物化。

也正因为此，后世讲无为而治，总要论及治理天下的具体事务。比如唐太宗君臣，强调居安思危，无为而治，为政尚清静，又论任贤择官，提出君臣一体，君主要借助整个统治集团的力量，凡事委百司商量，宰相筹画，而人臣之行，有六正六邪。在君主清静无为的主题下，阐述君臣之义理，天下之官治。

【原文】

夫子曰①："夫道，覆载万物者也②，洋洋乎大哉③！君子不可以不刳心焉④。无为为之之谓天⑤，无为言之之谓德⑥，爱人利物之谓仁⑦，不同同之之谓大⑧，行不崖异之谓宽⑨，有万不同之谓富⑩。故执德之谓纪⑪，德成之谓立⑫，循于道之谓备⑬，不以物挫志之谓完⑭。君子明于此十者，则韬乎其事心之大也⑮，沛乎其为万物逝也⑯。若然者⑰，藏金于山，藏珠于渊⑱；不利货财⑲，不近贵富⑳；不乐寿㉑，不哀夭㉒；不荣通㉓，不丑穷㉔；不拘一世之利以为己私分㉕，不以王天下为己处显㉖。显则明㉗，万物一府㉘，死生同状㉙。"（《庄子·天地》）

【注释】

① 夫子：未详何人。历来注家或谓老子，或谓孔子，或谓庄子，均无确凿证据。或为庄子后学转述其师之说。② 覆载：上覆下载，包容。③ 洋洋乎：广大辽阔的样子。④ 刳：挖空。刳心：彻底抛弃个人心智。⑤ 无为为之：没有任何人为，任其自然。⑥ 无为言之：自然而然的言说。德：天德。⑦ 爱人利物：随任人与物的本性自然。⑧ 不同同之：消除不同事物的差别，看作相同。⑨ 崖异：突出而区别于众。宽：宽容。⑩ 有万不同：包容不同的万物。⑪ 执：掌握。纪：纲纪。⑫ 立：立身成人。⑬ 循：遵循。备：完备。⑭ 挫：干扰。志：心志。完：德行完美。⑮ 韬乎：形容胸怀宽广，包容万物的样子。事心：立心。⑯ 沛乎：自由流淌的样子。为：与。逝：往。⑰ 若然者：如果这样。⑱ 藏金于山，藏珠于渊：任随金、珠等贵重物品藏于山渊之中，不为心动。⑲ 利：以……为利。⑳ 近：靠近。㉑ 不乐寿：不因长寿而快乐。㉒ 不哀夭：不因短命而悲哀。㉓ 不荣通：不以飞黄腾达而感到荣耀。通：达。㉔ 不丑穷：不因穷困而感到羞耻。㉕ 拘：取。一世之利：全天下之利。私分：私自所占有。㉖ 王天下：天下称王。处显：得于显贵的位置。㉗ 明：彰明。㉘ 府：聚集之处。㉙ 同状：同样。

【细读】

君子明于此十者，则韬乎其事心之大也

道是覆载万物的，广阔无边，君子体道，就要彻底摒弃个人心智。这里所谓君子，是指君主，指统治者。君子体道，君主之德，具体来说，有十：

无为为之之谓天。首先是君主"无为"。因为如老子所说，为学日益，为道日损，损之又损，以至于无为。无为而无不为，取天下常以无事，及其有事，不足以取天下。一方面，君主不可能事事亲为。要君主无为而臣下有为。另一方面，不能对百姓强制统治。如老子所说，民之饥，以其上食税之多，是以饥。民之难治，以其上之有为，是以难治。民之轻死，是其上求生之厚，是以轻死。最好的统治，是让百姓感觉不到有人在统治，老子所谓太上不知有之，让百姓甘其食，美其服，安其居，乐其俗。其次是"为之"。"无为"是手段，"为之"是目的。为之，就是无不为，"无为为之"，就是老子所谓无为无不为。《庄子》内七篇，无背后还是无，这里所讲的，无为旨在无不为，无背后是有。所以，这里所论君主十德，应该是庄子后学吸收了老子思想。

无为言之之谓德。从处世角度看，言则有是非，因此如老子所说，知者不言，言者不知。如庄子在《齐物论》所说，大辩不言，因此要行不言之辩。从施政角度而言，不可对百姓随便发号施令。所以如老子所说，圣人处无为之事，行不言之教。但庄子这里说的不是不言，而是"言之"。不过是"无为言之"。或者，这是说，凡事无须作半点解说，让事物自己显现或证明。或者，为政不得已需有言措，却不可强之以己意，而需顺其自然，顺应民意，虽有言而出于无为之心，虽有言而无独断之意。

爱人利物之谓仁。爱人利物，本是儒家墨家的思想。按庄子的思想，是大仁不仁。这里或者承前句句式，当是无为爱人之谓仁，或无为利物之谓仁。爱人利物是需要的，但要出于无为，即随任人与物的本性自然。按儒家思想，仁爱是与礼法相联系的，仁爱，忠孝，有各种礼仪形式，三年守孝之类。而庄子及其后学都反对礼法。庄子及其后学所主张的，是自然仁爱，出于内心自然的仁爱。此之谓，此为体道之君德之一。

不同同之之谓大。就哲学而言，万物各异，其实齐一，故有齐物之论，故而吹万不同，其实为一，大言小言，大知小知，其实无异，厉与西施，道通为一。是为不同同之，万物不同，而能一同视之。就处世而言，无是非，齐生死，穷达、贫富、毁誉，均视为事之变，命之行，如此，则神游于四海之外，无烦恼，无忧愁，物不能伤。就君主治政而言，朝中百官，所思不一，境内万民，需求各异，文官愿施以文治，武官欲诉诸武力；农耕者盼修水利，商贾者求建街市，是为"不同"。主政之职，则是将此种种不同"同之"。平衡各种关系，平息各方意见，在众多不同意见之中寻求共识，不同意见的人群能互相认同，是之谓大。

行不崖异之谓宽。为政不宜过于标新立异。为政犹如大海航船，航路需宽阔，如陆上行车，道途需平坦。不当逆风滔浪，不当行窄覆险，不使陷入狭路和险境。

有万不同之谓富。治国理政，需要各种人材。一国之境，需山蕴宝藏，地有良田。国之兴盛，需各行各业兴旺。天赋资源，包容万有，此之谓富。

执德之谓纪，掌握自然之德操，就掌握了君临天下的纲纪。德成之谓立，因自然之德以成事，则无论何种情况均能立身于世。循于道之谓备，遵循自然之道，则万事皆备，无论何种情况均可应对。不以物挫志之谓完，不因外物而扰乱心志，则可完美圆满。

庄子认为，做到了这十点，就可以胸怀宽广，随任万物变化而无所阻碍，任随金、珠等贵重物品藏于山渊之中，不为心动，不为货财利诱，不追求尊贵富裕，不因长寿而高兴，不因夭折而悲哀，不因仕途顺利而感到荣耀，不因穷困而感到羞愧，不会把天下的利益归于自己，不会因为称王天下就显得与众不同。与众不同就是彰显表露。万物万殊，同归一府，死生有异，视若同状。

【原文】

夫子曰："夫道，渊乎其居也①，滹乎其清也②。金石不得无以鸣③。故金石有声，不考不鸣④。万物孰能定之⑤！夫王德之人⑥，素逝而耻通于事⑦，立之本原而知通于神⑧，故其德广⑨。其心之出，有物采之⑩。故形非道不生⑪，生非德不明⑫，存形穷生⑬，立德明道，非王德者邪！荡荡乎⑭！忽然出，勃然动⑮，而万物从之乎⑯！此谓王德之人。视乎冥冥⑰，听乎无声。冥冥之中，独见晓焉⑱；无声之中，独闻和焉⑲。故深之又深，而能物焉⑳；神之又神，而能精焉㉑。故其与万物接也㉒，至无而供其求㉓，时骋而要其宿㉔，大小、长短、修远㉕。"（《庄子·天地》）

【注释】

① 渊乎：如深渊般幽深静寂的状态。居：安处不动。② 滹乎：清沏的磁子。喻指道的神明。③ 金石：此指金属或石制的乐器，如钟、磬等。不得：指不得道的作用。无以鸣：没法响。④ 考：敲击。此九字一说本为注文而误入正文，可供参考。⑤ 孰：谁。定：确定，分辨。⑥ 王德：之人。⑦ 素：纯真。逝：往。素逝：天真地随着时间的过去而过去。耻通于事：不愿为事务所牵累。⑧ 本原：指天道。知：通"智"。⑨ 广：伟大。⑩ 采：牵引，影响。⑪ 形：形体。生：活。⑫ 生：通"性"，天性。明：灵通。⑬ 存形：保身。穷生：尽性。⑭ 荡荡乎：空旷辽阔的样子。⑮ 忽然、勃然：均形容心神活动随自然而出、而动的样子。⑯ 万物从之：万物随心神活动而活动。⑰ 冥冥：幽暗的样子。⑱ 晓：光明。⑲ 和：和谐之声。⑳ 物：支配万物。㉑ 精：显示精妙。㉒ 接：交接，联系。㉓ 至无：虚无至极。㉔ 要：求。宿：居止，归宿。要其宿：成为万物的归宿。㉕ 大小、长短、修远：可大可小，可长可短，可久可远。最后一句语意不完整。《淮南子》袭用此文，下接有"各有其具"四字。

【细读】

冥冥之中，独见晓焉

君主有十德，就进入体道的境界，虽事务繁杂，而能心境宁静，物物而不物于物。

所以这节庄子借夫子之话说，夫道，渊乎其居也，滹乎其清也。道，像深渊一样宁静，像止水一样清亮透彻。这是道，也是君主无为而治的体道心境。体道，则因于自然，金石能鸣，自然之天，人之考击亦为天机。且体道之人，其心渊乎其居，滹乎其清，入于虚静，固无视无听，目无所见，耳无所闻，金石之有声无声，固无差别。因此说，金石不得无以鸣。非道何以支配万物？何以分辨万物？所以说，万物孰能定之。定万物者，渊乎其居，滵乎其清之道也。

作者提出王德之人。所谓王德之人，就是有崇高道德修养之人。王德之人如何？素逝而耻通于事，抱定纯真的本性行事，但耻于被事务所牵累。这正是君王的处境。虽欲无为而事事牵累。此事怎么办？当立之本原，也就是立足于根本的道。立之本原则知通于神，所谓神，就是用志不分，乃凝于神的神；就是游乎四海之外死生无变于己而况利害之端，至人神矣的神；德全者形全，形全者神全的神。知通于神，就是全身心进入道的境界，所以他的德广阔辽远。虽通于事而物彻疏明，知通于神则周万物而不遗，这正是时时为事务所牵累的君主所需要的心境。虽万千事务缠身，而能静心应之，是之为德广。而且，人心一旦显露，就有外物加之以牵累。所以，形非道不生，生非德不明，形体没有道就没有生命，本性缺乏德就不能灵明。保存形体，穷尽天性，树立德，彰明道，这不是具体高尚道德的人吗？道明则物不能惑，物不能惑，则心以应物，而心境坦荡，心神活动忽然而出，勃然而动，则外物随心神活动而活动，所谓万物从之，而不是心受物役。这就是王德之人。

就是说，正因为事务缠身，外物牵累，所以要立之道之本原，才能存形穷生，精神才能自由。

体道是怎样的境界？作者描述：视乎冥冥，听乎无声。冥冥是幽暗，何以能视？无声，又何以能听？这实际是说，无视无听。而体道，正是要视一切外物，一切纷扰为冥冥，为无声，而于冥冥之中能见光明，无声之中闻和谐之声。这实际就是心斋，就是无听之以耳而听之以心，无听之以心而听之以气，就是虚而待物。能达此境，所以深之又深，而能支配万物，非常神秘，而能显示它的精微作用。这是道的状态，也是体道的心境。所以，其与万物接，以至无之心态应之，也可以满足其需求，时间飞速而进，也能成为万物的归宿。而且可大，可小，可长，可短，可久，可远。就是说，只要入于冥冥之中，无声之中，不论怎样繁杂的事务，也不能惊扰其宁静安寂的心境。

这里庄子描述的是理想的体道的精神境界。历代文人有不少追求这一境界。于世事纷扰中，保持宁静心境。魏晋阮籍写《清思赋》，先写："余以为形之可见，非色之美；音之可闻，非声之善。"再写黄帝登仙于荆山之上，振咸池于南岳之冈，鬼神其幽，而夔牙不闻其章。女娃耀荣于东海之滨，而翩翩于洪西之旁，林石之隙从，而瑶台不照其光。借神话传说写无形无声的境界，再接着，写道："是以微妙无形，寂漠无听，然后乃可以睹窈窕而淑清。故白日丽光，则季后不步其容。钟鼓阗輵，则延子不扬其声。夫清虚寥廓，则神物来集；飘飘恍忽，则洞幽贯冥。"他是借游仙写他所追求的虚无的道的境界。

作为帝王，或者可以举出梁武帝。梁武帝以帝王之尊，而四次舍身寺庙，多次设法会，开讲佛经，而且著有多部佛教著作。梁武帝崇信佛教，或许有他的政治目的，但他撰写那么多部佛教著作，不可否认他对佛教有虔诚信奉的一面。信奉佛教，不排除想在繁杂的军国事务之余，在佛的境界里求得一时心灵宁静。你看他的《游钟山大爱敬寺》诗，看他的《十喻诗》，写鸟鸣幽谷，水溅石濑，香楼紫烟，长途翠微，实可体会他所欲求的心境。尽管心境对他来说，可能只是一时，而且，后来他竟因荒废国政，导致侯景之乱，也导致他年已八十六岁，被困在台城净居殿，竟被活活饿死，但他毕竟想过在治国之余体验宁静。

【原文】

尧之师曰许由，许由之师曰啮缺，啮缺之师曰王倪，王倪之师曰被衣①。尧问于许由曰："啮缺可以配天乎②？吾藉王倪以要之③。"许由曰："殆哉，圾乎天下④！啮缺之为人也，聪明睿智⑤，给数以敏⑥，其性过人，而又乃以人受天⑦。彼审乎禁过⑧，而不知过之所由生⑨。与之配天乎？彼且乘人而无天⑩。方且本身而异形⑪，方且尊知而火驰⑫，方且为绪使⑬，方且为物絯⑭，方且四顾而物应⑮，方且应众宜⑯，方且与物化而未始有恒⑰。夫何足以配天乎？虽然，有族有祖⑱，可以为众父，而不可以为众父父⑲。治，乱之率也⑳，北面之祸也㉑，南面之贼也。（《庄子·天地》）

【注释】

① 许由：传说中的隐士。啮缺、王倪：均相传尧时贤人。被衣：即蒲衣子。② 配天：称得上天道。③ 藉：借助。要：通"邀"。④ 殆哉：危险啊。圾：通"岌"，危险的样子。⑤ 睿智：英明而有远见。⑥ 给：敏捷。数：快。敏：灵敏。⑦ 乃：且。受：通授。以人受天：用人的才智强加作用于自然。⑧ 审：明察。禁过：禁止过错。⑨ 所由生：产生的原因。⑩ 且：将。乘人：恃着人的才智。无天：无视天道。⑪ 方且：正将。本身：本于自身，以自身为根本。异形：形迹不同于别人。⑫ 尊知：尊崇智慧。火驰：比喻智慧如火一样旺盛，迅速蔓延。⑬ 绪：丝端。使：役使。绪使：被细小的事物所牵制。⑭ 絯：束缚。⑮ 四顾：四方顾盼，喻应接不暇。物应：应接于万物。⑯ 应众宜：凭一己之智慧，处理万物之事宜。⑰ 与物化：随万物变化。未始：未曾。恒：常，指无为之恒

道。⑱ 族：众属。祖：祖宗。⑲ 下有众属，故可以为众父，上有祖宗，故不可以为众父父。⑳ 率：由，因。㉑ 北面：指臣。

【细读】

啮缺之为人

这是许由回答尧的提问。说是尧之师曰许由，许由之师曰啮缺，啮缺之师曰王倪，王倪之师曰被衣。尧问于许由，说：啮缺可以担任天子吗？我想通过王倪去邀请他。许由回答，危险啊，天下要受到危及了。于是有上面那一段回答。

许由之所以不赞成啮缺为天子，主要是啮缺太过恃才矜智。许由说，啮缺这个人，很聪明，有远见，快捷而又灵敏，天性过人，经常把人的智慧强加于天。他善于观察，知道人们的过失，但不明白过错产生的原因。许由说，如果让他任天子，他将依恃人的才智而无视天道，会处处依恃自身而标新立异，会使智慧像火一样蔓延开来，而且将为一些细微的事情所驱使，将为外物所束缚，将要四面环顾，穷于应付各种事务，为着满足各方面的需要，将要顺应万物的变化又不能持过常道，这样的人怎么能够配居天子之位呢？

许由又说，虽然如此，他下有族人，上有祖宗，可以作为族人的首领，也就是可以作为诸侯，但不可以作为族人首领的领袖，也就是作为天子。许由说，施行治政，正是带来动乱的根由，是作臣子的祸害，作天子的贼寇。

前面都是从正面来说，无欲而天下足，无为而万物化，治天下要渊乎其居，滫乎其清，视乎冥冥，听乎无声等。这里则从反面说明，恃才矜智的危害，君主有为的危害。

历史上，自矜才智，刚愎自用，不善理政，终于导致危乱，啮缺式的政治人物太多了。典型的可以举出明朝末代崇祯皇帝朱由检。

崇祯时期，大明王朝已是内忧外患：内则朝政腐败，社会矛盾重重，农民起义风起云涌，烽火四起；外有满清八旗劲旅，虎视眈眈。历经二百多年的大明王朝，此时社稷零落，山河破碎。崇祯即位之时，就下决心整饬内政，重振江山，挽救时局。他兢兢业业，勤勉节俭，在位十七年，除了每天早起处理国事外，事无巨细的奏折都要亲自批阅。白天在文华殿批阅奏章，接见群臣，晚上则在乾清宫看奏章，有时为处理公文彻夜不眠，遇到军情紧急时便连续几昼夜不能休息。一次，他去慈宁宫拜见崇祯帝祖母辈、宫中最有威望的刘太妃时，竟然坐着睡着了，刘太妃命人拿来锦被给崇祯盖上。崇祯醒来后苦涩地说，为处理公文，召见群臣，他很少能休息，已经两夜未眠，说罢与刘太妃相对落泪。十八岁登基，二十多岁头发已经斑白，眼角现出鱼尾纹，可以说宵衣旰食，朝乾夕惕。史志上称他鸡鸣而起，夜分不寐，往往焦劳成疾。有历史学家认为，崇祯是中国古代最勤政的皇帝。他好学不倦，博览群书，举凡《四书》《五经》《资治通鉴》《通鉴纲目》《贞观政要》《皇祖明训》等典籍几乎朝夕不离手。他时常检讨自己。江山风雨飘摇之际，崇祯八年到崇祯十五年，他先后四次下罪己诏。

他自制极严，不耽犬马，宫中从无宴乐之事。他不好女色，可以断然拒绝魏忠贤送上的四个绝色美女，后来又拒绝田妃之父亲田畹献上的秦淮八艳之一的陈圆圆。

他生活简朴，为朝野上下称道。煤山上吊后，李自成验看尸身，发现他外面龙袍之下，里面衣服尽是补丁。

但是，崇祯的努力终于没能挽救时局，明朝终于败亡。积重难返，内外交困，都是原因，但也有崇祯自己的原因。

他求治心切，生性多疑，几乎猜忌一切人。优柔寡断，又刚愎自用，虽也经常征求左右的意见，但不能虚怀纳谏，又责臣太过，以致人心恐慌，言路断绝。他也曾重用过一些名臣，如袁崇焕、杨嗣昌、洪承畴，但用人不专，任用时言听计从，优遇有加，一旦翻脸，则严酷无情，大加杀戮，屈杀了不少忠良。最后陷于孤立地位，以致死后在李自成为他举行的葬礼之上，原先的重臣只敢远远观望，没有一个敢靠近的。

他事无巨细，必要躬亲，但不能审时度势，不能执纲之要。他清除魏忠贤阉党集团，却忘了制约朝中朋党。文官集团权力膨胀之后，为削弱文官集团的势力，摆脱其控制，又不得不重用另一批太监，给予他们行使监军和提督京营大权，致使太监权力再次膨胀，朝野上下矛盾日益加剧。

不是自己无为，不是信任臣下而为，而是事事亲为，在四起的危机之中，只能是疲于奔命。他每天生活在操劳、恐惧、痛苦、烦躁与焦虑之中，却无济于事。他自矜才智，不知任用臣下之才智，用老子的话说，不知以百姓心为心。用庄子这里的话说，就是乘人而无天，倚恃个人的才智而无视天道。这是一个龃龉式的人物。

【原文】

尧观乎华①，华封人曰②："嘻，圣人！请祝圣人③，使圣人寿④。"尧曰："辞⑤。""使圣人富。"尧曰："辞。""使圣人多男子⑥。"尧曰："辞。"封人曰："寿，富、多男子，人之所欲也。女独不欲，何邪？"尧曰："多男子则多惧，富则多事，寿则多辱。是三者，非所以养德也⑦，故辞。"封人曰："始也我以女为圣人邪，今然君子也⑧。天生万民，必授之职⑨。多男子而授之职，则何惧之有⑩？富而使人分之，则何事之有？夫圣人，鹑居而鷇食⑪，鸟行而无彰⑫。天下有道，则与物皆昌；天下无道，则修德就闲⑬；千岁厌世⑭，去而上仙⑮；乘彼白云⑯，至于帝乡⑰；三患莫至⑱，身常无殃，则何辱之有？"封人去之，尧随之，曰："请问⑲。"封人曰："退已⑳！"

（《庄子·天地》）

【注释】

① 观：视察。华：华州，今陕西华县。② 封人：看守封疆之人。③ 祝：祝祷。④ 使：祈使。寿：长寿。⑤ 辞：不接受。⑥ 多男子：多生儿子。⑦ 养德：道德的修养。⑧ 然：乃，却是。⑨ 职：职务。⑩ 何惧之有：有何惧。⑪ 鹑：鹌鹑。鷇：初生小鸟。⑫ 彰：迹。⑬ 闲：闲居，表示与世无争。⑭ 厌：足，尽。厌世：一生已尽。⑮ 去：离去人世。上仙：升仙。⑯ 乘：驾。⑰ 帝乡：天帝所居之处，即所谓仙境，实为虚幻的境界。⑱ 三患：指前面所述的因多男子、富、寿而带来的多惧、多事、多辱。⑲ 请问：因不明白而再问。⑳ 退已：回去吧。

【细读】

三患莫至，身常无殃

既来之，即安之，是庄子道德修养的一个重要思想。

尧到华州视察，华州看守封疆的人为尧祝祷，祝他长寿，祝他多财富，祝他多生儿子。这是很多人所盼望的事，尧却都不接受。尧以为，多生儿子负担就会重；财富多了，就会有很多麻烦事；年寿高了，受辱的事就会多。看守封疆的人对尧说，起先我以为你是个圣人，现在才知道你只是个君子。老天让天下有这么多人，一定会让他们有事做、有职责。你多生了儿子，让他们各司其职，各行其是，会有什么负担？财富多了，让大家分享，会有什么麻烦事？圣人，像鸟一样居住吃东西，飞过去连痕迹也不留下。天下有道，就和万物共同昌盛；天下无道，就修养道德闲居隐处。活到一千岁，人间的日子过足了，就离开人世，登仙而去，驾着白云，飞到天帝居住的地方。负担重、麻烦事多、多辱这三种忧患都不会来临，身体不会受到殃祸，有什么耻辱呢？看守封疆的人说完就走了。尧却追赶上去，还要再问。看守封疆的人却不愿回答他，说，你走吧。

尧所说，应该自古就是实情。富而多事，恐非虚言。古时有劫富济贫一说，偷盗抢劫，首先想到的当是有钱人家。家里财富多了，总是担惊受怕。朝廷财政拮据，甚至君王个人缺钱，首先想到的，当是找有钱人捐款。兵家出征，筹集粮草，当然也会光顾富家。至于亲戚朋友急用需钱，富家解囊更是常事。

多男子多惧，亦当是实情。穷人之家，多一个人，就多一张口吃饭。富人之家，多一个男子就多一个人分财产。兄弟多人分财不均而争吵甚至争斗之事，古往今来并不少见。至于皇家多男子，则争皇位的人多。古来皇家子弟为争皇位而自相残杀的还少吗？为争皇位，先把兄弟杀了，这样的事还少吗？什么吴楚七国之乱，八王之乱，什么玄武门事变，不都是兄弟残杀吗？这不是多男子惹出的祸吗？

长寿确也常常多辱。年老体衰，行动多有不便，加以多病多痛，倍受折磨。同龄人，老朋友，老熟人，眼看着一个个离去，悲哀之外，常觉孤独。如果子女不孝，则受辱之事更多。没有劳动能力，何以维持生活？其实还有一种情况。年寿越长，经历之事越多，所做之事越多，难免晚年做一些错事，留与后人讥评。前半生英雄豪气，后半生或变节，或遭诬陷，此类事不在少数。

看守封疆的人所说应对之法，未必完全可行。多男子虽可授之职，但男子成年之后方可授职，未成年之时，不仍是负担？授职之后，不仍有分家产的问题？汉之吴楚七国，西晋之八王，不是授之以职了吗？何以也引发战乱？富而使人分之，谈何容易！历史上确有人捐家之财以全身远祸，现代也有富人捐财以为公益，但古来能如此行事的有几人？天下无道可以修德就闲，但修德就闲就能解决年老体衰人生孤单等诸多问题？登仙之说，只是想象，谁真见过登仙之人？

但是，庄子的基本思想却有道理，人生的诸多事情，比如多男子、富、寿，是人所不能自主的。既不能自主，则当顺其自然。多男子除了授之职，富足除使人分之，长寿除了升仙，总还有其他办法。既来之，则安之，是人生面对困境的一个很好选择。

【原文】

泰初有无[1]，无有无名[2]；一之所起，有一而未形。物得以生，谓之德；未形者有分[3]，且然无间，谓之命[4]；留动而生物[5]，物成生理[6]，谓之形；形体保神[7]，各有仪则[8]，谓之性[9]。性修反德[10]，德至同于初[11]。同乃虚[12]，虚乃大[13]。合喙鸣[14]，喙鸣合，与天地为合[15]。其合缗缗[16]，若愚若昏[17]，是谓玄德[18]，同乎大顺[19]。（《庄子·天地》）

【注释】

① 泰初：远古的开端。② 无有：没有存在。无名：没有名称。③ 未形者：即前面"有一而未形"之一。有分：从未形中分别出来。④ 且然：同然且，但是。无间：虽有分别，但没有间隔。不可分割地联系在一起。命：有生命。⑤ 留：借为流。动：流动。物：万物。⑥ 理：生理结构。⑦ 保：安，居。神：精神。⑧ 仪则：形式。⑨ 性：本性。⑩ 反：通"返"。德：即上"物得以生"之德。⑪ 初：即前述泰初。⑫ 虚：虚无的境界。⑬ 大：广大。⑭ 喙：鸟兽的咀。合喙鸣：和鸟兽的鸣叫一样。⑮ 与天地为合：即合于自然。⑯ 缗缗：无心的样子。⑰ 愚、昏：均无心的样子。⑱ 玄德：玄妙的天德。⑲ 大顺：顺乎自然之道。

【细读】

德至同于初

本节追溯物的本源及演化进程，说明万物的本原和归宿均为虚无，因此世人当领悟并回归虚无的自然本性。

泰初有无，无有无名。远古时期有一个"无"。这个"无"，并不是不存在。它只是以"无"的形态而存在，而不是以"有"的形态而存在，它也没有名称。因此是无"有"，无"名"。这是《齐物论》所说的，有一个"有"，有一个"无"。按照《齐物论》，还要往前推，即有未始有无也者，有未始有夫未始有无也者，即有一个没有无的"无"，有一个没有无的无的"无"，以至于无穷。《庄子》内篇，万物是无，无背后是无穷的无。《庄子》外篇也讲无，但有时和《老子》一样，无背后是有，无为旨在无不为。无不为，就是有。这里没有讲有，但也没有讲无背后是无穷的无，只讲"泰初有无"。这里的"无"，应该是道。

一之所起，有一而未形。从"泰初有无"的"无"，到"一之所起"的"一"，也就是老子所说"道生一"。如老子所说，道视之不见，听之不闻，搏之不得，此三者不可致诘，故混而为一。"有一而未形"，所谓"未形"，就是老子所说的无状之状，无物之象。

物得以生，谓之德。有"一"，就有"物"，不过这"物"，还只是老子所谓有物混成之"物"。道之为物，惟恍惟惚，惚兮恍兮，其中有象，恍兮惚兮，其中有物之"物"。从无有无名，到有一而未形，到有物，有惚兮恍兮的混成之物，是之谓德。在这里，道与德是一体的。德是道的具体体现，道是德的本原基础。

未形者有分，且然无间，谓之命。所谓"有分"，就是《齐物论》中所说的，其次以为有封。有分，有封，即有区别。但这有分，却又"无间"。就是说，虽有区别，却紧密联系，不可割断。这或者就是老子所说的一生二。所谓"二"，就是万物负阴而抱阳之阴阳。由混沌为一，到分而为二，分为阴阳二气，是为一生二，是为庄子此处所说的未形者有分，且然无间。这种状态，虽尚未生成万物，未成诸物之形，然万物之生命已孕育其中，或者因此，庄子称之为"命"。

留动而生物，物成生理，谓之形。阴阳流动交融演变，因此形成万物，万物形成，则各有其纹理，各在其生理结构。万物形成，则各有其形，是谓之"形"。

形体保神，各有仪则，谓之性。万物形体既成，则各保有其精神，各有其表现形式，各自遵循其生存法则。山高而水深，鸟飞而鱼游，各自个性不同，是谓之为"性"。至此，万物生焉，万物之性成焉。或者这就是老子的"三生万物"。

性修反德，德至同于初。以上由无而一，由一而有分，由有分而形，由形而性。万物既已形成，则复归于德，而德至同于初。所谓德，就是前所述一之所起，有一而未形之德。所谓初，就是泰初有无之初。即所谓反即返。反即返，本来就是道的本质，老子说，反者道之动。又说，道为大，大曰逝，逝曰远，远曰反。又说，万物并作，吾以观其复。夫物芸芸，各复归其根。就万物生成而言，由无而有，又由有而复归于无，是一自然循环的过程。就世之人性而言，亦当如此。世人正当由万物本原演化之理而领悟人生之理。物性返德，人性亦当修而返德，返归于万物之本源，领悟、返归于泰初有无的状态。是故谓性修反德，德至同于初。

混同于泰初有无，因此进入得道的虚无境界，而既然虚无，则广大无边，是为同乃虚，虚乃大。不论君主治政，亦或世人处世，均须虚怀若谷，心地归于虚静，则可宏大宽广，容纳世间万事万物。

既修性得道，则一切当如鸟兽鸣叫，出于无心，而与自然相合，故谓合喙鸣；喙鸣合，与天地为合。如老子所说的，众人昭昭（光耀自炫），我独昏昏（暗昧不明）；众人察察（严苛），我独闷闷（淳朴）。故谓其合缗缗，若愚若昏。这就叫玄妙的天德，这就会同于顺乎自然的大道。

万物起源于无，复归于无，由此不正需要领悟治政之理，人生之理吗？君主治政，世人处世，不正要返归于虚静无心的自然本性吗？

【原文】

夫子问于老聃曰①："有人治道若相放②，可不可，然不然。辩者有言曰③：'离坚白④，若县寓⑤．'若是则可谓圣人乎？"

老聃曰："是胥易技系⑥，劳形怵心者也。执留之狗成思⑦，猿狙之便自山林来⑧。丘，予告若，而所不能闻与而所不能言⑨，凡有首有趾⑩、无心无耳者众，有形者与无形无状而皆存者尽无⑪。其动止也，其死生也，其废起也，此又非其所以也⑫。有治在人⑬。忘乎物，忘乎天，其名为忘己；忘己之人，是之谓入于天⑭。"（《庄子·天地》）

【注释】

① 夫子：指子丘。② 放：通"妨"。③ 辩者：指公孙龙之流。④ 离坚白：分离坚硬与白色。即分别看待同一物体的质地和颜色。此为公孙龙等人的学说。⑤ 县：通"悬"，高耸。寓：通"宇"。县寓：高屋。⑥ 胥：胥徒，有才智而供人役使的小吏。易：占卜之官。技：技能。系：束缚。⑦ 执留之狗，即《应帝王》所谓执斄之狗。留，留牛，又称斄牛，形状似牛而尾长。思：疑田字之误，通"畋"。⑧ 狙：猿猴类动物。便：便捷，敏捷。⑨ 而：你。⑩ 有首有趾：有头部和有趾，指有人的形体。⑪ 尽无：几乎没有。⑫ 以：为。⑬ 人：人为。⑭ 入于天：符合天道。

【细读】

忘己之人入于天

这一段，先提出辩者离坚白之论。辩者即公孙龙子提出，一块坚硬的石头，可以分析为白的颜色和坚硬的石质。眼睛所能看到的，是白的颜色，是所谓白石。而用手触摸的，感到的是石头的坚硬，是所谓坚石。因此，白的颜色和硬的质地，是可以分离的。这就是所谓的离坚白。

这个理论，以人之不可为可，以人之不然为然，因此说可不可，然不然。它标新立异，像高耸的室宇，因此说若县寓。庄子主张，乘物以游心，不违逆万物，而辩者以人之不可为可，以人之不然为然，与物相逆，因此说有人治道者若相放。放，就是妨，相放（妨），就是与物相妨，与物相逆。

这只是辩者们的治道，而非庄子所谓治道，因此，当孔子问老聃，这样的人可否称为圣人的时候，老聃即表示反对。老聃说，这不过是有才智而供人役使的小吏和占卜之官，被才智所束缚，形体劳累而心神不宁。他们又像能逮斄牛的狗要遭捕获，又像敏捷的猿猴被猎人从山林捕捉而来。

对离坚白之论何以作这样的评价？离坚白之论自矜才智，当然是胥易技系。它固守己见，为一己之见所束缚，如同执留之狗，敏捷之猿狙。它与物相逆，当万物变化之时，它不能顺物而行，不能随任自然，必然如《齐物论》所说的，与物相刃相靡，这就必然劳形怵心。

这一段，很有点像《应帝王》。《应帝王》写阳子居问老聃，老聃也是把向疾强梁、物彻疏明、学道不倦者比作胥易技系，劳形怵心者，也是说猿狙因为纵跳敏捷、猎狗因为善于捕获斄牛而遭拴缚。

接着，老聃告诉孔子所不能闻与所不能言者。有三个层次。第一个层次：凡有首有趾，无心无耳者众。有首有趾是有人之形，无心无耳应该是于道无心于道无耳。他们不明大道，这样的人众多。第二个层次：有形者与无形无状而皆存者尽无。无形无状，是指道。无形无状之道存于心，因此，动止，死生，废起，都非他有心要作的（此又非其所以）。较之前一个层次，进了一层，按庄子的思想，还应该堕肢体，黜聪明。但这一个层次仍是"有形者"，所谓形，就是人的肢体。不仅如此，而且有心于治，在于人为（有治在人）。未能堕肢体，黜聪明，仍有心于治，这只是第二个层次。

因此有第三个层次。有两点，一是忘乎物，即忘掉外物。二是忘乎天。所谓忘乎天，可能有两层意思。一层意思，是忘掉天道，所谓忘掉天道，就是忘掉修道本身，不是有心修道。这是和有治在人，即有心于治道相对的。不是有心修道，而是纯任自然，无心修道而入于道，这是修道的最高境界。忘乎天的另一层意思，是忘掉人的天然形体。《秋水》篇说：牛马四足是谓天。如前所说，按照庄子坐忘的思想，应该堕肢体，黜聪明。忘乎天，就是堕肢体，黜聪明。

换句话说，忘乎物，忘乎天，一是忘物，一是忘我，忘我之肢体。简单地说，就是物我两忘。物我两忘，因此是忘己。所谓忘己，就是《齐物论》所说的吾丧我，就是《逍遥游》所说的无己。达于忘己，物我两忘，也就物我融一，融于自然，因此说忘己之人，是之谓入于天。

这很像《德充符》所论申徒嘉所述受刑断足的三个层次。第一个层次，自己陈述过失，但计较得失，以为不该受刑断足的人很多（自状其过以不当亡者众）；第二个层次，不表白自己的过失，不计较得失，认为自己应该受到断足之刑的人很少（不状其过以不当存者寡）；第三个层次，知道事情没有办法改变，把它看作命运的安排，处之泰然，只有有道德修养的人才做得到（知不可奈何而安之若命唯有德者能之）。当然，也有点像《大宗师》中所说的外天下、外物、外生、朝彻、见独、无古今、入于不死不生的几个层次，不过那已不是三个层次。一步一步地解脱外物系累，进入无限层次的道的境界，这个思想则是一致的。

【原文】

将间蒬见季彻曰①："鲁君谓蒬也曰：'请受教②。'辞不获命③。既已告矣，未知中否④。请尝荐之⑤。吾谓鲁君曰：'必服恭俭⑥，拔出公忠之属而无阿私⑦，民孰敢不辑⑧。'"季彻局局然笑曰⑨："若夫子之言，于帝王之德，犹螳蜋之怒臂以当车轶⑩，则必不胜任矣！且若是，则其自为处危⑪，其观台多物⑫，将往投迹者众⑬。"将间蒬觑觑然惊曰⑭："蒬也汒若于夫子之所言矣⑮。虽然，愿先生之言其风也⑯。"季彻曰："大圣之治天下也，摇荡民心⑰，使之成教易俗，举灭其贼心而皆进其独志⑱。若性之自为⑲，而民不知其所由然。若然者，岂兄尧舜之教民溟涬然弟之哉⑳？欲同乎德而心居矣㉑。"（《庄子·天地》）

【注释】

① 将间：姓。蒬：名。与季彻二人未详。当是假设人物。② 受教：给予指教。③ 辞不获命：推辞而得不到允许。④ 中：当。指合乎天道。⑤ 荐：陈，陈述。⑥ 服：实行。⑦ 拔出：提拔起。公忠之属：公正尽责的一类人。阿私：偏爱亲近的人。⑧ 辑：顺从，和睦。⑨ 局局然：笑的样子。⑩ 当：通"挡"。车轶：此处指车轮。⑪ 自为处危：自己造成危急的境地。⑫ 观台：宫内两边的楼台。物：指法律条文。⑬ 往：向。投迹：举足而来。⑭ 觑觑然：惊慌的样子。⑮ 汒若：茫然无知的样子。⑯ 风：大略。⑰ 摇荡：鼓舞。⑱ 举：皆，尽。贼心：有害之心。独志：独特的心志。⑲ 若：顺。⑳ 兄：读为况，比。溟涬：混沌不明的样子。弟：次第。㉑ 居：安。

【细读】

摇荡民心，成教易俗

这是一则寓言中的一段。这寓言虚构了两个人物，一个是将间蒬，一个是季彻。说是将间蒬向季彻陈述他对鲁国国君的施政建议。他建议要做到谦恭、节俭，提拔一些公正忠诚之士，不偏爱自己的亲信，这样人民就必然会顺从。不料季彻讥笑他，说是如果这样做的话，对于帝王的事业，无异于螳螂扬起胳臂来阻挡车轮，必然不能胜任。如果这样做，就使自己处于危险地位，朝廷之上事务和是非多，投奔朝廷来的人也越来越多。季彻于是说了上面这段话，讲述了他的施政理念。

季彻说，大圣人治理天下也，是解放民心，让他们成全教化，改变习俗，完全灭绝他们有害的心思，而统统增加他们得道的心志。顺着他们的本性去做，而百姓却不知道自己为什么这样做。像这样，哪里是与尧、舜的教化百姓相比，糊里糊涂地为之分次第高下呢？那是希望引导天下百姓同归于自然之德性，从而心神安定。

这里所谓摇荡民心，如郭象注所说："夫志各有趣不可相效也，故因其自摇而摇之，则虽摇而非为也。因其自荡而荡之，则虽荡而非动也。"因其自摇而摇之，因其自荡而荡之，也就是顺应民心之自然。所谓成教易俗，是接受天道自然的教化，改变世俗的习惯。所谓贼心，是有害本性之心。道是一，因此修道之心为独志。所谓独志的独，也就是《山木》所谓独与道游于大莫之国，《田子方》所谓似遗物离人而立于独之独。

道家是主张去奢尚俭的，老子曾把俭作为三宝之一。这里季彻为什么反对恭俭？因为季彻看来，帝王个人恭俭，并不能使民心归于自然淳朴。最重要的，不是帝王个人节俭，而在整个民心归于淳朴。历史上有一些节俭之帝能带来太平治世，比如汉文帝。但另一些皇帝尚节俭，比如隋文帝杨坚、明太祖朱元璋，他们尚节俭，但对治政未有多少影响。典型的是清代道光皇帝，这是有名的崇尚节俭的皇帝。他不增建宫殿楼阁，只使用普通的毛笔、砚台，除龙袍外，穿的衣服破了打上补丁再穿。他规定官员六品以下，不得衣着绸缎，一律布衣布靴。但他深居宫禁，不了解民情，也不了解外面物价，因此内务府哄骗他，尽管百般节省，每餐御膳还是要花八百两银子，仅仅一个鸡蛋就要五两银子。他也勤于政务，作了一些努力，整顿吏治，整理盐务，通海运，严禁鸦片，平定张格尔叛乱，但未能挽救清王朝日渐衰落的命运。

季彻为什么反对提拔公忠之士，不偏爱自己的亲信？因为在他看来，这也不是治政之要。老子曾说，不尚贤，使民不争。提拔公忠之士，就是尚贤。尚贤，必然有高下等级次序；有高下等级次序，必然会有争夺。所以他后面说，不能为百姓分次第高下（岂兄尧舜之教民溟涬然弟之哉）。

因此，季彻，也是庄子，主张顺任民心之自然。要灭其贼心，也就是灭其有害本性之心。进其独志，也就是让他们一心修道，也就是如《刻意》篇所说的，让百姓的心纯粹而不杂。而这，不是从外强加的，而是因其自摇而摇之，因其自荡而荡之，顺期性之自为，而民不知其所由然，让百姓自然而然地成教易俗，成修道之教，易世俗之习惯。百姓都同乎德，心神安居，当然就达于天下大治了。

庄子考虑的核心，仍是民心，民心的归于淳朴，返归纯真自然的本性。唐太宗曾说，为君之道，必须先存百姓。具体内涵有所不同，但首先考虑百姓，这一点却是相通的。

【原文】

　　子贡南游于楚①，反于晋，过汉阴②，见一丈人方将为圃畦③，凿隧而入井④，抱瓮而出灌⑤，搰搰然用力甚多而见功寡⑥。子贡曰："有械于此⑦，一日浸百畦⑧，用力甚寡而见功多，夫子不欲乎。"为圃者卬而视之曰⑨："奈何？"曰："凿木为机⑩，后重前轻，挈水若抽⑪，数如泆汤⑫，其名为槔⑬。"为圃者忿然作色而笑曰⑭："吾闻之吾师，有机械者必有机事⑮，有机事者必有机心。机心存于胸中，则纯白不备⑯；纯白不备，则神生不定⑰；神生不定者，道之所不载也⑱。吾非不知⑲，羞而不为也。"子贡瞒然惭⑳，俯而不对。（《庄子·天地》）

【注释】

　　① 子贡：孔子弟子。楚：古诸侯国名，曾建都在今湖北江陵。② 反：通"返"。晋：今山西一带。汉：汉水。阴：江河南面称阴。③ 丈人：对长者的称呼。方将：正在。为圃畦：在菜园里劳动。④ 凿：掘。隧：通入井的道路。⑤ 出灌：出来浇灌菜地。⑥ 搰搰然：用力的样子。见功寡：功效差。⑦ 械：器械。⑧ 浸：灌溉。⑨ 卬：同"仰"。⑩ 机：机械。⑪ 挈：提。⑫ 数：快。泆汤：通逸荡，水自然流动的样子。⑬ 槔：即桔槔，利用杠杆原理制作的汲水器械。⑭ 忿然：发怒的样子。⑮ 机事：投机取巧之事。⑯ 纯白不备：不具备纯洁清白的品质。⑰ 生：性。神性：神情。不定：机心杂念作怪，故不安定。⑱ 载：容。⑲ 非不知：指不是不知道桔槔汲水之事。⑳ 瞒然：惭愧的样子。

【细读】

有机械者必有机事，有机事者必有机心

　　这是一则寓言中的一节对话。

　　这则寓言说子贡到南方楚国游历后返回晋，途经汉水之南，看见一位老汉正在菜园里劳动。他挖掘地道，通到水井，抱着水瓮，取水出来浇到地里。吭吭哧哧非常吃力，但效率非常低。子贡问他：有一种机械在这里，一天可以浇灌一百亩，用力很少而效率却很高，老人家不想试一试？并且告诉老人，这机械是把砍凿的木头做成机关，后面重而前面轻，取水就像抽水，快得就像水在自然流动一样，它的名字叫槔。不料浇菜园子的老人听了却非常生气，对子贡说了一番话。

　　老人说，他听他的老师说过，有机巧的器械就必然有机巧之事，有机巧之事就必然有机巧之心。机巧之心藏在胸中，本性的纯净清白就不可能保持完备；本性的纯净清白就不能保持完备，神情就不能安定；神情不安定，就不可能修成道。老人说，他并不是不知道桔槔这种机械，而是觉得可耻，才没有那样操作。

这则寓言是要说明，无为之治不能有机巧之心，而机巧之心则产生于人们的才智，机械就是人们才智的产物。庄子所针对的，当然是社会制度。为了便于浇灌，人们用聪明才智发明了机械。而为了管理社会，人们也发明了很多东西。管理社会的东西，重要的就是礼法。礼法是人们发明用来管理社会的工具，对于统治者来说，一切循礼遵法，当然便于管理统治，就像丈人用机械便于浇灌一样。但在庄子看来，而恰恰是严格的礼法，扰乱了人心。

这里说的是一个事实。从历史来看，人们发明的很多东西，都会有人引发机巧之心，其结果往往与愿相违。

比如，东汉建立后刘秀加强皇权的一些举措。东汉王朝虽然仍设置名为宰相的司徒（丞相）、太尉、司空（御史大夫）"三公"，三公仍享有崇高尊荣的地位和名誉，秩禄高达万石，但是，三公不能管理具体的事务，仅仅是"坐而论道"而已。刘秀把具体的权力，交给了号称"台阁"的尚书台。他将尚书的职权范围和机构进一步扩大，发展成为尚书台。尚书台官员的品位并不高，但是，朝廷之上，事无巨细，无所不掌，权力极大，直接听命于皇帝。东汉对尚书台"官小权大"的这种安排，目的就是更便利于皇帝的控制。刘秀加强皇权的这种措施，在东汉初年确实起到了明显的作用。然而，到了东汉中期，却被机心之人所利用。尚书台职微权重，拥有实际权力，便于皇帝控制，也便于其他人控制。东汉中后期的外戚、宦官就利用了这一点，不论是外戚，还是宦官，只要加有"平尚书事""录尚书事"的头衔，就能指挥、控制尚书台，而一旦控制了尚书台，就等于把国家政权掌握在了自己手中。中央职能部门职微权重的这种制度上的便利为人所利用，造成了东汉后期外戚与宦官轮流专权的局面。

比如汉代经学一统，经学极盛时，与利禄分不开，人们说，如果懂得经学，取高官就像在地上拾草芥一样。于是就有了伪经学，学无经术，也妄构讲舍，收徒授学，招摇撞骗。比如东汉取仕，主要通过征辟、察举，州郡察孝廉、举秀才，没有一定的考核制度，以社会名声为选择标准，人物的察举，全靠评议，靠社会舆论。于是就有人请谒货贿，有了举秀才，不知书，察孝廉，父别居的风气。有了伪名士，有人为取孝名，母亲去世之后，在墓道中行丧服二十余年，却在服丧期间生了五个儿子。

汉代以孝治天下，孝就成了判罪杀人工具。东汉中后期那些小皇帝被专权的外戚宦官所杀，罪名很多就是不孝。后来司马集团废魏齐王曹芳，罪名是不孝。司马集团以维护名教之名行篡逆之实，他们杀曹氏集团中人，很多罪名都是不孝。吕巽为了霸占其嫂，诬告其兄吕安的罪名也是不孝。而嵇康仗义直言，为吕安辨白，却被收下狱。所以阮籍说：君立而虐兴，臣设而贼生，坐制礼法，束缚下民。

如何解决问题？老庄提出的是绝圣弃知。在当代社会，这显然不现实。但是，在文明进步的同时，健全法制和其他制度的同时，提高人们的精神素养，遵循基本的社会道德底线，保持淳朴之心，却是十分重要的。这也正是庄子反复讲返璞归真的用心所在。

【原文】

谆芒将东之大壑①，适遇苑风于东海之滨②。苑风曰："子将奚之？"曰："将之大壑。"曰："奚为焉？"曰："夫大壑之为物也，注焉而不满③，酌焉而不竭④，吾将游焉⑤。"苑风曰："夫子无意于横目之民乎⑥？愿闻圣治⑦。"谆芒曰："圣治乎？官施而不失其宜⑧，拔举而不失其能⑨，毕见其情事而行其所为⑩，行言自为而天下化。手挠顾指⑪，四方之民莫不俱至，此之谓圣治。"

"愿闻德人。"曰："德人者，居无思，行无虑，不藏是非美恶，四海之内共利之之谓悦，共给之之谓安。怊乎若婴儿之失其母也⑫，傥乎若行而失其道也⑬。财用有余而不知其所自来，饮食取足而不知其所自从，此谓德人之容⑭。"

"愿闻神人。"曰："上神乘光，与形灭亡⑮，此谓昭旷⑯。致命尽情⑰，天地乐而万事销亡，万物复情⑱，此之谓混冥⑲。"（《庄子·天地》）

【注释】

① 谆芒：与下之苑风均为虚构人名。之：往。大壑：指东海。② 适：恰巧。滨：海边。③ 注：灌。④ 酌：取。竭：干涸。⑤ 游焉：以游东海喻向往大道。⑥ 横目之民：指人。人的眼睛横向而生，故称。⑦ 圣治：圣人的教治。⑧ 官施：政令措施。⑨ 拔举：人才的选拔举荐。⑩ 毕：尽，完全。⑪ 挠：挥动。顾指：用眼睛的动作顾盼示意。⑫ 怊乎：惆怅的样子。⑬ 傥乎：犹"傥然"，无心的样子。⑭ 容：情状。⑮ 形：形迹。⑯ 昭旷：虚明空旷。⑰ 致命：到达、臻于天命。尽情：竭尽情性。⑱ 复情：恢复到本来情状。⑲ 混冥：混同于玄冥的至道。

【细读】

圣人、德人、神人之治

这一节论圣人、德人、神人之治。

也是一则寓言。说的是谆芒将要到东海游历，正好在东海之滨遇到苑风。苑风问他要去哪里，要做什么。谆芒说：那东海往里灌水，而水不会满溢；往外舀水，水不会干竭。我想到那里游历。苑风说：先生对治理人民不感兴趣吗？我想听听什么是圣治。接着就有关于圣人、德人、神人之治的对话。

所谓圣治，就是政令措施不失时宜，选拔举荐人才不失去贤能，看得清百姓的情事，并按照他们想做的去做，行动和言语都顺其自然，天下百姓自然受到感化。他举手指示，举目顾盼，四方的民众无不尽数归顺。

所谓德人之治，是安居的时候没有任何思考，行动的时候没有任何思虑，心里不存是非美恶的念头，四海之内共享利益，这就是喜悦；百姓共同富足，这就是安宁。愁苦的时候像婴儿失去了母亲，处事茫然好像迷失了道路。财用富裕有余，而不知从哪里来的，饮食充足而不知来自何方。

所谓神人之治，是神人升上天去，乘着光耀，看不见形迹，这就是虚明空旷。达到天命，竭尽情性，与天地同乐，万事万物都不挂心，万物都恢复其本来的情状，这叫作混同玄冥。

这里所说的圣人、德人、神人之治，有着共同的特征，这就是自然无为。圣治所谓行其所为，行言自为；德人所谓居无思，行无虑，不藏是非美恶，傥乎若行而失其道等等；神人所谓与形灭亡等等，都是如此。

但是，三者还是略有不同。

圣治有无为，又有有为。老子说，圣人处无为之事，行不言之教。这里所谓行不言之教，应该是说没有政令措施，至少政令措施不显于外，但这里的圣治还讲政令措施。老子又说，不尚贤，使民不争，但这里还讲选拔举荐人才，拔举人才，就是尚贤。老子还说，众人昭昭，我独昏昏；众人察察，我独闷闷。老子是反对明察的，他主张以昏昏闷闷之状处世，而这里还讲毕见情事。老子还说，太上，不知有之；其次，亲而誉之，功成事遂，百姓皆谓我自然。这里还讲君主手挠顾指，因君主的手挠顾指，而四方之民莫不俱至。这很有点老子所说的亲而誉之，而不是太上不知有之。这些都是有为。这里说不失其宜，不失其能，与儒家也是相通的。

德人之治，似乎也渗入了老庄之外的东西。老子讲小国寡民，讲安其居，乐其俗，邻国相望，鸡犬之声相闻，民至老死，不相往来。庄子在《马蹄》篇讲至德之世，讲山无蹊隧，泽无舟梁，禽兽成群，草木遂长，同与禽兽居，族与万物并，无知无欲，都不讲四海之内共利之共给之。不讲财用的富有，只讲淳朴无欲之性；不讲共利之共给之，只讲与自然万物融而为一。这里所谓四海之内共利之共给之，很有点儒家大同世界的味道。

或者，这里说圣人、德人、神人之治，本来就是讲无为之治的不同层次，或者说不同侧面。或者，作者吸收了各家思想，比如，儒家举贤任能的思想，大同世界，而又用道家自然无为的思想加以说明。或者说，融入自然无为的思想体系之中。

事实上，后世的统治者，多也是把无为而治与儒家思想融为一体。比如唐太宗君臣，讲无为而治，讲志尚清静，以百姓之心为心，君能清静，百姓何得不安乐乎，但同时也讲尚贤任能，讲政令措施不失其宜等等。

纯粹的小国寡民，至德之世，邻国相望，鸡犬之声相闻，民至老死，不相往来，山无蹊隧，泽无舟梁，同与禽兽居，族与万物并，后世是很难施行的。那只是理想。但顺百姓之自然，又确实是为治政所需要。或者因此，历代治政者既讲道家无为之治，又讲儒家选贤任能等等。也可能因此，这里讲圣人、德人、神人之治，也就以自然无为为基础，融入了他家思想。

也因此，这应该是庄子后学的东西。

【原文】

孝子不谀其亲①，忠臣不谄其君，臣、子之盛也②。亲之所言而然③，所行而善④，则世俗谓之不肖子；君之所言而然，所行而善，则世俗谓之不肖臣。而未知此其必然邪⑤？世俗之所谓然而然之，所谓善而善之，则不谓之道谀之人也⑥。然则俗故严于亲而尊于君邪⑦？谓己道人⑧则勃然作色⑨，谓己谀人则怫然作色，而终身道人也，终身谀人也。合譬饰辞聚众也⑩，是终始本末不相坐。垂衣裳⑪，设采色⑫，动容貌⑬，以媚一世，而不自谓道谀；与夫人之为徒⑭，通是非，而不自谓众人，愚之至也。(《庄子·天地》)

【注释】

① 谀、谄：均指讨好奉承。② 盛：最，指品德最好。③ 然：认为对。④ 善：认为好。⑤ 此：

指世俗所认为的。⑥ 道谀：谄谀。道能谄。⑦ 故：通"固"。⑧ 道人、谀人：均对人阿谀奉承的意思。⑨ 勃然、怫然：均发怒的样子。⑩ 合譬：凑合比喻。饰辞：修饰言辞。⑪ 衣：上衣。裳：身身的服装，与裙子类似。⑫ 采色：脸色。设采色：调整脸色，即装模作样。⑬ 动容貌：变动表情形态。⑭ 夫人：指世俗之人。徒：同党同群。

【细读】

谀谄媚世，愚之至也

这节讨论谀谄媚世。

作者先用孝子忠臣作比喻，说，孝子并不奉承自己的父母，忠臣并不讨好自己的君主，这是臣子、儿子中品德最好的。父母所说的就认为是对的，父母所做的就认为是好的，世人把这样的人叫作不肖之子。君主所说的就认为是对的，所做的就认为是好的，世人把这样的人叫作不肖之臣。但是不知道这是不是必然的。世俗说是对的，就认为对；说是好的，就认为好，却不把这种人叫作阿谀奉承之人！这样看来，世俗的人确实比父母还要可敬，比君主还要值得尊敬吗？说自己是阿谀小人，就愤愤然发怒；说自己是谄谀之人，就勃然变脸色。但是，自己一生都在奉承世人，阿谀世人。凑合众多譬喻，修饰言辞，用来聚集世众，既有此实，又不愿接受谄谀之人之名，这是有始无终，有本无末，原因和结果不相因。讲究服饰打扮，调整脸色，装模作样，变换各种表情形态，以求讨好世上所有的人，却不承认自己是谀谄。和世俗之人是同党，是非标准相同，却不承认自己是世俗之人，这是愚蠢到了极点。

作者对谀谄媚世的抨击是严厉的。他说，人云亦云，附和世俗，却不承认自己是谀谄之人，这是愚蠢之至。这段话之后，作者还说，有的人一辈子也不能解除迷惑，到死也不觉悟；很多人听不进雅乐，可听到俗曲，却哈哈发笑。高尚的言论不会停留在众人心时，至理名言不会出现，就因为被世俗之言所压倒。就像用两个瓦缶来扰乱一种钟磬的声音，这就使天下都迷惑了。

作者所说的媚俗，有其具体内容。这主要的，应该是儒家的仁义礼法。这里说垂衣裳，设采色，动容貌，应该与礼法有关。关于仁义礼法，《庄子》很多篇都有抨击。比如《骈拇》篇，《马蹄》篇。所谓及至圣人，蹩躠为仁，踶跂为义，而天下始疑矣；所谓澶漫为乐，摘僻为礼，而天下始分矣；所谓及至圣人屈折礼乐以匡天下之形，县跂仁义以慰天下之心。这里所说的垂衣裳，设采色，动容貌，就是《马蹄》所说的屈折礼乐；所谓媚一世，就是以慰天下之心。

仁义礼法为什么是媚俗？因为它满足了世人追逐名利的欲望。《骈拇》篇所说的，自三代以下者，天下莫不以物易其性矣；小人则以身殉利，士则以身殉名，大夫则以身殉家，圣人则以身殉天下。奔命仁义，也就是奔命名利。

这就和无为而治区分开来了。无为而治，是随任自然。所谓随任自然，从治政来说，是随任百姓之自然。但庄子所谓无为而治，是随任百姓自然本性的自由发展。仁义礼法，名利追求，恰恰是违背人的自然本性的。奔命仁义名利是媚俗，而无为而治，恰恰是超脱世俗。

作者反对媚俗，当然也有泛指。它告诉我们，为人不能人云亦云，不能随从世俗。要有自己的独立主见，

作者这里顺便抨击了亲之所言而然，所行而善的不肖之子，以及君之所言而然，所行而善的不肖之臣。前一点，可能顺便对儒家的孝有非议。因为按照儒家观念，孝子恰恰不能违逆父母的意志，恰恰应该以亲之所言为然，所行为善。至于后一点，则指出了历代谄佞之臣的特点。历代谄佞之臣，恰恰是奉迎君主，投其所好。比如唐玄宗时李林甫，之所以能跻身李唐高层统治者行列，就因为他对玄宗宠妃武惠妃极尽逢迎谄媚之能事。杨国忠也是一样，贵妃和杨氏诸姐妹得宠，他也巧为钻营，在宫中小心翼翼地侍奉玄宗，投其所好；在朝廷，则千方百计巴结权臣。为投玄宗所好，他建议玄宗把各州县库存的粮食、布帛变卖，买成轻货送进京城，各地丁租地税也变卖为布帛送到京城，于是看到国库充实，古今罕见。玄宗果然高兴。

这里说的孝子不谀其亲，忠臣不谄其君，也是历史事实。后一点，魏征当然是典型。他忠于唐太宗，竭诚辅佐，所以经常犯颜直谏，即使太宗在大怒之际，他也敢面折廷争，从不退让。唐太宗也因此对他有敬畏之心，因怕魏征谏诤，不敢到山中打猎，甚至不敢玩鸟，正在玩鸟之时，看到魏征走来，只有把鸟藏在怀中，最后那鸟活活闷死。

【原文】

夫虚静、恬淡、寂漠、无为者，天地之平而道德之至，故帝王、圣人休焉[①]。休则虚[②]，虚则实，实者伦矣[③]。虚则静，静则动，动则得矣。静则无为，无为也则任事者责矣[④]。无为则俞俞[⑤]，俞俞者忧患不能处[⑥]，年寿长矣。夫虚静、恬淡、寂漠、无为者，万物之本也。明此以南乡[⑦]，尧之为君也；明此以北面[⑧]，舜之为臣也。以此处

上，帝王、天子之德也；以此处下，玄圣素王之道也⑨。以此退居而闲游，江海、山林之士服⑩；以此进为而抚世⑪，则功大名显而天下一也。静而圣，动而王，无为也而尊，朴素而天下莫能与之争美。（《庄子·天道》）

【注释】

① 休：止。焉：于此。休焉：指安心于平静的境界。② 虚：心神清虚。③ 伦：理，有条理。④ 任事者：担任各种职责的人。⑤ 俞俞：从容恬淡的样子。⑥ 处：安处，此指进入。⑦ 乡：通"向"，南乡：君主座北朝南，南乡（向）指君主之位。⑧ 北面：面朝北，即臣下之位。⑨ 玄圣：玄默的圣人。玄圣素王：无帝王之位和称呼而其品德为世人所仰慕的人。⑩ 江海山林之士：指隐士。服：佩服。⑪ 进为：进而有所作为，即入朝为官。抚世：安抚世人，即统治百姓。

【细读】

虚静恬淡寂漠无为者，万物之本

本节以虚静论天道与人道，人道包括帝道和圣道。

庄子以为，虚静恬淡寂漠无为者，天地之平而道德之至。又说，虚静、恬淡、寂漠无为者，万物之本。又说，朴素而天下莫能与之争美。之所以这样说，是因为只要帝王圣人虚静无为，则无所不能，可以得到一切。

庄子说，故帝王圣人休焉。所谓休焉，就是停止于虚静之境。然后是休则虚，虚是清虚。虚则实，虚空，因此旷大，因此万物都能吸纳、包容，因此内心充实。实者伦，伦是伦理，吸纳、包容的万物能够贯通，理出头绪，使之有条理。虚则静，静则动，动则得，虚空才能宁静，宁静就可以自由运动，运动则有所得益。

就是说，虚，最终是为了内心充实，包容万物，而使之有条理。静是为了动，为了最终有所得益。

庄子又说，静则无为，无为也，则任事者责矣。所谓任事者责矣，就是让臣下负责具体事务者做具体事务。就是说，虚静，无为，最终是让臣下有为。

庄子又说，无为则俞俞。所谓俞俞，就是恬淡安逸。一切事均交付于臣下之责事者，自己恬淡安逸，安然处之，因此忧患不会驻留内心，也不会伤害内心。这样，寿命就可以长久。就是说，虚静，是养身之道，是为了长寿。

当然还有。庄子说，尧之为君，舜之为臣，都以虚静恬淡寂漠无为为本。其结果，是以此处上，帝王天子之德也；以此处下，玄圣素王之道。退而隐居闲游，可以让江海山林之隐士佩服；入朝为官，又可获得取大功，声名扬显于天下。保持清静，可以成为圣人；顺时而动，又可以成为帝王。就是说，虚静恬淡，退可以成为玄圣，进可以建立功名，成为帝王。

很明显，这里体现的是老子无为无不为的思想。老子说，致虚极，守静笃。又说，不欲以静，天下将自正。说，我无为，而民自化；我好静，而民自正。说，恬淡为上。又说，见素抱朴，复归于朴。庄子（应该是其后学）把这些说法糅合在一起。

当然，加进了儒家积极入世的思想。这是内心修养与外在事功的统一，是内圣外王之道。就是说，内心玄圣，则可以追求一切外在事功。或者说，内心修养旨在外在事功，旨在进而抚世，旨在显功名于天下，所谓帝王天子之德。无不为，还有更普泛的意义，除了治天下，成就帝王之功，还可以长寿，退而闲居，可以成就玄圣素王之道。

与庄子内篇的很多思想也很不一样。内篇所谓平者，水停之盛，是为了内保之而外不荡，视穷达、贫富、贤与不肖、毁誉为事之变，命之行（《德充符》），而不是为了治天下之名，求圣贤之名。内篇讲至人之用心若镜，是对外物不将不迎，应而不藏（《应帝王》）；讲虚而待物（《人间世》），是一切无所系念，而不是为了虚则实，实则伦，为了静则动，动则得。

当然，《庄子》内篇无己无功无名的思想对后世有影响，外篇《天道》内圣外王的思想，对后世士人影响也是巨大的。看看西晋文人所为，看看郭象注《庄》，就不难理解这一点。

【原文】

老聃曰："请问：仁义，人之性邪？"孔子曰："然，君子不仁则不成，不义则不生。仁义，真人之性也，又将奚为矣①？"老聃曰："请问：何谓仁义？"孔子曰："中心物恺②，兼爱无私③，此仁义之情也。"老聃曰："意，几乎后言④。夫兼爱，不亦迂乎⑤！无私焉，乃私也。夫子若欲使天下无失其牧乎⑥？则天地固有常矣⑦，日月固有明矣，星辰固有列矣⑧，禽兽固有群矣⑨，树木固有立矣⑩。夫子亦放德而行⑪，循道而趋，已至矣⑫！又何偈偈乎揭仁义⑬，若击鼓而求亡子焉⑭。意，夫子乱人之性也！"（《庄子·天道》）

【注释】

　　① 句谓，除了人性，还要怎么样呢？② 中心：心地中正不偏。物恺：与外物相和悦。③ 兼爱：与外物相和悦，则能兼爱。无私：心地中正不偏，则无私。④ 意：通"噫"。几：危。后言：次要的话。⑤ 迂：迂腐。⑥ 牧：养。⑦ 常：恒久不变。⑧ 列：排列次序。⑨ 群：群居之地。⑩ 立：生长之地。⑪ 放：仿，遵循。⑫ 已至矣：已经达到最高境界了。⑬ 偈偈：用力的样子。揭仁义：高举仁义。⑭ 亡子：亡失了的儿子。

【细读】

仁义乱人之性

　　这是一则寓言中老聃和孔子关于仁义问题的讨论对话。

　　说是孔子西行，想把自己的书藏到周王室的书库。子路为他出主意，说，听说周王室掌管图书的史官叫老聃，已经免职回家居住，先生想要藏书，可不可以尝试一下请他帮忙？孔子因此去见老聃，不料老聃不答应。孔子便阐说《春秋》想要说服老聃。老聃打断孔子的话，说，你说得太啰唆了，我想听听其中的要领。孔子说，要领就是仁义。老聃问他：请问，仁义是人的本性吗？孔子回答：君子不仁就不能成事，不义就不能生存。仁义确实是人的本性，除此之外，还能做什么呢？老聃问道：什么是仁义？孔子回答：仁义就是心地中正不偏，与外物相和悦，兼爱万物，大公无私，这就是仁义的实际内容。老聃说，你那些都是次要的言论。于是便有上面这段议论。

　　老聃说，你说的兼爱，不是很迂腐吗？所谓无私，实际就是有私。先生如果希望天下万物不失去自然的养育，那么，天地本来就是恒常的，日月本来就是光明的，星辰本来就排列有序，飞禽走兽本来就是自然群居，树木本来就是自然生长。先生如果仿效自然之德而行事，遵循自然之道而向前走，那就已经达到了最高境界。何必还要费尽力气去高举着仁义，着急得好像敲着鼓去寻找丢失的儿子一样。先生这是在扰乱人的本性啊。

　　这里，说孔子西行欲藏书于周室，并向老聃阐说《春秋》之义，此事未见史载，显为寓言编撰之说。作者不过是想借孔子和老聃的对话，说明仁义与人性的问题。

　　孔子说，中心物恺，兼爱无私，此仁义之情。一般说来，这是不错的，为什么老聃说兼爱是迂腐，无私就是有私？从仁义兼爱的实际内容来看是如此。兼爱，有墨家的兼爱和儒家的仁爱。就墨家来说，他们认为爱是交互的，相互的，爱是一种回报，我爱别人，则别人必然爱我；反过来，我恶别人，则别人必然恶我。正因为爱是交互的，所以其背后多少带有现实功利的色彩。墨子的经典说法是"兼相爱，交相利"，"兼相爱"和"交相利"是一体的，所以墨子说："虽有贤君，不爱无功之臣，虽有慈父，不爱无益之子。"这种兼爱，当然不能说无私。就儒家来说，孔子所谓仁，包括亲亲之情的培养和博爱心理的唤起。孔子所谓仁爱，是一种施恩惠式的爱，主要是统治者对被统治者，统治者内部上层对下层，一种恩惠式的仁爱关爱。这既是人性的考虑，又是一种德政的表现。这是"仁"，也是"政"。"爱"的目的，是让下民服从在上的君主的统治，使你不忍心去犯上作乱，从而在温情脉脉中协调社会关系，缓和阶级矛盾，让人们对礼的服从建立在内心自觉的基础之上。不论儒家墨家，他们的仁爱兼爱，当然包含私利。

老庄对仁义，未必那么细致地分析过它们的内容。他们考虑的是更为深刻的方面。他们是从天道自然的立场上来考虑。老子说过，大道废，有仁义；智慧出，有大伪；六亲不和，有孝慈；国家昏乱，有忠臣。就是说，当你提出仁义的时候，就意味着大道已经废弃；当你提出孝慈的时候，就是六亲不和的时候；当一个国家有很多忠臣的时候，就表明这个国家已经很昏乱了。道理很简单，如果六亲本来和睦，需要孝慈干什么？如果一个国家兴盛开明，怎么需要忠臣？怎么会出现忠臣。只有一个地区缺水，才会讨论水的问题，如果水资源充足，随时随处可以用水，怎么还需要讨论如何节约用水的问题呢？同样的道理，如果这个世界普遍存在仁义仁爱，仁义仁爱本来就自然而然地存在于人们的生活之中，怎么还需要提出仁义？这个时候，提出仁义，提出孝慈，提倡忠，当然是人为的规范，人为，带有目的性。有目的，就是私。所谓私，就是对人的自然本性的干扰。反对干扰、扰乱人的自然本性，这就是老庄的基本思想。

正因为如此，庄子这里就借老聃的口说，天地固有常矣，日月固有明矣，星辰固有列矣，禽兽固有群矣，树木固有立矣。就是说，世界的自然状态是本有的，这种本有的自然状态，是不容干扰的。同样的道理，人的自然本性也是不容扰乱的。仿德而行，循道而趋，就已是君王无为而治的最高境，怎么需要仁义呢？

【原文】

老子曰："夫巧知神圣之人，吾自以为脱焉①。昔者子呼我牛也而谓之牛，呼我马也而谓之马。苟有其实②，人与之名而弗受③，再受其殃④。吾服也恒服⑤，吾非以服有服⑥。"士成绮雁行避影⑦，履行遂进而问⑧："修身若何？"老子曰："而容崖然⑨，而目冲然⑩，而颡頯然⑪，而口阚然⑫，而状义然⑬，似系马而止也⑭；动而持⑮，发也

机⑯，察而审⑰，知巧而睹于泰⑱，凡以为不信⑲，边竟有人焉⑳，其名为窃㉑。"（《庄子·天道》）

【注释】

① 脱：超脱，对别人的赞扬批评毫不介意。② 实：实际。③ 名：指不仁的名声。④ 再：再次。殃：罪责，过失。⑤ 服：服从，接受。恒：常。句谓所作所为从来如此，别无做作。⑥ 非以服有服：并不是为了服从而表现出顺服。⑦ 士成绮：虚构人名。雁行：像大雁侧飞一样侧身而行。避影：像避开自己的影子侧身。⑧ 履行：一步跟着一步。遂：就。⑨ 而：尔，你。容：容貌神态。崖然：岸然，骄傲不肯屈服人的样子。⑩ 冲然：目光四射，不能内敛的样子。⑪ 颡：额头。频然：高高凸起显露风采的样子。⑫ 阚然：屡屡张口要说话的样子。⑬ 状：状态。义然：义形于色的样子。⑭ 止：停止。句谓如马被系住，勉强约束。⑮ 持：拘持，约束。句谓想动又勉强约束。⑯ 发：发箭。机：弓上发箭的机关。句谓行动起来犹如简栝已装上弩机，机动即发。⑰ 察：明察。审：明辨是非。⑱ 知：通"智"。泰：骄泰。⑲ 凡：一切。信：诚实，诚信。⑳ 竟：通"境"。㉑ 窃：窃贼。

【细读】

呼我牛也而谓之牛，呼我马也而谓之马

这则寓言，士成绮和老子的对话，继续讨论君王之德。

老子说：对于世俗所谓聪明智巧神圣之人，我自以为是已经超脱了。昨天你称呼我是牛，我就答应是牛，你称呼我是马，我就答应是马。如果别人说的自己这些事是事实，别人给你这个名号，而你不接受，你就会两次受到惩罚。我顺服别人，是因为我从来如此，经常这样顺服别人，并不是为了这次有原因才顺服。

听了这番话，士成绮感到很惭愧，像避开自己的影子一样侧着身子，恭恭敬敬地紧跟在老子后面，又问如何修身。老子说：你一副傲然自大，不肯屈从人的样子，那目光四射不能收敛，你的额头高高耸起，显露着风采，你的嘴巴老是张开，像要说话的样子，你总是义形于色的样子，只是因为见我，才像本想奔驰的被系住，勉强约束而已。你随时想动，只是暂时约束，那心思就像箭矢安在弩机上，随时就想发出去。你洞察事物，明辨是非，智巧多端，呈现出骄泰的神情，对一切都认为不可信。你就像边境上的一种人，这种人叫窃贼。

这段话，说的是君王之德，也是处世之道。

像士成绮那样肯定不行。太冲动了，太高傲了，太争强好胜了，性情太急了，太义形于色了，才智和神情太外露了，太明察事理，明辨是非了。按照老子的说话，应该像水，水善利万物而不争；应该微妙玄通，深不可识；应该致虚极，守静笃；应该知其雄，守其雌。按照庄子的说法，则应该解心释神，漠然无魂，抱神以静，其卧徐徐，其觉于于。

应该像这里的老子。士成绮那样激烈地批评他，他可以漠然不应。他超脱世俗的巧知神圣，而且他对士成绮，不是有意顺便，完全是一种习惯，恒久即如此。所谓习惯，就是修养。这就是君王的修养，也是人生处世体道的修养。

他提出子呼我牛也而谓之牛，呼我马也而谓之马。听任别人对自己作任何评价，不辩情由，不辨是非，不计毁誉，不作任何反应，全然浑浑噩噩。一切变化无动于衷，当然进入忘的境地，不辨是非，不计毁誉，也就忘却是非，忘却毁誉。这个时候，他的辨别是非的才智是收敛的，因此是堕肢体，黜聪明，离形去知。

这是庄子顺世思想的表现，这当然影响到一些人的性格。武则天时的宰相娄师德和李昭德一起走路，娄师德很胖，走不快，昭德嫌慢，很生气，说："被乡巴佬拖累！"娄师德笑着说："我不做乡巴佬，又有谁做呢？"他的弟弟外放做官，上任前向他辞行，他教导他的弟弟遇事要忍耐。他弟弟说："有人把唾沫吐在我的脸上，我自己擦掉就是了。"娄师德说："这样还不行，你自己把它弄干净，是想躲避别人的怒气，应该让唾沫在脸上自己干掉。"逆来顺受，我们当然还想到阿Q。

但是，如果我们来看另一个故事，或者对此会有另一种理解。这是春秋初期郑国一场争夺王位的斗争，说的是郑庄公之母姜氏生庄公和共叔段。因庄公出生时脚先出来，使姜氏受苦，因此姜氏不喜欢庄公，而喜欢共叔段。姜氏想立共叔段而废庄公，未能得逞。庄公继承王位，姜氏一直扶持共叔段，壮大其势力，想夺取王位。庄公开始是采取一味顺从的办法。姜氏的要求，他都答应。姜氏为共叔段请求封邑，请求有些过分，超出了先王的法度，郑庄公满口答应。到了封邑，共叔段把本来属郑庄公管辖的两个边邑先归为自己管辖，后来又正式收归自己名下，并且顺手把又一个边邑也收归过来。庄公都一一听任他。郑庄公隐忍待机，直到共叔段举兵袭郑，争夺王位时，郑庄公才一举将他击败。

因此，庄子思想是复杂的。就这一思想来说，可以是逆来顺受，也可以是特定情势下的无奈；可以是被动的顺服，也可以是积极的隐忍待机。当然，当你主政一方，自己的治政方略短期难以见效，别人并不理解。这时，你是放弃自己的治政方略，还是任人说三道四呢？要知道，无为而治，往往短期内是很难见其政绩的。这个时候，你怎么办呢？

【原文】

桓公读书于堂上^①，轮扁斫轮于堂下^②，释椎凿而上^③，问桓公曰："敢问：公之所读者，何言邪？"公曰："圣人之言也。"曰："圣人在乎？"公曰："已死矣。"曰："然则君之所读者，古人之糟魄已夫^④。"桓公曰："寡人读书，轮人安得议乎！有说则可^⑤，无说则死。"轮扁曰："臣也以臣之事观之。斫轮，徐则甘而不固^⑥，疾则苦而不入^⑦，不徐不疾^⑧，得之于手而应于心，口不能言，有数存焉于其间^⑨。臣不能以喻臣之子^⑩，臣之子亦不能受之于臣，是以行年七十而老斫轮^⑪。古之人与其不可传也死矣^⑫，然则君之所读者，古人之糟魄已夫！"（《庄子·天道》）

【注释】

① 桓公：齐桓公。② 轮扁：专门制造车轮的工匠，名扁。斫轮：砍削木头，做成车轮。③ 释：放下。椎、凿：都是木匠工具。④ 魄：通"粕"。糟魄：指古人遗言。⑤ 说：阐说，解释。⑥ 徐：缓，宽。甘：松滑。固：坚固。⑦ 疾：急，紧。苦：涩滞。⑧ 不徐不疾：松紧适宜。⑨ 数：度数，分寸。⑩ 喻：明白，使之明白。⑪ 行年：经历的岁月，指目前的年龄。⑫ 其不可传：指古人之道。死矣：古人已死，其道无法凭借书流传，随之消失。

【细读】

轮扁斫轮的寓意和启示

这是著名的轮扁斫轮的寓言。

轮扁斫轮于堂下，居然敢说齐桓公所读圣人之言是古人之糟粕。他用砍削车轮来说明其中道理。他说，砍削车轮，榫眼宽了，榫头就松滑而不牢固。榫眼紧了，榫头就涩滞而安不进去。不松不紧，得心应手，嘴里虽然说不出来，但分寸大小心里清楚。我无法明明白白地把这些告诉我的儿子，我的儿子也无法从我这里接受这些技巧，因此我年已七十，到老还在砍削车轮。古代的人以及他们无法传受的东西都已经死了，那么，君王所读的书，都是古人的糟粕而已。

这则寓言，应该是论道。所寓本意，应该是指道无法传授，无法从书本上得到。这则寓言的前面，庄子有一段议论。庄子说，世人尊崇大道，都依赖于书本的记载。但是，书本所记载的不过是语言文字，语言文字有其可贵之处。语言文字之所以可贵，在于它所表达的意思，但直接表达的意思之外，还伴随更深的内涵。它所伴随的更深的内涵，是不可以用语言文字传达的。但是世人却看重语言，而用书籍来传授。对语言文字，世人虽然看重，我却以为不值得看重，因为世人所看重的并不是最珍贵的。所以，用眼睛能够看到的，是有形状和颜色的文字；用耳朵能听见的，是有名称和声音的语言。这真是可悲！有形有色的文字和有名有声的语言，确实不能从中得到事物的真实。知道的不说话，说话的不知道，这个道理，世人怎么明白呢？

道之所以无法传授，无法从书本上得到，是因为道是不可言说的。老子就说过，道可道，非常道；名可名，非常名。庄子也多次说过，道无为无形，可心灵感知而不可口授，可领悟而不可看见；无听之以耳而听之以心，无听之以心而听之以气。目无所见，耳无所闻，心无所知，才能体道，守持内心，外天下，外物，外生，才能朝彻见独，才能入于道的境界。

当然，轮扁斫轮的寓言也告诉我们，一切真知，要从实践中来。战国时赵括只会书本，纸上谈兵，与秦军交战，兵败身亡。有句名言，要从战争中学习战争。历史上一些著名的军事家，都没有读过多少书本，但能从实践中摸索规律，掌握敌情，战胜敌人。同样的道理，要从政治中学习政治，从经济中学习经济。书本往往是过去的知识，时过境迁，只依赖书本知识，就不能适应复杂多变的新情况新问题。市场经济时代，不能套用计划经济时代的书本；改革开放年代，不能依循闭关自守的思路。

轮扁斫轮，还提出一个逻辑与直觉，言传与意会的关系问题。生活中的很多东西，确实只可意会，不可言传。你说厦门青芒好吃，无论怎样用语言描述，具体味道如何，人家没有尝过，也是很难体会的。你到九寨沟旅游，感觉那里美得不得了，无论怎样用语言描述，对于没有到过的人来说，他还是无法真切体会到你的感受。很多东西，就如轮扁斫轮所说，臣不能以喻臣之子，臣之子亦不能受之于臣，只可自己从实践中意会，而无法言传。

艺术更是如此。艺术的很多东西往往靠直觉。这也影响中国文学艺术的特点。中国古代诗歌艺术，因此重言外之意，有所谓韵外之旨，味外之味之说。唐人一些诗歌之所以有意境之美，就因为在具体的语言和所描写的形象之外，还有更丰厚的意蕴。这更深层的意蕴，有时就要靠直觉去体会。懂得轮扁斫轮，就更能体会中国古代诗歌的艺术之美。

当然，生活中还有一些情况。很多时候，人们讲话总有言外之意。领导的，朋友的，某些会谈对手的。有些话，不便明说。这个时候，就要注意，特别是一些重要场合。说话有技巧，听话也要懂技巧。要懂得听人的言外之意，这样才能恰当地处理一些问题。

【原文】

以敬孝易^①，以爱孝难^②；以爱孝易，以忘亲难；忘亲易，使亲忘我难^③；使亲忘我易，兼忘天下难；兼忘天下易，使天下兼忘我难。夫德遗尧、舜而不为也^④，利泽施于万世，天下莫知也，岂直大息而言仁孝乎哉^⑤！夫孝悌仁义，忠信贞廉，此皆自勉以役其德者也^⑥，不足多也^⑦。故曰：至贵，国爵并焉^⑧；至富，国财并焉^⑨；至愿^⑩，名誉并焉。是以道不渝^⑪。（《庄子·天运》）

【注释】

① 敬孝：恭敬的孝，恭敬在于表面形迹。② 爱孝：发自内心的孝。③ 亲忘我：父母忘记我在尽孝。④ 德：德行。遗：继承。⑤ 直：只是。大息：叹息。⑥ 勉：勉力，努力。役：劳累。⑦ 多：夸赞。⑧ 国爵：国君的爵位。并：通"摒"，舍弃。⑨ 国财：举国的财富。⑩ 至愿：最高的愿望。⑪ 渝：变。

【细读】

以敬孝易，以爱孝难

这是庄子关于仁孝等问题的看法。孝悌仁义，忠信贞廉等等，儒家有其道德规范。关于这些道德规范，庄子有他的看法。

庄子认为，仁是一切生物的自然本性。庄子提出至仁无亲。所谓无亲，就是要摆脱人为规范的亲情的束缚，而回归纯粹的自然本性。庄子还认为，仁是比孝更高的伦理道德。

再次，庄子又认为，仁孝等都要出于自然，出于自然，就让人不觉；让人不觉，就会忘。仁孝不能拘于形迹，拘于形式。

他说，以敬孝易，以爱孝难。敬，是恭恭敬敬。儒家讲孝，有各种仪式，各种仪式，是恭恭敬敬的。这样的孝，在庄子看来，是容易做到的。比较难做到的，是以爱孝。所谓爱，就是发自内在的爱心。

以爱孝易，以忘亲难。忘，是忘记。忘记父母，要忘记内在的爱心，也就是前面所说的至仁无亲。不是对父母偏爱，忘掉亲疏关系，而是对万物有普遍的仁爱之心，以此孝敬父母，用一种纯粹自然的仁爱之心去尽孝。连爱本身也忘记，这是更高层的爱。所以说，以爱孝易，以忘亲难。

忘亲易，使亲忘我难。我忘亲，是我忘记亲疏关系，以人类普遍的仁爱之心去尽孝。亲忘我，是父母忘记亲疏关系，忘记我是以一个独生子的身份去尽孝，而认为我之尽孝，是纯出自然的天性，因此说，忘亲易，使亲忘我难。

使亲忘我易，兼忘天下难。至仁无亲，不仅对父母亲人无亲，而且对天下所有的人也无亲，对天下所有的人都抱有仁爱之心，又要忘记对天下所有的人抱有仁爱之心，对天下所有的人都以纯粹的自然本性，自然而然的一片爱心。所以说，使亲忘我易，兼忘天下难。

兼忘天下易，使天下兼忘我难。我若有意为仁爱，则天下人时时记得。我之仁爱若纯然无心无意，则天下人不把我之仁爱看作仁爱，是则天下人兼忘我。这是更高的境界。所以，兼忘天下易，使天下兼忘我难。

庄子认为，做到了这些，即使德行继承了尧舜的精神，也不会有意作为，这种至大之爱，已经让世世代代人们获得了利益恩德，但天下却无人知晓。天下人根本没有仁孝的概念，完全忘记了仁孝的存在，怎么会喘着大气来谈仁孝呢？所谓孝（孝敬父母）、悌（尊敬兄长）、仁（仁爱）、义（节义）、忠（忠厚）、信（讲诚信）、贞（坚贞）、廉（廉洁），都是要靠自己人为努力，使道德受到役使的东西，并不值得赞许。

庄子最后提出，舍弃一切的东西，才是最高贵的。庄子说，最高的尊贵，是连国君的爵位也要舍弃。最大的富有，是要舍弃举国的财富。无上的荣耀，是要把所在名誉都抛弃。庄子说，这样做，道才不会随外物而变迁。

仁孝等要出于自然，出于内在的仁爱之心，庄子用自然观否定了儒家的仁孝观。庄子这一思想，为后来一些思想家所继承。比如魏正始年间的玄学家王弼，就批评儒家名教，以为，父子兄弟，怀有感情，却失去正直之心；讲孝，却不是出自诚心；讲慈爱，却不随任真实的感情，这都是有意彰显名行所带来的后果。王弼说，世俗风气浇薄，而彰显名教，推崇仁义，只会更加导致虚伪。他认为，仁义礼节建立在自然无为的基础之上，自然亲爱为孝，推爱及物为仁。他提出缘情制礼，提出性其情，即礼要建立在人之常情的基础之上，建立在自然之情的基础之上，再则人的感情又要建立在自然真性的基础上。

就我们今天来说，也应该提倡真诚自然。一个社会，人与人之间相处，要有法律、纪律和行为规范约束，但更要有真诚，有发自内在自然的感情。对父母这样，社会上对朋友、同学、同事也要这样。虚伪作假的社会，是不可能和谐的。

【原文】

北门成问于黄帝曰[①]："帝张《咸池》之乐于洞庭之野[②]，吾始闻之惧，复闻之怠[③]，卒闻之而惑[④]，荡荡默默[⑤]，乃不自得[⑥]。"帝曰："女殆其然哉[⑦]！吾奏之以人[⑧]，徵之以天[⑨]；行之以礼义，建之以太清[⑩]。四时迭起[⑪]，万物循生[⑫]；一盛一衰[⑬]，文武伦经；一清一浊[⑭]，阴阳调和，流光其声[⑮]；蛰虫始作[⑯]，吾惊之以雷霆；其卒无尾，其始无首；一死一生，一偾一起[⑰]；所常无穷[⑱]，而一不可待[⑲]。女故惧也。"（《庄子·天运》）

【注释】

① 北门成：人名，姓北门，名成，黄帝的臣子。② 张：设，演奏。咸池：乐曲名。洞庭之野：广漠之野。③ 怠：心意松弛。④ 卒：最终。惑：迷惑，心神不定。⑤ 荡荡：恍恍惚惚。默默：昏昏暗暗，无知的样子。⑥ 不自得：失去自我，不能自主。⑦ 女：通"汝"。殆：恐怕。殆其然：恐怕就是这样吧。⑧ 奏：演奏。奏之以人：表现有关人事的内容。⑨ 徵：应，引证。徵之以天：引证自然现象。⑩ 建：立。太清：天道。⑪ 迭起：指四季更替。⑫ 循：顺。⑬ 一盛一衰：指乐音一强一弱。⑭ 清：指天。浊：指地。⑮ 光：通广。⑯ 蛰虫：冬眠的虫。⑰ 偾：跌倒，比喻乐音突然低沉。⑱ 所常：所以为经常的。⑲ 一不可待：全部无法预料。

【细读】

黄帝张咸池之乐于洞庭之野

这则寓言写黄帝在广漠的原野演奏《咸池》这首乐曲，北门成开始听的时候感到害怕，接着感到松弛，最终感到迷惑，精神恍惚，昏昏默默，无法把握自己。音乐有三个阶段。我们先看第一阶段。

说黄帝演奏乐曲，先表现人事，又以天道相应，其中贯穿着礼义，用天道来扶持。乐曲像春夏秋冬四时互相更替，万物依照顺序产生。乐音忽而强盛，忽而低落，表现文治武功的各种变化。忽而上天，忽而下地，表现阴阳二气的调谐融和，乐声流动，充满于天地之间。冬眠的虫开始活动，我用雷霆之声惊动它们。乐曲终了，却没有结尾，乐曲初起，却没有开头。突然消失，像死了一样，突然响起，又像活过来了。忽而低沉，忽而高扬。这种无穷的变化是它的常态，完全无法预料，所以你感到害怕。

这里直接描写的是音乐，同时有所寓意。它可以喻示修道。修道过程可能要经过三个阶段，开始惧怕，接着松弛，最终迷惑。也可以喻示无为之治，处世为政要变化多端，让人难以捉摸。

我们看几个故事吧。《左传》庄公二十八年记载，这一年秋天，楚国大将子元率领六百车乘的强大兵力进攻郑国，先是打到都城远郊，接着杀到都城外郭，最后只剩内城一道防线。内城有一道城门，虽然郑国兵力少，但只要放下城门，总可以抵挡一阵。郑国却大敞城门，这时，只要六百车乘一冲，郑国就危险了。也就在这时，楚国大将觉得不对头，郑国一定有埋伏。他害怕了，马上下令，火速撤兵。不料郑国趁楚国撤兵，争取了时间，约定的齐国宋国的救兵赶来了，一下子反败为胜，把楚军打败了。用空城计迷惑敌人，让他们摸不底细，让他们害怕，最终战胜他们。这可以说，始闻之惧吧？

再看汉李广。汉飞将军李广任上郡太守，抵挡匈奴南进。这天，李广率领骑兵追击三个匈奴兵。追了几十里地终于追上，杀了两名，活捉一名，正准备回营时，却见匈奴骑兵远远开来。李广身边骑兵只有一百名，匈奴骑兵却有数千名。李广部下有点惊慌，李广却很沉着，说："我们只有百余骑，离我们的大营有几十里远。如果我们逃跑，匈奴肯定会追杀我们。如果我们按兵不动，敌人肯定会疑心我们有大部队行动，他们决不敢轻易进攻的。现在我们继续前进。"到了离敌阵仅二里地光景的地方，李广下令全体下马休息。李广的士兵卸下马鞍，悠闲地躺在草地上休息，看着战马在一旁津津有味地吃草。匈奴部将十分奇怪，派一名军官出阵观察形势。李广立即命令上马，冲杀过去，一箭射死了这个军官，然后又回到原地，继续休息。匈奴队伍看见李广只有百名骑兵，本来就以为是大部队诱敌的前锋，不敢贸然攻击，这时更加恐谎，料定李广胸有成竹，附近定有伏兵。天黑以后，李广的人马仍无动静。匈如部将怕遭到大部队的突袭，慌慌张张引兵逃跑了。李广的百余骑安全返回大营。

再看东汉末期。朝廷派大将虞诩平定北边羌人的叛乱，经陈仓崤谷受阻。羌人固守据点，占据有利地势，虞诩不能强攻，又不能绕道，于是命令部队就地扎营，对外散布行军受阻，向朝廷请派增援部队。羌人见虞诩等待援军，放松戒备，纷纷离开据点，到附近劫掠财物。虞诩见羌人离开据点，下令部队日夜兼程，急行进军，又命令沿途增加灶的数量，今日增灶，明日增灶，羌人误以为朝廷援军已到，自己力量又已分散，不敢轻易出击。虞诩顺利通过陈仓崤谷，转入外线作战，羌人陷入被动，不久叛乱被平定。

再看隋朝攻打陈朝。陈朝在长江以南。战前，隋朝将领贺若弼奉命负责北面江防，经常组织沿江守备部队调防。每次调防都命令军队于历阳（今安徽和县一带）集中，又命令军队集中时，必须四面树列旗帜，到处支起警帐，张扬声势。陈朝难辨虚实，果然害怕，以为隋军就要渡江打过来，于是士卒兵马都作好充分准备，要迎敌作战。可是不久，又发现隋军并非出击，只是守备人马调防。陈朝军队本来集结待命，这时只有撤回。这样三番五次，隋军频繁调防，每次都张扬声势，陈朝习惯了，戒备逐渐松懈下来。这一天贺若弼大军真地渡江而来，陈朝军队却一点也没有觉察，猝不及防，于是大败。

或者弱而示之以强，或者用增灶进兵，或者张扬声势，都使敌人害怕，这可以说，始闻之惧吧？这些办法，都可以说一盛一衰，一清一浊，惊之以雷霆，其卒无尾，其始无首，所常无穷，而一不可待吧？

【原文】

"吾又奏之以阴阳之和，烛之以日月之明①。其声能短能长，能柔能刚，变化齐一，不主故常②；在谷满谷，在阬满阬③；涂郤守神④，以物为量⑤。其声挥绰⑥，其名高明⑦。是故鬼神守其幽⑧，日月星辰行其纪⑨。吾止之于有穷⑩，流之于无止⑪。予欲虑之而不能知也⑫，望之而不能见也，逐之而不能及也。傥然立于四虚之道⑬，倚于槁梧而吟⑭；目知穷乎所欲见⑮，力屈乎所欲逐⑯，吾既不及已夫！形充空虚，乃至委蛇⑰，汝委蛇，故怠。"（《庄子·天运》）

【注释】

① 烛：照。② 主：守。③ 阬：坑。④ 涂：塞。郤：缝隙。守：停留。神：指神妙的地方。⑤ 量：容量。⑥ 挥：动，引申为振动。绰：宽，引申为悠扬。⑦ 高明：高亢明快。⑧ 幽：阴暗的地方。⑨ 纪：轨道。⑩ 穷：尽头。⑪ 流：动。无止：没有止境。⑫ 子：指北门成。虑：思。⑬ 傥然：无心的样子。四虚：四方渺茫空虚。⑭ 槁梧：枯槁的梧桐树。⑮ 知：通"智"。⑯ 屈：尽。⑰ 委蛇：亦作逶迤，形容情态舒缓宽闲。

【细读】

不主故常，复闻之怠

黄帝张《咸池》之乐于洞庭之野，这是乐曲的第二章。

作者描述乐曲。又用阴阳的冲和来演奏，用日月的光明来照耀，那乐声能够短促，能够悠长，能够柔和，能够刚强。始终变化，不守常规。临到山谷就布满山谷，临到坑洼地，就布满坑洼。把缝隙涂满，驻守在神妙的地方，根据物体的容量，来安排乐音的音量。那声音振响而悠扬，其情状高亢明快。所以，鬼神抱守着它们幽深的地方，日月星辰按照它们各自的轨迹运行。我把乐曲停在它需要停止的地方，又在无止境的地方流动，你想思量它，却无法知道；你想看它，却无法看到；想追赶它，却追赶不上。于是你呆呆地站立在四面空旷虚无的道路上，倚靠着干枯的梧桐树低声感叹：我的眼睛和智慧都穷竭于我所能见到的地方，我的精力困在我想追赶的东西上，我已经追赶不上，算了吧。你的形体充满了空虚，形态舒缓宽闲，所以你感觉松弛。

这同样是变化无常，让人形体空虚，让人委蛇。就修道来说，这是松弛的阶段。它同样喻示无为之治，处世为政要变化多端，让人难以捉摸。

我们也看几个例子吧！先看三国时东吴夺取荆州。荆州是军事要地，蜀汉刘备派关羽镇守。那年鲁肃病死，孙、刘不再联盟。于是孙权派陆逊率兵夺取荆州。这时关羽虽发兵进攻曹操控制的樊城，但留下重兵驻守公安、南郡，保卫荆州。陆逊本是青年将领，当时毫无名气。初次上任，一点也不显露自己。他只是给关羽写去一信，信中极力夸耀关羽，称关羽功高威重，可与晋文公、韩信齐名。又称自己一介书生，年纪太轻，难担大任，要关羽多加指教。关羽为人本就骄傲自负，目中无人，读完陆逊的信，更是得意忘形，以为根本不用担心江东。他马上从防守荆州的守军中调出大部人马，一心一意攻打樊城。陆逊又暗地派人向曹操通风报信，约定双方一起行动，夹击关羽。趁关羽放松警惕之时，孙权却派吕蒙为先锋，向荆州进发。吕蒙将精锐部队埋伏在改装成商船的战舰内，日夜兼程，突然袭击。关羽得到消息，急忙回师，但为时已晚，孙权大军已占领荆州。关羽只得败走麦城。

再看石勒败王浚。西晋末年，幽州都督王浚企图谋反篡位。晋朝名将石勒闻讯后，打算消灭王浚的部队。王浚兵力强大。石勒并未直接攻打幽州，而是派门客给王浚送去大量珍珠宝物，又写上一封信，措辞十分诚恳，称现在社稷衰败，中原无主，只有你威震天下，有资格称帝。这位门客又能言善道，说得王浚信以为真。不但对石勒放松警惕，还把石勒看作自己人。这时，王浚有个名叫游统的部下，伺机谋叛王浚。游统想找石勒做靠山，石勒却杀了游统，将游统首级送给王浚。这一下，使王浚对石勒彻底放心。这一年，石勒探听到幽州遭遇水灾，老百姓没有粮食，王浚不顾百姓生死，苛捐杂税，有增无减，民怨沸腾，军心浮动，于是亲自率军攻打幽州。石勒大军已攻到幽州城下，王浚还蒙在鼓里，以为石勒来拥戴他称帝，根本没有准备应战。等到他突然被石勒将士捉拿时，才如梦初醒。

再看唐李愬攻蔡州。唐朝中期，藩镇割据，各镇节度史都拥有军事、经济大权，不把朝廷放在眼里。这年，蔡州节度使吴元济起兵叛乱。唐宪宗派大将李愬任唐州节度使，准备攻打蔡州，剿灭吴元济。李愬到任，放出言论说，我是个懦弱无能的人，朝廷派我来，只是为了安顿地方秩序，至于攻打吴元济，与我无干。这一下子真的麻痹了吴元济。吴元济观察李愬的动静，见他毫无进攻之意，又听到李愬散布的这番言论，于是对李愬并不介意。不料李愬暗中准备，侦察得吴元济主力部队部署在其他地方，防止官军进攻，而防守蔡州城的不过是些老弱残兵。于是在一个雪天的傍晚，率领精兵抄小路，直抵蔡州城边，趁守城士兵呼呼大睡，爬上城墙，杀了守兵，打开城门，军队静悄悄进城，出奇制胜，一举攻破蔡州，活捉吴元济。

变化莫测，让敌人放松警惕，这可以说，复闻之怠吧？这些办法，都可以说能短能长，能柔能刚，变化齐一，不主故常吧？

【原文】

"吾又奏之以无怠之声①，调之以自然之命②。故若混逐丛生③，林乐而无形④；布挥而不曳⑤，幽昏而无声⑥；动于无方⑦，居于窈冥⑧；或谓之死，或谓之生；或谓之实，或谓之荣⑨；行流散徙⑩，不主常声⑪。世疑之，稽于圣人⑫。圣也者，达于情而遂于命也⑬。天机不张而五官皆备⑭。此之谓天乐，无言而心说⑮。故有焱氏为之颂曰⑯：'听之不闻其声，视之不见其形，充满天地，苞裹六极。'女欲听之而无接焉⑰，而故惑也⑱。乐也者⑲，始于惧，惧故祟⑳。吾又次之以怠，怠故遁㉑；卒之于惑，惑故愚；愚故道，道可载而与之俱也㉒。"（《庄子·天运》）

【注释】

① 无怠之声：以无怠为主题的乐曲。② 调：和。③ 混逐：混杂一起，互相追逐。丛生：丛聚并生。④ 林乐：群乐，犹今合奏。无形：合奏时众音调协，浑然一体，无法分辨各音的具体情形。⑤ 布挥：播扬。曳：牵引。不曳：没有约束，不拖拉。⑥ 幽昏：指情意深沉。⑦ 无方：没有一定格式。⑧ 居：止。窈冥：深学玄妙的样子。⑨ 荣：花。⑩ 行流：如云行水流。散徙：如雨飘散，如风吹动。⑪ 常声：寻常调子。⑫ 稽：考，验。⑬ 达：通。遂：顺。⑭ 天机：天然的神理。张：动。五官：眼、耳、鼻、口、心五种器官。⑮ 说：悦。⑯ 有焱氏：神农氏。⑰ 女：汝，你，指北门成。接：接触，此指听到。⑱ 而：你。⑲ 乐：旨《咸池》之乐。⑳ 祟：警示，警戒。㉑ 遁：退隐。㉒ 而：你。与之俱：在一起。

【细读】

不主常声，卒闻之而惑

黄帝张《咸池》之乐于洞庭之野，这是乐曲的第三章。

作者描写乐曲。说黄帝又用无怠的声音来演奏，用自然流动的节奏来调和它，各种声音混杂一起，互相追逐，丛聚并生。合奏时众音调协，分辨不出具体的音声。那声音悠扬而不拖拉，意境深沉，好像没有声响。振响时没有固定程式，静止时窈冥玄妙。有时好像死寂一样消失了，有时又兴起继续了。有时好像结果了，有时好像开花了。好像云在飘移，好像水在流动，好像雨在飘洒，好像风在吹动，不拘泥于寻常的调子。世人怀疑这支曲子，可以到圣人这里得到应验。所谓圣人，就是通达情理而顺遂天命。天然的神理不张，可是五官具备，这叫作天乐。不用语言表达，可以心中喜悦。所以神农氏赞颂这种乐曲：听不到它的声音，看不到它的形状，可是它充满于天地之间，包裹六合之内。你想听它，却接触不到它，所以你感到迷惑。

最后总结说：这种乐曲，开始的时候让你恐惧，恐惧，所以有警戒之心。接着又演奏松弛的音乐，松弛，所以惊惧的心情退去了。最终演奏音乐让你迷惑，迷惑，所以你愚钝无知，愚钝，所以进入道的境界，道就可以载着你一起同游共处。

这同样是动于无方，不主常声。就修道来说，这是迷惑的阶段。它同样喻示无为之治，处世为政要随物变化，深藏不露。

也来看几个例子。

三国时期，赤壁大战之后，周瑜趁势攻取南郡。不意在一次战斗中，周瑜中箭而返。曹操守将曹仁见周瑜中箭受伤，每日派人到周瑜营前叫战。这天又亲领大军前来挑战。周瑜率众迎敌。开战不多时，周瑜大叫一声，口吐鲜血，坠于马下，被众将救回营中。不久，周瑜营中奏起哀乐，士兵都戴孝，传出周瑜箭疮大发而死的消息。曹仁闻讯，只留下少数士兵护城，亲率大军趁着黑夜冲进周瑜大营。不料周瑜大营空无一人。曹仁情知中计，急忙退兵，但是已经来不及。一声炮响，周瑜率兵从四面八方杀出，大败曹仁。

还是三国时期，魏明帝去世，年仅八岁的曹芳继位，朝政由太尉司马懿和大将军曹爽共同执掌。这时曹爽势力强大，司马懿自知无法抗敌，于是称病不再上朝。曹爽不放心，派亲信李胜去司马家探听虚实。却见司马懿病容满面，头发散乱，躺在床上，由两名侍女服侍。李胜问话，司马懿假作病得糊涂，听不明白。两个侍女喂药，也显出吞咽艰难的样子，只见汤水从口中流出，说话有气无力，托付李胜转告曹爽，说他命在旦夕，死之后，一定要多多照顾他的孩子。曹爽得讯，果然被迷惑，放松警惕。这一年，趁着曹爽带着他的三个兄弟和亲信等护驾出行，离开都城，司马懿马上调集家将，召集老部下，迅速占据曹氏兵营，进宫威逼太后，以篡逆的罪名，诛杀曹爽一家，终于独揽大权。

示以假象，迷惑敌人，这可以说，卒闻之而惑吧？周瑜和司马懿，在迷惑敌人的时候，真真假假，虚虚实实，都可以说幽昏而无声，动于无方，不主常声吧？

从修道过程来看，老子说，宠辱若惊，贵大患若身，得之若惊，失之若惊，这可不可以说是始闻之惧呢？庖丁解牛，每至于族，见其难为，怵然为戒，视为止，行为迟，动刀甚微，这是不是始闻之惧呢？庖丁解牛后来游刃有余，解牛之后，提刀而立，为之四顾，为之踌躇满志，可不可以说是复闻之怠呢？庄子写入道境界，视乎冥冥，听乎无声；冥冥之中，独见晓焉；无声之中，独闻和焉。这里写《咸池》之乐，无怠之声，林乐而无形，幽昏而无声，动于无方，居于窈冥，听之不闻其声，视之不见其形，充满天地，苞裹六极。这是不是庄子所写的入道境界呢？

【原文】

故夫三皇五帝之礼义法度①，不矜于同，而矜于治②。故譬三皇五帝之礼义法度③，其犹柤梨橘柚耶④！其味相反而皆可于口。故礼义法度者，应时而变者也。今取猿狙而衣以周公之服⑤，彼必龁啮挽裂⑥，尽去而后慊⑦。观古今之异，犹猿狙之异乎周公也。故西施病心而矉其里⑧，其里之丑人见而美之，归亦捧心而矉其里⑨。其里之富人见之，坚闭门而不出；贫人见之，挈妻子而去之走⑩。彼知矉美，而不知矉之所以美。惜乎，而夫子其穷哉！（《庄子·天运》）

【注释】

① 三皇五帝：历来说法不一，汉孔安国《尚书·序》答三皇为伏羲、神农、黄帝，五帝为少昊、颛顼、高辛、尧、舜。② 矜：珍重。③ 譬：比方。④ 柤：通"楂"，即山楂。⑤ 猿狙：猴子。衣：作动词，穿。⑥ 龁啮：咬。挽裂：扯破。⑦ 尽去：全部丢弃。慊：满足。⑧ 病心：心痛。矉：通"颦"，皱眉。里：居里，相传二十五家为一里。⑨ 捧心：按着胸口。⑩ 挈：携带。去：离开。走：跑。

【细读】

礼义法度者，应时而变者

这是批评礼义法度的。

作者用了几个比喻。先比作柤梨橘柚，说，三皇五帝的礼义法度，就像柤梨橘柚这些水果，味道相反但都很好吃。意思是说，只要好吃，不一定味道一样。又说，就像捉来猴子，硬给它们穿上周公的衣服，它们一定会把衣服咬碎撕破，全部丢弃心里才会满足。又说，就好像美女西施心口痛所以在村里皱着眉头，那村里的丑女看到觉得很好看，也学着按着胸口，皱着眉头。村里的富人看到了，把门关得紧紧的不出来；穷人见了，带着妻子儿女逃走而去。这是丑女知道皱着眉头很美，但不知道为什么会美。

作者的核心思想，是以为礼义法度者，应时而变者。

批评礼义法度，与庄子其他篇的思想有相通之处。《庄子》外篇的《骈拇》《马蹄》《胠箧》等篇，都有对仁义礼法的激烈批评。但是，那些篇的批评，是否定仁义礼法本身。因为仁义礼法违反和伤害人性，盗贼利用仁义礼法扰乱天下，因此要绝圣弃知，摒弃仁义礼法。这里则只是批评仁义礼法不能因时而变。那些篇主张无为而治，否定治天下。而这里还讲治，以为三皇五帝之礼义法度，不是因为它们相同而显得珍贵，而是因为它们能治理天下才受到尊崇（不矜于同而矜于治）。

这个思想，很像荀子和韩非子。荀子主张法后王，以为道不过三代，法不贰后王，实际主张礼法要因时而变。韩非子则提出，事因于世而备适于事。他说，古者文王处丰镐之间，地方百里，行仁义而怀西戎，结果称王天下。但是徐偃王处汉东，地方五百里，行仁义，有三十六国割地而朝，但荆文王害怕他有害于自己，于是举兵伐徐，把他消灭了。所以，文王行仁义而王天下，偃王行仁义而丧其国，这说明仁义用于古不用于今。

后来的《淮南子》也有这样的思想。《淮南子·氾论训》中就说，古时候，神农没有制度命令，但民众都跟从他；唐虞有制度命令，但没有刑罚。夏后氏言而有信，不负所言，殷人发誓，周人结盟。到今天之世，忍诟而轻辱，贪得而寡羞，想要用神农之道治理今天的社会，一定会大乱。又说，古之所以为荣者，今之所以为辱也。古之所以为治者，今之所以为乱也。又说，夫殷变夏，周变殷，春秋变周，三代之礼不同，何古之从。大人作而弟子循，知法治所由生，则应时而变。不知法治之源，虽循古终乱。

因此，这里说，礼义法度者，应时而变者，应该是庄子后学的思想。庄子学派在发展过程中，吸收了其他各派的思想。这一思想当然也给我们以启示，思想、制度，都要应时而变，不应固守陈规。

【原文】

名^①，公器也，不可多取。仁义，先王之蘧庐也^②，止可以一宿，而不可以久处，觏而多责^③。古之至人，假道于仁^④，托宿于义^⑤，以游逍遥之虚^⑥，食于苟简之田^⑦，立于不贷之圃^⑧。逍遥，无为也；苟简，易养也；不贷，无出也。古者谓是采真之游^⑨。以富为是者^⑩，不能让禄；以显为是者^⑪，不能让名；亲权者^⑫，不能与人柄^⑬。操之则栗^⑭，舍之则悲^⑮，而一无所鉴^⑯，以窥其所不休者^⑰，是天之戮民也^⑱。怨、恩、取、与、谏、教、生、杀八者^⑲，正之器也，唯循大变无所湮者为能用之^⑳。故曰：正者^㉑，正也。其心以为不然者，天门弗开矣^㉒。（《庄子·天运》）

【注释】

① 名：名誉。② 蘧庐：传舍，旅店。③ 觏：见，引申为表现。④ 假道：借路。⑤ 托宿：借住，寄宿。⑥ 虚：通"墟"，境界。⑦ 苟简：苟且简陋。⑧ 立：身身。不贷：无须贷出。⑨ 采真：神采真实。⑩ 是：肯定，认为有益。⑪ 显：显达。⑫ 亲：热衷。⑬ 柄：权柄，权位。⑭ 操：执掌。栗：害怕而发抖。⑮ 舍：放弃。⑯ 一：皆。鉴：鉴察。⑰ 以：而。窥：视。休：止。⑱ 戮：杀。⑲ 取：拿取。与：给予。生：挽救，免死。⑳ 循：顺。大变：自然变化。湮：止，停滞。㉑ 正：治理。㉒ 天门：天道之门。

【细读】

假道于仁，以游逍遥之虚

这是老子告诫孔子的一段话。

老子说：名声，是公共的器物，不可以过多地索取。仁义，是先王的旅店，只可以在那里住一宿，而不可以长久居留。仁义的名声表现于世，就会招来很多的指责。古代的圣人，对仁的利用好比借一条道路，对义的利用好比暂时寄宿，最终为了遨游于自由自在的境界，在耕作粗略的田地里求食，站立在无需施贷的田园。逍遥自在，就是无所作为。粗略简单，容易养活。无须施舍，就不会付出。古人把这叫作本色全真的遨游。认为富足有益的，不会推辞利禄。认为显达很好的，不会推让名声。热衷权位的，不会把权柄给别人。这些东西，拿在手上就害怕，放弃又感到悲伤。对于这些全无察觉，还盯着不放手，这是遭受自然刑戮的人。怨恨、恩德、拿取、给予、谏诤、教诲、生养、杀戮这八种做法，是政治的工具，只有遵循自然变化，不为物欲滞塞的人可以用它。所以说，政治，就是端正人心。假如他的内心认为不是这样，天道之门不会向他打开。

因为名誉是大家争着要的，因此是公器。为什么不可多取？因为多取必然要多争，多争必然有害。何谓食于苟简之田？因为苟简之田，粗略耕作即可，无为而可以治。何谓立于不贷之圃？因为不贷，只求自给自足，因此无须贷出。无为，自足。

这里，讲仁义先王之蘧庐，讲假道于仁，托宿于义，并没有彻底否定仁义。批评以富为是者，以显为是者，也仅限于不能让禄，不能让名而已。作者甚至把怨、恩、取、与、谏、教、生、杀八者看作正之器，所谓正之器，就是政治的工具。这甚至带有肯定的意味，尽管又说惟循大变无所湮者为能用之。在作者看来，只要遵循自然，这八者是可以用的。说假道于仁，托宿于义，则更意味着仁义是通往逍遥之墟的途径。作者的意思，是把仁义建立在逍遥无为的基础之上。这显然是想把儒道两家思想融为一体。至于讲到杀，讲亲权者不能与人柄，则甚至带有法家的意味。就是说，法家思想也要以无为为本。

这显然是庄子后学的思想。他们吸收儒家甚至法家思想，改造或者说发展他们的老师所建立的自然无为的思想。这一点，在后来《吕氏春秋》以及《淮南子》中也有体现。比如《吕氏春秋》，一方面讲古之君民者，仁义以治之，爱利以安之，忠信以导之。另一方面又讲自然无为。说至言去言，至为无为，说夫君也者，处虚素服而无智，故能使众智也；智反无能故能使众能也，能执无为，故能使众为也。无智、无能、无为，此君之所执也。又说，唯通乎性命之情而仁义之术自行矣。仁义之术是儒家，通乎性命之情则近于道家。《淮南子》也是一样，一方面讲人主之术，处无为之事，而行不言之教，讲无为者，寂然无声，漠然不动。另一方面又讲，治之所以为本者，仁义也；所以为末者，法度也。

这是庄子后学，乃至后来思想的一个趋势。

第十章 刻意·缮性·秋水·至乐

《刻意》《缮性》论养神修心。《刻意》反对刻意隐居、游学、致功、避世、导引，提出保持心性纯朴，静而恬淡无为，动而随任天然。《缮性》以为修心养性不能追随俗学，而当回归自然本性，以知养恬，穷乐无忧。《秋水》据《逍遥游》《齐物论》而进一步推衍，论述万物齐一之理，说明大小、是非、贵贱、荣辱均属虚幻，因此无以人灭天，无以故灭命。《至乐》论至乐活身之术，而当随任天命。一切不应强求，以为生死疾病都是自然变化，穷富哀乐荣辱必须看破，归于恬淡无为，始能得到人生最大的快乐。

【原文】

刻意尚行，离世异俗①，高论怨诽，为亢而已矣②。此山谷之士，非世之人③，枯槁赴渊者之所好也④。语仁义忠信，恭俭推让，为修而已矣⑤。此平世之士，教诲之人⑥，游居学者之所好也⑦。语大功，立大名，礼君臣，正上下⑧，为治而已矣⑨。此朝廷之士，尊主强国之人，致功并兼者之所好也⑩。就薮泽，处闲旷，钓鱼闲处⑪，无为而已矣。此江海之士⑫，避世之人，闲暇者之所好也⑬。吹呴呼吸，吐故纳新⑭，熊经鸟申⑮，为寿而已矣。此道引之士，养形之人⑯，彭祖寿考者之所好也⑰。若夫不刻意而高，无仁义而修，无功名而治，无江海而闲，不道引而寿，无不忘也，无不有也，澹然无极而众美从之⑱，此天地之道，圣人之德也。（《庄子·刻意》）

【注释】

① 刻意：刻削志意，在思想意志上有意识地严格要求自己。尚行：崇尚品行。离世异俗：超越世俗，与众不同。② 高论：高谈阔论。怨诽：对时局不满而诽谤怨愤不平。亢：高。为亢：为了表现清高。③ 山谷：指隐居山谷。非世：对抗社会。④ 枯槁：身体枯毁。赴渊：投水自杀。⑤ 修：修身。⑥ 平世：使社会安定太平。教诲：以教育者自居。⑦ 游居学者：到处游说，或定居讲学之人。⑧ 礼君臣：使君臣以礼相待。正上下：端正上下等级关系。⑨ 治：平治天下。⑩ 朝廷之士：做官的人。尊主：尊崇君主。致功：致力。并兼：兼并别的诸侯国。⑪ 就：到。薮泽：湖泽。处闲旷：生活在旷野荒凉的地方。⑫ 江海：隐居江海。⑬ 闲暇者：只求清闲的人。⑭ 吹呴：出气慢叫

呴，出气快叫吹。呴，通"嘘"。吐故：吐出体内混浊的空气。纳新：吸入新鲜的空气。⑮ 熊经：像熊一样悬吊树上。申：伸。鸟申：像鸟一样伸展身体。二者皆系锻炼身体的动作。⑯ 道：导。道引：导通气血，舒展身体。养形：保养身体。⑰ 考：老。寿考：长寿。⑱ 澹然：淡漠的样子。无极：无限。众美：一切美好的东西。从：跟从。

【细读】

不刻意而高

这是论养神的。

庄子《刻意》篇，一开始就列举了社会上一些现象。他指出，社会上有五种人。一种是有意识地磨炼自己的意志，行为上力求高尚，努力做得超脱世俗，与众不同，高谈阔论，对时政发表怨刺和诽议，不过是为了表现自己的清高。这是那些避居山林的隐士，非难当世政治者和为故国而自甘枯槁、为正义而赴渊自杀的人所热衷的。一种是谈论仁爱、节义、忠贞、诚信和恭敬、节俭、推辞、谦让，他们为了治修身心罢了。这是努力使社会太平，以教育者自居，或者到处游历求学，或者定居讲学的人所喜好的。又一种是宣传卓越功勋，树立伟大名声，重君臣之礼，维护上下等级，不过为了治理天下罢了。这是朝廷官员和尊崇君主、力图强国者，以及努力建功立业、希望兼并其他诸侯国的人们所喜好的。还有一种是走向山林湖泽，居处闲旷荒野之地，钓鱼消遣，悠闲地生活，只是不愿有所作为而已。这是隐居江海的人，逃避世事的人，以及悠闲无事的人所喜好的。再一种，或者慢慢地呼气，或者很快地吸气，吐出混浊的空气，吸入新鲜的空气，学习熊和鸟的动作，伸展身体，练习拳术，他们不过为了长寿而已。这是练习导引的人，保养形的人，希望像彭祖一样得到高寿的人所喜好的。

对这些现象，对这五种人，庄子没有发表评论。他只是接着说，至于不有意刻削意志就达到高尚，不讲求仁义就得以修身，不追求功名就能够治理天下，不隐居江湖就得以悠闲自在，不练习导引，就得以年寿延长，没有什么不会忘记，又没有什么不拥有。心境淡泊到极点，但众多美好的东西都跟从他们。这就是天地之道，圣人之德。

庄子所说的五种现象、五种人，都有所指。比如，介子推对现实不满，隐居绵山，不食君禄，晋文公欲求而不得，放火焚山，介子推抱木而死。比如周时隐士鲍焦，不臣天子，不友诸侯，饰行非世，廉洁自守，荷担采樵，拾橡充食，最后也是抱木而死。如《大宗师》所列举的，狐不偕，传尧让天下给他不接受；务光和申徒狄，都是传商汤让天下给他们不接受，他们都投水而死。还有伯夷、叔齐，商时孤竹君的两个儿子，周武王灭商，他们认为是以暴易暴，表示不食周粟，饿死在首阳山上。这些应该是枯槁赴渊者。比如，据《列仙传》记载，殷大夫彭祖，常食桂芝，善导引行气。又有容成公，自称黄帝之师，见于周穆王，能善补导之事。这些应该是导引之士。所谓语仁义忠信的游居学者，应该指孔子等儒家学者。朝廷之士，隐居之士，则比比皆是。

庄子实际上是批评这五种现象、五种人。但他所批评的，并不是清高、修身、治国、闲居、长寿本身，而是这些人达于清高、修身、治国、闲居、长寿的手段。清高是可以的，只是不要刻意。修身是应该的，只是未必要好仁义。治国不一定否定，只是不要有意追求功名。闲居未必不好，只是不一定隐于江海。长寿也是需要的，只是不一定要有意识地用导引之术。

他提出的是忘。不要有意追求清高、修身、治国、闲居、长寿，一切无心，一切淡然处之，但其结果，是一切皆有。所谓无不忘也，无不有也，淡然无极而众美从之。

这与《庄子》内篇所说的一切归于虚无，彻底的无功无名无己，已很不同。《庄子》内篇，无背后仍然是无。在这里，无背后则是有。有清高，有修身，有治国，有闲居，有长寿。只是不刻意而高，无仁义而修，无功名而治，无江海而闲，不导引而寿而已。这仍然有点像老子所谓无为无不为。以自然无为的态度，达到无不为的目的。不过，老子主要讲的是政治层面。这里则扩而广之，并且侧重在修身，也就是养神。闲居、长寿、清高等，都是修身养神的重要内容。

这应该是庄子后学的思想。所列几种现象，有些并无多大改变。以仁义忠信而修身者，慕功名、礼君臣的朝廷之士、习导引、求仙求长生者，都代而有之。后世像介子推、鲍焦、申徒狄这样的枯槁赴渊者基本未见，但在朝鲠直谏诤之士则每朝都有。不过，后世确实有不少士人不是隐居山林，而是隐于朝市，所谓大隐隐于朝，中隐隐于市，小隐隐于山林，这或者可以说是庄子所说的无江海而闲。

【原文】

故曰：夫恬惔寂漠①、虚无无为，此天地之平②而道德之质也③。故曰：圣人休焉，休则平易矣④，平易则恬惔矣。平易恬惔，则忧患不能入，邪气不能袭，故其德全而神不亏⑤。

故曰：圣人之生也天行⑥，其死也物化⑦；静而与阴同德，动而与阳同波；不为福先⑧，不为祸始⑨；感而后应⑩，迫而后动，不得已而后起；去知与故⑪，循天之理。故无天灾，无物累，无人非，无鬼责。其生若浮⑫，其死若休⑬；不思虑，不豫谋⑭；光矣而不耀⑮，信矣而不期⑯；其寝不梦，其觉无忧；其神纯粹，其魂不罢⑰；虚无恬惔，乃合天德。

故曰：悲乐者，德之邪；喜怒者，道之过；好恶者，德之失。故心不忧乐，德之至也；一而不变⑱，静之至也；无所于忤⑲，虚之至也；不与物交⑳，淡之至也；无所于逆㉑，粹之至也。（《庄子·刻意》）

【注释】

① 惔：通"淡"。寂漠：即寂寞。② 平：公平，不偏不倚。③ 质：实，本质。④ 此句原作"圣人休休焉则平易矣"，"休焉"二字传写误倒。⑤ 不亏：精神饱满。⑥ 天行：天道运行。⑦ 物化：物理的必然变化。⑧ 福先即善，不为福先即不为善。⑨ 祸始即恶。不为祸始即不为恶。⑩ 感：感应，共鸣。⑪ 去：抛弃。知：通"智"。故：人为习惯。⑫ 浮：轻。⑬ 休：休息。⑭ 豫：通"预"。豫谋：预测未来的事。⑮ 耀：照耀。句谓无心显露自己。⑯ 期：约定。⑰ 罢：通"疲"。⑱ 一而不变：坚持纯一之道不动。⑲ 于：与。忤：逆。⑳ 不与物交：无心与外界事物交往。㉑ 逆：抵触。

【细读】

虚无恬惔，乃合天德

这几段继续论养神。

它的核心，是虚无恬惔。作者说，这是天地的平准，道德的本质。圣人休止于虚无恬惔的自然境界，就心平气和，心平气和，就安静淡泊。心平气和，安静淡泊，忧患的情绪就不会进入内心，邪气就不会侵袭身体，所以他的德行能够保全，而精神不会亏损。

为什么要虚无恬惔？作者说，圣人的生存就是随天而行，圣人的死亡和万物一起变化，静处的时候与阴气一致，运动的时候与阳气同流。不作幸福的先导，也不为祸害的开端。受到触动才有应和，被迫无奈才有行动，不得已的时候才奋起。把智慧和习惯都抛弃，遵循自然之理。所以没有上天的灾患，没有外物和牵累，没有人间的非难，没有鬼神的责备。他们活着好像水上浮游，死了犹如休息。不思虑事物，不预先谋划。有光但不照耀，守信但不事先约定。睡眠不做梦，醒来没有忧虑。他们的心神单纯洁净，他们的灵魂不会疲累。虚无恬惔，才合于天德。

作者认为，悲乐、喜怒、好恶，都是道德的过失。因此，内心既无忧也无乐，质性纯一不变，与任何事物无所违逆，不和外物接触，这就是虚静道德的最高境界。

这里有些论述是《天道》等篇有的。比如《天道》篇说，虚静、恬淡、寂漠、无为者，天地之平而道德之至；故帝王圣人休焉；休则虚，虚则实，实者伦。比如《天道》篇又说，知天乐者，其生也天行，其死也物化，静而与阴同德，动而与阳同波。故知天乐者，无天怨，无人非，无物累，无鬼责。都与这里几句论述相同。

相似的论述，管子等家也可以看到。比如，慎到说：推而后生，曳而后往。和这里感而后应，迫而后动云云相似。《管子》也说去智与故。孔子也说，不怨天，不尤人。等等。

它与庄子特别是内篇的思想有不一致的地方，比如，它说不为福先，不为祸始，而《养生主》说的是为善无近名，为恶无近刑。但是，它的基本思想是庄子的，或者说，是庄子学派的。同样的思想在一些篇里反复论述，在《庄子》里是常有的事。先秦诸子一些思想本有相通之处，一些思想在发展中本来就互相吸收，互相融合。但是，吸收融合，并不等于拼凑和抄袭。它们的吸收融合，往往建立一个新的思想基础。这段论述就是这样。它的思想基础，是庄子的。

它讲虚无，讲虚静。因为内心虚无虚静，所以忧患不能入，邪气不能袭，所以其寝不梦，其觉无忧，其神纯粹，其魂不疲。它讲自然，所谓圣人之生也天行，其死也物化，就是自然。自然，因此反对人为。智与故是人为，因此要去智与故。约定是人为，因此信矣而不期。它反对为物所役，因此说无物累，说无所于忤，不与物交，无所于逆。

圣人无忧无喜的问题比较复杂。《大宗师》确实说不知说生，不知恶死，说喜怒通四时。但庄子同时说吾丧我，说心斋，说虚而待物，游心于德之和，说撄宁，说内保之而外不荡。所谓吾丧我，说心斋，不但是指无功无名，外物外天下外死生，也当是指外喜怒哀乐。所谓安时而处顺，哀乐不能入。哀乐不能入，就是吾丧我和心斋的重要内容。所谓至人之用心若镜，不将不迎，应而不藏，也包括喜怒哀乐不将不迎，应而不藏。这段话说悲乐者，德之邪；喜怒者，道之过；好恶者，德之失，说的其实也就是不以哀乐内伤其心的意思。所以它后来说，心不忧乐，德之至也。

这里重要的，是用虚无自然的思想用来说明养神。自然，虚静，是处世，而以此态度处世，落实在养神。所以反复强调的是精神的保养，是忧患不能入，邪气不能袭，是德全而神不亏，是其神纯粹，其魂不疲。正是在这一点上，它对后世很有影响。

比如，魏晋嵇康论养生，就强调形神共养，虚无恬淡。他的《养生论》说：是以君子知形恃神以立，神须形以存，悟生理之易失，知一过之害生，故修性以保神，安心以全身。爱憎不栖于情，忧喜不留于意，泊然无感，而体气和平。又说，养生者清虚静泰，少私寡欲，知名位之伤德，故忽而不营，非欲而强禁也。识厚味之害性，故弃而弗顾，非贪而后抑也。外物以累心，不存神气，以醇泊独著，旷然无忧，寂然无思虑，又守之以一，养之以和。他的《答难养生论》又说：养生有五难。名利不灭，此一难也。喜怒不除，此二难也。声色不去，此三难也。滋味不绝，此四难也。神虑转发，此五难也。五者必存，虽心希却老，口诵至言，咀嚼英华，呼吸太阳，不能不回其操，不夭其年也。五者无于胸中，则信顺日济，玄德日全，不祈喜而有福，不求寿而自延。此养生大理之所效也。这都可以看到庄子思想的影响。

【原文】

故曰：形劳而不休则弊，精用而不已则劳，劳则竭。水之性，不杂则清，莫动则平；郁闭而不流①，亦不能清；天德之象也②。故曰：纯粹而不杂，静一而不变，惔而无为，动而以天行，此养神之道也。

夫有干越之剑者③，柙而藏之④，不敢用也⑤，宝之至也。精神四达并流⑥，无所不极⑦，上际于天⑧，下蟠于地⑨，化育万物，不可为象⑩，其名同帝⑪。

纯素之道，唯神是守⑫，守而勿失，与神为一⑬。一之精通⑭，合于天伦⑮。野语有之曰⑯："众人重利，廉士重名，贤人尚志，圣人贵精⑰。"故素也者，谓其无所与杂也；纯也者，谓其不亏其神也。能体纯素⑱，谓之真人。（《庄子·刻意》）

【注释】

① 郁：积滞。闭：闭塞。② 天德之象：水性反映了天德，天德虽静而不断运行。③ 干：古代小国名，后为吴国所灭。这里代指吴国。古代吴越多出宝剑。④ 柙：通"匣"。⑤ 不敢用：表示舍不得。⑥ 并：旁。⑦ 极：至，到达。⑧ 际：会合。⑨ 蟠：委，托付。⑩ 象：迹象。⑪ 同帝：如同天帝。⑫ 唯神是守：专心宗护自己的精神。⑬ 与神为一：指形与神凝聚为一。⑭ 一之精通：精通纯一之道。⑮ 天伦：自然之理。⑯ 野语：俗语。⑰ 精：纯粹之极。⑱ 体：体现。

【细读】

纯粹不杂，养神之道

这几段仍然继续论养神。

作者指出，身体劳累得不到休息，就会疲倦，精神使用没有停止，就会劳损。精神劳损就会枯竭。作者说，水的特性，不含杂质就会清澈，不动荡就会平静。但是水如果闭塞郁结，没有流动，也不能清。这是自然道德的征象。所以说，清纯洁净，没有杂质，一心静守，不作改变，淡漠而无为，行动依顺天然，这是保养心神之原则。

作者又说，比如有吴越宝剑的人，把宝剑放在匣子里珍藏着，不会随便拿出来用，把它看作至上的宝贝。精神也是这样。精神四方流淌，没有它到不了的地方，向上连接着青天，向下蟠踞着大地，能够化生并养育万物，但又不显出迹象，这就叫做与天帝同德了。

作者说，达于纯洁朴素的方法，只有守护精神，不要失去，形与神融为一体。纯一之道精纯通达，就合于自然之理。作者引俗语说：俗人看重财利，廉士看重名声，贤士崇尚志气，圣人珍视精神。所以，所谓素，是说它没有掺糅杂质，所谓纯，是说它没有亏损精神。能够体现纯素，就叫作真人。

作者这里也讲静，所谓莫动则平，所谓静一而不变。讲静，也就是前面所说的抱神以静，所谓圣人之心静乎，是一致的。但是这里讲得更多的是清，是纯粹，是不杂。所谓水之性，不杂则清，所谓纯粹而不杂，纯素之道，无所与杂也，所谓素也者，纯也者，能体纯素。当然，前面还有其神纯粹，等等。这里集中提出了纯粹不杂，养神之道的问题。

什么是纯粹不杂？所谓纯粹不杂，主要说的是不要有世俗的欲念，不要有名利的欲念，穷达的欲念，毁誉的欲念。当然，是非、死生的欲念也不应该有。不要想做恶事，也不要想做善事。前面所谓不为福先，不为祸始。从庄子论述来看，悲乐、喜怒、好恶也不要有，所谓哀乐不入于心。

作者提出纯粹不杂，当然为处世。但更主要的是为养生。而且不但论处世的养生，更论养形养神，论生理的养生。作者提出形劳而不休则弊，就是形体养生的问题。作者更论养神。提出精用而不已则劳，所谓精用，就是精神之用，就是神之用。又说，纯也者，谓其不亏其神也。不亏其神，也是养神。作者用吴越宝剑作比喻，也是借此说明保养精神的重要。

之所以不直接说无功无名，方生方死，彼亦一是非，此亦一是非，是因为它主要是讨论养形养神，而不是讨论齐物论，不是讨论一般的处世。对于养形养神来说，重要的是身心的纯粹不杂。

就是说，既要重处世的养生，又要重身体的休养和精神的保养。它对后世的影响主要也在这两个方面。汉司马谈《论六家要旨》就说："主劳而臣逸，至于大道之要，去健羡绌聪明，释此而任术，夫神大用则竭，形太劳则敝，形神骚动，欲与天地长久，非所闻也。"又说："凡人所生者神也，所托者形也，神大用则竭，形大劳则敝，形神离则死，……由是观之，人者，生之本也；形者，生之具也。不先定其神，而曰我有以治天下，何由哉。"把它作为道家之要旨。魏晋嵇康论养生，就提了形神共养，所谓"形恃神以立，神须形以存"，"精神之于形骸，犹国之有君也。神躁于中，而形丧于外，犹君昏于上，而国乱于下也"。他提出以"清虚静泰，少私寡欲"来养生。所谓"清虚静泰，少私寡欲"，与庄子所说的纯粹而不杂是一致的。唐道士吴筠则在《形神可固论》和《养形》等篇中提出"守道服炁，养形守神"，并指出："身含形神，全一心动，则形神荡欲，不可纵，纵之必亡神，不可辱，辱之必伤，伤者无返期。"宋黄裳的《杂说》中则曰："形劳者以事役其力故也，精亏者以生劳伤其心气故也。"又说："昼为想，夜为梦，则气之守丧矣，岂复能纯乎。喜怒哀乐，忘而后有纯气之守。纯者，谓其不亏其神也。"庄子这类思想是由处世哲学走向了道教养生。

【原文】

缮性于俗学[1]，以求复其初[2]；滑欲于俗思[3]，以求致其明[4]，谓之蔽蒙之民[5]。

古之治道者，以恬养知[6]。知生而无以知为也[7]，谓之以知养恬。知与恬交相养[8]，而和理出其性[9]。夫德，和也；道，理也。德无不容[10]，仁也；道无不理[11]，义也；义明而物亲[12]，忠也；中纯实而反乎情[13]，乐也；信行容体而顺乎文[14]，礼也。礼乐偏行[15]，则天下乱矣。彼正而蒙己德，德则不冒[16]，冒则物必失其性也。（《庄子·缮性》）

【注释】

①缮：修。缮性：修养心性。俗学：指当时流行的儒学、法学等。② 初：最初之本性。③ 滑：通"汨"，本意为治水，此指治。欲：情欲，情感。俗思：追求名位等世俗观念。④ 致：得到。明：明智。⑤ 蔽蒙：蒙蔽，昏庸闭塞。民：人。⑥ 恬：恬淡的性情。知：通"智"。⑦ 无以知为：无以凭借智慧行事。⑧ 交相养：相互保养。⑨ 和：德。理：道。见下句。⑩ 无不容：一切事物和谐

相容。⑪ 无不理：无不合天理。⑫ 义明：义理明白。物亲：与物相亲。⑬ 中：心中。纯实：纯朴充实。反乎情：反作用于性情。⑭ 信行：以信为行。容体：以容为体。顺：合。⑮ 偏：通"遍"。⑯ 彼此二句据杨柳桥《庄子译诂》，当作："彼而蒙己德，德正，则不冒。"蒙：蒙蔽，冒：冒尖，过分强调。

【细读】

复其初与以恬养知

这是庄子关于心性修养的一段论述。

庄子提出复初。复初，就是回复最初之本性。与复初相联系的是致明。致明，就是达于明智。怎样复初致明？庄子只说，用世俗之学来修养心性，以求回复本性，用世俗之思想治理情欲，以求达于明智，这就是蒙蔽之民。这段论述之后，庄子后面又有大段论述。他说，燧人氏伏羲氏，以及神农氏黄帝以后，开始了治政和教化，道德日益衰落，行为偏离自然之道，人们抛弃天性而遵从私心，人心与人心互相识别窥探，又添加虚浮的文辞和广博的学问，这就毁灭了质朴，淹没了天然心性，众人开始迷惑混乱。人们就无法返归他们恬淡的性情而回复他们的最初本性。

庄子的意思是俗学俗思蒙蔽了人民，治政和教化，虚浮的文辞和广博的学问，淹没了天然心性。庄子认为，要复初致明，就要去除俗学俗思，去除后来的治政和教化，去除虚浮的文辞和广博的学问。所谓俗学俗思，就是指儒学、法学等流行于世俗的思想学问，也就是他所说的虚浮文辞和广博学问。

与复初致明相联系，庄子又提出以恬养知，接着又说以知养恬，知与恬交相养。他接着有一段生而无以知为也，谓之以知养恬；知与恬交相养，而和理出其性云云的论述。这段论文纯是理论说明。倒是再接下来一段关于古代社会的描述值得注意。庄子说，古代的人，处于混沌之中，整个世界的人心态都是淡泊的，那个时候，阴阳和谐宁静，鬼神不来打扰，四时转换与节令相适宜，万物不受到伤害，所有生物不会夭折，人人都有智慧，但无处可用，那个时候，大家都逍遥无为，合于自然。这里所谓的"人虽有知，无所用之"的"知"，应该就是以恬养知的"知"。而所谓人虽有知，无所用之，还有前面所描述的世人心态淡泊，阴阳和静，鬼神不扰云云，正是以恬养知的恬。时修道之人虽有知而无所用之，心态淡泊，阴阳和静，正以恬养知，以知养恬，知与恬交相养的理想境界。当然，这也是人类本初的心态，即所谓复初致明的境界。

庄子说，一切事物都能和顺相容（德无不容），没有不合天理的（道无不理），义理明白，与物相亲（义明而物亲），内心朴实而又返归于本性（中纯实而反乎情），行为忠信，宽容仁爱，顺乎自然的文理（信行容体而顺乎文）。这正是庄子的存身之道。不论当时命还是不当时命，都能处之泰然，和顺相容，不正是德无不容吗？当时命，则返一无迹，不当时命，则深根宁极，正合于自然之道，不正是与物相亲吗？不正返归了自然本性？所谓仁、义、忠、乐、礼云云，当然庄子化了。而天下大乱，则是世俗的礼乐遍行的结果。外物是会蒙蔽自己的德性的。德性端正，就不会过分强调。过分强调，事物就会失去它的本性。

这和庄子思想有点不一样了。因此庄子特别是内七篇，是以为远古之人是无知无欲的，而这里则说远古之人虽有知无所用之。庄子主张绝圣弃知，这里却主张以恬养知。这里说，当时命则返一无迹，不当时命则深根宁极，有点儒家达则兼济天下，穷则独善其身的味道。它是吸收了儒家的某些东西。古代士人很难完全回归于庄子所说的虚无，他们需要改造，需要儒家的入世。但儒家入世，又不能离开庄子的恬淡。以恬养知，恬与知交相养，或者就是这样提出来的。

【原文】

道固不小行①，德固不小识②。小识伤德，小行伤道。故曰：正己而已矣③。乐全之谓得志④。

古之所谓得志者，非轩冕之谓也⑤，谓其无以益其乐而已矣。今之所谓得志者，轩冕之谓也。轩冕在身，非性命也⑥，物之傥来⑦，寄者也。寄之⑧，其来不可圉⑨，其去不可止。故不为轩冕肆志⑩，不为穷约趋俗⑪，其乐彼与此同⑫，故无忧而已矣。今寄去则不乐⑬，由之观之，虽乐，未尝不荒也⑭。故曰：丧己于物⑮，失性于俗者，谓之倒置之民⑯。（《庄子·缮性》）

【注释】

① 固：本业。小行：与天道相违背的琐碎行为，指仁义礼乐等。② 小识：与天行相违背的细微见识，如是非、善恶等。③ 正己：端正自己以符合大道。④ 乐全：保全纯朴的心性。⑤ 轩冕：指高官厚禄。⑥ 非性命：不是性命固有的。⑦ 傥：偶然。⑧ 寄之：犹寄者。⑨ 圉：抵御，抵挡。⑩ 肆：放纵。⑪ 穷约：穷困。⑫ 彼：指轩冕。此：指穷约。⑬ 寄：指暂寄于身的轩冕之类。去：失去。⑭ 荒：通"慌"，迷乱。⑮ 丧失自己于外物的追求之中。⑯ 倒置：本末倒置。民：人。

【细读】

不为轩冕肆志，不为穷约趋俗

这篇继续论心性修养，论心性修养的得志。

作者说，乐全之谓得志。所谓乐全，就是保全纯朴的心性。前文有言："中纯实而反乎情，乐也。"中纯实而反乎情，就是内心纯朴充实，以此心性影响外物，又反回来作用于自身的性情。

作者认为，道并不是一些细碎的行为，德也不是一些微小的见识。小的见识会伤害德，小的行为会伤害道。所以，重要的是"正己"。这里，作者显然把仁义礼乐和是非、善恶看作是小行小识，而所谓"正己"，就是端正自己的德行。端正自己的德行，重要的就是乐全，内心纯朴充实，而这就是得志。

庄子本无意改造社会。他发表了很多愤世嫉俗的言论，他把现实的一切看破了，看透了，用一种极为愤激的态度，看待现实的一切，抨击、否定现实的一切。但他无力也无意改造这个让他感到极为压抑的社会。他所关心的不是伦理和政治问题，他所关心的是作为个体，如何在这样的社会里生存，如何远害全身，如何获得身心自由和充实。这里提出的乐全和得志，就是讨论这一问题。

所以，接着他要对"得志"的内涵作一辨析。作者说，古之所谓得志者，并不是指高官厚禄，而是指无以益其乐而已。而今之所谓得志者，就是指高官厚禄。所谓无以益其乐而已，是说只要内心纯朴充实就足矣，不需要再添加其他东西。当然，包括轩冕。

为什么得志非轩冕之谓？作者进一步指出，轩冕在身，非性命也。高官厚禄并不是性命所固有的。它只是偶然来的东西，临时寄托而已。因为是寄托的东西，所以，它到来时不可阻挡，离去时也不可阻止。换句话说，为什么要摒弃高官厚禄？因为它是身外之物。在这里，性命是最重要的，轩冕等都是不重要的。庄子在很多地方提出安其性命之情的问题，说，为安性命之情，明、聪、仁、义、礼、乐、圣、智都可以不要，无为，而后安其性命之情等。这里再一次强调这一点。

所以作者提出，不为轩冕肆志，不为穷约趋俗。这里所谓不为穷约趋俗，是说不要因为穷困而趋附世俗，直接地看，就是不要追求功名利禄。所谓不为轩冕肆志，可以有两种解释。一种解释是不要因为得到了高官厚禄便放纵情志，荒淫享受。另一种解释是不要为了得到高官厚禄而放纵情志。所谓放纵情志，就是放弃纯朴充实的内心修养，让内心浮荡起利禄之心，功名之心。应该是后一种解释。因为前文说，当时命而大行乎天下，则返一无迹；不当时命而大穷乎天下，则深根宁极而待，此存身之道也。不为穷约趋俗，说的就是不当时命而大穷乎天下，则深根宁极而待；而不为轩冕肆志，说的就是当时命而大行乎天下，则返一无迹。

不论有条件追求轩冕，还是不当时命，只有穷约，都不改纯朴充实之性，因此作者说，其乐彼与此同，不论轩冕和穷约，都相同，都没有差别，都是乐。乐，当然没有忧。因此无忧而已矣。既然轩冕和穷约都一样，作为临时寄托的轩冕离去了，就感到不乐，这样看来，即使他得到轩冕，一时感到快乐，也是心慌意乱。这是因为丧己于物，失性于俗，为外物，为世俗而丧失自己的真性本性，这是倒置之民。轩冕在身，非性命也，性命才是最重要的，而现在把轩冕看得高于性命，当然是倒置。

内心怎样纯朴充实？怎样才是乐全得志？从上一篇《刻意》来看，应该是不与物交，心不忧乐，静一不变。从忧患不能入，邪气不能袭，不为外物所役来看，它是虚，它是清，不纯粹。也就是心斋所谓的虚以待物。但是从道德的修养来看，则充实。

庄子的这一思想，影响了后世的养生之论。嵇康的《养生论》和《答难养生论》就说："故得志者，非轩冕也，有至乐者，非充屈也。"又说："以大和为至乐，则荣华不足顾也，以恬澹为至味，则酒色不足钦也。"又说："不以荣华肆志，不以隐约趋俗，混乎与万物并行，不可宠辱，此真有富贵也。"

【原文】

河伯曰[①]："然则吾大天地而小毫末[②]，可乎？"北海若曰[③]："否。夫物，量无穷[④]，时无止[⑤]，分无常[⑥]，终始无故[⑦]。是故大知观于远近[⑧]，故小而不寡[⑨]，大而不多[⑩]，知量无穷[⑪]。证向今故[⑫]，故遥而不闷[⑬]，掇而不跂[⑭]；知时无止，察乎盈虚[⑮]，故得而不喜，失而不忧，知分之无常也[⑯]。明乎坦涂[⑰]，故生而不说[⑱]，死而不祸[⑲]，知终始之不可故也[⑳]。计人之所知[㉑]，不若其所不知；其生之时，不若未生之时；以其至小，求穷其至大之域[㉒]，是故迷乱而不能自得也。由此观之，又何以知毫末之足以定至细之倪[㉓]？又何以知天地之足以穷至大之域！"（《庄子·秋水》）

【注释】

① 河伯：河神，传姓冯名夷。② 大：以……为大。小：以……为小。③ 北海若：海神名。

④ 量：容积。⑤ 止：止境。⑥ 分：分际，界限。⑦ 故：通"固"，固定。⑧ 知：通"智"。大知：得道的人。⑨ 寡：小。⑩ 多：大。⑪ 量：物量。⑫ 向今：犹今昔。故：事。⑬ 遥：远，长。闷昧。⑭ 掇：拾取。跂：通"企"，不跂，不可企及，意为不可捉摸。⑮ 察：看清楚。盈：满。虚：空。⑯ 分：指得失的界限。⑰ 坦途：大道。⑱ 说：通"悦"。⑲ 不祸：不认为是灾祸。⑳ 故：通"固"，定。㉑ 计：比。㉒ 穷：至。㉓ 倪：界限，标准。

【细读】

知量无穷，分之无常

这是北海若与河伯的对话。前节写秋天涨水，百川灌河，河伯欣然自喜，以天下之美为尽在己，但到了北海，见一片汪洋，于是感叹。北海若有一番井蛙不可以语于海，天下之水莫大于海，就好像小石小木之在大山，中国之在海内，不过像一粒米在太仓之中的话。接着就有这一段对话。

既不能以大海为大，因为还有更大的天地。但又不能以天地为大，以毫末为小（大天地而小毫末），因为小的看来不小，大的看来不大（小而不寡，大而不多）。这很有点《齐物论》"天下莫大于秋毫之末，而太山为小；莫寿于殇子，而彭祖为夭"的味道。

不过，《齐物论》更多的是思辨，而《秋水》更多地带有经验论的色彩。为什么小而不寡，大而不多，因为大智慧的人无论远近都观察（大知观于远近），因此小的从近处看来不小，大的从远处看来不大（小而不寡，大而不多）。就像金星和地球差不多大小，地球有 49 个月球那么大，金星比月球大多了，但月亮离我们近，所以看上去不小；金星离我们远，所以看上去不大。

它着眼于时空的无限性。作者看来，一个事物，它的容积是无法穷尽的（量无穷），在时间上是没有止境的（时无止），当然，它的界限不是永恒的（分无常），它的终结和开始也是不可固定的（终始无故）。庄子很多地方有过不可知论。事物为什么不可知，庄子给出的理由各式各样，事物不断变化，没有界限，等等。这里也给出理由，则时空无限。人们所知晓的事物，总是不如他所不知道的多（计人之所知，不若其所不知）。人的生命是短暂的，他所生存的时间，总不如他不是活着的时间长（其生之时，不若未生之时）。由此推断，以他极其有限的生命，试图穷尽无限广大的知识领域，只能迷乱而丧失自我。也由此推断，怎么能知道毫毛的末梢就足以确定为最小的限度，天地就足以穷尽最大的领域？

这似乎吸收了名家的东西。《管子》早就说过，道在天地之间也，其大无外，其小无内。惠施也说，至大无外，谓之大一，至小无内，谓之小一。他们试图论证宇宙的无限性。最大的东西没有外围。任何有限的大都"有外"，而"无外"意味着无限大，大到极点就是无限大。这是宏观世界的无限性。最小的东西没有内核，不可再分小，无物可居其内，最小的东西是不能量度的，能量度就是"有内"，"无内"就是无限小。

当然，庄子最终是要说明它的人生哲学，它也确实给人们以人生的启示。

切身的事情，看似小，却影响大。门前修路，直接影响你出行。空调出了毛病，天热受不了。菜涨价，直接影响你消费。远处的事，看似大，其实关系不大。美国洪水，南美洲大地震，印度洋海啸，离你那么远，跟你有什么关系？这不是小而不寡，大而不多吗？

生活中，得到了就一定是好事吗？历史上，开国功臣，功成名就，高官厚禄，权势显赫，后来怎么样呢？有很多被杀害！大学毕业，在北京找到一份工作，但是怎么样呢？房价那么贵，生活消费那么高！失去了就一定不好吗？历史上，一些人功成身退，虽然失去了令人羡慕的权势，但是逃脱宫廷倾轧，远祸全生，得以颐养天年。毕业分配，虽然在二三线城市工作，但干净宁静，环境幽美，消费不高，过过小日子，不是很好？塞翁失马，安知非福，塞翁得马，安知非祸？生活中不正需要得而不喜，失而不忧吗？

古今的很多事，远古时代的就一定不明白？近在眼前的事就一定很清楚吗？未必。玄武门事变，安史之乱，可能比较清楚。美国"9·11"事件，苏联解体，弄清楚了吗？这不是遥远的事情并不隐晦，近在眼前的事情无法捉摸（遥而不闷，掇而不跂）吗？

当然，还有活着并不喜悦，死亡不认为是灾祸（生而不说，死而不祸）。

这一切，不都说明物的数量是无法穷尽的，事物的界限不会恒久（知量无穷，分之无常）吗？

【原文】

河伯曰："世之议者皆曰：'至精无形①，至大不可围。'是信情乎②？"北海若曰："夫自细视大者不尽③，自大视细者不明。夫精，小之微也④；垺⑤，大之殷也⑥：故异便⑦，此势之有也⑧。夫精粗者，期于有形者也⑨；无形者，数之所不能分也；不可围者，数之所不能穷也。可以言论者，物之粗也；可以意致者⑩，物之精也；言之所不能论，意之所不能察致者，不期精粗焉。是故大人之行⑪，不出乎害人，不多仁恩⑫；动不为利⑬，不贱门隶⑭；货财弗争，不多辞让；事焉不借人，不多食乎力⑮，不贱贪污⑯；行殊乎俗，不多辟异⑰；为在从众⑱，不贱佞谄⑲；世之爵禄不足以为劝⑳，戮耻不足以为辱㉑；知是非之不可为分，细大之不可为倪㉒。闻曰：'道人不闻㉓，至德不得，大人无己。'约分之至也㉔。"（《庄子·秋水》）

【注释】

① 至精：最精细的东西。② 信：实，实际。③ 不尽：不见尽头。④ 小之微：小中的微小。⑤ 垺：同"郭"，本指外城墙，喻宏大的领域。⑥ 殷：盛大。⑦ 便：能辨，异便，分别。⑧ 势：自然的形状。⑨ 期：待，依赖。⑩ 意致：意识到，通过思维认识到。⑪ 大人：得道的人。⑫ 多：赞美。⑬ 利：对他人有利。⑭ 贱：鄙视。门隶：守城门的仆隶，此泛指地位低下的人。⑮ 食乎力：自食其力。⑯ 贪污：贪婪而卑劣。⑰ 辟：通"僻"，辟异：乖僻新异。⑱ 从众：跟从于众人，即随俗。⑲ 佞谄：花言巧语向人献媚。⑳ 劝：勉励。㉑ 戮耻：刑罚，耻辱。㉒ 倪：标准，引申为度量。㉓ 不闻：不为人所闻。㉔ 约：心敛，缩小。分：分别。

【细读】

不期精粗

庄子仍是就事物的大小精粗展开论述。

不过，前面说知量无穷，分之无常，这里则说，由于看问题的角度不同，对事物的看法也不同。河伯借世之议提问：最精微的东西没有形状，最大东西没法包围。这是实际情形吗？北海若回答，从细小的角度来看巨大的事物，是没有尽头的，从巨大的角度来看细小的事物，则无法看清。这让人联想到老子大象无形，大音希声，《庄子·齐物论》中物无非彼，物无非是，因是因非，因非因是的说法，但似乎多了一点实证，少了一些缥缈的思辨。在《秋水》这里，小还是小，大还是大，夫精，小之微也；垺，大之殷也，还是有区别（故异便）。并且认为这是自然的形状（此势之有也）。这与《齐物论》的无大无小，无是无非是不一样的。

这里值得注意的，是就事物和对事物的认识提出的三个层次。

就事物来说，第一个层面是有形，第二个层面是无形，第三个层面是不可围。有形是可以区别精粗，精粗者，期于有形者也。无形是至精者，前面说过，至精无形。

因为至精至微，所以，用普通的数字没有办法再区分：数之所不能分也。不可围者，则是至大，前面说过，至大无围。因为至大不可围，所以，用普通数字没有办法穷尽：数之所不能穷也。

更重要的，是对事物的认识。也是三个层面。可以言论者，物之粗也；可以意致者，物之精也；言之所不能论，意之所不能察致者，不期精粗焉。

这里又讲到精粗。不过已不同于前面所说的精粗。前面所说的精粗，都是期于有形者，而这里则说，只有物之粗才可以言论。它所说的是可以言论。事物上，不论是普通视力可见的有形事物，还是普通视力不可见的至细至大事物，都是可以言论者。所谓数之所不能分的无形，只是普通视力不可见而已。很多原来以为无形的东西，用现代科技的手段，比如用显微镜，其实都可以见其形状。而这些，都是可以言论的。

在这个层面之上，才是可以意致者，才是物之精也。这里可以意致云云，当然容易想到《天道》篇所说的意之所随者，不可言传也。但这里似乎不仅仅是可不可以言传的问题，而在于可以"意致"的问题。所谓"意致"，应该是一般人的意识可以达到。或者可以说，这是一个理论的层面，一个可以通过逻辑思辨而达到的层面。比如一棵树，你可以直接说，它有多高，一片绿色。但你要从生物学的角度说明它的生长规律，这是事物更为精细的层面，这不是一般的语言可描述，而是可以"意致"者。

也因此，还有一个层面。意之所不能察致者，不期精粗焉。这里说的是不期精粗，就是说，不论精与粗，都无限制。笼括精粗，又超越精粗。这里说的又是意之所不能察致者，所谓意之所不能察致者，就是无法通过一般的逻辑思辨，一般的想象，一般的意念，把握它的存在，探究它的面貌。

这第三个层面，当然就是道的境界。不论老子还是庄子，道都是统摄、作用于一切事物的统一的最高的本体。不论自然，还是社会，当然还有人生。统摄一切，老子因此名道为大，说，道大，天大，地大，人亦大。庄子因此说，道无所不在。统摄一切，无所不在，当然不期精粗。《庄子·天道》篇说，夫道，于大不终，于小不遗，故万物备，说的正是不期精粗。

至道之精，窈窈冥冥，无形无声，因此不能学，只能闻之于疑始，得之于象罔，只能守宗，心斋，坐忘，进入无知无欲，虚以待物的境界。心斋，坐忘，虚以待物，当然意之所不能察致。

这里值得注意的，还是庄子提出的处世态度。他说，得道的人，既不想害人，也不会赞美仁慈恩德；行为不求有利他人，但也不会看不起仆隶这样地位低下的人；不去争夺财物，但也不赞赏推辞谦让的行为；做事不借助于他人，但也不赞美自食其力，不鄙视贪婪而卑劣的人；行为与世俗不同，但也不赞成过于标新立异；行为随从大众，但也轻视巧言献媚的人；世上的高官厚禄不足以打动他的心；刑罚耻辱也不会感到羞辱。

行事处处把握一个度。庄子说，是因为是与非不可区分，细和大没有界限。但凡事合理调节，总让人想到孔子的乐而不淫，哀而不伤，想到他的中庸。离庄子内篇的彻底的无差别，总差那么一些味道。

【原文】

以道观之，物无贵贱；以物观之，自贵而相贱；以俗观之，贵贱不在己。以差观之，因其所大而大之，则万物莫不大；因其所小而小之，则万物莫不小。知天地之为稊米也，知毫末之为丘山也，则差数睹矣①。以功观之②，因其所有而有之，则万物莫不有；因其所无而无之，则万物莫不无。知东西之相反而不可以相无，则功分定矣③。以趣观之④，因其所然而然之，则万物莫不然；因其所非而非之，则万物莫不非。（《庄子·秋水》）

【注释】

① 差数：差别的分寸。② 功：功效。③ 功分：功效的程度。④ 趣：通"趋"，趋向。

【细读】

以道观之，物无贵贱

这是河伯与北海若的又一段对话。河伯问北海若，这些事物的外在表现，这些事物的内在特质，依据什么来确定它们的贵贱呢？依据什么来确定它们的大小呢？于是北海若有了这一段回答，这一段回答之后，还举出一大串例证。

看事物要有不同的角度。如庄子所说，贵贱的问题，从道的角度来看，事物无所谓贵贱。但从事物自身来看，总是觉得自己很高贵，而鄙视别人。从世俗的观点来看，事物的贵贱都不在自己。从事物的差别来看，如果认为从大的角度认为它是大的，那么万物没有不是大的。如果从小的角度认为它是小的，则万物没有不是小的。我们因此知道天地也不过是一粒米，知道毫毛末梢就是一座山丘。从功效来看，从它有用的角度来认为它有用，那么万物没有不是有用的。从它无用的角度认为它没有用，那么万物没有不是没有用的。知道东和西只是方向相反，不可能只有东而没有西，或者只有西而没有东。这样，事物功效的分寸就清楚了。从事物的趋向来看，根据它正确的一面来肯定它，那么万物没有不值得肯定的；根据它错误的一面来否定它，那么万物没有不可以否定的。

在我们生活中也同样如此。修大坝，从水利灌溉的角度来看，是好事，但从生态平衡的角度看，却可能影响甚至破坏环境。下放基层，从眼前来看，可能不好，因为生活艰苦，可能影响一时的晋升，但从长远看来，却是好事，既得到了锻炼，又积累了基层工作经验，为以后的长远发展奠定了基础。土鸡放到山地野外散养，不如室内饲养长得快，出栏率出蛋率不高，但肉蛋品质好，可能销路会更好。

一切因时而异。尧舜禅让则称帝，之噲禅让则国几亡。商汤王周武王用武力相争则称王，楚平王之孙白公胜被召回国，争夺权力，最终被镇压，逃至山中，上吊自杀。同是禅让继权，若违背时俗，就是篡权，若顺乎时俗，则是仁义。

应当物尽其材。不要用梁栭去塞鼠穴，也不要用骐骥骅骝去捕鼠。历史和现实也是这样。陈平善于理政，韩信善于领兵，因此不能让陈平领兵，韩信理政。要看到自己的长处。有一教授，被打成右派，下放到工厂做工，当然有如用梁栭去塞鼠穴，用骏马去捕鼠一样。他所长在数学，后来在国际数学杂志发表论文，调到高校，成了名教授。你善于经商，而不善于行政，就不一定非要死守着机关，等着科长处长一级级爬升，不妨辞职下海，那里或许更能施展你的才干。

所以，如庄子说的，以道观之，物无贵贱；因其所大而大之，则万物莫不大；因其所小而小之，则万物莫不小。

【原文】

河伯曰："然则我何为乎，何不为乎？吾辞受趣舍①，吾终奈何？"北海若曰："以道观之，何贵何贱，是谓反衍②；无拘而志③，与道大蹇④。何少何多，是谓谢施⑤；无一而行⑥，与道参差⑦。严乎若国之有君⑧，其无私德；繇繇乎若祭之有社⑨，其无私福；泛泛乎其若四方之无穷⑩，其无所畛域⑪。兼怀万物⑫，其孰承翼⑬？是谓无方⑭。万物一齐，孰短孰长？道无终始，物有死生，不恃其成⑮。一虚一满，不位乎其形⑯。年不可举⑰，时不可止。消息盈虚⑱，终则有始⑲。是所以语大义之方⑳，论万物之理也。物之生也，若骤若驰，无动而不变，无时而不移，何为乎，何不为乎？夫固将自化㉑。"（《庄子·秋水》）

【注释】

① 辞：拒绝。受：接受。趣：通"趋"，进取。舍：放弃。② 衍：通"延"。反衍：向相反方向发展。③ 无：通"毋"。拘：固守。而：你。④ 蹇：阻塞，引申为抵触。⑤ 谢：代谢之谢，衰落，减少。施：移，转。⑥ 无：通"毋"。一：与拘对举互文，执一、固守之意。⑦ 参差：不齐，不相符合。⑧ 严：通"俨"。严乎，俨然，庄重的样子。有：语助词。⑨ 繇繇：通"悠悠"，自得的样子。社：土地社。⑩ 泛泛乎：广阔的样子。⑪ 畛域：范围，界限。⑫ 怀：容。⑬ 孰：谁。承：受。翼：庇护。⑭ 无方：没有定见。⑮ 恃：依赖。成：形态。⑯ 位：守。形：形态。⑰ 年：指未来的岁月。举：提取。⑱ 消：消亡。息：生息。盈：满。⑲ 有：又。⑳ 大义之方：大道的方向。㉑ 固：本来。自化：自行变化。

【细读】

固将自化

这是讨论人生应该怎么办。如河伯所问，既然如此，那么，我应该做什么，不做什么？我推辞什么，接受什么？取用什么，舍弃什么？我应该怎么办？

庄子借北海若的回答是，固将自化。

为什么固将自化？因为万物齐一。从道的观点来看，无所谓贵，无所谓贱，这叫作向相反方向演化。无所谓多，无所谓少，这叫作代谢转换。万物都是一样的，分不清哪个是长，哪个是短。既然万物齐一，你做任何事情，就无所谓对，无所谓错，你说它做得对，它就做得对，你说它做得错，它就做得错。万物自行变化而已。

之所以固将自化，还因为事物处于不断变化之中。消息盈虚，有消亡，有生息，刚刚消亡，施又生息。有盈满，又有虚空。刚刚盈满，顷刻虚空。终则有始。有终止，又有开始，刚刚终止，马上开始。万物的产生，就像快马奔驰一样，没有哪次运动不在变化，没有哪个时刻不在移动。既然万物处于不断变化之中，你不可能也不应该阻止事物的变化，而应该任其自化。

什么叫自化？就是顺应自然的变化。具体来说，是无拘而志，就是说，不要固守你的心志，否则就与道大蹇，与大道严重抵触。所谓固守心志，就是固守或贵或贱的界限，固守哪些事该做，哪些事不该做，就是不顺应自然的变化。无一而行，就是说，不要固执地行事，不要死心眼，不要只有一个心眼，凡事只能这样做，不能那样做。固执行事，就会与道参差，即与大道不相符合。

庄子还说，要庄重严肃，好像一国之君，没有偏私的行为；要悠闲自得，好像受祭的土地神，不会对谁偏袒；广阔无边，像天地四方一样无穷无尽，没有固定的界限。对万物兼容并包，没有谁受到特别的奉承和庇护，这叫没有固定的方向。这里重要的是无私德，无私福，无所畛域，无方。所谓无私德、无私福、无所畛域、无方，就是做事不要偏私于固执于某一方面。不要以为物就是彼，要想到物同时也是是。不要以为你说的就是可，要想到它同时还是不可，不要以为只有像人这样睡在房间床上才是舒服的，要想到猴子住在树上，泥鳅住在泥地里，也是舒服的。不要以为只有坐在办公室工作才是最好的，要想到有时到农村，到基层去工作也是很好的。不要以为只有读北大清华，学最时兴的专业才是有前途的，有时读二流甚至三流大学，学一般的专业，也是很有前途的。万物固将自化，这个时候，只能无私德、无私福、无所畛域、无方，只能顺其自然，当你只考取二流甚至三流大学，只能报考学一般专业时，你硬要有私德，有私福，有所畛域，有方，非北大清华不读，很可能更会耽误你的前程。当领导安排你到基层工作时，你非赖在办公室不走，很可能也会影响你的发展。这个时候，不能固守你的心志，不能固执地行事，不能有私德、私福，不能有所畛域。最好的办法，就是自化，顺应自然变化。

万物齐一思想，为后人所接受。比如魏晋玄谈和写玄言诗的人们。比如嵇康的《四言赠兄秀才入军诗》中就写道："流俗难悟，逐物不还。至人远鉴，归之自然。万物为一，四海同宅。"谢安的《兰亭诗》中写道："万殊混一理，安复觉彭殇。"孙统的《兰亭诗》中写道："茫茫大造，万化齐轨。罔悟玄同，竟异摽旨。"王羲之作诗："大矣造化功，万殊莫不均。群籁虽参差，适我无非亲。"

至于自化，是老子最早提出来的。老子说："道常无为而无不为，侯王若能守之，万物将自化。"后人特别是魏晋玄学家们也接受了这一思想。阮籍的《通老论》中就说："道者，法自然而化，侯王能守之，万物将自化。"向秀注《庄子》，说："吾之生也，非吾之所生，则生自生耳。……吾之所化，非物之所化，则化自化耳。"向秀提出逍遥义的思想基础，是万物自生说。因为万物自生，所以万物只要各任其性，各当其分，就可以逍遥。郭象提出自生之说。他注《庄子》，说："然则生生者谁哉？块然而自生耳。"又说："窈冥昏默，皆了无也。夫庄老之所以屡称无者，何哉？明生物者无物而物自生耳。"又提出独化之说。还说："凡得之者，外不资于道，内不由于己，掘然自得而独化也。夫生也难也，犹独化而自得之矣。"

【原文】

蘷怜蚿^①，蚿怜蛇，蛇怜风，风怜目，目怜心。蘷谓蚿曰："吾以一足趻踔而行^②，予无如矣^③。今子之使万足，独奈何？"蚿曰："不然^④。子不见夫唾者乎^⑤？喷则大者如珠，小者如雾，杂而下者不可胜数也。今予动吾天机^⑥，而不知其所以然。"

蚿谓蛇曰："吾以众足行，而不及子之无足，何也？"蛇曰："夫天机之所动，何可易邪^⑦？吾安用足哉！"

蛇谓风曰："予动吾脊胁而行，则有似也^⑧。今子蓬蓬然起于北海^⑨，蓬蓬然入于南海，而似无有，何也？"风曰："然。予蓬蓬然起于北海而入于南海也，然而指我则胜我，鰌我亦胜我^⑩。虽然，夫折大木，蜚大屋者^⑪，唯我能也，故以众小不胜为大胜也^⑫。为大胜者，唯圣人能之。"（《庄子·秋水》）

【注释】

① 蘷：独脚兽，形似牛而无角。怜：羡慕。蚿：马蚿，多足的虫，俗称百足。② 趻踔：跳跃而行的样子。③ 无如：没有能力。④ 不然：指万足并非是使的。⑤ 唾：口含水而喷之。⑥ 天机：本能，天生的机能。⑦ 易：交换。⑧ 有似：似有，好像有脚一样。⑨ 蓬蓬然：风吹动的样子。⑩ 鰌：通"踏"，踏，踩。⑪ 蜚：通"飞"，刮飞。⑫ 众小：各种事物。众小不胜：不胜众小。

【细读】

众小不胜为大胜

这是一则很奇特的寓言。

说是独脚兽蘷羡慕多足虫蚿，蚿羡慕蛇，蛇羡慕风，风羡慕目，目羡慕心。蘷对蚿说：我用一只脚跳跃着行走，都没有能力带动它。现在你要用一万只脚，你觉得怎么样？蚿说：不是这样的。你没有见过含着水喷吗？喷出来的水，大的如珠子，小的如雾气，夹杂着落下来的不计其数。现在我用我天生的机能，并不知道为什么能这样。蚿对蛇说：我用很多脚行走，不如你没有脚走得快，这是为什么呢？蛇说：这是天生机能的动作，怎么可以交换呢？我哪里用得着脚？蛇对风曰：我运动我的脊骨和肋骨行走，好像有脚一样。现在你呼拉拉地从北海吹起，又呼拉拉地吹入南海，好像什么也没有，这是为什么？风说：对。我呼拉拉从北海吹起，又吹入南海，但是，若有人指着我就能胜过我，若有人踩踏我，就能胜过我。虽然如此，但是折断大树，刮飞大屋子，只有我能做得到。作者最后说，因此，不能胜过各种事物，就能无所不胜而为大胜。为大胜，只有圣人能够做到。

这里写了几个事物，即夔、蚿、蛇，风、目、心。这几个事物，都各有特点。夔一足而行，蚿多足而行，蛇无足而行，风无形而行，各有特点。因此夔羡慕蚿多足而行，蚿又羡慕蛇无足而行，蛇又羡慕风无形而行。风又自感不足，因为有人指着它，踩踏它，就能胜过它。

任何事物都各有特点，各有所长，也就各有所短。如果只关注于此，那么，你就永远只会羡慕别人，就像夔怜蚿，蚿怜蛇，蛇怜风，风怜目一样。但是，在庄子看来，这只是小胜。夔不如蚿多足而行，蚿不如蛇无足而行，蛇不如风无形而行，这只是小胜。而庄子所追求的是大胜。

什么是大胜？大胜就是任其天机所动，任其自然。一切事物都是出于自然，都是天机，都不知其所以然。比如含一口水喷出去，大者如珠，小者如雾，杂而下者不可胜数，这不是自然形成的吗？夔一足而行，蚿多足而行，蛇无足而行，风无形而行，这不是自然形成的吗？

万物皆自然，各有所长，亦各有所短，因此，不必互相羡慕，无须夔怜蚿，蚿怜蛇，蛇怜风，风怜目，而应该任天机之自然。如郭象注所说的："至人知天机之不可易也，故捐聪明，弃知虑，魄然无为，而任其自动。故无动而不逍遥，恣其天机，无所与争，斯小不胜也。乘万物，衔群才，使才各自得，物各自为，而天下莫不逍遥。"虽不胜众小，却任其自然，莫不逍遥，所以说众小不胜为大胜。

这里，需要的是捐聪明，弃知虑。所谓天机，就是无心无欲。也可能因此，作者开头虽写风怜目，目怜心，但后面对目和心却不着一字。这或者是因为，不见之见言目，无心之心言心。

要之，不求胜于众小，而求任其自然，任万物之自然，超脱于物外方能主宰万物，这就是大胜，这就是众小不胜为大胜。

既然如此，我们在生活中，是不是还要斤斤计较于一点一滴的得失呢？是不是还老觉得自己这也不如别人，那也不如别人呢？

【原文】

公孙龙问于魏牟曰①："龙少学先王之道，长而明仁义之行，合同异，离坚白；然不然，可不可②；困百家之知，穷众口之辩③；吾自以为至达已④。今吾闻庄子之言，汒焉异之⑤。不知论之不及与⑥，知之弗若与？今吾无所开吾喙⑦，敢问其方⑧。"公子牟隐机太息，仰天而笑曰："子独不闻夫埳井之鼃乎⑨？谓东海之鳖曰：'吾乐与！吾跳梁乎井干之上，入休乎缺甃之崖⑩；赴水则接腋持颐⑪，蹶泥则没足灭跗⑫；还虷蟹与科斗⑬，莫吾能若也⑭。且夫擅一壑之水⑮，而跨跱埳井之乐⑯，此亦至矣⑰，夫子奚不时来入观乎⑱！'东海之鳖左足未入，而右膝已絷矣⑲。于是逡巡而却，告之海曰⑳：'夫千里之远，不足以举其大㉑；千仞之高，不足以极其深㉒。禹之时十年九潦，而水弗为加益㉓；汤之时八年七旱，而崖不为加损㉔。夫不为顷久推移，不以多少进退者㉕，此亦东海之大乐也。'于是埳井之鼃闻之，适适然惊，规规然自失也㉖。且夫知不知是非之竟㉗，而犹欲观于庄子之言，是犹使蚊负山，商蚷驰河也㉘，必不胜任矣。且夫知不知论极妙之言㉙，而自适一时之利者，是非埳井之鼃与？且彼方跐黄泉而登大皇㉚，无南无北，奭然四解㉛，沦于不测㉜；无东无西，始于玄冥，反于大通㉝，子乃规规然而求之以察，索之以辩㉞，是直用管窥天，用锥指地也㉟，不亦小乎？子往矣！且子独不闻夫寿陵馀子之学行于邯郸与㊱？未得国能，又失其故行矣㊲，直匍匐而归耳㊳。今子不去，将忘子之故，失子之业。"公孙龙口呿而不合㊴，舌举而不下，乃逸而走㊵。（《庄子·秋水》）

【注释】

① 公孙龙：战国时赵人，著名的名家。魏牟：魏国公子，故又称公子牟。② 合同异，离坚白：公孙龙子主"离坚白"，《墨经》中有"坚白同异"的理论。然不然，可不可：把不对的说成对的，把不可的说成可以。这都是战国时的名辩论题。③ 困百家之知：难倒百家的论辩。辩：口才。穷众口之辩：使众人的口才都无法施展。④ 至达：最通达。⑤ 汒：通"茫"。异之：感到惊异。⑥ 论：谈论。与：通"欤"。⑦ 喙：嘴。句谓无法开口。⑧ 方：术，办法。⑨ 埳：通"坎"，埳井：浅井。⑩ 跳梁：同"跳踉"，即跳跃。井干：井栏。休：止。缺甃之崖：砖头脱落的井壁破洞。⑪ 接、持：托住。接腋持颐：水把井蛙的两腋和脸颊托住。⑫ 蹶：踏。没、灭：埋没。跗：脚背。⑬ 还：回顾。虷：蚊蛤之类。科斗：即蝌蚪。⑭ 莫吾能若：没有谁能像我一样。⑮ 擅：独占。壑：此处之坑。⑯ 跨跱：又开腿站立。⑰ 至：最大的快乐。⑱ 夫子：你，指东海之鳖。时：时时，经常。⑲ 絷：绊住。⑳ 逡巡：迟疑的样子。告之海：把大海的情况告诉井蛙。㉑ 举：称，形容。㉒ 极：最大限度地了解。㉓潦：同"涝"，雨大水淹。加益：越来越多，指水位上涨。㉔ 崖：通"涯"。指水边。损：减。加损：越来越少。㉕ 顷：暂时。推移：改变。多少：雨水多少。进退：水位升降。㉖ 适适然：惊惧的样子。规规然：局促的样子。㉗ 竟：通"境"。㉘ 商蚷：即马蚿。㉙ 极妙之言：指庄子高论。㉚ 跐：踩，踏。黄泉：地下较深处的水。大皇：天之高处。㉛ 奭然：无所阻碍的样子。四解：四通八达。㉜ 沦：渗入。不测：不可测量的深处。㉝ 始：开头。玄冥：微妙的境界。

反：通"返"。大通：无所不通的境界。㉞ 子：指公孙龙子。乃：却。规规然：拘泥的样子。察：细看。索：求。辩：善辩。㉟ 是：此。直：但，仅仅。管：竹管。指地：点着地而量。㊱ 寿陵：地名，燕国的一个城市。余子：未成年的少年人。学行：学步。邯郸：赵国都城。与：通"欤"。㊲ 国能：国都人走路的技能。故行：原来行路的本领上。㊳ 直：只能。匍匐：爬行。㊴ 呿：口张开的样子。口呿而不合：惊呆得张口结舌。㊵ 逸：逃。走：跑。

【细读】

不可用管窥天，用锥指地

这是公孙龙与魏牟的一段对话。

说是公孙龙问魏牟：我年轻的时候学习先王的道术，长大以后明白仁义的行为，能够融合同异之论，分析坚白之理，把不正确的说成正确的，把不可以的说成可以的，困住百家的智慧，穷尽众多善辩高手的口才，自以为最通达了，但今天听到庄子的言论，感到迷茫又惊异，不知是我的论辩不如他呢，还是我的智慧不如他？现在我无法开口说话，请问有什么办法？

说是公子牟倚靠着桌子一声长叹，仰天大笑说：你难道没有听说过浅井里的蛙的故事吗？那蛙对东海的大鳖说：我真是快乐啊！出来，就在井栏上跳来跳去，进去就在井壁那破甃一样的小洞里休息，游在水里，那水就接着我的两腋，托着我的两腮，踩在泥中，那泥就埋没了我的脚脖和脚面，回头看看那些蚗蛤、螃蟹和蝌蚪，它们都赶不上我。而且我独占着这一洼水，享受这浅井之乐，这已经是最大的快乐了。你何不进来看一下呢？但是那东海之鳖左脚还没有跨入，右腿已经被绊住了。于是退缩回去，把大海的情形告诉它，说：千里之远，不足以比拟它的阔大，千仞之高，不足以探究它的深度。夏禹的时候，十年中有九年涨洪水，但海中的水没有增加。商汤的时候，八年中有七年大旱，但是海岸没有因此而减少。海不会因为时间短暂和长久而改变，也不会因为水多水少而进或退，这是东海的大快乐。那浅井中的蛙听了之后，大吃一惊，局促不安，失去了刚才的豪气。

公子牟接着说，你的智力还不足以明白是非的界限，却想探究庄子的学问，这就好比要让蚊子负一座山，让只能在陆地上生活的马蚿去游过大河，一定胜任不了。而且你的智慧不足以了解极其微妙的言论，却去追求一时之利，这不正像那浅井中的蛙吗？庄子的理论，下踩着深处的黄泉，上登到高处的苍天，不分南北，四通八达，迈进到不可测度的境地。不论从东还是西，都能从微妙的境界开始，到达无所不通的境界。你却拘泥地用明察的办法去探求它，用争辩的方法去追索它，这是用竹管来看天，用锥子点着来丈量地，不是太渺小了吗？你请回吧！你没有听说过寿陵少年邯郸学步的故事吗？不但没有得到赵国国都人们走路的技巧，而且连他原来走路的方法都忘记了，只有爬着回去。若今天你不离去，你也要忘记你原来的本领，丧失你的旧业。

公子牟说到这里，公孙龙惊讶得张着嘴巴合不下去，翘起的舌头落不下来，于是赶紧跑走了。

从这则寓言中，我们体会到什么呢？我们体会到，庄子学说博大精深。公孙龙子是战国时著名的诡辩家，他能够融合同异之论，分析坚白之理，以致百家的智慧，众多善辩的高手，都败于公孙龙子手下。但跟庄子相比，公孙龙子不过是浅井之蛙，是蚊虫，是马蚿，庄子则是深广千里的大海，是高山，是长河。

我们还体会到，对庄子思想不能用寻常的思维方式去理解。公孙龙子所长在逻辑，他分析坚白之理，以为视觉只能看到石头的白色而看不到坚硬，触觉只能摸到坚硬而摸不到白色，因此，坚和白是分开的。他把不正确的说成正确的，把不可以的说成可以的，靠的是诡辩，而诡辩靠的是严密的逻辑。但庄子思想是一个无端崖的境界，它无南无北，四通八达，深不可测；无东无西，从玄冥开始，而反归于大通。这样的境界，不能靠寻常的逻辑。如果不了解庄子特有的思想特点，就不能真正体会庄子的思想。不了解庄子，而欲学庄子，很可能就如寿陵之子，邯郸学步，未及入门，而失去本性。

怎么学庄子，这里没有具体说。但是其他篇有阐述。它不能靠概念推理，逻辑论辩，而纯然是直觉感悟。当你心斋坐忘，当你守其一而处其和，当你守其真性而外天下外物外生死，当你无视无听，抱神以静的时候，或者你就进入到庄子那大海一般深广莫测的境界。

【原文】

庄子钓于濮水①，楚王使大夫二人往先焉②，曰："愿以境内累矣③！"庄子持竿不顾④，曰："吾闻楚有神龟⑤，死已三千岁矣，王巾笥而藏之庙堂之上⑥。此龟者，宁其死为留骨而贵乎⑦，宁其生而曳尾于涂中乎⑧？"二大夫曰："宁生而曳尾涂中。"庄子曰："往矣！吾将曳尾于涂中。"（《庄子·秋水》）

【注释】

① 濮水：河名，在今山东濮县。② 楚王：楚威王。先之：先用非正式的方式传达楚王的意思。③ 境内：国境内的事务，指国政。累：辛苦，麻烦，指请庄子为相。④ 竿：钓竿。不顾：不回头，不理睬。⑤ 神龟：龟壳用于占卜，决事神灵，故称神龟。⑥ 笥：小竹箱。巾笥：用竹箱装起来，再用巾包裹。庙堂：宗庙的大堂。⑦ 宁：宁可。留骨而贵：留下骨壳被人珍重。⑧ 曳：拖。涂：泥。

【细读】

宁生而曳尾涂中

《史记·老庄申韩列传》中记有楚威王闻庄周贤，派使者带着重礼聘请他为相的事。这则所记当为真实之事。

楚王请庄子为相，把国内的事托付给他（以境内累焉），庄子为什么手持钓竿，头也不回？有惧祸的原因。他讲了神龟的故事。神龟为占卜而用，虽然用竹箱装着，再用巾包裹，被人恭恭敬敬地供奉在庙堂之上，但毕竟已经死了。

历史上，身居高位因而遇祸的数不胜数。在位时，君主要用他们，对他们都很恭敬，一旦失势，就难免被害。越王勾践手下的大夫种怎么样？当勾践卧薪尝胆时，大夫种对勾践忠心耿耿，为他出使吴国，得以保全越国，又为勾践治理国政，使一个濒临残破的诸侯国得以复兴，这时的勾践，对大夫种也是言听计从。但当越国平吴，以兵横行于江淮之东，称霸诸侯之时，大夫种的下场怎样？不是被赐剑自杀了吗？当刘邦与项羽相战，争夺天下的时候，他对手下那些功臣怎么样？韩信封齐王，英布封九江王，彭越封梁王，卢绾封燕王，后来不是一个个被杀？朱元璋的那些人物怎么样？李善长，萧何式的人物，朱元璋手下第一功臣，明朝立国，被任为丞相，封韩国公。要知道，朱元璋一共只封了六个公爵，其他五人，即徐达、常遇春儿子常茂、李文忠、冯胜、邓愈，都是血里火里拼杀出来的一代名将，李善长的官位居然还在这些人之上。对他不可不算恭敬。说巾笥而藏之庙堂之下，也不为过。结局如何？找个借口，借胡惟庸案，唆使其家奴告发串通谋反，知逆谋不发，观望怀两端，大逆不道，已经七十七岁，一门七十余人全被杀。

庄子不愿为相，是不是也因为此呢？

当然，也可能还因为为官不自由。魏晋时期，山涛请好友嵇康出而为官，嵇康拒绝，并写《与山巨源绝交书》，文中就写道，人伦有礼，朝廷有法，他很熟悉，但有七件事不可忍受。一是卧喜晚起，而出仕则要早起当值。二是喜欢抱琴行吟，于草野之中射鸟钓鱼，而吏卒守之，不得妄动。三是当官要成天坐着，臂不得摇，并穿戴得整整齐齐，揖拜上官。四是杂务太多，文书堆满了盈机，不相酬答，则犯教伤义，欲自勉强，则不能久。五是不喜吊丧，而世间以此事为重，不去吧，恕者所怨，至欲中伤，去吧，很不舒服。六是不喜俗人，却要和他们共事，有时宾客盈座，那闹哄哄的声音，那奇形怪状，真是难受。七是官事太繁杂，每天都要考虑，费事烦心。唐代高适为封丘县尉，就写到为官的烦恼。说："只言小邑无所为，公门百事皆有期。拜迎官长心欲碎，鞭挞黎庶令人悲。"所以陶渊明弃官归田，就写诗道："久在樊笼里，复得返自然。"

庄子不愿为相，而愿拖着尾巴活在泥涂之中，也是不愿为俗事所牵累，而希望返归自然吧！

【原文】

惠子相梁①，庄子往见之。或谓惠子曰②："庄子来，欲代子相。"于是惠子恐③，搜于国中三日三夜④。

庄子往见之，曰："南方有鸟，其名为鹓鶵⑤，子知之乎？夫鹓鶵发于南海而飞于北海，非梧桐不止⑥，非练实不食⑦，非醴泉不饮⑧。于是鸱得腐鼠⑨，鹓鶵过之，仰而视之曰：吓⑩！今子欲以子之梁国以吓我邪？"（《庄子·秋水》）

【注释】

① 惠子：惠施。曾为梁惠王相。② 或：有人。③ 恐：指怕庄子取代自己的相位。④ 搜：查捕。⑤ 鹓鶵：凤凰一类的鸟。⑥ 止：栖息。⑦ 练实：竹米。⑧ 醴泉：甘甜的泉水。⑨ 鸱：鹞鹰。⑩ 吓：呵斥的声音。

【细读】

视相位如腐鼠

这则故事继续写庄子鄙视权位。这则故事，《史记》并无记载，可见是庄子的杜撰。

这次不是别人聘他，他辞官不做，而是他去梁国，本来想看望惠施，而惠施在梁国为相，担心庄子取代他的相位，于是在国中搜了三天三夜。倒是庄子自己出来见他，说明情况。

这一次，庄子说，南方有一种鸟，这种像凤凰一样的鸟叫鹓鶵。这种鸟，从南海出发到北海，途中不是梧桐树不栖，不是竹实不吃，不是醴泉不饮。这时鸱鹰得到一只腐鼠，鹓鶵飞过那里，鸱鹰仰头看着他，呵斥道：吓！如今你也要用你的梁国来呵斥我吗？

这反映了庄子对权位的态度。前一则故事，庄子宁生而曳尾涂中，是畏祸避害，是不愿为俗事所牵累。从这一则寓言中可看出，庄子则是又一种心态。他是视相位如腐鼠。可能在庄子眼中，追逐权位，除忠而遇害之外，还有不少卑鄙龌龊如腐鼠。

在古代，确实可以找到很多如腐鼠一样的奸佞乱国之臣。

比如春秋时鲁国的庆父。庆父是鲁庄公姬同的三个弟弟之一，一直蓄谋争夺君位，并与其嫂——鲁庄公姬同的夫人哀姜私通。鲁庄公夫人没有生子，病死后，其与宠姬的生子公斑继位，庆父不服，又不甘心，便与哀姜密谋，买通人打死姬斑，另由庆父立了哀姜妹妹叔姜的生子姬开，为鲁闵公。庆父更加肆无忌惮，不久又指使人杀了闵公，欲图自立。鲁庄公死后几年，庆父串通哀姜连杀两个国君，荒淫无耻，作威作福，给国人带来极大的灾难。所以后来人们说，不去庆父，鲁难未已。

又比如东汉的梁冀。倚仗着当皇后的妹妹的权势，在朝廷中专横跋扈。为了掌握朝政大权，在汉顺帝、汉冲帝死后，强行把年仅八岁的刘缵立为皇帝，是为汉质帝。质帝仅对人说梁冀是跋扈将军，有所不满，梁冀就命手下在饼里下毒，毒死了年幼的质帝，并且把力主立刘蒜为帝的两位大臣害死。接着，不顾大臣们反对，立妹夫刘志为汉恒帝。皇太后和皇后都是他的妹妹，其妻孙寿同时诏封襄城君，一门前后七侯，三皇后，六贵人，两大将军，夫人、女食邑称君者七人，尚公主者三人，其余卿、将、尹、校五十七人，势力遍布朝廷，也更为专横。贪恣聚敛，依仗权势多方搜括财物，四方贡物要先将上等的献送梁冀，其次才送皇帝御府。大置第宅，多拓林苑，仅河南城西的兔苑，方圆即达数十里。又诬陷富人，乘机勒索财物，略取良人为奴，达数千人之多。后来他被诛杀，家财折卖，合三十余万万，充以国库，竟减了天下一半税租。梁氏专权自恣，使东汉朝政日趋腐败。这可以算是腐鼠式的人物吧！

再比如唐玄宗李隆基时的奸相李林甫。此人会机变，善钻营。靠谄附玄宗宠妃武惠妃，收买嫔妃宦官，探得玄宗动静，迎合意旨，取得信任，步步升擢，最终掌握朝廷大权。为人忌刻阴险，妒贤嫉能、诛逐贤臣，表面上甜言蜜语，背后阴谋暗害，人称口有蜜，腹有剑，同时朝廷贤才张九龄、裴耀卿、李适之等都被他排挤罢相，尔后独揽朝政。接着是杨国忠。凭着封为贵妃的杨玉环的兄妹关系，巧为钻营，小心侍奉玄宗，巴结权臣，终受到唐玄宗宠信。先是不到一年的时间里，身兼十五职，后又升到正宰相，身兼四十余职。在相位期间，生活奢侈腐化，专权误国，好大喜功，穷兵黩武，不仅使成千上万的无辜士卒暴尸边境，给少数民族地区造成灾难，而且使内地田园荒芜，民不聊生。这两个，也算是腐鼠式的人物吧！

这样的权臣，还可以举出很多。例如赵高、董卓、秦桧、蔡京、严嵩、鳌拜、和珅，都可以算吧。这就可以理解，庄子为什么要视相位如腐鼠，而要如鹓鹐一样，非梧桐不止，非练实不食，非醴泉不饮。虽然朝政腐败，但是他却要保持自身的高洁。

这也就可以理解，为什么后世许多文人厌弃仕途权位，是因为常常视其若腐鼠。唐刘禹锡的《飞鸢操》中写鸢飞青云，而"忽闻饥乌一噪聚，瞥下云中争腐鼠。腾音砺吻相喧呼，仰天大吓疑鸳雏"。李商隐的《安定城楼》诗写道："永忆江湖归白发，欲回天地入扁舟。不知腐鼠成滋味，猜意鹓雏竟未休。"宋李复的《答郎涣》写道："鸿飞冥冥凌高秋，南来亦有稻粱谋。无言尽恋江湖乐，未肯相随腐鼠求。"可见庄子鄙夷权位的精神，影响了多少古代文人。

【原文】

庄子与惠子游于濠梁之上①。庄子曰："儵鱼出游从容②，是鱼乐也。"惠子曰："子非鱼，安知鱼之乐？"庄子曰："子非我，安知我不知鱼之乐？"惠子曰："我非子，固不知子矣；子固非鱼也，子之不知鱼之乐，全矣③。"庄子曰："请循其本④。子曰'汝安知鱼乐'云者，既已知吾知之而问我，我知之濠上也。"（《庄子·秋水》）

【注释】

① 惠子：惠施。濠：水名，在今安徽凤阳。梁：用石头垒成的拦河坝。② 儵鱼：俗称苍条鱼，身窄小，有条纹，从容：自得的样子。③ 全：完全如此，意谓无可辩驳。④ 循：追溯。

【细读】

子非鱼，安知鱼之乐

濠梁观鱼，庄子与惠子之辩，涉及诸多问题。

它涉及逻辑问题。庄子观鱼，说苍条鱼悠闲自在地游出来，惠子质问：你不是鱼，怎么会知道鱼的快乐。从逻辑上看，惠子的质疑包含两个方面：一、庄子与

"鱼"不是同类，你怎么会知道鱼的感受；二、庄子所看到的这条鱼，和庄子属不同的个体，不同的个体，怎么能够互相理解？

庄子也是从逻辑上来反问，你不是我，怎么知道我不知道游鱼的快乐。就是说，你和我也是不同的个体，既然都是不同的个体，怎么能互相理解？

惠子的回答，仍是依据逻辑推理：我和你是不同的个体，当然不知道你。但是不正说明你本来就不是鱼，所以你应该不知道游鱼的快乐。既然你是对的，那么我也是对的。这样大家不是全部对吗？

接着，庄子作了话语转换。"汝安知鱼乐"中的"安知"在古代汉语里，本来可作两个解释：一是如何可能知道，二是从何处得知。庄子于是又回到逻辑上：你既然知道我知道，又来问我，那么，我是在濠上，即拦水坝上知道的。

这是名家的论辩。《庄子》里多次写到庄子的名辩。但是，庄子着眼的主要不是名辩。《齐物论》辩以指喻指之非指，不若以非指喻指之非指也；以马喻马之非马，不若以非马喻马之非马也，是为了说明天地一指，万物一马，说明万物齐一的道理。濠梁观鱼，也是为了说明他的思想和人生哲学。

他确实欣赏儵鱼从容出游之乐。他反复写到乘物以游心，游心乎德之和，游心于淡，当然还写到逍遥游，写自适。这是他所追求的人生境界。后世文人就常常写到这个境界。如晋陶渊明的《始作镇军参军经曲阿》云："目倦川涂异，心念山泽居。望云惭高鸟，临水愧游鱼。真想初在襟，谁谓形迹拘。"唐吴融的《绵竹山》云："独往群麋鹿，不管安与危。不问荣与辱，但乐濠梁鱼。"明文肇祉的《仲夏》云："夏日树扶疏，园亭敞中虚。寄傲北窗下，泛览古人书。仰无惭高鸟，俯不愧游鱼。只此有余趣，吾真爱吾庐。"

它说明事物的判断标准是主观的。庄子知道儵鱼出游之乐，那是"庄子"知道儵鱼出游之乐。这个判断标准是庄子的。惠子非"庄子"，当然不知鱼之乐。同样的道理，你不是麋鹿、蜈蚣虫和猫头鹰，那么麋鹿喜欢吃草，蜈蚣虫喜欢吃蛇的脑子，猫头鹰喜欢吃老鼠，你怎么知道它们的美味呢？游鱼、飞鸟、麋鹿不是人，它们怎么知道毛嫱丽姬很美呢？判断标准是主观的，因此真理无法证明。假如我和你辩论，你胜了我，我没有胜过你，你果真对吗？我果真错了吗？如果我胜了你，你没有胜过我，我果真对吗？你果真错了吗？这就涉及对人生的看法。惠子不是庄子，他怎么理解庄子视相位如腐鼠呢？怎么理解庄子宁生而曳尾涂中之乐呢？人生自有其乐，何必要别人理解呢？子非鱼，安知鱼之乐。子非我，安知粗衣蔬食之乐？何必羡慕锦衣玉食？普通百姓，安居乐业，自有其乐，何必每日为权势劳心费神，忧虑焦躁呢！

它当然蕴含物化的思想。人游濠梁之上，鱼乐濠梁之下，人返其真，同归自然，与物融化，随物变化，因此能共享自适。所谓乘物以游心，不乘物不足以游心。庄周梦为蝴蝶，蝴蝶梦为庄周，不分物我，融而为一，始能自喻适志。归于真性，因此一切无所滞碍，无所不见其乐。冥冥之中，独见晓矣，无声之中，独闻和焉。所以能深之又深与物相接，至无而供其求，时骋而要其宿。这就可以无处不逍遥。

【原文】

果有乐无有哉？吾以无为诚乐矣，又俗之所大苦也。故曰：“至乐无乐^①，至誉无誉^②。”

天下是非果未可定也。虽然，无为可以定是非。至乐活身，唯无为几存^③。（《庄子·至乐》）

【注释】

① 至乐：最大的快乐。② 至誉：最高的荣誉。③ 几：庶几，差不多。

【细读】

至乐活身，唯无为几存

本节讨论什么是至乐。所谓至乐，也就是最大的快乐。至乐之道，也就是活身之道。

作者再次指出，真的有快乐，还是没有快乐呢？我以为无为才真的是快乐，世俗却认为这非常痛苦。所以说，最大的快乐是没有快乐，最高的荣誉是没有荣誉。天下的是非真的没有办法确定吗？虽然如此，无为的态度可以确定是非。

作者最后指出，要达到最大的快乐，要保全性命，保养身体，只有无为差不多能做到。

无为是什么？从老庄的诸多论述来看，所谓无为，是与有为人为相对的。事物的过程，人生的一切，不要人为地干扰它。一切任其自然，乘物以游心，就是把死生、存亡、穷达、贫富、毁誉看作是事之变，命之行，安时处顺，知其无可奈何而安之若命。

无为就是淡泊，淡泊无为就是一切无所系念。无视无听，抱神以静，虽攖而宁，心静如明镜，一切外物，不将不迎，应而不藏，不知悦生，不知恶死，不违逆失败，不力求成功，喜怒通四时。

但是，从《至乐》这段论述来看，庄子（可能是后学）所谓无为，主要是摒弃世俗的富、贵、寿、善。你看，为了追求世俗的富、贵、寿、善，苦身疾作，夜以继日，久忧不死，而为求好名声，则招致殒身。得不到这些，则大忧以惧。他没有说，如果不刻意而高，无仁义而修，无功名而治，无江海而闲，不导引而寿，是不是可以？作者的意思是，不论刻意与否，世俗的富、贵、寿、善，都非至乐，都要否定。

这是以超俗为无为，以超俗为至乐。

这种至乐观，为后世所继承。魏晋嵇康就有很好的论述。他的《答难养生论》中说："以大和为至乐，则荣华不足顾也；以恬淡为至味，则酒色不足钦也。苟得意有地，俗之所乐，皆粪土耳，何足恋哉。"又说："故以荣华为生具，谓济万世不足以喜耳。此皆无主于内，借外物以乐之，外物虽丰，哀亦备矣。有主于中，以内乐外，虽无钟鼓，乐已具矣。故得志者，非轩冕也，有至乐者，非充屈也。"道教也否定世俗的享乐。葛洪的《抱朴子》中就说："夫求长生修至道，诀在于志，不在于富贵也。苟非其人，则高位厚货，乃所以为重累耳。何者？学仙之法，欲得恬愉淡泊，涤除嗜欲，内视反听，尸居无心。"又说，学仙，就要止绝臭腥，休粮清肠。

【原文】

庄子妻死，惠子吊之，庄子则方箕踞鼓盆而歌①。惠子曰："与人居②，长子③、老、身死，不哭，亦足矣，又鼓盆而歌，不亦甚乎！"

庄子曰："不然。是其始死也④，我独何能无概⑤然！察其始而本无生⑥，非徒无生也而本无形⑦，非徒无形也而本无气。杂乎芒芴之间⑧，变而有气，气变而有形，形变而有生，今又变而之死，是相与为春秋冬夏四时行也⑨。人且偃然寝于巨室⑩，而我嗷嗷然随而哭之⑪，自以为不通乎命，故止也⑫。"（《庄子·至乐》）

【注释】

① 方：正在。箕踞：双腿叉开伸直而坐，好像簸箕一样，这是不拘礼节的坐姿。盆：瓦缶。鼓盆：敲着瓦缶，作为节拍。② 人：指庄子妻。居：共同居住生活。③ 长子：生育儿女。④ 是：此，指其妻。⑤ 概：借为慨，感叹。⑥ 察：考察，推究。始：先，指其妻未有生命之时。⑦ 形：形骸。⑧ 芒芴：恍惚。⑨ 是：指其妻的生死变化。⑩ 偃：通"宴"，安。巨室：指天地。⑪ 嗷嗷然：模

拟哭声的状声词。⑫ 止：指停止哭泣。

【细读】

庄子妻死，鼓盆而歌的启示

这是庄子妻死，鼓盆而歌的故事。

直接地看，如惠子所说，和人家共同生活那么长时间，人家为你生儿育女，直到年老，直到死，不哭也罢了，却放肆地又开两腿坐着，还敲着瓦缶唱歌，这是不是太过分了？但是，庄子却自有他的一番解释。他说，当妻子刚死的时候，他并不是没有感慨。但后来一想，妻子原本是没有生命的。不但没有生命，而且没有形体。不但没有形体，而且没有气。那时只是一种微妙的东西混杂在恍惚之中，后来变得有气，气经过变化，又有了形体，形体变化，又有了生命。经过变化，今天又死亡，这样的生死变化就像春夏秋冬四时运行一样啊！人虽然死了，但依然安安静静地躺在天地这间大屋子里，我却号叫着在大哭，我觉得这是不通于天命。所以我不哭了。

这则故事的真实性无从考究。庄子写过好几个病和死的故事，《养生主》写老聃死，《太宗师》写子舆病，子来病将死，子桑户死临尸而歌，孟孙才其母死哭泣无涕。庄子的思想却是明确的，那就是死生为命之行，悟道，就要入于不死不生的境地。他认为，死生是一个自然的过程，从万物齐一的观点来看，则是方生方死，方死方生。

历史上，确实有几个对生死淡然处之的故事。魏晋旷达之士刘伶经常乘着鹿车，带着一壶酒，让人扛着锄头跟着他，说："死便埋我。"阮籍写《达庄论》，说："以死生为一贯，是非为一条也。"张华并非旷达之士，但他写《游猎篇》，也说："人生忽如寄，居世遽能几。至人同祸福，达士等生死。"庾敳写《意赋》，说："至理归于浑一兮，荣辱固亦同贯。存亡既已均齐兮，正尽死复何叹。"初唐王绩自撰墓志，说："以生为附赘悬疣，以死为决疣溃痈。"宋苏轼时时以魏晋名士自喻，他写诗，写到刘伶，说："我笑刘伯伦，醉发蓬茅散。二豪苦不纳，独以锸自伴。既死何用埋，此身同夜旦。"他认为刘伶还不算彻底的放达，真正归于自然，归于天地之间，是死后不用埋。从这里，可以看到庄子齐生死思想的影响。

庄子后面要写死有南面王乐。但是，庄子并不是厌生主义者。他只是把生死看作一个自然过程。人应该顺应自然。庄子齐生死，但从根子上来说，他并不看轻生命。从整个《庄子》来说，他探求的是生，而不是死。他用那么精致的理论探讨逍遥游，探讨万物齐一的道理，提出心斋坐忘，是为了探求在人世间如何生存之道，如何全身远祸之道。他反对形劳而不休，精用而不已，反对以身安厚味美服好色音声为乐，更看出他还注重具体的养生，这一点在后来的道教发展成延寿长生的一套养生理论。庄子视死生为命，齐同死生，只是和齐同是非，无功无名一样，不要让生死、是非、穷达成为人的精神负担。要哀乐不入于心，死生无变于己。不受一切外物役使，包括摆脱生死的系累，这就彻底地入于无何有之乡，入于一切虚而待物之境。这才是庄子追求的道的境界。

这对于我们是不是有些启示呢？我们是不是可以把死生看得轻一些呢？死生乃人生之大事，尚且可以超脱，那么，人生还有什么烦恼困苦不可以放下呢？

【原文】

庄子之楚①，见空髑髅②，髐然有形③，撽以马捶④，因而问之，曰："夫子贪生失理而为此乎⑤？将子有亡国之事，斧钺之诛而为此乎⑥？将子有不善之行，愧遗父母妻子之丑而为此乎⑦？将子有冻馁之患而为此乎⑧？将子之春秋故及此乎⑨？"于是语卒，援髑髅，枕而卧⑩。

夜半，髑髅见梦曰⑪："子之谈者似辩士。视子所言，皆生人之累也。死则无此矣。子欲闻死之说乎⑫？"庄子曰："然。"髑髅曰："死，无君于上，无臣于下，亦无四时之事，从然以天地为春秋⑬，虽南面王乐⑭，不能过也。"庄子不信，曰："吾使司命复生子形⑮，为子骨肉肌肤，反子父母、妻子、闾里、知识，子欲之乎？"髑髅深矉蹙頞曰⑯："吾安能弃南面王乐而复为人间之劳乎！"（《庄子·至乐》）

【注释】

① 之：往。② 髑髅：死人的头骨。③ 髐然：白骨干枯的样子。有形：有头骨的形状。④ 撽：敲击。捶：鞭子。⑤ 贪生：贪图生的清闲自在。失理：失去人生常理。⑥ 将：抑，或者。⑦ 遗：留给。⑧ 馁：饿。⑨ 春秋：年纪。⑩ 援：拉，拉过来。⑪ 见：现，显。⑫ 说：通"悦"。⑬ 从：通"纵"。从然：放纵自在的样子。⑭ 南面王：南面称王。⑮ 司命：掌管人的生命的神灵。⑯ 矉：通"颦"，皱眉。頞：鼻梁上部。蹙頞：皱眉头。

【细读】

安能弃南面王乐而复为人间之劳

庄子到楚国去，见死人头骨，枕着睡觉，夜半髑髅显梦，述死者之悦，不愿弃南面王乐而复为人间之劳。

庄子问髑髅因何而死，说，你是过于贪图生活享乐，违背人生常理导致如此呢？还是遇上了亡国之事，遇到兵祸而如此呢？还是有不好的行为，把丑行留给父母妻儿，感到耻辱呢？还是遭受冻和饿的痛苦才至于如此呢？还是年寿本来就应该如此呢？这当中，反映了一些背景情况，生的痛苦正在于此，有人因贪图享乐而伤身，有人因亡国杀戮而遇祸，当然还有人忍饥挨饿。理解这一背景，也就理解庄子为什么愤世嫉俗，为什么产生《庄子》那样一些思想，如逍遥游、齐物论、养生，当然也有后面的生不如死。

但是，这里更重要的恐怕是借死的状态，提出一种理想社会。庄子借髑髅之口说，死，没有君主在上，没有臣子在下，没有四时的各种事务。放纵自由地享有天地一样的寿命，即使南面称王的快乐，也不能超过它。庄子又说，让掌管性命的神灵恢复髑髅的形体，重新还给他骨骼、肌肉和皮肤，把父母、妻儿、乡邻和朋友都还给他，还有知识也还给他。但是髑髅却不愿意。这里重要的，是君臣上下的社会制度和父母妻子的伦理秩序。

君臣父子，注重伦理，是儒家思想的根基。齐景公问政，孔子就说君君臣臣父父子子（《论语·颜渊》）。孟子也说，教以人伦，就是父子有亲，君臣有义，夫妇有别，长幼有序，朋友有信（《孟子·滕文公章句上》）。后来汉代董仲舒更说，明君臣之义，守国之正也。又说，地出至晦，星日为明，不敢暗君臣父子夫妇之道，取之此，大礼之终也（《春秋繁露》）。宋代石介更进一步说，天下不可一日无君臣，不可一日无父子，不可一日无夫妇，不可一日无朋友，不可一日无长幼。这是儒家思想的一个基石。

墨子也赞同君臣父子之说。墨子说："至如禽兽然，无君臣上下，长幼之节，父子兄弟之礼，是以天下乱焉。明乎民之无正长以一同天下之义，而天下乱也。"（《墨子·尚同》）

道家思想，老子虽然提出甘其食，美其服，安其居，乐其俗，邻国相望，鸡犬之声相闻，民至老死，不相往来的小国寡民理想，他只说，六亲不和有孝慈，国家昏乱有忠臣，轻则失臣，躁则失君，但他还没有直接提出无君无臣的问题。他还说，侯王若能守之，万物将自宾；侯王若能守之，万物将自化，侯王得一以为天下正，等等。

庄子这里所说无君于上，无臣于下，似乎是比较早地提出无君无臣的思想。讲到父母、妻子、闾里，应该是指父子有亲，夫妇有别，长幼有序，朋友有信这些伦理秩序。庄子论道，论自然无为，其他地方主要论是非、穷达、毁誉、贫富，而这里，除论生死之外，还论君臣、父子、夫妇等。这应该是值得注意的。

庄子的思想，对后世有不小影响。宋王禹偁的《译对》中就有论及。王禹偁说："夫译易也，大则能易其心，小则易其语而已矣。古者巢居穴处，茹毛饮血，无君臣、父子、夫妇、长幼之制，无道德、仁义、礼乐、刑政之法，蠢然而生，仆然而毙，当是时天下之人皆如是尔。"后来才有饮食、衣服、器械、耒耜、牛马之用，君臣、父子、夫妇、长幼之制，道德、仁义、礼乐、刑政之法。再后来，译天下者或非其人，或以霸道译之，译道多乱，天下就乱了。

后来佛教传入，中土人知道佛无君臣之义，父子之亲，以为那是在方之外者，而非方之内者。佛教此说，后来引发了佛教徒是否要遵从君臣之义的讨论。

庄子这里所说的无君于上，无臣于下，确实涉及中国思想史的一个重要问题。这是与生死观同等重要的君臣观的问题。

【原文】

昔者海鸟止于鲁郊[①]，鲁侯御而觞之于庙，奏[②]《九韶》以为乐[③]，具太牢以为膳[④]。鸟乃眩视忧悲[⑤]，不敢食一脔[⑥]，不敢饮一杯，三日而死。此以己养养鸟也，非以鸟养养鸟也。夫以鸟养养鸟者，宜栖之深林，游之坛陆[⑦]，浮之江湖，食之鳅鲦[⑧]，随行列而止[⑨]，委蛇而处[⑩]。彼唯人言之恶闻[⑪]，奚以夫诡诡为乎[⑫]！《咸池》、《九韶》之乐[⑬]，张之洞庭之野，鸟闻之而飞，兽闻之而走，鱼闻之而下入[⑭]，人卒闻之，相与还而观之[⑮]。鱼处水而生，人处水而死，彼必相与异[⑯]，其好恶故异也[⑰]。故先圣不一其能，不同其事。名止于实[⑱]，义设于适，是之谓条达而福持[⑲]。（《庄子·至乐》）

【注释】

① 海鸟：一种高大的鸟，古人认为是神鸟。鲁郊：鲁城的郊外。② 御：通"迓"，迎接。觞：本指饮酒器具，此作动词用，意即以酒招待。③ 九韶：舜时代的乐曲，在盛大隆重的场合演奏，乐曲有九章，因此称九韶。④ 太牢：牛羊猪三者都具备的祭祀规格，诸侯所用。膳：所供食品。⑤ 眩

视：看得眼花。⑥ 脔：切成小块的肉。⑦ 坛：通"坦"。坛陆：平坦广阔的陆地。⑧ 鳅：泥鳅。鲦：苍条鱼。⑨ 行列：指海鸟群的行列。⑩ 委蛇：通"逶迤"，自得的样子。⑪ 人言之恶闻：恶闻人言的倒装。⑫ 奚：何。以：用。说说：喧闹的声音。⑬ 咸池：黄帝时乐曲名。⑭ 下入：深入到水里。⑮ 还：通"环"，围绕。⑯ 相与异：互相不同。⑰ 故：通"固"，本来。⑱ 止：限。⑲ 是：此。条达：条理通达。福持：持福，拥有幸福。

【细读】

以鸟养养鸟

颜渊到东边的齐国去，孔子脸上显出忧虑的神情。子贡下席问孔子：颜渊返回东方的齐国，先生却面带忧虑之色，这是为什么？孔子有一番答话。以上是答话的一部分。

孔子说，你没有听说过吗？古时候有一只高大的海鸟栖息在鲁国郊外，鲁侯亲自迎接，并在太庙设酒宴招待它，演奏九韶之乐想让它快乐，安排诸侯用于祭祀的牛、羊、猪都具备的太牢作为它的膳食。谁知那鸟却看得眼睛发花，非常忧虑悲伤，不敢吃一块肉，不敢饮一杯酒，仅仅三天，就死去了。这是国君用供养自己的方式来养鸟，并不是按照鸟的本性来养鸟。按照鸟的本性来养鸟，就应该让它们栖息在茂密的树林里，漫游于广阔的大陆，浮游于大江大湖，给它们吃小泥鳅和小苍条鱼，随着鸟群的行列而止息，从容自得地生活。它们最不愿意听到人的讲话，怎么可以弄出那么喧闹的声音！那《咸池》、《九韶》之乐，张设于广阔的原野，鸟听到就会高飞，野兽听到就会跑走，游鱼听到就会深入到水下，人们听到，就是想到围绕着观赏。鱼生活在水里就会活，人生活在水里就会死，它们本来就相互存在差异，它们的好恶本来就不同。所以，先圣不认为人们的才能是齐一的，不希望他们做同样的事。名义要依据实际来制定，义理的设置要适宜。这就是条理通达而持有幸福。

这是说，凡事要顺从万物的本性，不能人为强求。再好的东西，如果不适宜，也不会有好的效果。尧、舜和黄帝的主张，再加上燧人氏神农氏的言论无疑是好的，但对于齐侯，就不适宜。因为不适宜，硬要让齐侯推行尧舜黄帝之道，燧人神农之言，只会使他迷惑。正如海鸟，不是让它栖之深林，游之坦陆，浮之江湖，食之鳅，非要在庙堂供养它，为之演奏"九韶"之乐，供养太牢，只能使它眩视困惑，忧悲而死。

这是说养生的道理，治政的道理。我们来看一个例子。唐玄宗李隆基，在他的统治前期，开元年间，政治是清明的。他励精图治，一改武则天时期的高压政治，施行仁政，任用贤臣，广开言路。针对日益炽盛的奢靡之风，他颁布严格的禁奢法令。他因此成就了继贞观之治之后唐朝又一个盛世。但是到了后期，开元盛世渐渐衰退，导致安史之乱，整个唐王朝也由盛转衰。这个变化的原因是多方面的。任用佞倖，贪图享乐，都是原因。其中一个原因，就是他的政治举措已经不合时宜。

他放弃了法治。李隆基当政之初，改变武则天时期的高压，实行仁政，是对的。但是当朝内国内矛盾尖锐，问题积聚之时，放弃法治就不行了。他对高力士说：我不出长安已经十年了，天下无事，我想高居无为，把政事全部委托给李林甫。唐玄宗有倦于政事的想法，有贪图安逸醉心享受的意思，但也确以为天下太平，想行无为之治。高居无为，放弃法治，因此重人治。他没有看到，无为而治，需要条件，这就是朝廷对社会政治经济生活有全面的严格的控制。但到唐玄宗后期，唐王朝一些事情实际已逐渐失去控制。他实行人治，而任非其人，李林甫是个口蜜腹剑的奸相，他一上任，就排斥贤能，阻塞言路。杨国忠无能，又依势专权。合理的政治制度遭到破坏。比如，唐朝制度规定官员必须通过年考，根据政绩，评定优劣，绩优则升，绩劣则降。官职都有规定任期，不得超过届限。到唐玄宗晚年，这一制度受到破坏，不是严格遵守，而是因人而异。比如安禄山，受到宠幸，不但超期任职，而且兼任三方节度使，重兵实权在握，无人能够管束。这是用人治取代法治的结果。

其他政治举措也没有顺时因情而变。比如府兵制，建立在土地国有和均田制基础之上，寓兵于农，兵府集中于都城附近，既减轻朝廷负担，又便于保护国家政权。这一制度在一定时期有其优点。但到玄宗时期，均田制度崩溃，府兵制名存实亡。北方边地遭受草原骑兵侵扰，来去突然，等朝廷接到警报，召开会议，下达征调军队的命令，完成一系列冗长繁琐的官僚程序时，前方早已被掳掠一空。而玄宗改行募兵制，由节度使统领，又错误地把军权、政权、财权过度集中在节度使手里，并缺乏约束机制，致使造成藩镇叛乱。

不是根据实际情况，不是依从事物本性，而是任意人为，任意把人的意志强加上去，时至今日，也应该引起重视。主政一方，既没有旅游资源，又没有其他条件，硬要一窝蜂发展旅游产业。山地本适合发展水果产业，非得开荒种粮食。日常生活也是如此，父母年纪大，喜清静，愿住偏僻的家乡农村，却偏偏要他们到喧闹繁华的大都市。儿女不愿学钢琴，却每天逼着他们练习。这都应该是庄子所批判的以己养养鸟，而非以鸟养养鸟。

《达生》论养生，指出养生的关键在于弃除物累杂念，持守纯朴专一之气，静心全神，以天合天。《山木》论处世，指出洗心少私，寡欲无用，虚己游世，始能免祸。《田之方》论「真」，指出保持真性，纯气自守，得失、权欲、喜怒不入于心，始能领悟大道。《知北游》问道论道，指出道无所不在，产生万物，支配万物，而不可闻、不可见、不可言，固守无为之道，则外物不能伤。几篇分承内篇《养生主》《人间世》《大宗师》之主旨而有进一步阐发。

【原文】

达生之情者①，不务生之所无以为②；达命之情者，不务知之所无奈何③。养形必先之以物④，物有余而形不养者有之矣；有生必先无离形⑤，形不离而生亡者有之矣⑥。生之来不能却⑦，其去不能止⑧。悲夫！世之人以为养形足以存生，而养形果不足以存生，则世奚足为哉！虽不足为而不可不为者，其为不免矣。

夫欲免为形者⑨，莫如弃世⑩。弃世则无累，无累则正平⑪，正平则与彼更生⑫，更生则几矣⑬。事奚足弃而生奚足遗⑭？弃事则形不劳，遗生则精不亏⑮。夫形全精复⑯，与天为一⑰。天地者，万物之父母也。合则成体⑱，散则成始⑲。形精不亏，是谓能移⑳；精而又精，反以相天㉑。（《庄子·达生》）

【注释】

① 达：通达，通晓，明白。生：生命，此指养生。情：情理。② 务：求。生：性。无以为：无法做到的，没有必要的。③ 知：通"智"。无奈何：无能为力的，无法企及的。④ 形：身体。物：物质条件。⑤ 无：通"毋"。离形：性命脱离形本，即死亡。⑥ 形不离而生亡者：指人虽活着但心已先死者。⑦ 却：使退去。⑧ 去：死。止：留。⑨ 为形者：指为谋生所做的一切。⑩ 弃世：抛弃世俗事务。⑪ 正平：心性纯正平和。⑫ 彼：指形体。更生：新生。⑬ 几：近，指免为形。⑭ 事：世事。生：人生。遗：忘怀。⑮ 精不亏：精神不会亏损。⑯ 精复：精神恢复本然。⑰ 为一：结合一体。⑱ 体：万物的形体，此指万物。⑲ 始：天地未分时的混沌状态。⑳ 移：变化。㉑ 相：助。

【细读】

达生之情，弃世无累

　　这是论养生的。既有生理上的养形，而又归结到处世态度，人生哲学。

　　作者说，养形必先之以物，就是说，养形首先需要物质条件。养形，是生理上的。作者接着说，物有余而形不养者有之矣，就是说，物质条件具备，但不能养形的情况也是有的。这里应该有两层意思：一层意思，就生理养形而言，物质条件富有，养尊处优，并不能保证形体的保养。再一层意思是，养生并非只是生理之养，更是性命之养。所谓性命之养，重要的就是全生。生命存在，才谈得上养生。所以作者接着说，有生必先无离形，保有性命必然首先不能使形体离去，就是说，不能死去。形体不能消亡，是养生特别是养形的前提。人的死亡，可以享天年而自然离去，但在庄子看来，更重要的是因祸受害而遭戮。因此，全生是养形的问题，又是处世的问题。作者说，生之来不能却，其去不能止。生命的到来无法拒绝，生命的离去不能阻止。所以，作者又说，世上的人以为滋养形本足以保存生命，而其实滋养形体实在不足以保全生命。

　　可以回过头来看开头两句。作者说，通晓生命实际情况的人，不追求人生没有必要的东西，通晓命运实际情况的人，不追求智力所无能为力的。这是讲形体之养，也是讲性命之养，讲处世。不论滋养形体还是性命之养，都不能超出性命和智力的限度。

　　作者因此提出弃世。作者说，要想避免单纯的形体之养，则莫如弃世。所谓弃世，就是舍弃世俗的系累。庄子讲得很多，是非、穷达、毁誉、贫富、名利，等等，都是世俗的系累。作者说，弃世则无累。这里的无累，既是形体的，也是精神的，因为他接着说，无累则正平。正平，是心性纯正平和。他说，正平则与彼更生。这里的"彼"，应该指形体。所谓"更生"，可能指与外界自然一起更新，但与外界自然一起更新的，应该是形体。就是说，心性纯正平和，形体就随着心性一起得到滋养更新。这是有道理的，成天郁闷，会憋出病来，而心情愉快，心态好，身体容易健康。更生则几矣，这接近于道了。作者后面说，世事为什么值得抛弃呢？生命为什么值得忘怀？因为抛弃世事，形体就不会劳累，遗忘生命，精神就不会亏损。这里所谓"事"，是指世俗的事务。庄子所谓舍弃世俗系累，既指是非、穷达、毁誉、贫富、名利，等等，也指世俗具体的事务。世俗具体的事务，加上是非、穷达、毁誉、贫富、名利，等等，才使形体劳累，精神亏损。庄子所追求的，既是精不亏，也是形不劳。

这也就是后面所说的形全精复。作者用哲学本体论来说明，而又落在人生态度上。作者说，夫形全精复，与天为一。与天为一，就是与自然融而为一。作者说，天地者，万物之父母也。这是好理解的。合则成体，就是说，天地合，则万物形成。散则成始，天地分离则万物各自变为它的开始。万物的开始，就是天地未分时的混沌状态。这是自然的混沌状态，也是人生所需要的混沌状态。因为世俗而能舍弃，不论是舍弃是非、穷达、毁誉、贫富、名利等观念性的东西，还是具体的世俗事务，人都应该处于混沌状态，对一切不闻不问，无视无听，始能做到弃世。而这弃世的混沌状态，就是天地自然本初的混沌状态。所以，形精不亏，是谓能移。能移，就是能随任自然变化。精而又精，反以相天，进行无为的状态，就进入了天地未分时的本初状态，那种自然混沌的状态，这就是相天，有助于天，与天，与自然融而为一。

庄子这一思想，宋黄裳的《杂说》中有过进一步阐述。其《杂说》谓："生在外者，任无涯之知，赴无穷之欲，逐不可必之物，以有涯之生，随此而致其养，则物有余而形不养者有之矣，形全而生忘者有之矣，以有涯随无涯，用智者也，犹且殆已，况其为智者哉。"又说："生之所无以为者，生之在外者也。所无奈何者，知之在性分之外者也。固务生之所无以为，则所主者丧矣。固务知之所无奈何，则害其所知矣。"又说："生不免去，形不免化，而世之人以为养形足以全生，是以幻益幻者也。其为不足而不为欤，夫无以为而为之者，皆有累焉。有累则不能正平，而养生之理丧矣，而达生之情不以物累形，不以形累生，不以生累德，弃世至于正平，则其德无累矣。与彼更生，与物化也。与物化者，一不化而生死两忘，不与物受，轮于数者，其惟一不化乎。故更生则其免为形近矣。"

从庄子所谓达生之情，所谓弃世则无累，可以想到后代的隐士们，可以想到魏晋嵇康的清虚静泰，少私寡欲，清高峻洁，也可以想到西晋的一些士人。比如，乐广和王衍的宅心事外，虽任官职，未尝以事自婴，向秀的在官不任职，裴宪的在朝玄默，未尝以物务经怀。这些人，很有点不务生之所无以为，不务知之所无奈何的味道，很有点弃世则无累的味道，他们的心态是纯正平和的，他们确实是弃事则形不劳，遗生则精不亏。悠闲自得，超然物外。这样的人生态度，在后来的士人中也可以找到。

也就是说，庄子思想的影响是复杂的。

【原文】

夫醉者之坠车①，虽疾不死②。骨节与人同而犯害与人异③，其神全也④。乘亦不知也，坠亦不知也，死生惊惧不入乎其胸中，是故逻物而不慴⑤。彼得全于酒而犹若是⑥，而况得全于天乎⑦？圣人藏于天⑧，故莫之能伤也。复仇者不折镆干⑨，虽有忮心者⑩，不怨飘瓦⑪，是以天下平均⑫。故无攻战之乱，无杀戮之刑者，由此道也⑬。不开人之天⑭，而开天之天⑮。开天者德生⑯，开人者贼生⑰。不厌其天⑱，不忽于人⑲，民几乎以其真⑳。（《庄子·达生》）

【注释】

① 坠车：从车上跌下来。② 疾：从车上迅疾地跌落下来。③ 犯害：所受伤害。④ 神全：精神健全，指无心于生死得失。⑤ 逻：同"遻"，遇到，碰到。慴：震惊。⑥ 全于酒：由于醉酒而精神保全。⑦ 全于天：由于天守而精神保全。⑧ 藏于天：心处于天道。⑨ 镆干：即镆铘、干将的简称，相传春秋时吴地有夫妇二人善铸剑，夫叫干将，妇叫镆铘，后以干将、镆铘代称利剑。⑩ 忮心：忌恨之心。⑪ 飘瓦：飞落的瓦。⑫ 平均：平等待人。⑬ 此道：无心之道。⑭ 人之天：人之智巧。⑮ 天之天：天然本性。⑯ 德生：良好道德养成。⑰ 贼生：残害的心情产生。⑱ 厌：满足，不厌其天：意为无为之道的涵养越充分越好。⑲ 忽：疏忽。人：人为，人为的欲望。⑳ 几：近。真：天性。

【细读】

醉者坠车其神全

这里用醉者坠车，说明神全可以远祸全身。

醉酒之人从车上跌下来，虽然跌落得很迅疾，但不至于死，他的骨节与常人相同，但所受的伤害与别人不同，之所以如此，是因为其神全。

所谓神全，就是精神保全。所谓精神保全，就是精神没有受到任何惊扰，当然也不会有任何伤害。醉酒之后，不知道自己在乘车，也不知道自己从车上跌下来。什么都不知道，因此死生、惊惧都不会进入他的心中，遇到事故不会有什么惧怕。

醉者坠车，神全无伤，当然是比喻。作者要说明的，是在人生处世，保全精神，远害全身。作者说，因酒而保全精神是这样，因天而得以保全更是如此。所谓全于天，就是由于守于天道而精神保全，处于社会，也在死生惊惧不入乎其胸中，心处于混沌无知无欲的境地。作者说，圣人心处于天道上，所以没有谁能伤害它。

作者继续具体说明。复仇者，不折镆干；虽有忮心者，不怨飘瓦。这里的复仇，不是指复归合好。古来复仇（雠），均无此说。陈子昂、韩愈有《复仇状》，均作一般复仇解。如唐顺之所说，物自无物，何心于有；我自无我，何心于物。物我未始有分也，醉者不知坠车之事，仇者忘却复仇之意，瓦落中人，虽有怵心，而不怨飘瓦，亦忘却怨心之意。心无仇敌，则不与仇敌斗，不折镆干者，不与仇敌斗也。

不折镆干，不怨飘瓦，无心怨斗，不知仇怨，如醉者不知坠车，是以天下平均。平均者，人人平等相待之意也。天下平均，无心怨斗，故无攻战之乱，无杀戮之刑者，由此道也。由此道者，由醉者不知坠车之道也。

不开人之天，而开天之天。人之天，人之智也。天之天，天然混成也。人有知有欲，则知坠车，折镆干，怨飘瓦，有心怨斗。开天之天，则进行天然混成之境，一切无知无欲也。

无知无欲，则有良好道德，是为开天者德生。有知有欲，有心怨斗，则贼害之心之事生，是为开人者贼生。天然之道，无知无欲之涵养越充分越好，是为不厌其天。人为知识、欲望不可疏忽，是为不忽于人。如此则差不多可以回复真性，是为民几乎以其真。

醉者坠车，神全无伤，确为实情。有报道称，飞机失事，众人皆死，却有一婴儿在母怀中独存。之所以独存，是因为母亲保护了他，也因为婴儿根本不知坠机之事，如庄子所说，乘亦不知也，坠亦不知也，死生惊惧不入乎其胸中。其他乘客，很多则在飞机坠地之前，就已惊吓而亡。人生处世亦然。朝中争斗，历来残酷，复仇者必剑戟相向，风吹飘瓦，无意伤人，亦必怨之恨之，于是血腥残斗，两败俱伤，但也有超脱者，不闻不问，不卷入其中，有如醉者，超然其外，悠然全身。

历代文人，有托意于酒，任诞忘情者。魏末阮籍嗜酒荒放，露头散发，他一醉六十日，躲过了司马昭的求婚，又想醉酒，推辞写劝进表。刘伶纵酒放达，常乘鹿车，使人扛着锄头跟着他，说，死便埋我。谢鲲、阮放这些士人都经常闭室酣饮。

刘伶写有《酒德颂》，说："有大人先生，以天地为一朝，万期为须臾，日月为扃牖，八荒为庭衢，行无辙迹，居无室庐，幕天席地，纵意所如，止则操卮执觚，动则挈榼提壶，唯酒是务，焉知其余。"又说："当贵介公子缙绅处士陈说礼法、是非之时，先生于是方捧罂承槽，衔杯漱醪，奋髯踑踞，枕曲藉糟，无思无虑，其乐陶陶，兀然而醉，豁尔而醒，静听不闻雷霆之声，熟视不睹泰山之形，不觉寒暑之切肌，利欲之感情，俯观万物，扰扰焉如江汉之载浮萍，二豪侍侧焉，如螺蠃之与蟆蛉。"

隋唐之际隐士王绩也写了《五斗先生传》，说："有五斗先生者，以酒德游于人间，有以酒请者，无贵贱皆往，往必醉，醉则不择地斯寝矣，醒则复起饮也。常一饮五斗，因以为号焉。先生绝思虑，言语寡，不知天下之有仁义厚薄也，忽焉而去，倏然而来，其动也天，其静也地，故万物不能萦心焉。尝言曰，天下大抵可见矣，生何足养，而嵇康著论，途何为穷，而阮籍恸哭，故昏昏默默，圣人之所居也，遂行其志不知所如。"从这两篇，可以更具体地理解庄子醉者坠车，神全不伤的思想。

【原文】

仲尼适楚①，出于林中②，见痀偻者承蜩③，犹掇之也④。仲尼曰："子巧乎⑤！有道邪？"曰："我有道也。五六月累丸二而不坠⑥，则失者锱铢⑦；累三而不坠，则失者十一；累五而不坠，犹掇之也。吾处身也⑧，若厥株拘⑨；吾执臂也⑩，若槁木之枝⑪。虽天地之大，万物之多，而唯蜩翼之知⑫。吾不反不侧⑬，不以万物易蜩之翼⑭，何为而不得！"孔子顾谓弟子曰："用志不分，乃凝于神⑮，其痀偻丈人之谓乎⑯！"（《庄子·达生》）

【注释】

① 仲尼：孔子。适：往。② 出：经过。③ 痀偻者：或作佝偻，驼背。蜩：蝉。承蜩：长竹竿置有带黏性的东西，用以粘取树上的蝉。④ 掇：拾取。形容非常熟练。⑤ 巧：技巧。⑥ 累丸：把弹丸重叠置放。⑦ 锱铢：古代重量单位，六铢等于一锱，四锱等于一两。此表示极少。⑧ 处身：处置身体，指身姿的安排和保持。⑨ 厥：其，那个。株：树身。拘：固止不动。⑩ 执：持，控制。⑪ 槁木：枯干的树。⑫ 唯蜩翼之知：唯知蜩翼的倒置。⑬ 反：反身。侧：回侧身体。⑭ 易：转换。⑮ 凝：集中。凝神，即万物皆无知，而凝聚其心于精神。凝一作疑，疑通"拟"，比，疑神，可与神相比。⑯ 丈人：对老人的尊称。

【细读】

用志不分，乃疑于神

这是一则著名的寓言。孔子到楚国去，到了一片林子，见痀偻者承蜩，也就是驼背者用竹竿粘着有黏性的东西在粘取树上的蝉，非常熟练，就像拾取东西一样。孔子问他，你这是技巧呢，还是有道？痀偻者回答，他是有道的。他说，他练习了五六个月，在竹竿上两个弹丸累叠一起也不掉下来，练到这个程度，粘树上的蝉，就很少失手了。如果累叠三个弹丸而不掉下来，十次就只有一次失手了。现在他能累叠五个弹丸而不掉下来，熟练至此，粘树上的蝉，就像拾取一样了。他说，他稳住身子，就像那树身一样纹丝不动，他控制住手臂，就像那枯树之枝一样。天地那么大，万物那么多，他只知道蝉的翅膀。他也不回头看，也不侧转身子，不会因为有各种事物干扰而转移对蝉的翅膀的关注，这怎么会得不到蝉呢？孔子回过去对他的弟子说，专心致志，不分散精力，就可以和神工相比了。这说的就是驼背老人啊。

这首先当然从技艺上给人启示。痀偻者承蜩，之所以能如同拾取东西一样熟练，就因为用志不分。后人论文艺，多强调这一点。用志不分，是艺术创作时的状态，有时也指专精于某一行。一个人专精于某一行，用志不分，始能成就其业。宋张守论怀素草书，就说，古人专一艺而无他好，乃能名世。因为专心于草书，而没有分心于正书、行书，所以张旭成为草圣。元代吴澄甚至说，古代为什么取瞽者为乐师，就因为他用志不分，外物不接，内境常虚，故能精专。明代危素称扬友人子华，也说他羁旅四十年，陶然终日，无所怨悔而一于其艺，所以子华之画，非众工所能及也。明人为明王绂集作序，也说，士君子以一长擅名于世，必其苦心焦思，用志不分，乃能超出凡庸，而造夫微妙。

历史和现实都有不少这样的例子。《西京杂记》载，汉司马相如为《子虚赋》，意思萧散，不复与外事相关，控引天地，错综古今，忽然如睡，焕然而兴，几百日而后成。讲的也是专心致志，乃成赋作。清曹雪芹于悼红轩中，批阅十载，增删五次，而成《红楼梦》，尤为典型。我见过一位书法家，以草书重写《兰亭序》，连续四个小时，桌前不离，笔墨不停，身不旁顾，心无旁骛，甚至连水也没有喝一口，书作一气呵成。一些特殊的技能，往往更需用志不分。一四川女子，用牙签顶着一根羽毛，又用十几根芭蕉竿互相托起，而羽毛能不倒。表演之时，是那样的专心致志，稍一分心，则前功尽弃。也有因身体残废，反使其专精于某技艺的。例如因目盲，而耳朵尤能辨别极细微的声音，甚至能从二十只狗中，仅听喝水的声音，就把喝水的那只狗辨别出来。

但是，庄子写痀偻者承蜩，更是论达生，论道。道无为无形，故可传而不可受，可得而不可见，唯有心斋坐忘，持而守之，外天下，外物，朝彻，见独，始能入于无知无欲境界，入于无何有之乡，始入于道，始能养生。核心则是忘。既要忘物，又要忘我。痀偻者承蜩，虽天地之大，万物之多，而唯蜩翼之知，这是忘物。吾处身也，若厥株拘，吾执臂也，若槁木之枝，万物之中，忘记我的存在，这是忘我，也就是吾丧我。如黄裳的《杂说》所言，痀偻者承蜩，方其习之时也，犹掇之也，则习忘矣，其技精矣；一技之粗，有道存焉，所谓有道者，在此忘我，在彼忘物。忘我忘物，则物我融一，是之为道。

【原文】

颜渊问仲尼曰："吾尝济乎觞深之渊①，津人操舟若神②。吾问焉，曰：'操舟可学邪？'曰：'可。善游者数能③。若乃夫没人④，则未尝见舟而便操之也⑤。'吾问焉而不吾告⑥，敢问何谓也⑦？"

仲尼曰："善游者数能，忘水也⑧。若乃夫没人之未尝见舟而便操之也，彼视渊若陵⑨，视舟之覆犹其车却也⑩。覆却万方陈乎前而不得入其舍⑪，恶往而不暇⑫！以瓦注者巧⑬，以钩注者惮⑭，以黄金注者殙⑮。其巧一也，而有所矜⑯，则重外也⑰。凡外重者内拙。"（《庄子·达生》）

【注释】

① 济：渡。觞深：渊名。渊：水深而有漩涡之处。② 津人：撑渡船的人。操舟：撑船。神：神妙。③ 数：快速。数能：很快学会。④ 没人：没于水中的人，即善于潜水的人。⑤ 未尝见舟：把舟看作没有一样。便：轻巧熟练。⑥ 不吾告：不告诉我。⑦ 何谓：说的什么意思。⑧ 忘水：因熟悉水性而不把水放在心上。⑨ 陵：丘山。视渊若陵：即视深渊若平地。⑩ 却：退。⑪ 万方：万端，变故无穷。舍：神明之舍，即心。⑫ 恶往：到哪里。暇：闲暇自由。⑬ 注：赌博下的钱或物品等赌注。巧：轻快，此指没有心理负担。⑭ 钩：铸金作钩形，如后世银锞之类。或谓为衣带钩。惮：怕。⑮ 殙：心绪纷乱的样子。⑯ 矜：慎重，拘谨。⑰ 重外：注重身外之物，指黄金等。

【细读】

外重者内拙

摆渡的人在惊涛骇浪的深渊撑船有如神仙，善于潜水的人，驾起船来非常轻巧，就像船并不存在一样，在江河里驾船，就如在平坦的陆地上一样。

为什么能这样？庄子借孔子之口说是"忘"。善游者很快就掌握驾船，因为它"忘水"。对于他来说，水不存在，船也不存在。能做到忘，就内心无扰。所谓"覆却万方陈乎前而不得入其舍"，就是说，不论在急流险滩遇到任何危险情况，都不能

"入其舍"，都不能惊扰其内心。

庄子进一步用赌注作比喻来说明。他说，用瓦片下赌注的心思灵巧，用银锞下赌注的心里就有点害怕，用黄金下赌注的，心绪就乱了。他们的技巧都是一样，但对钱财有所怜惜的人，就注重外物，心里就有所系累。

庄子最后说，注重外物的人，他的内心就显得笨拙。

这里，觞深之渊，可以是喻指险恶的人世社会。世人在这样的社会怎样操舟若神，是庄子所思考的问题。在庄子看来，当然首先要善游，善游才能忘水，才能操舟如履平地。在社会中善游，就要了解这个社会。庄子思想就是在深入了解现实社会基础上提出来的。

当然，重要的是忘。对于操舟来说，是要忘水，要各种险恶情况皆不入其心舍，这样才能操舟若神。对于社会处世来说，也要忘，这就是庄子反复强调的，无功无名无己，当然还有无是非，无生死。

所谓以瓦注者巧，以钩注者惮，以黄金注者殙，以瓦注则需忘瓦，也就是将瓦置之度外，以钩注则需将钩置之度外，以黄金注者则需将黄金置之度外。这既指分量再重的东西也要忘也要舍弃。比如，一点小是非，小得失，有人可以心情平静，可以舍弃，但如果是官居要职，可以权倾一世，这就有如黄金，有人就不愿舍弃，这个时候，心就不能平静，不能舍弃。但也可能是同一个东西，你是否看重它。同一个相位，惠施视若宝物，而庄子视若腐肉。惠施视若黄金，以黄金注，故心绪昏乱，而庄子视若瓦砾，以瓦注，故心情宁静。

我们可以看南朝谢灵运和颜延之的例子。谢灵运始终把很多东西看得很重。谢家和王家，是东晋王朝北来大族，谢家曾有过鼎盛。谢灵运从小受到族叔谢混的赏识，谢混是当时政界和文坛的重要人物。刘裕借北府兵力量代晋而立刘宋，谢灵运曾经参加过反对刘裕和刘义隆的政治活动，后来不得不跻身为刘氏朝臣，凭借曾经显赫的家族，本可平流进取，坐致公卿，现在不得不屈心降志，依附他这个阶层所鄙视的武人，他于是对刘氏王朝采取不合作以至抵制的态度。苦闷牢骚，焦虑恐惧，但仍热衷竞进，性格狂傲，不知收敛，刘裕在位时有意立次子庐陵王刘义真为继承人，谢灵运免官后即依附义真。不意义真并未即位，谢灵运即被贬为永嘉太守。刘宋王朝内部斗争日益激化，谢灵运狂傲之态仍不收敛，在始宁招摇横肆，先被人表奏不轨，外放临川，后又为人所劾，流放广州，终于又以谋逆之罪而被杀。谢灵运屡遭贬斥，最终被杀，重要原因，就是他对家族功名看得太重。

颜延之则不同。颜延之前期的经历和谢灵运有些相似，他和谢灵运一样，依附过刘义真。少帝刘义符即位，义真失势，颜延之也受到排挤，被外放始安太守。宋文帝时，彭城王刘义康专权时，他也差点被外放永嘉。后来罢官家居，他的生活态度就变了。虽然未完全忘情世事，但罢官时不豫人间者七载。尽管他的长子颜竣是宋孝武帝刘骏的谋主，兼书记，以入讨之功权倾朝野，但颜延之却恬然如故。他的负担没有谢灵运重，他的门第较低，政治上的追求不过于热衷躁进，虽有狷介之性，又常和光同尘。他把权位看得比较轻，虽然也屡遭挫折，但最终得保天年，富贵以终。

不同的两种态度，而有不同的结局。或者可以帮助我们认识庄子所说的，外重者内拙。

【原文】

开之曰①："闻之夫子曰②：'善养生者，若牧羊然，视其后者而鞭之。'"

威公曰："何谓也？"田开之曰："鲁有单豹者③，岩居而水饮，不与民共利④，行年七十而犹有婴儿之色；不幸遇饿虎，饿虎杀而食之。有张毅者⑤，高门县薄⑥，无不走也，行年四十而有内热之病以死⑦。豹养其内而虎食其外⑧，毅养其外而病攻其内⑨，此二子者，皆不鞭其后者也。仲尼曰：'无入而藏⑩，无出而阳⑪，柴立其中央⑫。三者若得⑬，其名必极⑭。'夫畏涂者⑮，十杀一人，则父子兄弟相戒也⑯，必盛卒徒而后敢出焉⑰，不亦知乎⑱！人之所取畏者⑲，衽席之上⑳，饮食之间，而不知为之戒者，过也。"（《庄子·达生》）

【注释】

① 开之：田开之。未详。② 夫子：田开之似乎向祝肾学道，故称祝肾为夫子。③ 单豹：姓单名豹，鲁国隐士。④ 共利：同利，追求不同。⑤ 张毅：事迹不详，当为鲁国人。⑥ 高门：豪富之家。县：通"悬"。薄：通"簿"，竹帘。县薄：悬挂竹帘当门，喻指贫穷之家。⑦ 内热之病：焦燥成疾。⑧ 养其内：修心养性。其外：其形体。⑨ 养其外：谋衣食。⑩ 无：通"毋"。入而藏：深深地埋藏。⑪ 阳：显露。⑫ 柴立：像木柴一样站立，表示无心。⑬ 三者：指前面三句话。得：办得到。⑭ 极：最高处。⑮ 畏涂：危险的道路。涂：通"途"。⑯ 相戒：互相告诫。⑰ 盛卒徒：人马众多。⑱ 知：通"智"。⑲ 取畏：自取危险的事。⑳ 衽席：睡觉用的席子。衽席之上：指色欲之事。

【细读】

牧羊鞭后以养生

这是田开之和周威王的对话。周威王听说祝肾学养生之道，而田开之和祝肾一起游学，便问田开之如何养生，于是有田开之的一番话。

田开之说，他听祝肾说过，善于养生的，就好比牧羊，看到落后的就鞭打它。他举了两个例子。一个是单豹，他是深居山岩，饮用泉水，不和百姓争名夺利，到了七十岁，还保持着婴儿一样的脸色。但是很不幸，遇到一只饿虎，饿虎一下子就把他吃了。一个是张毅。他是不论富门豪族还是贫苦人家，都去走动，却年至四十，患内热而死。单豹是善于调养自己的内心，但老虎把他的身体吃了。张毅是善于滋养自己的身体，但疾病却攻击他的内心。这两个人，都不是鞭策自己落后的地方。

接着是孔子的话。孔子说：不要深入潜藏，不要出头露面，过于显扬，要像木头一样站立中间。这三者如果能做到，他的名称必然最高。在危险的道路上，十个人中间有一个人遇难，父子兄弟就是互相告诫，一定要聚伙结伴才敢出门。这不是很聪明吗？人们所应该畏惧的，是在床席之上，饮食之间，却不知道对此有所戒备，这是错误的啊！

这是论养生的。两个例子，两种养生态度。一是单豹，养其内而虎食其外；一是张毅，养其外而病攻其内。这两个人，可能实有其人，至少不是庄子虚构人物。《吕氏春秋·必已》中说："单豹好术，离俗弃尘，不食谷实，不衣芮温，身处山林岩堀，以全其生。不尽其年，而虎食之。"又说："张毅，门闾帐薄聚居众无不趋，舆隶姻小童无不敬，以定其身。不终其寿，内热而死。"这里，被虎所杀，应该是譬喻身遇外祸。而内热之病以死，是身体之病，同时也喻心理之病。

这两种养生态度都是庄子所不同意的。如宋王雱注庄所说："夫生必有形，形必有体，体所以分于内外也。全生者，均养其内外，则内外两全，而生所以全也。若专养其内而忘其外，则外与物迕，而不免于累，此单豹所以亡躯于虎。若专养于外而忘其内，则内必焚和，而不免于累，此张毅所以没身于病也。"

事实上，历代很多士人，或者养内而伤外，或者养外而伤内。前者如嵇康，他是注意养内的。他著有《养生论》《答向秀难养生论》专门论养生，以为导养得理，以尽性命，可以上获千余岁，下可数百年。他注意形神共养。就养形来说，他注重呼吸吐纳，却谷服食，以及呼吸吐纳一类气功锻炼，注意顺性节欲。他隐居山岩，和阮籍、向秀、王戎等游于竹林。但是，嵇康最终遇祸被害。他是被司马氏这只虎所杀所食。之所以被杀遇害，是因为他为性峻洁，切直执著，内不愧心，外不负俗，菲薄名教，厌恶仕途。与他同时代的，同是隐居，皇甫谧不非议名教，与皇帝来往，向皇帝奉献风流儒雅，让皇帝感到舒服，两相无碍，各有所得，因此得到高名，得以善终。但是嵇康的隐居，上不臣天子，下不事王侯，不与当权者合作，最终为当权者所不容。他是如王雱注庄所说，外与物迕，而不免于累。

养外而伤内，西晋一些士人可以作为例子吧！二十四友，依附权臣贾谧，潘岳、石崇，每候贾谧出，则望尘而拜。追逐权势，依附权势，很有点这里所说的张毅高门县薄无不走的味道。后来在八王之乱中，这些士人很多都被杀。这些士人是专养于外而忘其内，也不免于累。

因此如田开之引他教师的话所说，善养生者，若牧羊然，视其后者而鞭之。就是说，不能只重养内，也不能只重养外，既要注意养内，又要注意养外。如宋王雱注庄所说："全生者，均养其内外，则内外两全，而生所以全也。"也如孔子这里所说，无入而藏，无出而阳，应该柴立其中央。如宋林希逸的《庄子口义》注："无入而藏，不专于主静也；无出而阳，不一于动也。"所谓柴立中央，就是无心而立，动静无常，不倚一偏。

【原文】

桓公田于泽①，管仲御②，见鬼焉③。公抚管仲之手曰："仲父何见④？"对曰："臣无所见。"公反⑤，诶诒为病⑥，数日不出。齐士有皇子告敖者⑦，曰："公则自伤，鬼恶能伤公。夫忿滀之气⑧，散而不反⑨，则为不足；上而不下，则使人善怒；下而不上，则使人善忘；不上不下，中身当心，则为病。"（《庄子·达生》）

【注释】

① 桓公：齐桓公。田：打猎。泽：原泽。② 御：驾车。③ 见鬼：看见有鬼。④ 仲父：对管仲的尊称。⑤ 反：通"返"。⑥ 诶诒：呻吟声。⑦ 皇子告敖：姓皇子，名告敖，虚构人名。⑧ 忿滀：愤急，郁结。⑨ 反：通"返"。

【细读】

忿滀之气易为病

这是一则寓言。

说是齐桓公在水泽旁打猎，管仲驾车。齐桓公看见有鬼在附近，他摸着管仲的手问：你看到什么了吗？管仲说，我没有看到什么呀！齐桓公回去之后，失魂落魄地病倒了，好几天不出门。齐国有一个叫皇子告敖的士人对齐桓公说：您是自己伤害自己，鬼怎么能伤害您呢？接着就有上面这段话。

皇子告敖对齐桓公继续说：人的愤急之气，如果只是散去而不回还，那精神就会不足。如果只是上通，而不能下达，那就会使人喜欢发怒。如果只是下行而不上升，那就会使人善于忘事。如果不上不下，正好积聚在胸口和心中，就会生病。

这则寓言告诉我们，养生要注重精神的养护。养神以养生，《庄子》很多地方都有论述。比如《在宥》篇说："抱神以静，形将自正。必静必清，无劳女形，无摇女精，乃可以长生。"又提出神以守形，慎女内，闭女外，慎守女身。《刻意》篇也指出："纯素之道，唯神是守，守而勿失，与神为一。"

这里寓言对此又作了形象的说明。齐桓公的病，并不是真见到了鬼，而是气的运行受到了阻碍。其气不上不下，郁结于胸中和心口，这是他的病因。皇子告敖编了一个故事，解除了齐桓公的心理障碍，使他受损的心神得到抚慰，郁结于心的气得以理顺，疾病因此不治而愈。

这里涉及一些具体的知识，所谓忿滀之气，散而不反，则为不足；上而不下，则使人善怒；下而不上，则使人善忘；不上不下，中身当心，则为病。从中医学来看，气的郁结，确实是导致一些病的原因。

这也看出庄子思想的特点。在庄子这里，处世与养生是一体的。他既为在险恶的人世间寻找生存的空间，为纷扰的世事烦忧寻找超脱之路，又将它和养生养神结合起来。他的人生哲学，既是处世之道，又是养生养神之道。

也因此，后世论养生，总是强调形神共养。嵇康是一个典型。他的《养生论》详细论述了形神兼养的道理。他以为，对于养生来说，精神的作用是显然的。比如，服药求汗，有时未必能行，但人一旦感到惭愧，就会大汗淋漓。比如，如果一个早上饿着肚子，就会很想吃饭，但是曾子守丧的时候心里哀伤，即使七天不吃饭，也不会觉得肚子饿。再如，晚上坐着，就会情绪低迷，想要睡觉。但如果心里满是忧虑，可以通宵达旦不睡觉。平时用力刷头发，可能能使头发竖起来，喝一些酒，则可能使脸色变红，但壮士发怒的时候，可以怒发冲冠，脸色涨红。他因此说："精神之于形骸，犹国之有君也。神躁于中，而形丧于外，犹君昏于上，国乱于下也。"他说，精神的保养是一点一滴积累的，不能以为一怒不足以侵性，一哀不足以伤身，因此，"君子知形恃神以立，神须形以存，悟生理之易失，知一过之害生，故修性以保神，安心以全身"。要形神相亲，表里俱济。

《吕氏春秋》也提出，天全则神和，反对费神伤魂，指出："不能为君者，伤形费神，愁心劳耳目，国愈危，身愈辱，不知要故也。"后世道教更强调这一点。葛洪的《抱朴子》指出，求仙，需要笃志至信，勤而不怠，能恬能静，"得合一大药，知守一养神之要，则长生久视"。唐代吴筠写《形神可固论》《养形》《守神》等篇，指出："身含形神，全一心动，则形神荡欲，不可纵，纵之必亡神，不可辱，辱之必伤，伤者无返期。"养生要"守道服炁，养形守神"，他以为，人体有炁存之，有神居之，然后安焉。如果"人得神而不能守之，人得炁而不能采之，人得精而不能反之"，这是自己走向消逝，不能埋怨天地不给保佑。

我们身边其实也有很多这类例子。有人其实并未得病，只因疑神疑鬼，自己这里不舒服，那里不舒服，总是怀疑有病，本来没病反而忧郁成病。而有的患者，明明有癌症，却精神放松，全然不记挂在心，结果病情反而好转。

确实不能让忿滀之气，郁闷之气，郁结于心，否则容易得病。

【原文】

纪渻子为王养斗鸡①。十日而问："鸡已乎？"曰："未也，方虚憍而恃气②。"十日又问，曰："未也，犹应向景③。"十日又问，曰："未也，犹疾视而盛气④。"十日又问，曰："几矣。鸡虽有鸣者，已无变矣⑤，望之似木鸡矣⑥，其德全矣，异鸡无敢应者⑦，反走矣⑧。"（《庄子·达生》）

【注释】

①纪渻子：姓纪，名渻子，事迹不详。当为齐国之后。据《春秋》，纪为齐灭。王：《列子·黄帝篇》作为周宣王养斗鸡，当是齐王。养：训练。斗鸡：专供打架比赛的鸡。②方：正是。憍：通"骄"。虚憍：实质空虚而神志骄傲。恃气：凭着一时意气。③应：反应。向：通"响"。景：通"影"。④疾视：瞪目怒视。盛气：怒气。⑤无变：不动声色。⑥像木鸡静寂淡漠。⑦异鸡：其他鸡。⑧反：通"返"。

【细读】

纪渻子为王养斗鸡的启示

　　这则寓言，说的是纪渻子为齐王驯养专门用于斗架比赛用的鸡。十天之后齐王问他：鸡可以了吗，已经驯养好了吗？纪渻子回答说：还没有，它还空虚自傲，那神态还任凭着一时的意气。又过了十天，齐王再问。纪渻子回答说：还没有，它听到声响，看到影子，还有反应。又过了十天，齐王再问。纪渻子回答说：还没有。它还瞪着眼睛怒视，一副盛气凌人的样子。又过了十天，齐王再问。这时纪渻子回答说：差不多了。虽然别的鸡有鸣叫的，但它已经无动于心，声色不变，看上去就像一只木鸡。它的德性已经齐备了。其他的鸡没有敢和它应战的，都转身跑走了。

　　这则寓言让我们想起《大宗师》中庄子论通过心性的持守修养，达到道的境界，三日而后能外天下，七日而后能外物，九日而后能外生，而后能朝彻，能见独，无古今，入于不死不生。纪渻子为王养鸡，说的也是怎样让心气逐渐内敛，最后达于虚寂境地。

　　这则寓言告诉我们，处世养生，不能虚骄而恃气，也不能外界有一点声响动静，就神移心动，不能盛气外露，而要像木鸡一样，盛气沉敛于内，物变无入于心。

　　历史上，有不少盛气外露，虚骄恃气而致祸致败的例子。楚汉相争，项羽为什么失败？一个重要原因，是他勇而无谋。他孤傲自负，刚愎自用，目光短浅。他的勇气、骄气、怒气、性气，都是外露的。当他起东阿，西至定陶，再破秦军，斩李由之后，秦军尚强，而这时项羽就轻视秦军，显露骄色。巨鹿之战破釜沉舟，以一己之力大破章邯军，仗着绝对军事优势，便分封天下，自封西楚霸王，把刘邦赶出关中，封汉中王，管辖巴蜀汉中。他仇秦，因此巨鹿之战后，破秦章邯军，只因秦中吏卒和诸侯军有一些矛盾，又听到秦吏卒一些议论，便坑杀秦降军二十万。鸿门宴后，一路向西杀到咸阳，屠城，杀子婴，一把大火烧秦宫。因为仗恃个人勇气，因此不会用人，韩信、陈平都曾追随过项羽，但后来都投奔刘邦。项羽性格直露。沛王刘邦破咸阳后，项羽听到沛王手下曹无伤的告言，就大怒，要举兵击破沛王军。鸿门宴上轻信几句甜言蜜语，就放虎归山。天下诸侯打着楚怀王旗号反秦，秦亡后，项羽表面上尊怀王为义帝，实际把他贬到江南郴州，还密令九江、衡山、临江王攻义帝，杀之江中。他杀义帝，只是为了平复心中怒气。刘邦则不同，处处收敛自己。进军咸阳，秦皇宫里那么多金银美女可以不动心，不杀子婴，约法三章，不受犒赏，秋毫无犯，退出秦皇宫，还军灞上。鸿门宴上，可以忍一时之辱，称项伯为兄，对项羽非常谦恭。项羽杀义帝，刘邦可以为义帝发丧大哭，哀临三日，然后打着为义帝报仇的旗号，发动诸侯攻打楚国。

小说里也有类似的描写。《三国演义》写诸葛亮三气周瑜。第一次，周瑜进兵南郡，发现刘备早就占据江口，在打南郡的主意。周瑜提出抗议。诸葛亮说，那就让东吴先攻打，攻打不下，我们再来动手。不料，周瑜费尽周折，还挨了一箭，才打败曹仁，却发现不仅南郡已被赵云占领，连荆州、襄阳也落入刘备之手。第二次，周瑜想用招亲之计，囚禁刘备，夺回荆州，却被诸葛亮三条妙计，弄假成真，让周瑜赔了夫人又折兵。第三次，周瑜又想借收回西川之名，夺回荆州。不料诸葛亮却将计就计，假意劳军，引周瑜入荆州，然后四面包围，要活捉周瑜。周瑜在故事中，处处骄气外露，而诸葛亮则心计细密，神情沉稳，《三国演义》的描写，与史实并不完全相符，但小说家显然懂得，恃气矜智，难为大事，而收敛性智，则应事裕如。

为人处世，修身养心，又何尝不是如此？

【原文】

孔子观于吕梁①，县水三十仞②，流沫四十里③，鼋鼍鱼鳖之所不能游也④。见一丈夫游之⑤，以为有苦而欲死也⑥，使弟子并流而拯之⑦。数百步而出⑧，被发行歌而游于塘下⑨。

孔子从而问焉，曰："吾以子为鬼，察子则人也⑩。请问，蹈水有道乎⑪？"曰："亡，吾无道。吾始乎故⑫，长乎性，成乎命。与齐俱入⑬，与汩偕出⑭，从水之道而不为私焉⑮。此吾所以蹈之也。"孔子曰："何谓始乎故，长乎性，成乎命？"曰："吾生于陵而安于陵⑯，故也；长于水而安于水，性也；不知所以然而然，命也。"（《庄子·达生》）

【注释】

① 观：游观，游览。吕梁：吕城城南水下的石桥，位于今江苏徐州铜山区东南吕梁洪。② 县：通"悬"。县水：指水从上直流而下，如水挂悬。仞：古长度单位，给七八尺为一仞。③ 流沫：飞流溅沫。④ 鼋：类似鳖而比鳖大。鼍：或称扬子鳄，俗名猪婆龙。鳖：即甲鱼。⑤ 丈夫：古时对成年男子的称呼。⑥ 欲死：指想投水而死。⑦ 并：傍。并流：沿着水流。拯：救。⑧ 出：浮出水面。⑨ 被：通"披"。行歌：一边行走一边唱歌。游：游览。塘：堤岸。⑩ 察：细看。⑪ 蹈水：游水。

⑫ 故：习惯。⑬ 齐：通"脐"，谓石磨之脐，水漩涡处旋转而下，形如磨脐，故称。⑭ 汩：涌出的水流。⑮ 不为私：不以自我的意思行动。⑯ 陵：高地。

【细读】

吕梁丈夫蹈水的启示

吕梁男子蹈水，真是神奇。那瀑布高悬几十丈高，那水流冲泻而下四十里，连鼋鼍鱼鳖都不能在此游水，以致孔子看到后以为他有什么苦情想要投水而死，让弟子沿着水流要去救他，以为他是鬼，细看才知道是人。那吕梁丈夫却可以从容自在，在水中潜入数百步再浮水出来，出来之后，还披散着头发，一边行走一边唱歌，游览于堤岸之下。孔子问他游水有没有道，吕梁丈夫说无道，只是开始于习惯，长久了就成为习性，成功于天命。他和磨脐一样的漩涡一起入水，又和涌流一起从水中浮出，顺着水流的规律，而不按照自己的意志，所以他能在水中蹈水。孔子问他，什么是开始于习惯，长久成为习性，成功于天命？吕梁丈夫回答说，我生在高地就安于高地，这就是习惯。长久在水中就安于水上的生活，这就是习性。不知自己为什么这样，却自然而然这样去做，这就是天命。

这是说的习性。人长久生活在一定的环境，自然就有与环境相适应的习性。如长住山地的人善于爬山，草原牧民善于骑马，南方树多，有人爬树像猴子一样，长住水乡的人善于游水。

当然，吕梁丈夫蹈水，庄子让人们从中领悟的是处世养生。道的修养，无功无名无己的修养，不是外在的，而是内在的。不是临时遇到某件事，然后想到超脱，想到道的修养，它本来就源自人的心性，也应该让它内在于人的自然的心性，让它自然而然地成为你的一种习性，始乎故，长乎性，成乎命。这样才能在人生的急流漩涡中从容蹈水。

晋代陶渊明可以是一个例子。他写《归园田居》，就说他"少无适俗韵，性本爱丘山"，他的归隐田园，是从本性出发。隋唐之际的王绩也是一样的，王绩虽然少年时也兴趣广泛，有过进取之心，但他更追求放达适意。他在《答刺史杜子松书》中说，他"意疏体放，性有由焉，弃俗遗名，与日已久"。二十多岁时，应试得进，但他不愿在朝为官，说是不愿穿戴得整整齐齐去上朝，于是请任外职。改授六合县丞后，时值大业末，天下将大乱，于是把所受俸金积放在县门之外，乘一叶轻舟，趁着夜色，回到龙门今山西河津家乡。他写《解六合丞还》诗说："我家沧海白云边，还将别业对林泉。不用功名喧一世，直取烟霞送百年。"唐王朝建立，他一方面称颂久乱之后的太平治世，但另一方面，又无意重返仕途。他写《被征谢病》诗说，当汉朝征隐士，唐年访逸人之时，他愿意"借草邀新友，班荆接故人。市门逢卖药，山圃值肩薪。相将共无事，何事犯嚣尘"，他甘于自己的山野生活。武德五年（622年），王绩33岁，再度被征召，每天供三升美酒。人家问他为官有什么感受。他说，只有那里的三升酒值得留恋。后来他的朋友陈叔达被封为江国公，把他的俸酒增至一斗，因此人称"半酒学士"。但不久他又辞归。后来因为家里贫困，贞观中又赴选，看中太乐署有人善酿酒，因此求为太乐丞。不料善酿酒的那人后来死了，那人的妻子不久也死了，他说："天乃不令我饱美酒。"于是挂冠辞归，从此躬耕东皋。他三次出仕，都不想经世致用。他写《答程道士书》说，纵心自适，是他所追求的生活境界，"足下欲使吾适人之适，而吾欲自适其适"。又写《五斗先生传》，说："昏昏默默，圣人之所居也。"他有点像庄子所写的吕梁丈夫，始乎故，长乎性，成乎命，把纵心自适融入内心，成为他的生活习性。因此他的入仕，都能去就随便，随时可以辞官归隐，有点像吕梁丈夫的与齐俱入，与汨偕出。因此，他没有很多士人常有的仕途失意的忧愤，如他在《游北山赋》中所说的，能"养拙辞官，含和保真"。

【原文】

梓庆削木为镶①，镶成，见者惊犹鬼神。鲁侯见而问焉，曰："子何术以为焉②？"对曰："臣，工人，何术之有！虽然，有一焉。臣将为镶，未尝敢以耗气也③，必齐以静心④。齐三日，而不敢怀庆赏爵禄⑤；齐五日，不敢怀非誉巧拙；齐七日，辄然忘吾有四枝形体也⑥。当是时也，无公朝⑦，其巧专而外骨消⑧，然后入山林，观天性，形躯至矣⑨，然后成见镶⑩，然后加手焉；不然则已⑪。则以天合天，器之所以疑神者⑫，其是与⑬！"（《庄子·达生》）

【注释】

①梓：管理木工的官员。庆：名。镶：通"簴"，一种悬持乐器的木架子，上面雕刻鸟兽等精美图案。②术：道术。焉：此，指精巧的样子。③耗气：损耗神气。④齐：斋。⑤庆：庆贺。⑥辄然：不动的样子。枝：通"肢"。⑦无公朝：因为斋戒，所以不上朝。⑧骨：通"滑"，乱。消：消亡，排除。⑨至：得到，指得到了需要的鸟兽情状。⑩见：通"现"。⑪已：止。⑫疑：通"拟"。⑬与：通"欤"。

【细读】

梓庆削木为镶的启示

　　管理木工的官员用木头雕刻成挂乐器的木架子，看见的人都非常惊奇，以为精巧得有如鬼神的创造。鲁侯见到梓庆问这件事，说，你有什么道术做成这样？梓庆回答：我只是一个工匠，有什么道术？虽然如此，但有一个缘故：我准备做木架子的时候，从来也不耗损我的神气，一定要斋戒以使心神安静下来。斋戒三天，不想有关庆贺奖赏、官爵利禄的事情。斋戒五天，不想别人会有批评赞誉，做得精巧还是笨拙。斋戒七日，心静不动，完全忘记我的四肢形体。这个时候，不去上朝，专心于制作的精巧，外界的扰乱全部消除。然后深入山林，观察自然界鸟兽的神情形状。得到所需要的鸟兽形状，就把它表现在木架子上，然后着手雕刻。如果没有得到所需要的鸟兽形状就算了。这是用自己的心性自然以合于鸟兽的天然形状，雕刻成的器物因此犹如鬼神的创造。大概就是这样吧！

　　这里给我们直接启示的，当然是技艺的专心和精巧。为着削木为镶发，不敢损耗心气，要斋戒三天、五天、七天，将庆赏爵禄、非誉巧拙，以至四肢形体全部忘掉，外界扰乱全部消除，入山林观察自然界的鸟兽形状。

　　这里重要的是提出以天合天。所谓以天合天，就是以自己的心性天然，而合于自然界鸟兽的天然形状。所谓心性天然，就是心性完全归于天然，没有任何人为的痕迹，没有任何世俗的欲念和外界的扰乱。梓庆之所以斋戒三天、五天、七天，全部忘掉庆赏爵禄、非誉巧拙、四肢形体，就是要消除一切外界的人为的扰乱，使心灵完全归于宁静，归于天然。心性归于宁静，归于天然，就能合于自然界鸟兽的天然形状，鸟兽是怎样的天然形状，心性就是怎样的天然形状。心神完全随鸟兽自然形状而动。以天合天，也就是物化。物与我融化为一，梓庆入山林，以其天然心性，观察鸟兽天然形状，已分不清是物是我，我是天然之我，物是天然之物，与物融化而又随物变化。

　　这也就成了后来中国艺术的重要追求。比如宋董逌论画，明皇思嘉陵江山水，命吴道玄往图，嘉陵江三百里，一日而画，远近可尺寸许也。论者谓丘壑成于胸中，既寤则发之于画，故物无留迹，累随见生，殆以天合天者邪。《丹铅余录》载，王伯厚论江淹别赋，以为春草碧色，春水绿波，送君南浦，伤如之何。取诗目前，不雕琢而自工，可谓天然之句，以为这正如庄子所谓以天合天。宋苏轼提出绘画要胸有成竹。他在《书晁补之文与可画竹》中说文与可画竹嗒然遗其身，其身与竹化。所谓遗其身，就是忘却外界一切干扰，所谓身与竹化，所谓胸有成竹，就是庄子所说的以天合天，物我融一，在心目中形成一个完整的形象。唐韩干画马，人入其斋，见身作马形。张璪画松石图，毫飞墨喷，若流电激空，惊飙戾天，座中二十多客人全部被吸引住，还有张旭狂草，都是外界扰乱全部消除，全身心进入境界，倾注于表现对象。

与以天合天相联系，则有以物观物。所谓以物观物，就是自我融入外物，作为天然之物，以观察外物的天然情状。宋代理学家有所谓以物观物性也，以我观我情也，性公而明，情偏而暗之说。他们也用来说明文艺问题，说陶渊明的诗，荣利不足以易其守，声味不足以累其真，文词不足以溺其志，因此有悠然自得之趣，这就是以物观物，而不牵于物，吟咏性情而不累于情。王国维提出无我之境，重要的一点就是以物观物。如陶渊明的"采菊东篱下，悠然见南山"，金元好问的"寒波澹澹起，白鸟悠悠下"一样，观照客体时丧失自我，把自我看作自然物，仿佛是两个自然体静静的互相映照，冥相契合，这样一种纯客观的高度和谐的审美心境，由此审美心境创造诗歌意境。

当然，梓庆削木为鐻，以天合天，主要的还是以技艺喻人生。所谓斋戒三天、五天、七天，忘却庆赏爵禄、非誉巧拙、四肢形体，等等，也就是《大宗师》所说的持守三天而外天下，五天而后外物，九天而后外生，接着是朝彻，见独，入于无古今，不死不生之境。所谓忘吾有四枝形体，也就是坐忘所谓堕肢体，黜聪明，离形去知之说。所谓庄周梦蝶，其实也是物我不分，以天合天的境界。人生处世，也要忘却庆赏爵禄、非誉巧拙、四肢形体，不要把自己看作自然之物之外的东西，相对立的东西。自我的个体，本来就是自然之物，因此应该物我融一，一切随任自然，不要有任何个人的欲忘和外界的纷扰。达于此，就达于人生的以天合天的境地。这就是庄子所追求的境界。

【原文】

东野稷以御见庄公^①，进退中绳^②，左右旋中规^③。庄公以为文弗过也^④。使之钩百而反^⑤。颜阖遇之^⑥，入见曰："稷之马将败^⑦。"公密而不应^⑧。少焉^⑨，果败而反^⑩。公曰："子何以知之？"曰："其马力竭矣，而犹求焉，故曰败。"

工倕旋而盖规矩^⑪，指与物化而不与心稽^⑫。故其灵台一而不桎^⑬。忘足，屦之适也；忘要^⑭，带之适也；知忘是非，心之适也；不内变^⑮，不外从^⑯，事会之适也^⑰；始乎适而未尝不适者^⑱，忘适之适也。（《庄子·达生》）

【注释】

① 东野稷：人名，姓东野，名稷。御：驾驭马车。庄公：卫庄公。② 中：合。绳：木匠用以取直线的墨绳。③ 左右旋：或向左转，或向右转。中规：合于圆规划出的圆。④ 文：清人吴汝伦《庄子点勘》以为当为"父"字。《吕氏春秋·适威》此句作"以为造父弗过也"。造父是周穆王时驾驭马车的能手。⑤ 钩：弧形，指转圈。反：通"返"。⑥ 颜阖：鲁国贤士，曾为卫庄公的老师。⑦ 败：坏事。⑧ 密：沉默。⑨ 少焉：一会儿。⑩ 反：通"返"。⑪ 倕：传说尧时的工匠。旋：画圆。盖：合。规矩：圆规和矩尺，此指圆规。⑫ 稽：度量。⑬ 灵台：心。一：纯一。桎：通"窒"。⑭ 要：通"腰"。⑮ 事会：会事，遇事。适：合。⑯ 不内变：心神不变如一。⑰ 不外从：不追随外物。⑱ 始：本。

【细读】

东野稷御马，工倕旋与忘足

这是三段话。

第一段，是一个寓言。讲东野稷凭借御马的技术去见卫庄公。他御马，前进后退，那轨迹可以合乎木匠墨绳所划的直线，向左转向右转，合乎圆规所划出的圆的曲线。卫庄公认为，即使周穆王时代善御马的造父的技术也不能超过他。于是令他转一百个圈再回来。这时颜阖遇见了他，进宫见卫庄公说：东野稷的马要坏事。卫庄公不应答。过了一会儿，东野稷的马果然出了事故回来。卫庄公问颜阖：你怎么知道他的马要坏事？颜阖回答说：他的马力气已经用尽了，可是还要求它转圈子，因此知道它会出事。

第二段也是寓言，说一个名叫倕的工匠画圈，能画合乎圆规画出的圆，他的手指随着器物变化而自如画圈，不需要用心度量，所以他的心灵纯一而不滞塞。

第三段，忘掉了脚，鞋子就是舒适的。忘掉了腰，腰带就是合适的。知道忘掉是非，内心就会舒适。内心不变化，不追随外物，遇到事情就是舒适的。从一开始就安适，而且没有不舒适的地方，这是忘掉舒适的舒适。

第一段，人们会想起体育比赛，如排球赛或者篮球赛。当你看到一方队员疲惫不堪，打得没有章法，阵脚不稳的时候，就会知道，这一方肯定会失败。因为他们心意已经慌乱了。也会想到战场的双方。当你看到一方的指战员沉着冷静，全力应敌，而另一方慌张失措的时候，你大体也可以判断胜负了。

第二段，人们会想起剑术，人剑一体，挥舞自如。也会想到很多艺术。比如书法绘画、雕刻、演奏音乐，当技艺达于纯熟，当内容酝酿成熟，胸有成竹，他们手中的画笔乐器工具，他们的创作过程，同样是不假思索，得心应手。驾驶汽车也是一样，当技术纯熟后，驾驶起来也是人车一体。古人论艺术，就讲究指与物化。比如宋董逌评高闲千字文，韩愈评张旭草书，以为喜怒忧悲必于书发之，故能变化若鬼神。董逌以为，如果进于知者，就会离艺术越来越远，"指与物化而心稽者丧矣"。他是把指与物化作为艺术创作的很高境界。

第三段，可以想到的就更多了。当你忘记在骑自行车的时候，说明你骑车技术已很熟练。当你忘记在游泳的时候，说明你游得很舒服。

这里更可以想到的，是养生，是处世。

养生，不能耗损精神。如《刻意》篇所说："形劳而不休则弊，精用而不已则劳，劳则竭。"后来的道教论者，如宋黄裳的《杂说》也说："形劳者，以事役其力故也。精亏者，以生劳伤其心气故也。""达生之情，不以物累形，不以形累生，不以生累德。"

就处世来说，不能逞才用智，要顺随自然，这样才能从容自得。像东野稷御马，连转一百圈，马力已竭，而依然依照自己的主观意愿使用马力，违背马的天性，必然遭致失败。人生处世，受欲念牵制，追求过份，心浮意乱，有时也是很危险的。

随任自然，也就是物化。物我融一，与物融化，随物变化，"不与心稽"，不要有主观意愿，私欲私念。一切随任自然，内心坚守纯一之道，不诱于俗念，不为外物所滞塞。

修养体道，需要忘。庄子多处讲到忘。忘，是为了心适。为功名利禄所牵累，为是是非非、毁誉穷达所困扰，内心是不可能舒适的。如《齐物论》所说，与物相刃相靡，一生像在外奔走，不得休息，终身为物所役，疲惫不堪，这是很可悲的。因此要忘，知忘是非，内心就舒适。内心不变纯一之性，不随从外物。不但求心适，而且连舒适本身也要忘记，要达于忘适之适。

【原文】

庄子行于山中，见大木①，枝叶盛茂。伐木者止其旁而不取也。问其故，曰："无所可用。"庄子曰："此木以不材得终其天年②。"夫子出于山，舍于故人之家③。故人喜，命竖子杀雁而烹之④。竖子请曰："其一能鸣，其一不能鸣，请奚杀？"主人曰："杀不能鸣者。"明日，弟子问于庄子曰："昨日山中之木，以不材得终其天年；今主人之雁，以不材死⑤。先生将何处？"庄子笑曰："周将处夫材与不材之间⑥。材与不材之间，似之而非也，故未免乎累。若夫乘道德而浮游则不然⑦，无誉无訾⑧，一龙一蛇⑨，与时俱化，而无肯专为⑩。一上一下⑪，以和为量⑫，浮游乎万物之祖⑬，物物而不物于物⑭，则胡可得而累邪。此神农、黄帝之法则也⑮。若夫万物之情，人伦之传则不然⑯，合则离，成则毁，廉则挫⑰，尊则议，有为则亏，贤则谋，不肖则欺。胡可得而必乎哉⑱？悲夫，弟子志之⑲，其唯道德之乡乎。"（《庄子·山木》）

【注释】

① 木：树。② 不材：不成材。天年：自然应该有的寿命。③ 夫子：指庄子。舍：住宿。故人：老朋友。④ 竖子：童仆。雁：鹅。烹：通"亨"，通"飨"。⑤ 不材：指不能鸣。⑥ 周：庄周。⑦ 乘：用，掌握。浮游：活动。不然：不会有所拖累。⑧ 訾：诋毁。⑨ 龙：龙能高升，比喻得志时飞黄腾达。蛇：蛇喜蛰伏，比喻失意时避世隐居。⑩ 无肯：不愿。专为：偏执于某一方面。⑪ 上：进取。下：退却。⑫ 和：顺，顺乎自然。⑬ 万物之祖：指虚无的境界。⑭ 物物：主宰外物。物于物：为外物主宰。⑮ 法则：规矩。⑯ 伦：类。传：习俗。⑰ 廉：锐利。⑱ 必：固执。⑲ 志：记住。

【细读】

一龙一蛇，与时俱化

这是庄子回答弟子的一段对话。说是庄子行于山中，看见一棵大树，枝叶盛茂，但是伐木的人站在树旁却不砍它。庄子问他什么缘故。伐木的人回答说："没有可用的地方。"庄子说："这棵树以它没有用处得以终其天年。"庄子走出山林，住在一位老朋友家。老朋友很高兴，叫年少的仆人杀鹅来款待他。小仆人请示说："一只鹅能叫，另一只不能叫，请问杀哪一只？"主人说："杀那只不能叫的。"第二天，弟子问庄子说："昨天山里那棵树因为不成材得终其天年，今主人之鹅，因为不成材而被杀掉，先生您站在哪一边呢？"于是就有了上面这一段庄子的回答。

庄子先说，他要处于材与不材之间。就是说，既是有用之材，又是无用之材。但他很快就否定了自己的说法，说，材与不材之间，看起来行，实际不合乎自然之道，所以仍不能免于拖累。

那么应该怎么办？他说，如果乘道德而浮游则不然。这里所说的道德，就是自然之道。乘道德，就是顺乎自然。如果顺乎自然而自在地生活就不会这样。那样，没有赞誉，也没有诋毁，可以像龙一样飞黄腾达，也可以像蛇一样蛰伏隐居，随着时机的变化而一起变化，并不偏执于某一方面。既可以上而进取，也可以下而退却，和于自然，成为标准，自由地畅游于万物始生的虚无境界，役使万物，却不受万物役使，这样做，怎么会有系累呢？这是神农、黄帝的处世法则啊。至于万物的实情，人类习俗，就不是这样了。有聚合就有分离，有成功就会有毁坏，锐利就会受到挫折，尊贵就不招来非议，有为就会有亏损，贤能就会遭到谋算，没有出息就会受到欺侮。怎么可以固执于某一个方面呢？

这实际提出两点：一是处于材与不材之间；二是一龙一蛇，与时俱化。

庄子在很多地方讲过无用之用，散木无用，方为大用。但现在，大树以无用得享天年，而鹅则因无用而被杀，庄子只有处于材与不材之间。这让我们想到《人间世》描述的各种情状。颜回之卫，非欲就乱国而治不可，正直而谦虚，非勉力而专一不可，内心正直而外表委曲求全，非引导君王向远古君看齐不可。叶公子高使齐，也处处危险。处世确实不易。

所谓一龙一蛇，与时俱化，就是庄子在很多地方讲过的顺乎自然。具体来说，就是既要善于进，也要善于退，该进的时候进，该退的时候退。

历史上，不知进退，不知与时俱化而遭杀戮的人不在少数。但汉代萧何却不一样。他为创建汉室江山建立了盖世大功，以至汉高祖刘邦即皇帝位论功行封时，以萧何功居第一。刘邦后来大杀功臣，韩信、彭越、英布都被杀。稍微对这段历史有点了解的不难知道，萧何功高震主，居于何等危险的地位。萧何始终在刘邦身边，伴君如伴虎，之所以能安然度过，终老天年，就因为他深谙进退之道。

刘邦为汉王时，与项羽相持作战，萧何居守关中。刘邦经常派人慰问萧何，门客对萧何说，主上在外征战，还每每慰劳你，这是对你有疑心。不如把你的子孙兄弟能作战的都送到军队去，这样主上就会更加信任你。萧何从计而行，刘邦果然非常满意，消除了怀疑。

萧何计诛韩信后，刘邦对他更加宠信，并格外加封其为相国，但他的门客召平却对他说，你的祸害就要开始了。你想想看，皇上在外征战，你居守在都城内，不需要冒着危险上阵杀敌，反得加封食邑，我想主上之意，恐怕对公有怀疑，你没看到淮阴侯韩信的下场吗？萧何恍然大悟，听从召平之计，不但力辞封邑，并且把私家财物都拿出来移作军需。汉帝刘邦果然很高兴，解除了对他的疑心。

这一年，英布谋反，刘邦亲自率兵征讨，虽然身在前方，却每次派人问萧何在都城做些什么，使者回答，萧相国爱民如子，做些安抚、体恤百姓的事。门客知道后，又对萧何说，公不久要满门抄斩了。那门客说：公位为相国，功在第一，没有更高的职位可以封给公了。公一入关就深得百姓的爱戴，到现在十多年了，百姓都拥护您，现在又想尽方法为民办事，安抚百姓。皇上几次问公的起居动向，就是害怕您有什么不轨行动。您何不贱价强买民间田宅，故意让百姓骂您、怨恨您，制造些坏名声，这样皇上对您就放心。于是萧何依计而行，又躲过一劫。

【原文】

吾愿去君之累，除君之忧，而独与道游于大莫之国①。方舟而济于河②，有虚船来触舟③，虽有惼心之人不怒④。有一人在其上⑤，则呼张歙之⑥。一呼而不闻，再呼而不闻，于是三呼邪，则必以恶声随之⑦。向也不怒而今也怒，向也虚而今也实。人能虚己以游世⑧，其孰能害之！（《庄子·山木》）

【注释】

① 大莫：广漠② 方舟：两舟并连。③ 虚船：无人的船。触：撞击。④ 惼心：心胸狭隘。⑤ 其上：来撞的船上。⑥ 张：开。歙：收敛，合拢。⑦ 恶声：辱骂之声。随：伴随。⑧ 虚己：视自己为虚无。

【细读】

虚己以游世，其孰能害之

这是市南宜僚与鲁侯的对话。市南宜僚确有其人，以勇猛著称，但在这篇对话里，他却是庄子化的人物。

市南宜僚说：我希望抛弃您的牵累，削除您的忧愁，而独自和道一起遨游于广漠之国。他说：将两条船并起来渡河，有一条没有人的虚船撞过来，即使心胸狭小的人也不会发怒。假如有一个人在船上，就会呼喊着让他离开。呼叫一次不听，两次再不听，第三次再呼叫，辱骂声就会跟着来了。刚才不发怒而现在发怒，是因为刚才船上没有人，而现在有人了。人如果能够使自己的欲望归于虚无，遨游于世，那么，谁还能危害他呢？

这里提出虚己游世。所谓虚己游世，就是去除自己的各种私欲。为什么要虚己？因为自己的欲望，自己希望得到的东西，往往也是别人的欲望，也是别人希望得到的东西。比如大狐狸和金钱豹的漂亮毛皮，鲁侯的君主之位。除了君主之位外，别人想从你身上得到的东西太多了。如功名利禄，权势地位，职称待遇，金钱美女。越国败吴称霸，勾践为什么让大夫种自杀？不就因为他有伐吴七术，只用了三术，还有四术在身，勾践对他不放心！刘邦称帝之后，韩信、彭越、英布为什么遇害？不就因为他们握有兵权！萧何为刘邦居守关中，为什么要把子孙兄弟能作战的都送到军队去，为什么不但力辞封邑，并且把私家财物都拿出来移作军需，为什么在都城贱价强买民间田宅，故意让百姓骂他怨恨他，自毁名声？不就是把所有刘邦可能不放心的东西全部捐弃吗？不就是虚己以游世吗？他不就是那条虚舟吗？

虚己游世，不需要任何物质条件，只要你清静寡欲，于世无求，就很容易做到。庄子当然希望不仅自己虚己，也希望大家都淳朴少欲。庄子这一思想，对后世很有影响。后世文人常用虚舟喻指对世俗无所系念。如陶渊明的《五月旦作和戴主簿》中说："虚舟纵逸棹，回复遂无穷。"李白的《赠僧崖公》中说："虚舟不系物，观化游江渍。"晋代陶渊明写有《桃花源记》并诗，唐代初年王绩写有《醉乡记》，都写一个田土旷然、民风淳朴、童孺行歌、斑白欢游、鸡犬相闻、宁静祥和的境界。这既有老子小国寡民社会的影子，也有庄子的建德之国、至德之世的内涵。

【原文】

予尝言不死之道①。东海有鸟焉，其名曰意怠②。其为鸟也，翂翂翐翐③，而似无能；引援而飞④，迫胁而栖⑤；进不敢为前，退不敢为后；食不敢先尝，必取其绪⑥。是故其行列不斥⑦，而外人卒不得害，是以免于患。直木先伐，甘井先竭。子其意者饰知以惊愚，修身以明污，昭昭乎如揭日月而行，故不免也。昔吾闻之大成之人曰："自伐者无功，功成者堕⑧，名成者亏。"孰能去功与名，而还与众人？道流而不明居⑨，得行而不名处⑩；纯纯常常⑪，乃比于狂⑫；削迹捐势⑬，不为功名。是故无责于人⑭，人亦无责焉。至人不闻，子何喜哉？（《庄子·山木》）

【注释】

① 予：指太公任。这是太公任对孔子的对话。② 意怠：海燕名，寓怠惰无能之意。③ 翂翂翐翐：飞行舒缓的样子。④ 引援：受牵引，即跟从。⑤ 迫胁：偎依。⑥ 绪：剩余。⑦ 行列：队伍，即鸟群。斥：排斥。⑧ 堕：毁坏。⑨ 不明：不显露。⑩ 得：通"德"。不名：不称颂。⑪ 纯纯常常：纯粹又普通的样子。⑫ 乃：竟。⑬ 削迹：不留痕迹。捐势：捐去权势。⑭ 责：求。

【细读】

意怠之鸟与不死之道

这是孔子和太公任的对话。说是孔子被围困在陈国和蔡国之间，七天没有生火做饭。太公任去慰问他，告诉他何为不死之道。于是有上面这番话。

太公任说，他曾听说有不死之道。说是东海一种鸟，名叫意怠。这种鸟飞得很缓慢，好像软弱无力。它跟从着别的鸟飞，挤在群鸟中间睡觉，前进的时候不敢在前面，后退的时候不敢在最后，吃东西的时候不敢先尝，一定吃剩余的。所以，它在鸟群中不受排挤，外人也没有办法害它，所以能免于祸害。

太公任接着说，笔直的树木更有用，因此先遭到砍伐；甘甜的泉水更好吃，因此总是先枯竭。我想你可能是装饰自己的智慧，以惊醒愚蠢的人们，修养自己的身心，来显出别人的污浊，显露光明，好像高举着太阳和月亮往前行走，所以你不免于祸害。

太公任又说：过去他听说大德成全的人说：自己夸耀的人反而没有功绩，事功有成的就会毁坏，名声有成的就会亏损。他说，谁能把功名抛弃，把它还给众人呢！大道流动，但不居于显露的地方，大德流行，但不处于被称颂的地方，纯朴而又平常，人们把他看作癫狂无心，削除痕迹，捐去权势，不追求功名。因此不责求于别人，别人也不会责求他。至德之人不求闻达于世，你为什么喜好名声呢？

说是孔子听了这一番话，便辞去朋友，离开他的弟子，逃到广漠的泽野，穿着粗麻衣服，吃着粗糙的野果，进入兽群，兽群也不乱，进入鸟群，鸟的行列也不乱。连鸟兽都不讨厌他，何况人呢！

这里的太公任，是虚构人物。这里的孔子，当然被庄子化了。这里列举了两种处世之道。一种是孔子原来的。他被围于陈国、蔡国之间，七天没有生火做饭。之所以这样狼狈，太公任的看法，是他太彰显自己，饰知以惊愚，修身以明污，昭昭乎如揭日月而行。另一种，则是意怠鸟所比喻的，跟从众人，进不敢为前，退不敢为后；食不敢先尝，必取其绪，谦让，含藏，不彰显，不称扬，不露痕迹。

为什么？因为直木先伐，甘井先竭，因为自伐者无功，功成者堕，名成者亏，因为无责于人，人亦无责焉。

这里，当然有老子谦退不争的思想。所谓后其身而身先，外其身而身存。所谓水善利万物而不争，处众人之所恶，故几于道。所谓持而盈之，不如其已；揣而锐之，不可长保；金玉满堂，莫之能守；富贵而骄，自遗其咎；功遂身退，天之道也。

这当然也蕴含有庄子所谓堕肢体，黜聪明的思想。意怠的含敛收藏，就是于昏昏默默中目无所见，耳无所闻。所谓无责于人，人亦无责，其实就是不违逆于物，物亦不能伤。也就是乘物以游心。

当然，也有庄子无用为大用的思想。直木先伐，而大本臃肿不中绳墨，大而无用之木，以为舟则沉，以为棺椁则速，不可为栋梁之木则得以保全。

后世一些士人的处世态度，应该为庄子所不赞同。比如东汉末年那些名士。他们高自标榜，指天下名士，为之称号，所谓三君、八俊、八顾、八及、八厨、八元、八凯，等等。他们还高自标榜其风姿仪容，所谓肃肃如松柏下风，岩岩如玉山；所谓汪汪如万顷波，澄之不清，扰之不浊。他们更与朝廷抗争，士大夫皆高尚其道，而污秽朝廷。在庄子看来，这都是饰知以惊愚，修身以明污，昭昭乎如揭日月而行。东汉末年的这些名士，很多果然被治罪，遭遇杀身之祸，如李膺、范滂、李固、陈蕃、朱穆、黄琼，等等。这样的人物当然还有后来的嵇康。他以高洁的人格，在士人中有极高的威望，因吕安事件被抓入狱，数千太学生请以嵇康为师，许多豪俊之士自请入狱，陪同嵇康坐牢。他龙章凤姿，天质自然，身长七尺八寸，风姿特秀，山涛赞他岩岩若孤松之独立，其醉也，巍峨若玉山之将崩。他临刑东市，神色不变，取琴弹奏，从容一曲《广陵散》。他也是被司马集团所杀。在庄子看来，嵇康也是不明直木先伐，甘井先竭之道。

至于行意怠之道的，则应该是阮籍吧！他处世谨慎，一切顺着来，能不做的官尽量不做，即使做官，也不卷入政治纷争，从不议论时政。他和名教礼法之士小心交往，虽然一起喝酒，但保持距离。他终于得以全身。他可以称得上进不敢为前，退不敢为后吧！可以称得上道流而不明居，得行而不名处吧！这或者符合庄子的处世之道吧！

【原文】

庄周游于雕陵之樊①，睹一异鹊自南方来者②，翼广七尺③，目大运寸④，感周之颡⑤，而集于栗林⑥。庄周曰："此何鸟哉，翼殷不逝⑦，目大不睹⑧？"褰裳躩步⑨，执弹而留之⑩。睹一蝉，方得美荫而忘其身⑪；螳螂执翳而搏之⑫，见得而忘其形；异鹊从而利之⑬，见利而忘其真⑭。庄周怵然曰⑮："噫！物固相累⑯，二类相召也⑰！"捐弹而反走⑱，虞人逐而谇之⑲。

庄周反入，三月不庭⑳。蔺且从而问之㉑："夫子何为顷间甚不庭乎？"庄周曰："吾守形而忘身㉒，观于浊水而迷于清渊㉓。且吾闻诸夫子曰：'入其俗，从其俗㉔。'今吾游于雕陵而忘吾身，异鹊感吾颡，游于栗林而忘真。栗林虞人以吾为戮㉕，吾所以不庭也。"（《庄子·山木》）

【注释】

① 雕陵：栗园之名。樊：通"藩"，指藩篱之内。② 异鹊：奇异有鹊，貌似喜鹊而有差异。③ 广：本指地之东西的长度，此指翅膀的长度。④ 运：本指地之南北的长度，此指鹊眼直径。⑤ 感：触。周：庄周。颡：额。⑥ 集：栖止。⑦ 殷：大。逝：往，飞走。⑧ 睹：看不见。⑨ 褰：用手撩起。躩步：小心提步前行的样子。⑩ 执弹：拿起弹弓。留之：等候弹杀的机会。⑪ 忘其身：忘记自身的危险。⑫ 执翳：举臂。搏：击。⑬ 从而利之：从中取利。⑭ 真：真性。⑮ 怵然：惊觉的样子。⑯ 相累：互相牵累。⑰ 召：吸引。⑱ 反：返。走：跑。⑲ 虞人：管理林园的人。谇：责骂。⑳ 不庭：不出门庭。㉑ 蔺且：庄子弟子。㉒ 守形：守住物体，指守住异鹊。㉓ 观于浊水：容易迷惑的能保持清醒。迷于清渊：应该清醒的反而迷惑。㉔ 入其俗，从其令：入乡随俗的意思。㉕ 戮：侮辱。

【细读】

螳螂捕蝉的启示

这是著名的螳螂捕蝉，黄雀在后的寓言。

庄子到雕陵栗园游玩，看见一只奇异的鸟鹊从南方飞来，翅膀七尺长，眼睛直径一寸，撞了庄子的额头一下，飞落到栗树林里。庄子想，这是什么鸟呢？翅膀那么大却不飞走，眼睛那么大却看不见。于是撩起衣裳，小心提步走过去，拿起弹弓寻找弹射的机会。这时却见一只蝉，正找到一片很好的树荫而忘记了自己的危险。一只螳螂抬起前臂正要扑过去，那螳螂看见将要得到的食物而忘记了自己的形体。那只奇异的鸟鹊正要从中获利，这只异鹊看见将要获利，也忘记了它的真性。这时庄子也猛然惊觉，说："哎呀，万物本来就是互相牵累的，两类东西是互相召引的。"丢掉弹弓返身就走，这时管理栗林的人追了上来责骂他。

庄子回来之后，三个月没有出庭园。他的弟子蔺且问他为什么。他说，我守住物体，却忘记了自身，浊水我看得清楚，但在清渊却迷惑了。我听先生说过，入乡随俗，到一个地方就听从一个地方的禁令。今天我游于雕陵而忘记了自身，异鹊撞到我的额头，我在栗林游玩而忘记了自己的真性，管理栗林的人责骂了我，我所以不出来到庭园。

读这则寓言，可以联想到很多历史事实。中国古代，不论是诸侯争霸，军阀混战，还是朝廷朋党纷争，都可以看到螳螂捕蝉，黄雀在后，人与人互相倾轧的现象。如《红楼梦》第七十五回探春说的，一个个不像乌眼鸡似的？恨不得你吃了我，我吃了你。比如晋代八王之乱。乱前皇亲国戚就争权夺利，乱中更是互相残杀。先是宫廷政变。晋武帝死后，杨骏排挤汝南王司马亮单独辅助晋惠帝。皇后贾南风欲夺权，让楚王司马玮带兵进京，杀杨骏，诛其三族。贾后先要惠帝下诏令楚王司马玮杀汝南王司马亮，后又杀楚王玮。贾后独擅晋王朝大权。接着又先废太子为庶人，接着杀太子。诸王和朝臣不满，赵王司马伦率兵入宫杀贾后及其党羽，自立为皇帝，这就引发皇族争夺皇位的斗争，引发大乱。先是齐王司马冏起兵讨伦，赵王伦兵败被杀，司马乂又举兵讨冏，冏败被杀，司马颙又起兵讨司马乂。成都王司马颖在邺城遥执朝政，东海王司马越又统率洛阳禁军，拥戴惠帝讨伐司马颖，战败，惠帝被俘。司马越在山东再次起兵，司马颙和司马颖败走，相继被杀。司马越迎惠帝还洛阳，随后把惠帝毒死，另立惠帝的弟弟豫章王司马炽为帝，是为晋怀帝。晋朝大权最后落入司马越之手。八王之乱，就是一幅皇室国戚互相残杀，互相倾轧的图景。

这种状况，一些小说也有生动描写。比如《红楼梦》，上上下下，里里外外，从主子到奴才，从朝廷到贾府，不都是一个算计一个？只是一个绣春荷包，引出抄检大观园，邢夫人要借它来算计她的仇人，于是派陪房王善保家的来抄检。王善保家的暗算晴雯，向王夫人进谗言。王熙凤则有她的算计，她跟从抄检，却偏偏抄检到王善保家的外孙女儿司棋的风流物件，周瑞家的却也幸灾乐祸，在一旁看笑话。

这则寓言，《韩诗外传》有载录，不过说的是楚庄王将兴师伐晋，敢谏者罪至死，而孙叔敖用这则寓言进谏，结果楚国没有征战，晋国得以安宁。寓言改为童子欲弹黄雀，而不知前有深坑后有树桩，不是栗林虞人追骂。刘向的《说苑》亦载，则说是吴王欲伐荆。《吴越春秋》所载则说当事的国君是吴王夫差。

　　庄子所写这则寓言，则生动地反映了庄子时时有祸害临头，担惊受怕的心态，形象反映了庄子所感到的互相倾轧的社会现实。

　　面对这样的现实，怎么办？庄子认为，不要见得而忘其形，见利而忘其真。在残酷的政治斗争中，不要只看到利益，只看到所得，而要处处保护自己。在眼前利益唾手可得的时候，要时时警惕可能有人在背后算计你。

【原文】

　　阳子之宋①，宿于逆旅②。逆旅人有妾二人，其一人美，其一人恶，恶者贵而美者贱。阳子问其故，逆旅小子对曰："其美者自美，吾不知其美也；其恶者自恶，吾不知其恶也。"

　　阳子曰："弟子记之！行贤而去自贤之行③，安往而不爱哉！"（《庄子·山木》）

【注释】

　　① 阳子：《列子·黄帝》作"杨朱"。② 宿：寄宿。逆旅：旅店。③ 去：抛弃。自贤：自以为贤。

【细读】

逆旅二妾

　　杨朱因为爱到宋国去，所以在旅店寄宿。看见旅店主人有两个小妾，一个长得漂亮，一个长得丑陋。丑陋的受到尊重，漂亮的却被瞧不起。杨朱问其中原因。旅店主人说：漂亮的自以为漂亮，可我并不觉得漂亮。丑陋的自以为丑陋，可我并不觉得丑陋。杨朱说：弟子们记住啊，行为贤明，但要抛弃彰显贤明的行为，这样的话，到哪里不会被人们喜爱？

　　这则寓言告诉我们，为人要谦和，要内敛，要低调。不要处处彰显自己，不要自恃其美，自恃才智。像旅店主人的两个小妾，漂亮的之所以被瞧不起，就因为自以为漂亮，彰显自己，无谦让之心，所以人们反而不觉得漂亮。而丑陋的自以为丑陋，比较低调，反而受到尊重，人们反而不觉得丑陋。

　　这则寓言还告诉我们，美在本色，美在本真。漂亮的自以为漂亮，失去本真，因此被瞧不起；丑陋的自以为丑陋，保持本真，因此受到尊重。美丑的判断标准是主观的，漂亮与丑陋与否，不在容貌客观上如何，而在别人的判断和主观感觉。别人觉得你不丑，你就不丑，别人觉得你不漂亮，你就不漂亮。

这则寓言，使人想起《齐物论》中所说的毛嫱丽姬，人之所美也，鱼见之深入，鸟见之高飞，麋鹿见之决骤；想起老子所说的天下皆知美之为美，斯恶已，美与恶转化之说。当然，更想起老子谦下之说。所谓贵以贱为本，高以下为基，是以侯王自称孤、寡、不谷；所谓善用人者，为之下；所谓知其雄，守其雌；所谓江海之所以能为百谷王者，以其善下之，故能为百谷王，等等。

我们可以来看冯异的故事。冯异是东汉佐命虎臣，早年为王莽效力，后归奔刘秀。他曾为刘秀前往河北，抚恤鳏寡，收拢人心，扩张势力。在刘秀几次最困难的关键时候，是他及时接济了刘秀。他为刘秀在河间招募兵众，大破王朗。他统率部队，抵拒朱鲔等人，北攻天井关，南进攻克河南十多县和各处兵营，收降十多万敌军。刘秀称帝之后，在诸将为赤眉军打得残败不堪的时候，他又设伏兵大破赤眉，降八万余人，平定中原。接着又攻破各地割据势力，打败延岑，平定关中，多次挫败割据蜀中、派兵进犯的公孙述。当隗嚣叛汉，诸将与战为其所败的时候，又是冯异率兵击破隗嚣军。他为刘秀创建东汉政权立下汗马功劳，成为光武帝二十八将中的杰出者。但是，他为人很谦下。道遇诸将，往往驱车让路。每次向刘秀汇报战况，总是谦恭礼让，从不显扬自己的功劳。战事每到一处，安营完毕，将领们总是坐在一起，论功希赏。冯异则常常独自避坐在大树之下，从不居功自傲。人们因此都称他为"大树将军"。

正是他的谦和，赢得了大家的尊重。攻破王朗后，刘秀整编部队，调整将领，让他们各有统属。军士都说愿意归属"大树将军"。他所到之外，施恩于民，取信于民，在弘农时，原有十几个自立为将军的军队，由于冯异的声望威信，都率众归降。他也得到刘秀的欣赏和高度信任。战事顺利，将领们都劝刘秀速登帝位，刘秀要召冯异回来一起商量决断。冯异长久居外，担任要职，内心不安，担心刘秀有嫌疑，上书表明心迹，希望被召回朝廷，这时也有人上奏，说冯异专利关中，威权至重，百姓归心，号为咸阳王。但刘秀不但毫无疑心，继续令其镇守咸阳，而且命冯异妻子儿女同行，以示不疑。

不同于刘邦，东汉光武帝不但没有杀功臣，而且立开国功臣为二十八宿。但是，不管什么时候，政治上的倾轧猜忌是难免的。冯异镇守咸阳时，也曾有人上奏说他想独立为王。但是，他并没有遭遇像汉初韩信他们那样的结局。一个重要原因，就是他谦和自守，冯异的故事说明，如杨朱所说，行贤而去自贤之行，安往而不爱哉。

【原文】

夫哀莫大于心死，而人死亦次之。日出东方而入于西极^①，万物莫不比方^②，有目有趾者^③，待是而后成功^④。是出则存，是入则亡。万物亦然，有待也而死，有待也而生。吾一受其成形^⑤，而不化以待尽^⑥；效物而动^⑦，日夜无隙^⑧，而不知其所终；薰然其成形^⑨，知命不能规乎其前^⑩，丘以是日徂^⑪。吾终身与汝交一臂而失之^⑫，可不哀与？女殆著乎吾所以著也^⑬。彼已尽矣^⑭，而女求之以为有^⑮，是求马于唐肆也^⑯。吾服^⑰女也甚忘^⑱；女服吾也亦甚忘。虽然，女奚患焉^⑲！虽忘乎故吾^⑳，吾有不忘者存^㉑。（《庄子·田子方》）

【注释】

① 西极：西方的尽头。② 比：跟从。方：向。③ 有目有趾：指人。④ 待：凭靠。是：此，指日。⑤ 一受其成形：禀受天赋予的形体。⑥ 不化：形体无所变化。⑦ 效：仿，随着。⑧ 无隙：没有间隙。⑨ 薰然：和顺的样子。⑩ 知命：知命者，会算命的人。规：测度。⑪ 以是：因此。徂：往。⑫ 女：你。交一臂：即交臂，走得很近。⑬ 殆：恐怕。著：明见，明显。⑭ 彼：指形迹。尽：无。⑮ 以为有：以为可以学到。⑯ 唐：荒唐之唐，空。肆：市场。⑰ 服：行。⑱ 女：你。甚忘：大可忘记。⑲ 奚患：忧虑什么。⑳ 故吾：旧我，指我过往的形迹。㉑ 不忘者：指天道赋予的精神。

【细读】

哀莫大于心死

这是颜渊问孔子的一段对话。

孔子说：最大的悲哀，没有超过心死的，人死还在其次。太阳从东方出来，落入西边尽头，万物没有不跟从太阳方向的。凡是有眼睛有脚趾的人，都要靠它才能有所作为。太阳出来，人的活动就存在，太阳落山，人的活动就停止。万物也是这样。依靠天道而死亡，依靠天道而生存。我们凭靠天道而赋予的形体，就无所变化等待终结。仿效万物一起行动，白天黑夜没有停息，不知何时是其终结。非常自然地有了形体，算命的不能事先测算。我因此每天跟着天道运行。虽然我终身和你非常接近，但你却失去学习这些东西的机会，这不是很可悲吗？你大概只看到我明显的东西，那东西消逝已尽，但你却把它当作还存有的东西来追求，这是到空无一物的市场去求马啊！我的行为，你尽可以忘记，你的行为，我也尽可以忘记。既然如此，你还忧虑什么呢？即使忘记了过去的我，但是我有不可遗忘的精神存在。

孔子最根本的，是顺从自然。就像万物随从日出而作，日落而息，随从自然而死，随从自然而生一样。

《论语·子罕》曾经记述颜渊感叹，孔子的学术，越是抬头仰视，越觉得它高尚，越用心钻研，越觉得它精深，看着它的前面，忽然它又在后面（仰之弥高，钻之弥坚，瞻之在前，忽焉在后）。颜渊感叹，虽然尽了全力，但是那还是一座无法企及的高山，找不到入门的途径。这段哀莫大于心死的对话，显然汲取了《论语》原文的某些意思，又加以引申改变，用来说明因任自然的道理。

这有愤世嫉俗之意。庄子把现实的一切都看破了，看透了。他说，现在这个社会，到处"以强陵弱，以众暴寡"，"无耻者富，多信者显"。社会全是虚伪，齐桓公小白"杀兄入嫂"，"尧杀长子，舜放母弟，""周公杀兄"，（《盗跖》）没有什么东西可以相信。他时时有一种恐惧感。"方今之世，仅免刑焉，福轻乎羽，莫之知载，祸重乎地，莫之知避。"（《人间世》）螳螂捕蝉，黄雀在后，时时担心祸害临头。他说，社会上的人都是互相猜疑，互相欺诈，没有任何诚信可言。他说，整个社会都是一批强盗，社会一切文明，仁义道德，不过是为方便偷盗而已。他说，人一生下来，就无休止地受名利、权势、财富、贪欲、生死寿夭、是是非非，各种烦恼的困扰、系累、支配、控制，以致失去生命的自由。他甚至感到生不如死。庄子对现实彻底地失望，他说过人生如梦。这里又说哀莫大于心死。他对现实是心死了，心死，就是彻底失望。

庄子以为，人最悲哀的，就是丧失天性。这是哀莫大于心死更深层，也更基本的含义。这段对话中，颜渊为什么可哀？就因为他丧失了自然的天性。按照庄子的说法，他不应该跟从孔子亦步亦趋。他和孔子应该互相忘记，唯一不能遗忘的，是孔子的自然心性。所谓"吾有不忘者存"。

【原文】

草食之兽不疾易薮①，水生之虫不疾易水，行小变而不失其大常也②，喜怒哀乐不入于胸次③。夫天下也者，万物之所一也④。得其所一而同焉⑤，则四支百体将为尘垢⑥，而死生终始将为昼夜而莫之能滑⑦，而况得丧祸福之所介乎⑧！弃隶者若弃泥涂⑨，知身贵于隶也，贵在于我而不失于变⑩。且万化而未始有极也⑪，夫孰足以患心⑫！已为道者解乎此⑬。（《庄子·田子方》）

【注释】

① 疾：患，担忧。易：更换。② 小变：生活地方不同，故为小变。大常：指生活的基本条件。③ 胸次：胸中。④ 所一：所统一于其中。⑤ 同：通。⑥ 支：通"肢"。⑦ 滑：乱。⑧ 介：分界，关系。⑨ 隶者：身上所隶属的得失祸福。⑩ 不失于变：不因外界变化而失去自我。⑪ 极：穷尽。⑫ 患心：忧心。⑬ 为道者：修道的人。

【细读】

喜怒哀乐不入于胸次

这是假设孔子见老聃的一段对话。

老聃说：吃草的野兽，不用担心更换草泽，生活在水中的虫子，不用担心更换水域。小小的改变，并没有推动它们生活的基本条件，喜怒哀乐这些情绪，都不会进入它们的胸中。所谓天下，是万物统一聚集的地方，得到这样一个地方，又通于天道，那么，四肢、百骸都将成为尘垢，死亡和生存、终结和开始，都将被看作是昼夜一样的自然变化，没有什么东西可以扰乱它们，何况是得失、祸福这些相关联的事物。抛弃隶属身上的祸福得失，就像抛弃泥土一样，知道自身比所隶属的这些身外之物更宝贵。知道可贵的东西在我，不会在变化中失去。而且万物的变化无穷无尽，这些东西怎么值得忧心呢？修道的人都知道这一点。

这是论道的修养境界，也就是所谓的修心。修心最主要的是什么？内容有很多，这里主要提出的，是喜怒哀乐不入于胸次。具体来说，是四肢百体将为尘垢，也就是坐忘所说的堕肢体。死生终始将为昼夜，也就是忘死生。当然还有得失祸福。这些东西，在庄子看来，都是身外所隶属的东西，抛弃它们，要像抛弃泥土一样，所谓弃隶者若弃泥涂。因为自我的身心，是比这隶属的外在的东西宝贵得多，所谓知身贵于隶。这一切，都不要让它扰乱内心，所谓莫之能滑，所谓孰足以患心。不扰乱内心，就做到了喜怒哀乐不入于胸次。

庄子所主张的，是超脱世俗的物累，当然也超脱世俗的喜怒哀乐。在死生、得失、祸福面前，无所谓喜怒哀乐。任何事变面前，保持平和恬淡心态，抱神以静，这就是喜怒哀乐不入于胸次。

为什么可以这样做？为什么可以忘怀世间的得失祸福？因为世界一切都是自然，有无形的东西在主宰。天地间，阴阳和合而生万物，消息满虚，晦明变化，无始无终，都是无形的东西在主宰。人世间的得失祸福又何尝不是如此呢？万物生死不是有如日夜一样循环终始，天地间本没有所谓生与死，只有物的无穷的终始变化，生死如此，得失祸福也是如此。既然如此，何不可以弃之若泥涂？

另外，事有小变与大常之别。小变，就是如吃草的野兽更换草泽，生活在水中的虫子更换水域。大常，就是基本的生活条件。不失去基本的生活条件，小的变化有什么值得担心呢？草食之兽，没必要担心更换草泽，水生之虫，不用担心更换水域。人之大常是什么？就是天下。这是万物统一聚集的地方。得到这样一个地方，又通于天道，一些得失祸福之类，不过是小的变化而已，如草食之兽易薮，水生之虫易水一样，有什么值得担心的呢？

庄子还告诉我们，这个修心的过程，是一个自然的过程，不能有意追求，更不能加以修饰。这样一个境界，就是游心于物之初，游心于物之初，就能形如槁木，遗世离人而独立。这也就是《齐物论》所说的吾丧我的境界。所谓物之初，就是万物开始时混沌的状态。混混沌沌，无知无欲，喜怒哀乐自然不入于胸次，自然修心于道的境界。

【原文】

百里奚爵禄不入于心①，故饭牛而牛肥②，使秦穆公忘其贱③，与之政也。

有虞氏死生不入于心④，故足以动人⑤。

宋元君将画图⑥，众史皆至⑦，受揖而立⑧；舐笔和墨⑨，在外者半。有一史后至者，儃儃然不趋⑩，受揖不立，因之舍⑪。公使人视之，则解衣般礴，赢⑫。君曰："可矣，是真画者也。"（《庄子·田子方》）

【注释】

① 百里奚：姓孟，百里奚是其字。② 饭：喂养。③ 忘：不顾。④ 有虞氏：即舜。⑤ 动人：令人感动。⑥ 宋元君：宋国国君。图：图画。⑦ 史：指画师。⑧ 揖：拱手作礼。受揖：接受揖谢之礼。古时臣子拜见，君王须拱手答谢。立：古位字，就位。⑨ 舐笔：用唾液润湿笔毛。和墨：调和墨汁。⑩ 儃儃然：安闲自在的样子。趋：小步快行。⑪ 之：往。舍：客馆。⑫ 般礴：两腿叉开盘着坐。赢：同"裸"。

【细读】

解衣般礴赢的画者

这里有三个故事。

第一个是百里奚的故事。百里奚本为虞人，虞被秦灭，遂入秦国。百里奚起初贫困，养牛为生，后召用，为秦穆公所器重。他不把官爵利禄放在心上，专心养牛，所以牛被养得肥壮。而秦穆公也不顾他出身微贱，把政权交给他。

第二个故事，说有虞氏的故事。有虞氏是舜。他的父亲瞽叟，后母及后母之子，或者纵火烧廪，或者投土填井，几次想置舜于死地，舜屡屡脱险之后，并不记仇，所以说死生不入于心，使人十分感动。

第三个故事，是宋元君画图的故事。宋国国君要画图画，许多画师都来了，接受君王的揖谢后，都各自站在自己的位置上，用唾液舐润着笔毛，调和着墨汁，屋里站不下，还有一半站在屋外。这时有一个画师最后来到，他悠闲自在地走着，也不加快步伐，接受君王的揖谢之礼后，也不站在自己的位置上，随即就回到自己住的客馆去了。宋元君派人去看他，只见他解开衣服，赤裸着身体，两腿叉开，盘脚坐着。宋元君说，这人就可以，这才是真画图画的人。

这三个故事，有的是历史事实，有的只是寓言，说的都是保全天然真性，外物无扰于心，才是处世养生之道。

像百里奚这样，爵禄不入于心，起身贫贱的，历史和传说还有不少。殷王武丁的宰相傅说本是一个筑泥墙的建筑工人。太公吕望未遇周文王之前，在商都朝歌做屠夫。宁戚在齐国东门外做小商人，遇见齐桓公的时候，正在喂牛。商汤的大臣伊尹是个厨师。

像有虞氏这样遇害而不记仇，死生不入于心的，历史上也有。比如齐桓公和管仲。齐桓公名小白。那年齐国动乱，齐襄公和齐君无知相继死于内乱后，逃亡在外的公子纠和小白，都力争尽快赶回国内夺取君位。公子纠的手下为使公子纠当上国君，中途设下埋伏欲射杀小白，箭射在小白的铜制衣带钩上。这个射中衣钩，险些让小白丧命的人，就是他的政敌公子纠的师傅管仲。小白装死，在手下协助下抢先回国，登上君位。桓公即位后，设法杀死公子纠，但在人的劝阻下，不但未记射钩之恨，而且重用管仲，终于成就一番霸业。还有唐太宗和魏徵。魏徵原为太子李建成的东宫僚属，曾多次劝李建成先发制人，及早动手，除掉秦王李世民。玄武门之变以后，李世民器重魏徵的胆识才能，非但没有记仇，反而委以重任，任谏官之职，经常引入内廷，询问政事得失。

宋元君画图后至的那个画师率性坦荡，首先让我们想到的，当然是晋代王羲之坦腹选婿的故事。说是太傅郗鉴在京口，派门生写信给丞相王导，想求女婿。王丞相回复说，你到东边厢房去，可以任意挑选。门生回来，告诉郗太傅说：王家各位儿郎，都很不错。听说来选女婿，一个个都很矜持做作，只有一个儿郎，在东边床上坦露着肚皮，躺在那里好像根本没有听到选婿这件事。郗太傅说：正是这个最好。一问，东床坦腹的正是王羲之，于是把女儿嫁给了他。魏晋时期性情坦荡率之人真很多。比如阮籍，邻家妇有美色，在店里卖酒。阮籍经常去那里饮酒，喝醉了，就睡在那妇人旁边，却没有其他意思。邻家有一女子有才色，没有出嫁就死了，阮籍和那女子无亲无故，也不认识，只是觉得可怜，跑去哭一通，表示哀情之后就回来了。陶渊明也是性情率真。他爱喝酒，亲人故旧有的请他喝酒，他有请必去，去饮必要尽兴而醉，醉了就退席，从不讲客套。有时不认识的人请他，他也去，喝醉了就回来。刺史备酒相邀，他不但欣然而去，而且还说，我没有鞋穿，给我做一双鞋吧。于是刺史让人给他量一下脚的尺码，陶渊明毫不客套，把脚一伸，就在座席上让人量。

任情率真，影响到一些文人的性格，也影响到古代文艺。王羲之的书法，风神潇洒，陶渊明的诗清真自然，都与他们的性情有关。任情自然，反对虚饰做作，成为中国古代文艺的重要追求。

当然，庄子更主要的，是追求一种理想的人生。做人，要像百里奚一样爵禄不入于心，像有虞氏一样死生不入于心，像解衣般礴赢的画师一样真性坦荡，不虚伪造作，不慕求名利。

【原文】

列御寇为伯昏无人射①，引之盈贯②，措杯水其肘上③，发之，适矢复沓④，方矢复寓⑤。当是时，犹象人也⑥。伯昏无人曰："是射之射，非不射之射也。尝与汝登高山⑦，履危石，临百仞之渊，若能射乎⑧？"

于是无人遂登高山，履危石，临百仞之渊，背逡巡⑨，足二分垂在外⑩，揖御寇而进之⑪。御寇伏地，汗流至踵。伯昏无人曰："夫至人者，上窥青天⑫，下潜黄泉，挥斥八极⑬，神气不变。今汝怵然有恂目之志⑭，尔于中也殆矣夫⑮！"（《庄子·田子方》）

【注释】

① 列御寇：即列子，郑国人。伯昏无人：虚构人物。② 引：拉弓。盈贯：弓已拉满。③ 措：放置。④ 适：往。矢：箭。沓：重。⑤ 方矢：两箭并排。复：重。寓：寄托，放置。谓第二箭射出去，二箭并列，重射在目标上。⑥ 象人：雕像之人。⑦ 尝：试着。女：你。⑧ 若：你。⑨ 背逡巡：背对深渊挪步后退。⑩ 垂在外：垂在山石之外。⑪ 揖：揖请。进之：前进到悬崖上。⑫ 窥：观察。⑬ 挥斥：放纵奔驰。八极：八方。⑭ 怵然：恐惧的样子。恂目：瞬目，神色不定的样子。志：心。⑮ 尔：你。中：射中。

【细读】

不射之射的启示

这是列御寇为伯昏无人表演射箭的寓言。

作者提出射箭的两种境界，一是射之射。列御寇把弓拉得满满的，把一杯水放在手肘上，一支箭刚射出去，第二去箭接着又射出去了，而且两支箭并排射中目标。这个时候，列御寇镇静得像一尊雕像一样。伯昏无人却说，这只是射之射。所谓射之射，就是寻常的射法，有心射箭的方法，

伯昏无人提出不射之射。所谓不射之射，就是无心射箭的射法。伯昏无人登上高山，踏着危石，下临百丈深渊，背对着深渊移步后退，足有十分之二分悬空在山石之外，招呼列御寇一起往前而来。这时列御寇趴在地上，汗水流到了脚跟。伯昏无人说："那修养深的人，上能探测着青天，下能潜伏到黄泉，自由放纵于八方，神情气色不会改变。现在你恐惧得眼神不定，你要射中目标是很难的了。"

射之射，是寻常情况下的射法。寻常情况下，没有特别的危险，做到心神镇静，是比较容易的。但不射之射，则是置身于异常危险的境地。这个时候，不仅要射箭技术精熟，而且要忘记身边的危险。这个时候，仍要做到镇静自若，就很难了。

作为技艺，庄子说的当然是极端的情况。现代虽然未见临百仞之渊而射的例子，却有其他在十分危险的境况下完成的杂技。高空走钢丝是个例子。维吾尔族传统的高空走钢丝达瓦孜，不仅是杂技，而且要歌舞，600 米跨越长江三峡高空钢绳。在南岳衡山芙蓉峰和祝融峰之间，几百米的高空，不仅无保险，而且穿高跟鞋，走完长达1399.6 米的钢丝。又在长 500 米、高 140 米、粗 22 毫米的钢丝上，头顶 8 个青花瓷碗，时而金鸡独立，时而小跑，时而横睡钢丝。还有高空速跑，44 秒 63 在高空钢丝

上跑完百米。不仅高空行走，而且高空生存，先是 25 天，后是 27 天，最后是 49 天。不仅高空，又在两辆高速行驶卡车间走钢索丝。可以想知，庄子写的寓言，当有现实根据。

庄子写的是技艺，比喻的却是人生和处世。人世间，有可能波浪不惊，但也有可能遇到各种艰难险阻，也有可能登于高山之顶，下临百仞之渊。按庄子的思想，无论遇到何种险难，都要神气不变，有不射之射的心态。《庄子·大宗师》曾提出撄宁。所谓撄宁，就是在一切变化扰乱中保持绝对平静的心境。不射之射，应该就是撄宁的境界。

历史上，有不少在世事纷扰中保持心境宁静的例子。嵇康是一个例子。曹魏正始时期，政局险恶，司马氏加紧篡逆，滥杀异己，很多士人因此依附司马氏，但嵇康不为心动。他写《养生论》，说他修性以保神，安心以全身，爱憎不栖于情，忧喜不留于意，泊然无感，而体气和平。陶渊明也是一个例子。晋宋之际，战乱，权力的争夺依然不断，先是桓玄篡权，后是刘裕即位。陶渊明虽有过五次出仕，但宦情非常淡泊，他看不惯政治纷争中的虚伪欺诈，他描写了桃花源的理想，与世隔绝，日出而作，日落而息，童孺行歌，斑白欢游，他自己则走向田园，委运任化，在田园的宁静生活中，寄托他的心灵，把一切失意、不幸、苦闷、悲哀，都付之于自然运化。唐代王维也是一个例子。他曾得到张九龄的提拔，仕途并不太坎坷，但由于张九龄罢相、李林甫上台等原因，他恐遭负时累，于是就过一种亦官亦隐的生活，退朝之后，焚香独坐，以禅诵为事。后来更说晚年唯好静，万事不关心，他的诗，如："人闲桂花落，夜静春山空。月出惊山鸟，时鸣春涧中。"（《鸟鸣涧》）"独坐幽篁里，弹琴复长啸。深林人不知，明月来相照。"（《竹里馆》）都是在纷扰动乱的世事中，有一种极为宁静的心境。

在现实生活中，未必有陶渊明、王维这样的隐居者，但面对生活中的一些挫折，却也同样需要泰然处之，保持宁静的心态。有一位艺术家，一生经历不幸。丈夫早早离她而去。自己又几次患重病，虽从死亡线上抢救下来，毕竟身体虚弱。而儿子又患痴呆症，生活不能自理。这位艺术家以顽强的毅力，平静的心态，应对这一切，八十多岁，依然春风满面，笑对人生，以良好的精神状态出现于一些公众场合。她是面对人生的百丈深渊而神色不变。

【原文】

肩吾问于孙叔敖曰①："子三为令尹而不荣华②，三去之而无忧色③。吾始也疑子，今视子之鼻间栩栩然④，子之用心独奈何？"

孙叔敖曰："吾何以过人哉！吾以其来不可却也⑤，其去不可止也。吾以为得失之非我也⑥，而无忧色而已矣。我何以过人哉！且不知其在彼乎⑦，其在我乎？其在彼邪？亡乎我⑧。在我邪？亡乎彼。方将踌躇⑨，方将四顾，何暇至乎人贵人贱哉⑩！"

仲尼闻之曰："古之真人，知者不得说⑪，美人不得滥⑫，盗人不得劫⑬，伏戏、黄帝不得友⑭。死生亦大矣，而无变乎己⑮，况爵禄乎！若然者，其神经乎大山而无介⑯，入乎渊泉而不濡⑰，处卑细而不惫⑱，充满天地，既以与人，己愈有⑲。"（《庄子·田子方》）

【注释】

① 肩吾：隐者。孙叔敖：楚庄王时令尹。② 令尹：楚国宰相之称。荣：感到光彩。③ 三去之：指三次辞去令尹之职。④ 栩栩然：轻微抖动，轻松的样子。⑤ 其：指令尹。⑥ 非我：非我所有。⑦ 其：指得失。彼：指令尹。⑧ 亡：不在。⑨ 方将：正在。踌躇：从容自得的样子。⑩ 何暇：哪有功夫。至乎：顾及到。⑪ 知：通"智"。说：说服。⑫ 滥：淫滥。⑬ 劫：用强力使之屈服。⑭ 伏戏、黄帝：传说中古帝王。友：亲近。⑮ 无变乎己：对自己毫无影响。⑯ 大山：泰山。介：障碍。⑰ 濡：湿。⑱ 卑细：低贱。惫：困顿。⑲ 既：尽，全部。与：给予。

【细读】

三起三落，荣辱不惊

这是一个三起三落的故事。

孙叔敖三次任楚国宰相令尹，但不感到特别荣耀，三次辞去令尹之职，并无一点忧愁之色。肩吾开始很怀疑，但看到孙叔敖鼻间很轻松的呼吸，很轻松的样子，于是问他，你当时心情到底怎样？

孙叔敖于是有一番回答。他说：我哪有什么过人之处。我只是认为，为令尹的荣华的到来，是不可推辞的，它的离去也不可阻挡。我以为荣辱得失的到来与离去并不取决于我，我因此没有忧愁之色而已。我哪有什么过人之处！而且，我不知道荣华是存在于宰相之职呢，还是存在于我？如果存在于宰相的职位，那就跟我没有关系，如果存在于我，那就跟宰相之职没有关系。我正要轻松自得，正要四下眺望，我哪有时间顾及人的高贵和卑贱呢？

孔子听到此事，有一番议论。孔子说：古代的真人，聪明的人没有办法说服他，美人没有办法使他淫滥，强盗没有办法强迫他，古代贤圣帝王伏羲和黄帝没有办法亲近他。死生是人生很大的事了，对他尚且没有影响，何况官爵利禄呢！像这样的人，他们的心神穿行于大山而不会有阻挡，浸入到深渊泉水也不会弄湿，处于卑贱细微的地位不会感到疲困，他们的精神充满天地，尽量给予别人，而自己更加充足。

这个故事，有真实，有虚构。孙叔敖曾为楚国令尹是真实的，事见《史记·循吏列传》。他在执政三月而楚大治，曾辅佐楚庄王大败晋军。但是，庚肩吾的问话，孔子的议论，则是虚构的。

孙叔敖三为令尹而不荣华，三去之而无忧色，可以说是三起三落，荣辱不惊。何以能如此？在于他把荣辱得失看作身外之物，把它看作不可却、不可止的自然命运。他始终保持平和自得的心态，因此没有时间顾及人的高贵和卑贱。

这种心态，就是《逍遥游》所说的无功无名无己。荣和辱，以他看来都是一回事，没有差别，这也就是《齐物论》所说的彼是莫得其偶，这就是道枢。他能在道枢中得其环中，荣也好，辱也好，无入于心中，如孔子所说的，知者不得说，美人不得滥，盗人不得劫，伏羲、黄帝不得友。死生无变乎己，人世各种变化都不会带来任何惊扰，这里所说其神经乎大山而无介，入乎渊泉而不濡，处卑细而不惫，就是《齐物论》所说的，大泽焚而不能热，河汉冱而不能寒，疾雷破山，飘风振海而不能惊。

古代士人仕途不顺是常有的事。一些士人往往能保持平和的心态。东晋陶渊明，先为江州祭酒，不久自己解职，又先后为镇军将军参军、建威将军参军等，终于不愿在樊笼里而辞官归田。王绩在隋在唐，都曾任职，秘书正字，六合县丞，再为六合县丞待诏门下省。三次出仕，其因事得罪长孙太尉，受株连，以疾罢归。王维入仕为太乐丞，因事被贬济州司仓参军。张九龄为相，提拔他为右拾遗，后升任至吏部郎中，而后安史之乱中他被俘，被迫接受伪职，虽然最终得到宽恕，毕竟也削职赎罪。白居易早年被贬江州司马，后来回到长安，又因上疏论事受挫，自请外任。仕途受挫最多的，应该是苏轼。早年因上书反对变法，不容于新派，离京外任。乌台诗案，先是被投入监狱，后是责贬黄州。司马光去世，旧派分化，他遭受忌恨，又请求外任。宋哲宗亲政，报复元祐旧臣，苏轼更遭受厄运，先是被贬英州（今广东），接着一个月内三次降官，最后被贬惠州，未及安顿，再贬海南儋州。他们虽也时有仕途失意的不满，但更多时候能处之平和。他们写诗文表述心情。陶渊明写《五柳先生传》自述闲静少言，不慕荣利，虽环堵萧然，不蔽风日，而晏如自得。王绩说他既无忤于物，而有乐于身，故常纵心以自适。王维说他于世事无可无不可，归隐后与友人浮舟往来，弹琴赋诗，啸咏终日。苏轼在海南，坦然自处，食芋饮水，著书以为乐。庄子思想，融入到了古代士人的生活之中。

人生不如意事常十之八九。当你失意受挫的时候，能做到荣辱不惊，处之泰然吗？

【原文】

生也死之徒^①，死也生之始，孰知其纪^②！人之生，气之聚也；聚则为生，散则为死，若死生为徒，吾又何患！故万物一也^③，是其所美者为神奇，其所恶者为臭腐，臭腐复化为神奇，神奇复化为臭腐。故曰："通天下一气耳^④。"圣人故贵一。（《庄子·知北游》）

【注释】

① 徒：继承者。② 纪：规律。③ 一：一体。④ 通：贯通。

【细读】

臭腐复化为神奇，神奇复化为臭腐

生存是死的继续，死亡是生的开始，谁能知道它的规律？人的出生，是气的凝聚。气凝聚则为生，气散去就是死亡，死亡和生存互相关联，我又有什么可怕呢？所以，万物是一体的。大家喜欢的，认为是神奇，所厌恶的认为是臭腐。臭腐会重新变化为神奇，神奇会重新变化为臭腐。所以说，贯通天下的是一种气而已。圣人所以崇尚同一。

这里说人之生，气之聚也，聚则为生，散则为死，又说通天下一气耳。万物原始归之为气，可能与老子所说万物负阴而抱阳，冲气以为和有关。类似的论述，在《庄子》其他篇中也有。比如，《大宗师》说游乎天地之一气；《至乐》说，人之生，本是杂乎芒芴之间，变而有气，气变而有形，形变而有生。后来汉代宇宙论更用天地元气说明万物变化。比如王充在《论衡》中就强调，万物之生皆禀元气。又说：禀元气于天，各受寿夭之命。说人之善恶，共一元气，气有少多，故性有贤愚。又说，人未生，在元气之中，既死，复归元气，元气荒忽，人气在其中。这是老庄以来中国古代的一个重要思想。

何谓臭腐复化为神奇，神奇复化为臭腐？因为每个人的主观好恶不同，其所美者，可能是彼所恶者，其作为神奇，彼则作为臭腐。当然也因为万物齐一，最神奇的可能是最臭腐的，反之亦然。何为神奇，何为臭腐，无从而知，则体道悟道，也当无知无欲。

就是说，这里最重要的，是无思无虑，无处无服，无从无道。凡事不要去考虑它的来由和是非，不要考虑你该怎么做，不要考虑你有什么目的，不要考虑得到什么，失去什么。一切无思无虑，无处无服，无从无道，你就达到道的境界了。这些你做到了吗？

【原文】

天地有大美而不言①，四时有明法而不议②，万物有成理而不说③。圣人者，原天地之美而达万物之理④，是故至人无为，大圣不作⑤，观于天地之谓也。

今彼神明至精⑥，与彼百化⑦。物已死生方圆，莫知其根也。扁然而万物⑧自古以固存。六合为巨⑨，未离其内⑩；秋豪为小，待之成体。天下莫不沉浮⑪，终身不故⑫；阴阳四时运行，各得其序。惛然若亡而存⑬，油然不形而神⑭，万物畜而不知⑮。此之谓本根，可以观于天矣。（《庄子·知北游》）

【注释】

① 大美：大善，各种好处。② 明法：四时变化的规律。③ 成理：自然生成的条理。④ 原：推原。达：通晓。⑤ 不作：无所造作。⑥ 彼：指圣人。神明：指圣人的心。⑦ 与：随同。彼：指天地。百化：各种变化。⑧ 扁然：也作"翩然"，谓变化日新的样子。⑨ 六合：天地四方。⑩ 离：超出。⑪ 沈浮：即沉浮，下降和上升。⑫ 故：陈旧。⑬ 惛然：恍惚幽昧的样子。⑭ 油然：流行变化的样子。⑮ 畜：养，被养育。

【细读】

天地有大美而不言

这是一段议论。

作者先说：天地有广大的美德，但不言语；四时有分明的规律，却不议论；万物有自然生成的条理，却不说出。这三句话，是一个意思，就是天地万物的运行是不言说的。为什么提出这个问题？作者接下来说：圣人推究天地的好处而通晓万物的道理，所以至人无所作为，而圣人不妄自造作，这是因为他们明察于天地。所以圣人的精神最为精妙，它与天地万物一起形成各种变化。

这是对上一节问题进一层的探究。上一节说，无思无虑始知道，无处无服始安道，无从无道始得道。说知者不言，言者不知，说圣人行不言之教。何以如此，这里作了说明，原来是原天地之美而达万物之理的缘故。圣人效法天地，因而行不言之教，因而以无思无虑无处无服为道。

这是提出一个问题。再一个问题：物已死生方圆，莫知其根。万物已经呈现出的或死或生或方或圆的状态，没有谁知道它们的根本状态。换句话说，万物为什么会形成现在我们所看到的或死或生或方或圆的状态？因为万物缤纷繁杂的状态，自远古时代就已存在，就已如此。所谓扁然而万物，自古已固存。

接下的回答比较长。作者说，天地四方那样巨大，没能超出它的范围。秋天鸟兽新长出的毫毛那样细小，也要依赖它才能形成。天下的一切无不沉升上下，因为它而始终不会陈旧。阴阳四季的运行，因为它而各自遵循着秩序。它昏昏然好像一无所有，却无处不存在。它幽幽冥冥没有任何痕迹，却神妙不测。万物被它畜养，却没有谁知道。这就是本根。

这里说的本根，就是自然。六合之巨，秋毫之小，沉浮之变，四时运行，无不因其自然。万物自然，自身一无所有，不着痕迹，却存在于万物，而且神妙莫测。前面说的，天地有大美何以不言，四时有明法何以不议，万物有成理何以不说，也都是因为自然而然。自然而然，所以无法言语，无法议论，无法说出，也无须言语，无须议论，无须说出。

明白了这个道理，就知道圣人何以要观于天，何以可以观于天。观于天者，是观于其自然运行的道理。天地自然运行之理，就是庄子追求的道。

取法天地之理、万物之理以明喻人事之理，是《老子》的风格。圣人为什么后其身而身先，外其身而身存？因为天长地久，天地所以能长且久者，以其不自生，故能长生，以其无私，故能成其私。为什么不争？因为上善若水，水善利万物而不争，处众人之所恶。为什么有之以为利，无之以为用？因为三十辐，共一毂，当其无，有车之用；埏埴以为器，当其无，有器之用；凿户牖以为室，当其无，有室之用。

这里，作者的目的当然不是只为探究万物本根。作者也是用天地之道以晓喻人事之理。既然天地因循自然而运行，人事何以不要如此？何以不要无为而治？何以不要一切因其自然？阴阳四时运行因自然而各得其序，人事的生死、穷达、毁誉、得失等，何以不是出于自然？既然出于自然，为什么要斤斤计较那些无谓的得失穷达等呢？

【原文】

孔子问于老聃曰："今日晏闲①，敢问至道。"

老聃曰："汝齐戒②，疏瀹而心③，澡雪而精神④，掊击而知⑤。夫道，窅然难言哉⑥！将为汝言其崖略⑦。夫昭昭生于冥冥，有伦生于无形⑧，精神生于道，形本生于精，而万物以形相生⑨。故九窍者胎生⑩，八窍者卵生⑪。其来无迹⑫，其往无崖⑬，无门无房⑭，四达之皇皇也⑮。邀于此者⑯，四枝彊⑰，思虑恂达⑱，耳目聪明；其用心不劳，其应物无方⑲。天不得不高，地不得不广，日月不得不行，万物不得不昌，此其道与！且夫博之不必知⑳，辩之不必慧，圣人以断之矣㉑。若夫益之而不加益，损之而不加损者，圣人之所保也㉒。渊渊乎其若海，巍巍乎其终则复始也㉓，运量万物而不匮㉔，则君子之道，彼其外与㉕！万物皆往资焉而不匮㉖，此其道与！"（《庄子·知北游》）

【注释】

① 晏闲：安闲。② 齐：通"斋"。③ 瀹：疏通。④ 澡雪：洗净。⑤ 掊击：抛弃。而：你。知：通"智"。⑥ 窅然：深远的样子。⑦ 崖略：大概的情形。⑧ 有伦：指万物。⑨ 相生：互相转化。⑩ 胎生：指人类和兽类。⑪ 卵生：指鱼类和鸟类。⑫ 其：指道和神。⑬ 崖：边际。⑭ 门：出生的地方。房：归宿的地方。⑮ 四达：无所不通。皇皇：宽广。⑯ 邀：通"徼"，顺。⑰ 枝：通"肢"。彊：通"强"。⑱ 恂：畅通。⑲ 无方：没有拘执。⑳ 之：语助词，无义。知：通"智"。㉑ 以：已。断之：对此有断言。㉒ 保：依。㉓ 巍巍乎：高大的样子。㉔ 运：动载。量：容纳。㉕ 彼：指君子之道。外：游离于天道之外。㉖ 资：取资。匮：乏，穷。

【细读】

无门无房，四达之皇皇

这是假设孔子向老聃问道。

这是孔子安闲的时候。老聃告诉他，问道要斋戒，要疏通你的心灵，洗净你的精神，把你的智慧抛弃。接着说，道是非常幽深的，很难说清，只能为他说一个大概。

老聃说：光明产生于幽暗，有形的东西产生于无形，精神产生于道，形体从精气中产生，而万物的各种形态是相互产生的。所以，有九个孔窍的是胎生的，八个孔窍的是卵生的。道的来临没有痕迹，它的离去也没有边际。我们不知道它从哪个门出现，也不知道它在哪个房间安居。四通八达，广阔无边。遇上道的人，四肢强健，思虑通达，耳目聪明。他用心但不疲劳，他应接万物没有一定框框。天得不到它不能高远，地得不到它不能宽广，日月得不到它不能运行，万物得不到它不能昌盛。这就是道。

老聃说：学问广博的不一定有才智，善辩的不一定聪慧，圣人已经有断言。道这个东西，增添了，看不出有所增益，减损了，看不出有所减损，这是圣人所保持的。它渊深得如同大海，巍峨高耸，周而复始地运行，它运载和容纳万物，不会感到匮乏，但是君子的道，游离于天道之外。万物都前去资取，但不会匮乏。这就是道啊。

这段论述有些不太好理解。为什么提出九窍者胎生，八窍者卵生？是说万物生于自然，还是有别的含意？说遭遇道，则四肢强健，思虑通达，耳目聪明，也不太像庄子说的话。因为庄子论道，讲无思无虑，无知无欲，黜聪明，耳目无视无听。庄子论道，讲无所用心，而这里讲用心不劳，也不像庄子。这里讲博之不必知，辩之不必慧，有绝圣弃智的意思。道已经充满天地，因此益之而不加益，损之而不加损，这都没有多大问题，但是说圣人已有断言，圣人所保持，就不像庄子了。因为庄子讲此亦一是非，彼亦一是非，不会对事物作明确的是非断言。

这里很多话，来自老子。比如老子说"善言不辩，辩言不善。知者不博，博者不知。"与这里的"博之不必知，辩之不必慧"近似。比如老子说，"道冲，而用之或不盈"，这里说，"益之而不加益，损之而不加损者"。比如老子说，"大道泛兮，其可左右。万物恃之以生而不辞，功成不名有，爱养万物而不为主"。这里说"万物皆往资焉而不匮"。这里写孔子向老聃问道，有孔子向老聃问道的传说，这传说或许有某些根据？

但是，这里的思想，基本上还是庄子的。道无形，窈窈冥冥，因此说昭昭生于冥冥，有伦生于无形，精神生于道。道主宰万物，因此天不得不高，地不得不广，日月不得不行，万物不得不昌。道无所不在，广大无边，因此四达之皇皇。道无形无声，因此其来无迹，其往无崖。

这里说斋戒，疏瀹而心，澡雪而精神，掊击而知，有《人间世》所谓心斋的味道。所谓心斋，就是把内心一切系念牵挂去除，把内心疏通，把精神洗干净。这与这里所说是一致的。

吸收老子思想，进一步阐发道窈冥无形而主宰万物，包容万物的特点，指出只有清除内心系念，才能体道悟道，是这一段论述的基本思想。

【原文】

东郭子问于庄子曰①："所谓道，恶乎在？"庄子曰："无所不在。"东郭子曰："期而后可②。"庄子曰："在蝼蚁③。"曰："何其下邪④？"曰："在稊稗⑤。"曰："何其愈下邪？"曰："在瓦甓⑥。"曰："何其愈甚邪？"曰："在屎溺⑦。"东郭子不应。

庄子曰："夫子之问也，固不及质⑧。正获之问于监市履狶也⑨，每下愈况⑩。汝唯莫必⑪，无乎逃物。至道若是，大言亦然⑫。周、遍、咸三者⑬，异名同实，其指一也⑭。"（《庄子·知北游》）

【注释】

① 东郭：城东的外城墙。东郭子：因住于东郭而得名。② 期：必，证实。③ 蝼：蝼蛄，一种对庄稼有害的昆虫。蚁：蚂蚁。④ 下：低级。⑤ 稊：一种杂草，结实貌似小米。稗：一种生长在稻田里的杂草，貌似禾稻。⑥ 甓：砖。⑦ 溺：通"尿"。⑧ 固：本来。质：实质。⑨ 正：亭卒。获：亭卒名。监市：监管市场的官员。履：踩。狶：大猪。⑩ 况：比。每下愈况：猪之肥瘦，越下越足以比较。⑪ 必：绝对。⑫ 大言：通道的言论。⑬ 周、遍、咸：都是全的意思。⑭ 指：通"旨"。

【细读】

道何以无所不在

这是关于道无所不在的说明。

道无所不在，庄子在很多地方其实都讲过。《大宗师》篇所谓在太极之先而不为高，在六极之下而不为深，先天地生而不为久，长于上古而不为老；《天地》篇所谓道与万物接；《天道》篇所谓道于大不终，于小不遗，广乎其无不容，说的都是道无所不在。《老子》中没有直接讲，但老子说，道大，天大，地大，人亦大，道强为之名曰大。道之所以又可称为大，就因为它无所不在。这里庄子回答东郭子说道无所不在，在蝼蚁，在稊稗，在瓦甓，在屎溺，是因为如同监市看猪，每下愈况，越踩猪的下部，就越能知道猪的肥瘦。

道为什么无所不在？是因为在老庄这里，道是万物的本源，是宇宙万物无形中起作用的力量，用老子的话来说，无，名天地之始，有，名万物之母。它是作用于包括自然、社会、人事在内一切事物的统一的高度抽象的本体，当然无所不在。

我们来看，道不是无所不在吗？道是自然。老子说的道法自然，就是说，道之法就是自然。《庄子·齐物论》说，已而不知其然谓之道。宇宙万物不都处于自然状态吗？日月运行，四季更替，白天黑夜，山高川平，鸟飞兽走，哪个不是自然形成？人世社会，死生，存亡，穷达，贫富，贤与不肖，毁誉，饥渴，寒暑，不都是事之变，命之行吗？所谓事之变，命之行，不就是自然而然吗？庄子所说的蝼蚁、稊稗、瓦甓、屎溺，不都是自然状态的东西吗？

道是无。所谓无，一是无为无形，用老子的话来说，道视之不见，名曰夷，听之不闻，名曰希，搏之不得，名曰微，是谓无状之状，无物之象。宇宙万物，不是一种无形的力量在起作用吗？你可以看到听到说出遵循变化规律的事物本身，却无法看到支配事物变化的力量，道的支配万物的作用没有任何形状、声音，这种无形的力量不是无所不在吗？

所谓无，又意味着无差别。庄子说，道未始有封。所谓未始有封，就是没有界限。没有界限，既指它无所不包，又指在道的境界里，事物和事物之间没有界限。在庄子看来，万事万物不都处在无差别无目的的状态吗？彼出于是，是亦因彼，方生方死，方死方生；方可方不可，方不可方可；因是因非，因非因是，彼亦一是非，此亦一是非，举莛与楹，厉与西施，恢恑憰怪，道通为一，天下莫大于秋毫之末，而泰山为小；莫寿乎殇子，而彭祖为夭，万物不是齐一吗？万物齐一不就是万物无差别吗？世界不都处在万物齐一，也就是无差别的状态吗？

当然，道无所不在，并不是说，万物本身就是道，也不是说，每个人每个时候都处于道的境界之中。当你一切顺其自然，舍弃一切人为的时候，你就进入了道的境界。但是，当你处处有为，求名求利，论是论非，计较死生，计较得失的时候，你就没有进入道的境界。当你无知无欲，一切视而不见，听而不闻的时候，当你感到一切都没有差别的时候，你就进入了道的境界。但是，当你什么事情都看得清清楚楚，什么是非、得失都分辨得清清楚楚的时候，你就没有进入道的境界。

比如马，如果你任其自然，其马蹄践霜雪，毛以御风寒，吃草饮水翘足的时候，这是自然的状态，也是道的境界。如果你像伯乐一样治马，烧之，剔之，刻之，雒之，连之以羁絷，编之以皂栈的时候，你违背了自然，你就没有进入道的境界。比如社会，假如你任由其自然发展，任由其小国寡民，使有什伯之器不用，虽有甲兵，无所陈之，使民结绳而用之，甘其食，美其服，安其居，乐其俗的时候，你就进入了道的境界。假如你用仁义礼法去人为治理的时候，你就没有进入道的境界。

就庄子的这段话来说，庄子所说的蝼蚁、稊稗、瓦甓、屎溺，你如果保持它的自然状态的时候，你就进入道的状态。当你要人为地改变这种状态的时候，你就没有进入道的境界。如果你将黄金、珠宝看得和瓦甓、屎溺一样没有差别的时候，你进入了道的境界。当你看重黄金、珠宝，而鄙视瓦甓、屎溺的时候，你就没有进入道的境界。

【原文】

光曜问乎无有曰①："夫子有乎②？其无有乎？"光曜不得问，而孰视其状貌③，窅然空然④，终日视之而不见，听之而不闻，搏之而不得也。

光曜曰："至矣，其孰能至此乎！予能有无矣，而未能无无也；及为无有矣，何从至此哉！"（《庄子·知北游》）

【注释】

① 光曜、无有：都是虚构人物，分别喻指光明和虚无。② 夫：句首助词。子：您，指无有。③ 孰：通"熟"。④ 窅然：本指深远，引申为空无。

【细读】

光曜问乎无有

这是一系列虚构人物关于道的问答。

光曜问无有说：先生是"有"呢？还是"无"呢？光曜得不到回答，就仔细察看无有的形状面貌，只见空空然什么也没有。整天地看他看不见，听他听不见，触摸也触摸不到。光曜说：至高无上啊！我能有"无"，但不能连"无"也没有。如今要做到无有，怎么才能做得到呢？

这一段有点绕口的问答，主要说明的就是，道是无，是彻底的无，是连无也没有的彻底的无。

具体来说，是无形无声无为无差别。试想，自然界的春夏秋冬，万物生长，日月高悬，山高水长，鸟飞于天，鱼游于水，都不是自然状态的吗？你能看到具体的春长夏长秋收冬藏，看到具体的天蓝草绿花红水清，听到具体的鸟鸣水响虎啸狼嚎，你能看到主宰万物生长运行的力量吗？主宰万物的力量不是自然而然的吗？这种自然而然的力量，有形有声有为吗？人类社会不也一样吗？人的穷达、生死、祸福，不全是自然的天命吗？你能看到具体的穷达祸福，你能看到主宰穷达祸福的天命的运行吗？

万物不是没有差别吗？最大的不是最小的吗？最长寿的不是最短命的吗？最美的不是最丑的吗？是不也是非吗？不是方生方死，方可方不可吗？从万物的具体现象来说，有差别，但从万物的本源来说，不是没有差别吗？事物看起来有差别，如果往前推一步，不就没有差别吗？再往前推，不就连"无"也没有吗？不是有也者，有无也者，有未始有无也者，有未始有夫未始有无也者吗？一切都可归为彻底的无限层次的无，这不就是道的境界吗？事物无差别的状态，彻底的无限层次的无，你能看见听见触摸到吗？

事物都是循环变化的。它有一个开始吗？开始前面还有一个开始。它有一个终结吗？终结背后还有一个终结。所以说，有始也者，有未始有始也者，有未始有夫未始有始也者。就人来说，最初不是本无生吗？不是非徒无生也，而本无形吗？不是非徒无形，而本无气吗？杂乎芒芴之间，变而有气，气变而有形，形变而有生。生又变而为死，死生循环，有终始吗？是的开始是非，非的开始是是，穷前面是达，达前面是穷，是非穷达，不是循环变化，无有终始吗？世界万物不是无终无始变化的吗？这个无始无终的状态，你能看见听见触摸得到吗？

既然如此，道不可闻，闻而非也；道不可见，见而非也；道不可言，言而非也。所以，弗知乃知，知乃不知，不知之知方为知。有问道而应之者，不知道也；虽问道者，亦未闻道。道无问，问无应。

所以，这几个虚构人物都是有寓意的。它说明道是泰初清静之状态，万物运行是无始无终的，自然变化是无穷的。光曜，还不是彻底的无，因为它虽然无形，但还有光曜。而无有才是彻底的无。所以光曜感叹，它能有无，而未能无无。

我们也就可以知道，无为所谓的知道之可以贵，可以贱，可以约，可以散，是只知外，不知内，只知浅，不知深。贵、贱、约、散都是事物的具体形态，而不是道本身。事物贵贱、约散只是自然状态，主宰事物贵贱、约散的力量是无形的，这才是道的状态。

要知道，无为无形无声无差别无始无终，不可闻不可见不可触摸不可言说，无背后彻底的无，这就是道的状态。

【原文】

颜渊问乎仲尼曰："回尝闻诸夫子曰：'无有所将，无有所迎①。'回敢问其游②。"仲尼曰："古之人外化而内不化③，今之人内化而外不化。与物化者，一不化者也。安化安不化④？安与之相靡⑤？必与之莫多⑥。"（《庄子·知北游》）

【注释】

① 将：送。两句谓，不送不迎，静以待物。② 游：游心，精神活动。句谓怎样进入不将不迎的境界。③ 外：外在的言行举动。内：心神。④ 安：何。⑤ 靡：摩擦。⑥ 与之：与物相处。莫多：不会太过。

【细读】

外化而内不化

这是颜渊和孔子的对话。

说是颜渊问孔子：我曾经听先生说过，不要有送行，不要有迎接。我想问什么是游心？孔子于是回答了上面这段话。

孔子说：古时的人随任事物而变化，但内在心神没有变化，今天的人内在心神有变化而不随任外物变化。随顺外物变化的，有一种东西不会变化。无所谓变化和不变化，怎么会与外物相靡？与外物相处一定会恰如其分。

这里讨论的是游心的问题。颜渊所问的无有所将，无有所迎，见于《应帝王》篇，说至人之用心若镜，不将不迎，应而不藏，故能胜物而不伤。颜渊问的是，既然不将不迎，那么怎样游心？孔子的回答是：外化而内不化。

什么是外化？就是随任外物变化。什么是内不化？就是抱一守静之心神不变化。这就是所谓与物化者，一不化者也。这里，两者是相辅相成的。只有随任外物变化，内在心神才能抱一守静不变化。反过来也是一样，只有内在心神抱一守静，才能随任外物而变化。

这里的物化，当然包含与物融化的意思。庄周梦为蝴蝶，则栩栩然蝴蝶，醒之后变化庄周，则不知周之梦为蝴蝶，还是蝴蝶之梦为庄周。只有与物融化，物我融一，才能随物变化。随物变化，也就是乘物以游心，无论外物如何变化，无论多少纷扰困苦，都能随任其变化，而保持内心的宁静。

随任外物变化，无所谓变化，也无所谓不变化，所谓安化安不化，一切顺着来，安时而处顺，游心于淡，合气于漠，顺物自然而无容私焉，就不会与外物相违逆，不会发生摩擦，当然也就不会伤害外物。所谓安与之相靡，所以说，圣人处物不伤物。既然我不伤物，物当然也不会伤我。儒者墨者之师，他们之所以与物相靡，就是因为他们有是非，有是非就不能随任外物变化。

所以庄子说，唯无所伤者，为能与人相将迎。这是回答无有所将，无有所迎。无有所将，无有所迎，或者如《应帝王》所说的不将不迎，如《大宗师》说的无不将也，无不迎也，就是说，要像镜子一样，事情过了不送，事情来了不迎，一切悲苦纷扰，人生一切事变，坦然应对，不滞留心中。也就是这里所说的，欢乐未了，悲哀继来，哀乐之来，不能阻挡，悲喜之去，不能制止。怎么办呢？那就任其自然吧！任随外物变化吧！

可以看看苏轼！苏轼一生，可谓起落无常，多灾多难，艰苦备尝。他初入仕，上书反对变法，在京城不见容于新派，只有请求外调。新进官僚仍不放过他，乌台诗案被捕入狱。侥幸被释，又被责贬。司马光去世，旧派分化，朝内斗争激烈，又受到忌恨，只有再求放归外任。高太后病死，宋哲宗亲政，投机新法的分子报复元祐旧臣，更大的厄运临头，一月之内三次降官，不但流放岭外，而且直贬最为边远的海南儋州。苏轼有过忧愤不平，但更多的时候，是以平和圆通之心应对人生的困苦。他写《书义》，说："水鉴惟无心，故应万物之变。""天道何常之有，应物而已矣。物隆则与之偕升，物污则与之俱降。"他淡泊名利，处世淡然，保持游于物外的情怀。他写诗著文，说："毁誉不动，得丧若一。"说："祸福苦乐，念念迁逝，无足留胸中者。"因此，他在外任，该做什么就做什么。在杭州、密州、徐州、湖州，恪尽职守，体恤民情。在黄州，躬耕东坡，幅巾芒鞋，与田父野老相从溪口之间。在杭州，结合救灾，招募饥民，浚湖筑堤。在海南儋州，处境那样困难，仍坦然相处，食芋饮水，著书以为乐。

这可谓处物不伤物，而物亦不能伤！可谓随任外物变化，而抱静守一之心没有变化！可谓外化而内不化！

杂　篇

外篇名目确立可能较晚。汉时流行《庄子》古本有内外篇之分。魏晋之际崔譔注本向秀注本为内篇七，外篇二十，无杂篇。而据唐陆德明《经典释文·序录》西晋司马彪注本为内篇七，外篇二十八，杂篇十四，解说三。或者从司马彪始，从外篇中分出杂篇，在司马彪五十二篇本基础上，删去其巧杂者，成今本三十三篇之貌。司马迁《史记》论庄子著作，篇有《渔父》《盗跖》，又有《亢桑子》，或者《庚桑楚》，此数篇均属杂篇。据考证，杂篇十一篇中，除《寓言》《说剑》两篇之外，先秦著作《荀子》《韩非子》和《吕氏春秋》都有引用。或者这些篇成型也较早，或者亦如外篇，邑成型较早，而流传过程中后世有改易增饰。除前三篇从不同角度论学道，似有一基本思想覆盖各篇，其余各篇内容多不一致，篇内亦杂俎而成，多每段各为一义，而不相属，先后并无统绪。十一篇内容颇为博杂，有申明内篇旨意者，亦有论儒家观人方法，论贵生及以身殉名，一些篇有入俗倾向，《盗跖》《说剑》辞气激烈，咄咄逼人，类战国策士雄辩。此均可见杂篇内容博杂之特点。

第十二章 庚桑楚·徐无鬼·则阳

三篇从不同角度论学道。《庚桑楚》指出修道重在修养内心，排除扰乱束缚人心的一切世俗情感和功名得失，心境宁静，保持真性。《徐无鬼》论去惑以悟道，以为执着外物必丧其真性，去除嗜欲、是非、名利、遑能自做，无心无为，纯任自然，天性不变，始能治天下，全身葆真，解惑悟道。《则阳》论为而无为，为而无心，不得已而治天下，都是道的体现。从道的角度看，有为政治，都非常渺小。道的修养要在心灵的虚静脱俗，顺乎自然。而道的本质，不可持有，超乎名想，又不是绝对的无，有不可无，非言非默，直觉体验，始能悟道。

【原文】

老聃之役有庚桑楚者①，偏得老聃之道②，以北居畏垒之山③。其臣之画然知者去之④，其妾之挈然仁者远之⑤；拥肿之与居⑥，鞅掌之为使⑦。居三年，畏垒大壤⑧。畏垒之民相与言曰："庚桑子之始来，吾洒然异之⑨。今吾日计之而不足⑩，岁计之而有馀⑪。庶几其圣人乎！子胡不相与尸而祝之⑫，社而稷之乎⑬？"（《庄子·庚桑楚》）

【注释】

① 役：门徒弟子。古时门徒须洒扫应对等杂役，故称。庚桑楚：人名，复姓庚桑，名楚。② 偏得：独得。③ 畏垒：高峻不平。畏垒之山：一说在东莱。④ 臣：仆役。画然：明察的样子。知：通"智"。去之：离开庚桑楚。⑤ 挈然：自矜的样子。挈然仁者：自信做到仁者。远之：远离而去。⑥ 拥肿：糊涂无知的样子，淳朴的样子。⑦ 鞅掌：草野不恭，随随便便的样子。⑧ 壤：通"穰"，丰收。⑨ 吾：我们。洒然：惊动的样子。⑩ 日计之而不足：每天算计他有作为，却不见其有作为。⑪ 岁计之而有余：三年之后，有大丰收，因此说有余。⑫ 子：大家。尸：立神主。祝：祝福。意为把庚桑楚作为祖宗一样来崇拜。⑬ 社：土地神，稷：谷神。意谓要为他建立社稷。

【细读】

庚桑楚居畏垒之山

这是庚桑楚居畏垒之山的寓言，说明宽政无为，则可治理一方，得到百姓的拥戴。

庚桑楚是老聃的门徒，他独得老聃之道，在北边居于畏垒之山。所谓居，应该是治理。庚桑楚刚到的时候，百姓都觉得他很奇异（洒然异之），人们对他寄予很大希望，每天他有所作为，但人们总是有点失望（日计之而不足）。之所以失望，是因为他无为而治，并未表现出有所作为的样子。正因为如此，很多人离他而去。画然知者去之，事情明察，自以为明智的离他而去。挈然仁者远之，自以为合乎仁道的离他而去。事情明察，任用智慧，应该就会用法治。这是庚桑楚所不取的。自以为合乎仁道，应该是主张仁义礼制的，这也为庚桑楚所不取。庚桑楚所取的，是拥肿者和鞅掌者，一个是糊涂无知，为性淳朴，一个是随意自在，并无拘束。这应该是庚桑楚为政的特点。庚桑楚为政，任性淳朴，而随任自由。

这让人想起老子所说的无为而治，老子说过，执大象，天下往，往而不害，安平泰。《庄子·天地》篇也说过，无欲而天下足，无为而万物化，渊静而百姓定。这是庚桑楚居畏垒之山，是对无为而治的具体描述。

我们想起历史上汉代龚遂治渤海郡的故事。龚遂为山阳郡南平阳县人，通晓儒学，曾任昌邑王国郎中令。当时渤海及其邻郡年年饥荒，盗贼纷纷出现，当地郡守无法捉拿制服，这种状况已经持续很久。这时汉宣帝刘询即位，想选拔善于治理的人。丞相和御史大夫便推荐龚遂，说龚遂可以胜任，皇上于是任命龚遂为渤海郡太守。当时龚遂已经70多岁，个子又矮小，宣帝召见他时，远远望见，觉得跟传闻中的龚遂不相合，心里有点瞧不起，便对龚遂说："渤海郡那地方法纪废弛，社会动乱，我很担忧。先生准备怎样平息那里的盗贼，使我称心满意呢？"龚遂回答说："渤海郡靠近海边，离京城比较远，没有受到陛下圣明的教化。那里的百姓被饥寒所困，而下层官吏们不体恤，所以使本来纯洁善良的您的臣民把您的兵器偷去，在您的土地上要玩罢了。您现在是希望我用武力战胜他们呢，还是使他们得到安定呢？"宣帝听了龚遂的应对，非常高兴，就回答说："既然选用贤能有才的人，本来就是想使百姓得到安定。"龚遂说："我听说治理秩序混乱的百姓就如同解开乱缠在一起的绳子，不能急躁，只有慢慢地来，然后才可以治理。我希望丞相和御史大夫暂时不要用朝廷的法令条文来约束我，让我根据实际情况，采用恰当的办法来处理。"宣帝答应他的要求，额外赏赐他黄金物品，派遣他上任。

龚遂乘坐驿车来到渤海郡的境地，郡中官吏听说新太守来了，担心他的安全，派出军队迎接。龚遂把他们都打发回去，然后向所属各县下达文件命令：一律撤去追捕所谓盗贼的官吏；凡是拿锄头、镰刀等种田器具的都是良民，官吏们不得查问；手拿兵器的才是盗贼。龚遂独自乘车来到郡府，郡内很快安定下来，盗贼们也都罢手不干了。渤海郡又有抢劫的团伙，听到龚遂的训诫和命令，也很快解散了，丢掉他们手中的兵器弓箭，拿起锄头镰刀种田。于是盗贼平息，百姓安居乐业。龚遂再打开地方粮仓，赈济贫苦百姓，选用优秀的地方官吏，慰问安抚管理并教养百姓。

龚遂看见渤海一带风俗奢侈，喜欢从事与民用无关的行业，却不喜欢农业生产，就亲自带头，勤俭节约，鼓励百姓从事耕作和养蚕种桑。他下令：郡中每个人种一株榆树、100 棵薤菜、50 丛葱、一畦韭菜；每家养 2 头母猪、5 只鸡。百姓有佩带刀剑的，让他们把刀剑卖掉买牛买犊。他说："为什么把牛和犊佩带在身上！"春夏季节不允许不到田里劳动生产，秋冬时督促人们收获庄稼，又种植和储藏瓜果、菱角、鸡头米等多种经济作物，劳作行事都遵循规定。于是郡中人们有了积蓄，官吏和百姓都很富足殷实，犯罪和打官司的事情都没有了。

庄子描写的也是这样。庚桑楚在畏垒之山居三年，当地就大丰收，于是他得到民众的拥戴，民众称他几乎就是圣人，要立他为主，为他祝祷，还有人把他尊奉为祖先，要敬奉他。

这说明，无为而治，宽政为民，就能达于天下大治，得到百姓的拥戴。

【原文】

夫函车之兽^①，介而离山^②，则不免于罔罟之患^③；吞舟之鱼，砀而失水^④，则蚁能苦之。故鸟兽不厌高^⑤，鱼鳖不厌深。夫全其形生之人^⑥，藏其身也，不厌深眇而已矣^⑦。且夫二子者^⑧，又何足以称扬哉！是其于辩也^⑨，将妄凿垣墙而殖蓬蒿也^⑩；简发而栉^⑪，数米而炊，窃窃乎又何足以济世哉^⑫！举贤则民相轧，任知则民相盗^⑬。之数物者^⑭，不足以厚民^⑮。民之于利甚勤，子有杀父，臣有杀君，正昼为盗^⑯，日中穴阫^⑰。吾语女^⑱：大乱之本，必生于尧、舜之间，其末存乎千世之后。千世之后，其必有人与人相食者也。（《庄子·庚桑楚》）

【注释】

① 函：通"含"。兽能吞含车辆，说明其大。② 介：独自。③ 罔：通"网"。④ 砀：通"荡"。砀而失水：因波浪流动而离开了水。⑤ 厌：满足。⑥ 形生：身体与天性。⑦ 深眇：深远。⑧ 二子：指尧、舜。⑨ 辩：通"辨"，指分辨善与利。⑩ 将妄：将无，莫非，岂非。殖：种植。蓬蒿：两种草名。⑪ 简：选择。⑫ 窃窃乎：计较的样子。⑬ 盗：欺骗。⑭ 之：这。数物：指举贤任能等。⑮ 厚民：利民。⑯ 正昼：正午。⑰ 日中：中午。穴阫：把墙挖穿。⑱ 女：通"汝"，你。

【细读】

全其形生之人藏其身

庚桑楚居畏垒之山三年，民众以其为圣人，要尊奉他为主。

但是庚桑楚却不赞同。他的基本思想，是全其形生之人，要藏其身，而且藏得越深越好（不厌深眇）。他的理由是，能吞得下车的大野兽，一旦独自离开了山，就免不了遭到网罟的祸害。能吞得下船的大鱼，因为波浪流溢而离开了水，那么小蝼蚁也能伤害它。所以，鸟兽藏身越高越好，鱼鳖藏身越深越好。

全其形生，形是身体，生即性，是真性。所谓藏身，既是藏其身体，也是藏其真性。藏身是为了全身，藏性也是为了保全真性。在庄子看来，显露行迹，既害其身，更害真性，而真性被害，必然危害其身。

庄子借庚桑楚之口指出，尧和舜的做法是不值得称扬的，他们对于事物的分辨，就像把好好的垣墙凿坏，而去种植蓬蒿罢了。选择头发去梳理，数着米粒去做饭，这样斤斤计较，怎么能够济世呢？

这是说，不能着眼枝微末节，所谓简发而栉，数米而炊，就是如此。要从根本上解决问题。根本的问题，在庄子看来，就是保全人的真性。天下之所以大乱，就是因为人的真性遭到毁坏，就像好好的垣墙被凿空，而种满蓬蒿一样。

这就如《庄子·骈拇》所说，现今的天下，小惑易方，大惑易性，自虞氏招仁义以挠天下也，天下莫不奔命于仁义，这不正是以仁义易其性吗？《马蹄》也说，本来民有常性，织而衣，耕而食，是谓同德，同乎无知，其德不离；同乎无欲，是谓素朴。素朴而民性得，但是圣人出来，为仁为义为乐为礼，天下陷入猜忌欺骗之中，天下就大乱了。

正因为这样，所以庄子接着说，推举贤才，人们就会互倾轧，任用智能，人们就会互相欺诈。这几样东西，对百姓都没有利。庄子说，人们对于利的追逐很急切，为了追逐利益，就有子杀父、臣杀君，大白天为盗、正午挖墙行窃的事发生。庄子说，大乱的根源，就产生于尧、舜之时，它的流弊要影响千世之后。千世之后，一定会有人与人相食的情况出现。

这里进一步说明了庚桑楚不愿接受尊奉的原因。他不愿被人尊奉为贤圣，就因为举贤则民相轧，任知则民相盗。老子说，不尚贤，使民不争，不贵难得之货，使民不为盗，不见可欲，使民心不乱，常使民无知无欲，使夫智者不敢为。这里体现的，正是老子这一思想。

这里说的子有杀父，臣有杀君，正是几千年来古代社会血淋淋现实的写照。在庄子看来，正是大开利禄之途，世人奔竞于名利的结果。近代作家鲁迅在《狂人日记》中说，封建社会的历史每一页都写着"吃人"，正与庄子所说的"人与人相食"相应。

鸟兽藏身于高山，鱼鳖藏身于深水。人藏身于何处，没有直接说。从庄子的论述来看，一是藏身于世外，二是藏身于自然。历史上很多功成身退，或者可以作为藏其身不厌深眇的注脚。春秋战国时的范蠡是一个例子。范蠡辅助勾践，卧薪尝胆二十多年，终于使勾践灭吴。范蠡以为越王可共患难，而不可共乐，于是乘扁舟，泛江湖而去，后来经商，得以善终。汉代张良也是一个例子。张良作为重要谋臣，被刘邦称有运筹策帷帐中，决胜千里外之功，封功臣时，刘邦让他自择齐三万户，张良却只愿受封为留侯。后来又以为，自己布衣出身，以三寸舌，为帝王师，封万户，位列侯，这已足够了，于是要弃人间事，欲从赤松子游，也就是要从朝廷彻底退下来。他后来也得善终。

【原文】

南荣趎曰[①]："里人有病[②]，里人问之，病者能言其病，然其病，病者犹未病也[③]。若趎之闻大道，譬犹饮药以加病也[④]。趎愿闻卫生之经而已矣[⑤]。"老子曰："卫生之经，能抱一乎？能勿失乎[⑥]？能无卜筮而知吉凶乎[⑦]？能止乎？能已乎[⑧]？能舍诸人而求诸己乎[⑨]？能翛然乎？能侗然乎[⑩]？能儿子乎[⑪]？儿子终日嗥而嗌不嗄[⑫]，和之至也；终日握而手不掜，共其德也[⑬]；终日视而目不瞚[⑭]，偏不在外也。行不知所之，居不知所为，与物委蛇，而同其波[⑮]。是卫生之经已。"

南荣趎曰："然则是至人之德已乎？"曰："非也，是乃所谓冰解冻释者[⑯]，能乎？夫至人者，相与交食乎地而交乐乎天[⑰]，不以人物利害相撄[⑱]，不相与为怪[⑲]，不相与为谋[⑳]，不相与为事[㉑]，翛然而往，侗然而来，是谓卫生之经已。"曰："然则是至乎？"曰："未也。吾固告汝曰：'能儿子乎？'儿子动不知所为，行不知所之，身若槁木之枝而心若死灰。若是者，祸亦不至，福亦不来。祸福无有，恶有人灾也。"（《庄子·庚桑楚》）

【注释】

① 南荣趎：人名，姓南荣，名趎，庚桑楚的学生。② 里人：邻里之人。③ 未病：未病危。④ 两句谓，本来就糊涂，闻大道又不能领悟，更加湖涂。如有病吃药反而加重。⑤ 卫生：养生。经：方法。⑥ 两句谓，能坚持纯一之道而不失去。⑦ 无：通"毋"。无须卜筮即知吉凶，谓顺乎自然。⑧ 止、已：均静止意。两句谓心境要宁静。⑨ 诸：之于。舍诸人：对人无所求。道需求之于己，求之于内心。⑩ 倏然：无所牵挂的样子。侗然：胸怀开朗的样子。⑪ 能儿子：能像婴儿一样天真。⑫ 嗥：号叫。嗌：咽喉。嗄：哑。⑬ 捉：拳曲。共：合。共其德：合乎天然的德性。⑭ 瞚：瞬，眼睛转动。⑮ 与物委蛇：随物变化。同其波：随波逐流。⑯ 冰解冻释：解开症结，心性灵通。⑰ 交：通"徼"，求。⑱ 撄：扰乱。⑲ 怪：责怪。⑳ 谋：谋算。㉑ 事：服务。

【细读】

卫生之经

这是南荣趎向老子请教卫生之经的故事。

南荣趎先是请教庚桑楚。庚桑楚告诉他：保全你的身体，抱守你的性命，不要让你思虑纷扰，这样坚持三年，就可以了。但是南荣趎未能做到。于是庚桑楚劝他去见老子。南荣趎带着粮食，经过七天七夜，到了老子这里。老子经过一番引导，跟他讲了三段话：

第一段，是卫生之经。老子告诉南荣趎，说到卫生之经，你能做到持守纯一之道吗？你能不离开它吗？你能不用卜筮的方法而知道吉凶吗？能停止你的追求吗？能放弃你的欲念吗？能舍弃旁人而责求自己吗？你能无所牵挂吗？能做到淳朴无知吗？能像婴儿一样吗？婴儿整天啼哭而咽喉不哑，这是因为他元气淳和。他成天握拳，手却不会拳曲，这是他德性专一。他成天看着却眼睛不动，因为他的眼睛并不专注于外物。他走路，并不知道自己要到哪里去。他安居时，不知道自己要做什么。他只是顺物变化，随波逐流。这就是养生的原则。

第二段讲至人。老子所谓至人，是和万物一起求食于天，求乐于天，不因为人与物的利害关系而互相扰乱，不互相责怪，不互相谋划，互相不干涉事务，无拘无束地去，无私无欲地来。

最后还有第三段。要像婴儿一样。婴儿在动，却不知道自己要做什么，要行，却不知道自己要到哪里去。身体像枯树之枝，而心境如死灰一样平静。像这样的人，不会招致祸殃，不会带来幸福，祸与福都没有，怎么会有人灾呢？

其实，总起来看，这三段所说的三层意思是一个整体。它的核心思想就是排除外物干扰，去除内心欲念。

这三段，是修道的三个境界。先要抱一。所谓抱一，就是把受外物役使之心收归于道，除道之外，不要有别的欲念。要顺乎自然，不要老是想通过卜筮以求吉凶。停止追求，放弃欲念吗？不问旁人，唯求自己。再要忘记人物利害关系，互相不责怪，不谋划，不干涉事务，无拘无束，无私无欲。最后，则是婴儿状态，从未有过外在纷扰和内在欲念，纯然归返天然真性。

这有点像释迦牟尼对弟子因人因时而施教。所谓婴儿之喻，当然来自老子。老子说过，专气至柔，能如婴儿乎。又说：沌沌兮，如婴儿之未孩。又说：常德不离，复归于婴儿。在老庄看来，进入世间的人们，无论怎样，外物的纷扰种种都在内心留下了痕迹。只有婴儿，其本性才是最为纯真的。而这正是养生修道的最高境界。

【原文】

宇泰定者①，发乎天光②。发乎天光者，人见其人③。人有修者④，乃今有恒⑤。有恒者，人舍之⑥，天助之。人之所舍，谓之天民；天之所助，谓之天子。

学者，学其所不能学也；行者，行其所不能行也；辩者⑦，辩其所不能辩也。知止乎其所不能知，至矣；若有不即是者⑧，天钧败之⑨。

备物以将形⑩，藏不虞以生心⑪，敬中以达彼⑫，若是而万恶至者，皆天也，而非人也，不足以滑成⑬，不可内于灵台⑭。灵台者，有持⑮而不知其所持，而不可持者也。

不见其诚己而发⑯，每发而不当⑰，业入而不舍⑱，每更为失⑲。为不善乎显明之中者，人得而诛之；为不善乎幽间之中者⑳，鬼得而诛之。明乎人，明乎鬼者，然后能独行。

券内者㉑，行乎无名㉒；券外者，志乎期费㉓。行乎无名者，唯庸有光㉔；志乎期费者，唯贾人也㉕，人见其跂㉖，犹之魁然㉗。与物穷者㉘，物入焉㉙；与物且者㉚，其身之不能容，焉能容人！不能容人者无亲，无亲者尽人㉛。兵莫憯于志㉜，镆铘为下^㉝；寇莫大于阴阳^㉞，无所逃于天地之间。非阴阳贼之^㉟，心则使之也。（《庄子·庚桑楚》）

【注释】

① 宇：上下四方为宇，此指天地之间。泰定：大定，非常宁静。② 天光：自然之光。③ 见：现。④ 修：修养自身。⑤ 恒：常，即恢复本性。⑥ 舍：居，归附。⑦ 辩：通"辨"，辨别。⑧ 即是：依照如此。⑨ 天钧：自然造化。⑩ 备：具。将：养。⑪ 不虞：无思无虑。生：养。⑫ 敬：诚。中：内心。彼：处境。⑬ 滑成：扰乱浑成之德。⑭ 内：纳。灵台：心。⑮ 有持：有所主。⑯ 诚：真诚，真心。⑰ 每：即使，虽。当：合。⑱ 业：事。不舍：不弃。⑲ 更：变更。⑳ 幽间：深暗隐蔽处。㉑ 券：契合。内：内心。㉒ 无名：没有名迹。㉓ 志：愿，想。期：会合。费：财用。㉔ 庸：常。㉕ 贾人：商人。㉖ 跂：踮起脚跟，标榜。㉗ 魁然：魁岸高大的样子。㉘ 穷：终始。㉙ 入：归附。㉚ 且：通"阻"。㉛ 尽：空。尽人：有人若无人。㉜ 兵：兵器。憯：锋利。㉝ 镆铘：通常作莫邪，古代良剑名，相传春秋时吴国人莫邪所造，故名。㉞ 寇：侵犯。㉟ 贼：伤害。

【细读】

兵莫憯于志

这是几段关于修道的论述。

作者说：心境非常宁静，就能表现自然的天光。就如宇宙间十分宁静，就能清朗光明一样。表现自然的天光，人就能显现人的本性，物就能显现物的本性。内心修炼宁静的人，就能保持他恒常的本性。保持恒常的本性，人们就会归附于他，天也会帮助他。人们归附，叫作天民。天帮助他，叫作天子。

作者又说：所谓学，就是学习人所不能学习的东西。所谓行，就是做别人所不能做的事情。所谓辨别，就是辨别别人不能辨别的东西。懂得在人们所不知道的地方停止下来，这是最高的智慧。如果不依照这样去做，造化就会使他失败。

作者又说：具备万物，来扶养自己的形体，退藏到无思无虑的境地来修养自己的心神，敬修内心来和外物沟通。如果做到这样，各种罪恶还要来临，那就是天意，而非人为了。不足以让它扰乱了浑成的德性，不可让各种罪恶纳入内心。人的内心有一定的主宰，但又不知道所持守的是什么，因为它是不可持守的东西。

作者又说：不显示内心的真诚而随意表现自己，这种表现总是不得当，世事进入心中而不舍弃，即使变更自己的行为，也会有所失。在明处作恶的人，众人可以处罚他。在幽暗之处作恶的人，鬼神可以处罚他。明通人道，又明通鬼神之道，这样才能独自行动。

作者又说：契合内心的人，行动没有名迹。致力于外物的人，其志在聚集财富。行为不留名迹的人，虽然平常，但显露自然之光。志在聚集财富的人，只有商人而已。人们看他有意标榜，好像很魁岸高大。与万物相始终的人，万物就会归附于他。与万物相阻隔的人，其自身尚且不能被容纳，怎么能容纳别人？不能容人的人，没有亲近的人。没有亲近的人，他的周围就空无一人。对人伤害最大的兵器，是执着的心志，莫邪宝剑还在其次。对人伤害最大的是阴阳之气，因为它充斥于天地之间，无法逃避。但不是阴阳之气直接伤害人，而是人的心志躁锐导致阴阳之气伤人。

这几段论述的核心，就是讲修道重在修养内心，只有心境宁静，保持真性，才能免于伤害。

心归于宁静，因此发乎天光。所谓天光，就是自然的灵明之光。灵明之光发于自然，一切呈现自然状态，一切见其真性本性，因此人见其人，物见其物。这正是老子所说的，归根曰静，静曰复命，复命曰常，知常曰明。天光，即知常之灵明之光。这正是需要学，需要行，需要辨的。所谓学、行、辨，就是学、行、辨心归宁静之事。

何谓备物？备物就是万物与我为一。万物与我为一，因此顺乎生理，因此将开。万物与我为一，因此与外物无迕，心归宁静。具体来说，是无思无虑（藏不虞），敬修内心（敬中），外界一切纷扰均不足搅乱内心，所谓不足以滑成，不可内于灵台。这才能保养内心（生心），达于外物（达彼），所谓达于外物，就是乘物以游心。因为乘物以游心，因此有持而又不知其所持，一切任其自然而已。内心修养即需有持而不知所持，即需任其自然。

自然灵光，光而不耀，因此不能随意显示自己。随意显示自己，无论怎样都不可能得当，所以说每发而不当。什么是业入？业，就是世间有为之事。内心归于宁静，因此世间有为之事不能进入心中。因此业入而不舍，每更为失。业入，则为易为不善，为不善，则不论于显明之中，抑或于幽间之中，均于心有愧。世事不入于心，于心无愧，无愧于人，也无愧于鬼，这样才能独行。内心归于宁静，世事始不入于心。

修养内心，内心向道，因此行乎无名，而不是像商人一样志乎期费，有意标榜。有意标榜，就与万物阻隔，就不可能有亲近的人。

因此作者说，兵莫憯于志。

就是说，对人伤害最大的兵器，是这种执着的心志。天地间对我影响最大的是阴阳之气，因为它充斥于天地之间，没有谁能逃离阴阳之气。但阴阳之气伤害人，也是因其心志。如果心志宁静，则阴阳之气也不会伤人。

老子强调虚静，说致虚极，守静笃，不欲以静，天下将自正。庄子反复强调心养，强调死生、存亡、穷达不足以滑和，不可入于灵府，要内保之而外不荡也，要死生惊惧不入乎其胸中，要无撄人心，要伦与物忘，大同乎涬溟，解心释神，说抱神以静，形将自正，必静必清，无劳女形，无摇女精，乃可以长生。这里所谓兵莫憯于志，正是老庄虚静以养心思想的体现。

【原文】

徐无鬼见武侯^①，武侯曰："先生居山林，食芋栗，厌葱韭^②，以宾寡人^③，久矣夫！今老邪？其欲干酒肉之味邪^④？其寡人亦有社稷之福邪^⑤？"徐无鬼曰："无鬼生于贫贱，未尝敢饮食君之酒肉，将来劳君也。"君曰："何哉，奚劳寡人？"曰："劳君之神与形。"武侯曰："何谓邪？"徐无鬼曰："天地之养也一^⑥。登高不可以为长，居下不可以为短。君独为万乘之主^⑦，以苦一国之民，以养耳目鼻口，夫神者不自许^⑧。夫神者，好和而恶奸^⑨；夫奸，病也，故劳之。唯君所病之，何也。"（《庄子·徐无鬼》）

【注释】

① 徐无鬼：姓徐名无鬼，隐士，缗山（今山西平定县）人。武侯：魏武侯，名击，魏文帝的儿子。② 芋栗：橡子。厌：饱食。③ 以：而。宾：通"摈"，弃。指不愿做官。④ 干：求。酒肉之味：指代官位。⑤ 其：岂。社稷：国家。⑥ 一：同。⑦ 独：单独一人。乘：一车四马。万乘：万辆兵车。古代能有万辆兵车的为大国。此指大国。⑧ 神：心神。不自许：犹不自得，不自安。⑨ 和：和同。奸：自私。

【细读】

为君不可苦一国之民

这是一则徐无鬼见魏武侯的寓言。

说是徐无鬼拜见魏武侯，武侯说：先生住在山林里，吃着橡子，饱食葱韭，摒弃我，不愿到我这里来做官，已经很久了。现在你是老了呢，还是想到我这里求酒肉之味呢？或者是你能出来做官，使我也享受社稷之福呢？徐无鬼回答说：我生于贫贱，从未想过要食国君的酒肉，我是打算来慰劳君王的。武侯问：你要慰劳我什么呀？徐无鬼说：慰劳君王的心神与形体。

徐无鬼说：天地给万物的奉养是齐一的。登上高位，不要以为就比别人长一些，居于下职，不要以为就比别人短一段。君王独自为大国之主，却辛苦一国之民来供养你一个人的耳目鼻口等形体所欲。这样做，你的心神会不得安宁。心神是喜欢和外物和同而厌恶奸私。奸私就是病，所以我来慰劳。只有君王一个人得病，这是为什么呢？

这是讲养生的。魏武侯养耳目鼻口，满足的就是声色酒肉的物质享受。他问徐无鬼，也是看到他在山林里吃橡子和葱韭，问他是不是要来求酒肉之味。反对过度的物质享受，正是老庄的主张。老子主清静，包括物质欲望和享受的清静。庄子《至乐》篇，就明确反对以身安厚味美服好色音声为乐，反对以贫贱为下，以身不得安逸，口不得厚味，形不得美服，目不得好色，耳不得音声为苦。

但是，这里更主要的是讲君道。作者反对作为一国之君王，为了一己的私欲享受，而苦一国之民。作者以为，天地对万物的奉养是齐一的，君王虽居高位，但并不比别人高一等。君王私自厚养，沉溺嗜欲，只会使心神不宁，有所病累。

作者在这里揭露的是当时的现实。比如商纣王，曾用象牙作筷子。箕子非常担心，说有象牙筷子，就必有犀玉之杯，有玉杯象箸，则必要象、豹胎，接着便是锦衣九重，高台广室，照这样奢求下去，天下不足以奉养纣王一个人。比如崔杼杀死齐庄公篡权之后，庆封伪言为崔杼平乱，乘机把崔氏除掉，当国之后，专权、聚敛、嗜田、纵酒，无所不为。晋灵公实行重税，来建造奢华的宫殿，奢侈挥霍，而且喜欢用弹弓打人，站在高台上看人躲避弹丸时惊慌失措的样子。厨子煮熊掌不熟，就被杀了。卫懿公喜欢鹤，就让鹤乘着高官的车子。结果狄人来进攻，国人不愿出征，说既然鹤乘高官的车，就让它去出征打仗吧。作者身处这样的现实中，反对苦一国之民以满足君主一己的享乐欲望。

后世也有同样的问题。晋代嵇康写《答难养生论》就指出："为天下而尊君位，不为一人而重富贵也。"作为君主，不得已而临天下，应该以万物为心，在宥群生，由身以道，与天下同于自得，穆然以无事为业，坦尔以天下为公，而不应该"劝百姓之尊己，割天下以自私，以富贵为崇高，心欲之而不已"。嵇康所批评的是司马集团为一己之私而篡权夺位。司马集团当权的晋代，统治集团奢靡纵欲成风。太康元年，傅咸上书，批评当时的奢侈世风说："古者尧有茅茨，今之百姓竞丰其屋，古者臣无玉食，今之贾竖皆厌粱肉，古者后妃乃有殊饰，今之婢妾被服绫罗，古者大夫乃不徒行，今之贱隶乘轻驱肥。"司马集团中人都嗜利如命，尚奢侈。史载何曾厨膳滋味，过于王者，每天吃饭花费一万钱，还说没有地方下筷子。其子何劭更甚，史称他衣裘服玩，新旧巨积，食必尽四方珍异，一日之供以钱二万为限。石崇的厕所有绛纱帐、大床、茵褥，非常华丽，有甲煎粉沉香汁之类，有十几个婢女侍候。王济不但在地价很贵的洛阳京城买地作跑马场，而且编钱铺地。王恺是帝王的舅舅，用珠玉来装饰牛的蹄角。他吃的猪肉，是以人乳饮之。一说是用人乳蒸着吃，一说是用人乳喂猪，说是这样更美味。

苦一国之民，以满足统治者奢靡私欲，确实会心神难宁啊！

【原文】

武侯曰："欲见先生久矣。吾欲爱民而为义偃兵①，其可乎？"徐无鬼曰："不可。爱民，害民之始也；为义偃兵，造兵之本也。君自此为之，则殆不成。凡成美，恶器也；君虽为仁义，几且伪哉②。形固造形③，成固有伐④，变固外战⑤。君亦必无盛鹤列于丽谯之间⑥，无徒骥于锱坛之宫⑦，无藏逆于得⑧，无以巧胜人，无以谋胜人，无以战胜人。夫杀人之士民⑨，兼人之土地，以养吾私与吾神者⑩，其战不知孰善！胜之恶乎在？君若勿已矣⑪，修胸中之诚，以应天地之情而勿撄。夫民死已脱矣⑫，君将恶乎用夫偃兵哉。"（《庄子•徐无鬼》）

【注释】

① 偃：息。兵：战争。② 几：几乎。且：将近。③ 形：形迹。固：必。④ 伐：失败。⑤ 变：心之妄动。⑥ 盛：多设。鹤列：战阵名，因陈兵如鹤之行列，故称。丽谯：华丽的高楼。⑦ 徒：步兵。骥：骑兵。锱坛：祭坛。⑧ 逆：悖逆。得：德。⑨ 士民：百姓。⑩ 私：指私利。⑪ 勿已：不能止息。⑫ 脱：免除。

【细读】

爱民，害民之始

这是徐无鬼和魏武侯对话的继续。魏武侯说，想爱护百姓，为仁义而停止战争，这样做可以吗？徐无鬼说，这样做不行。于是有了上面的回答。

徐无鬼说，爱护百姓，实际上是祸害百姓的开始。为仁义停止战争，正是制造战事的根源。君王从这方面去做，恐怕什么也做不成。凡是成就美的名声的，往往就是造成丑恶的工具。君王虽然行仁义，但那差不多就是虚伪。造成一种形势，必然会导致另一种形势，有成功，必然会有失败，情势变化，表现于外，就会引发战争。君王不要在华丽的宫殿里排列战阵，不要把战马布置在锱坛宫苑之中，不要把悖逆之心隐藏在仁德之中，不要靠机巧来取胜于人，不要用计谋来战胜别人，不要用战争来胜过别人。屠杀别国的人民，兼并人家的土地，以满足自己的私欲，奉养一己的精神，这样的战争不知道有什么好处，胜利表现在哪里！君王如果不停止这些行为，是不行的。你应该培养内心的真诚，顺应天地之情，不去扰乱人民。如果那样，人民摆脱了死亡，你还哪里用得着偃兵息武呢？

作者是反对战争的。他说，兼人之土地，以养吾私与吾神者，其战不知孰善！胜之恶乎在？魏武侯也说要偃兵息战，看起来和徐无鬼一样。但是，他说吾欲爱民而为义偃兵，他是打着爱民和仁义的旗号停止战争的。

庄子为什么认为爱民为义而偃兵不行？这要联系老庄的基本思想。老子说过：大道废，有仁义。庄子认为，包括仁义的人类文明，都被统治者窃取，如《胠箧》篇所说，为之斗斛以量之，则斗斛而窃之；为之权衡以称之，则并与权衡而窃之；为之符玺以信之，则并与符玺而窃之；为之仁义以矫之，则并与仁义而窃之，诸侯之门仁义存焉。在庄子看来，讲仁义，必然认为不仁不义。可以为仁义而停止战争，就会认为别人不仁不义而发动战争。同样的道理，为爱民而偃兵，就会认为别人不爱民而兴师问罪。

正是在这个意义上，庄子认为，爱民是害民之始；为义偃兵是造兵之本。他明确指出，魏武侯的仁义，是虚伪的（君虽为仁义几且伪哉）。事实也是如此，他一方面说要偃兵，另一方面，却在华丽的宫殿陈列鹤列战阵，在宫苑之中养战马。所以庄子说他是藏逆于得，以巧以谋胜人。所谓巧所谓谋，就是打着爱民和仁义的旗号。这正是庄子所反对的。

庄子针对的当然是当时的现实。庄子所处的时代，战争非常频繁。仅就春秋时期来说，有人统计，记载这一时期历史的《左传》，全书记录了 492 次战争，加上《春秋》有记而《左传》无传的 39 次，共大小战争 531 起。有人统计，其中大战有 14 次。频繁战争的同时，产生了民本思想，崇礼思想。所谓怀保小民，惠鲜鳏寡，所谓礼，国之干，敬，礼之舆，所谓信而守礼，礼以庇身，等等。有以爱民仁义制止战争的，也有以保民仁义而发起战争的。比如桓公六年，楚武王进攻随国，随侯想追击应战，随国大臣季梁制止随侯，提出的理由有道、忠、信，其中所谓忠，就是上思利民。比如齐鲁长勺之战，曹刿论战，当鲁庄公说到对民人信的时候，曹刿就认为可以一战。郑国共叔段不断扩张自己的势力，大夫公子吕请郑庄公早日将他除掉，理由就是无生民心。鲁僖公十五年，秦穆公发兵在韩原打败晋惠公，理由就是晋惠公背信弃义。晋惠公被打败之后，晋阴饴甥则认为秦国打败晋国，服者怀德，就是说，臣服的人可以使他怀念秦国的恩德。邲之战，楚庄王打败晋军，奠定霸主地位，就说他发动战争是为了禁暴、戢兵、保大、定功、安民、和众、丰财，其中重要的一项，就是安民。安民也就是爱民。

就是说，可以以爱民仁义停止战争，也就可以以爱民仁义发起战争。这正是庄子所反对的。

庄子的主张，是培养内心的真诚，顺应天地之情，不去扰乱人民，所谓修胸中之诚，以应天地之情而勿撄，也就是要无为而治，而不是扰民，包括用仁义、爱民之类冠冕堂皇的口号来扰民。

【原文】

庄子送葬，过惠子之墓，顾谓从者曰："郢人垩慢其鼻端，若蝇翼①，使匠石斫之②。匠石运斤成风③，听而斫之④，尽垩而鼻不伤⑤，郢人立不失容。宋元君闻之⑥，召匠石曰：'尝试为寡人为之⑦。'匠石曰：'臣则尝能斫之。虽然，臣之质死久矣⑧。'自夫子之死也，吾无以为质矣，吾无与言之矣。"（《庄子·徐无鬼》）

【注释】

① 郢：楚国国都。垩：白色的土，石灰。慢：通"漫"，涂。端：尖。蝇翼：苍蝇翅膀。② 匠石：匠人名石。斫：削。③ 运：挥动。斤：斧。成风：说明动作快。④ 听：任。表示毫不介意。⑤ 尽垩：把石灰全部削干净。⑥ 宋元君：宋国国君宋元公。⑦ 为之：指削去鼻尖上的石灰。⑧ 质：对手。

【细读】

运斤成风，谁可为质

这是一则寓言，而寓言里又套着一则寓言。

说是郢地有一个人，鼻尖上涂了一点白灰，那白灰就像苍蝇翅膀一样薄。他让姓石的工匠为他削掉，匠石挥动斧子，快得像一阵风，随意一砍，白灰全部削落，而鼻子丝毫未伤，郢人站立在那里，神色一点没变。宋元君听说了这件事，把匠石召去，说你试着为我也这样做一次。匠石说，我倒是能这样砍削，但是，能让我施展技艺的对象已经死了。

这则寓言是庄子讲出来的。说是庄子送葬，经过惠施的墓地，回头对随从的人讲述了这则故事。讲完故事，庄子说：自从惠施死去，我再也没有可以作为对手的人了，我没有可以讨论问题的人了。

匠石运斤成风，可以随意一砍，而郢人立不失容，这让人想到《庄子·田子方》中伯昏无人所讲的不射之射，登高山，履危石，临百仞之渊，而能神气不变，喻指人生处世，无论遇到何种险难，都要保持绝对平静的心境。

当然，寓言告诉我们的，更主要的是庄子以惠施为“质”。所谓质，就是辩论的对手，水平相当的对手。

《庄子》写了很多人物。写了孔子。庄子笔下的孔子，有时是庄子化了，很多时候则带着嘲讽。写了老聃，老聃常常是作为庄子思想的代言人而写的。与庄子同时的人，也写了不少。写了庄子钓于濮水，楚王使大夫二人去聘请他为相。写了庄子穿着打补丁的衣服和草鞋去见魏王。写了商太宰荡问仁于庄子。写了庄子见鲁哀公。写了东郭子问庄子所谓道，恶乎在。写了庄子和他的弟子。但是，和庄子一起，写得最多的当数惠子。

《庄子》里写了惠子相梁，庄子往见之，说是惠子担心庄子取代他的相位，搜于国中三日三夜，而庄子视相位若腐鼠，这对惠子留恋权位有不满和讽刺。其他地方，写了不少互相辩论。游于濠梁之上，辩论了子非鱼，安知鱼之乐，子非我，安知我不知鱼之乐。庄子妻死，惠子吊之，庄子箕踞鼓盆而歌，辩论了生死问题。辩论了大瓠之种无用有用的问题，樗树大本拥肿不中绳墨有用无用的问题，人的有情无情的问题。这些辩论，两家观点不同，但庄子都是认真把惠子作为辩论对手看待的。惠子有时则作为庄子的代言人出现，著名的蜗角触蛮之国，争地而战，伏尸数万的故事，就是借惠子之口讲述的。

或者正因为此，《庄子·天下篇》评述天下学术，就把惠施作为重要一家。虽然说他其道舛驳，其言也不中，历数他的学术，所谓卵有毛，鸡三足，郢有天下，犬可以为羊，马有卵，丁子有尾，火不热，山出口，轮不碾地，等等，以为惠施之才骀荡而不得，逐万物而不反，但是，庄子承认惠施多方，其书五车，就是说，承认他很有学问。

回头来看，庄子何以能建立他宏大的理论体系？万物齐一，无用为大用，乘物游心，道无所不在，天地一指，万物一马，等等。除了接受并发展老聃的思想之外，当代强劲有力的辩论对手，与对手的激烈论辩，是不是也激发他深入思考一些问题呢？为了在论辩中取胜，是不是促使他使理论更为严密呢？无用为大用的问题，安知鱼之乐的问题，不就是在与惠子辩论中提出来的吗？惠施以为至大无外，至小无内，所谓日方中方睨，物方生方死，庄子不也讲方生方死，方死方生，不也讲至大至小吗？接过一些论题，变换思想基础，而成为自己理论的一部分，庄子是不是因此形成了一些理论呢？或者正因为此，庄子这里讲运斤成风的故事，就带着一份尊崇，把惠子作为可以和自己平等辩论的强劲对手呢？而且在庄子看来，能和他平等辩论的强劲对手，是否只有惠子一人而已呢？

也正因为这样，后世文人在赞美艺术超凡，感叹知音难觅时，就要想到庄子的运斤成风，郢中之质。宋苏轼赞美吴道子的画，就说："出新意于法度之中，寄妙理于豪放之外，所谓游刃余地，运斤成风，盖古今一人而已。"元揭傒斯评杜甫古律，就赞美说："至其浑然天成，略无斧凿，乃诗家运斤成风手也，是以独步千古，莫能继之。"嵇康送兄入军，也感慨："郢人逝矣，谁可尽言。"他写《与阮德如》诗，含哀还旧庐，感切伤心肝，也写道："郢人忽已逝，匠石寝不言。"

今天我们写成著作，送人指正，也写请某某某郢正，或请某某某斧正，典故正出于此。这是把对方作为可以平等讨论问题、很有水平的知音。

【原文】

管仲有病①，桓公问之曰②："仲父之病病矣③，可不讳云④！至于大病⑤，则寡人恶乎属国而可⑥？"管仲曰："公谁欲与？"公曰："鲍叔牙⑦。"曰："不可。其为人絜廉，善士也。其于不己若者不比之⑧，又一闻人之过，终身不忘。使之治国，上且钩乎君⑨，下且逆乎民⑩。其得罪于君也，将弗久矣。"

公曰："然则孰可。"对曰："勿已⑪，则隰朋可⑫。其为人也，上忘而下畔⑬，愧不若黄帝而哀不己若者⑭。以德分人谓之圣，以财分人谓之贤。以贤临人，未有得人者也；以贤下人，未有不得人者也。其于国有不闻也，其于家有不见也。勿已，则隰朋可。"（《庄子·徐无鬼》）。

【注释】

①管仲：春秋时齐人，名夷吾，字仲，齐相，鲍叔牙的朋友。②桓公：齐桓公，春秋时齐国国

君，春秋五霸之一。③ 仲父：齐桓公对管仲的尊称。④ 讳：忌讳。⑤ 大病：死的婉辞。⑥ 属国：委任国政。⑦ 鲍叔牙：春秋时齐人，管仲的好友。⑧ 比：亲近。⑨ 钩：曲，违背。⑩ 逆乎民：违反民意。⑪ 勿已：不得已。⑫ 隰朋：春秋时齐贤人。⑬ 上忘：对上无心窥察。畔：通"伴"。下畔：对下亲善。⑭ 哀：怜爱。

【细读】

管仲荐隰朋

这是管仲荐隰朋的故事。说是管仲生病了，齐桓公去慰问，说：你的病很严重，不能忌讳什么了。如果你出了什么意外，那么，我应该把国政委托给谁？齐桓公说想委托给管仲的好友鲍叔牙。但是管仲说不可以。他说，鲍叔牙这个人，为性廉洁有道德，是一个好人，但是，他对于不如自己的人就不亲近。还有，他听到别人的过失，就终身不忘。如果让他治理国政，那么，对上会违背君主的意思，对下会违背民意。他会得罪君主，执政不会长久。管仲说，如果不得已，可委托给隰朋。他说，隰朋这个人，对上无心窥察，无心计较，对下亲近，他自愧不如黄帝，又怜惜不如自己的人。把道德给予人的人叫作圣人，把财富分给人的人叫作贤人，用贤智的身份高居于人之上，没有能得人心的。以贤智的身份甘居人之下的人，没有不得人心的。他对国事有的不闻不问，对家事有时无视无见。因此如果不得已，可以把委托给隰朋。

类似的故事，《管子·戒篇》中也有记述。管仲说鲍叔牙之为人，"好善而恶恶，已甚见一恶，终身不忘"，又说他"好直而不能以国诎"。说隰朋，则是"好上识而下问"，说他"动必量力，举必量技"，还说："以德予人者谓之仁，以财予人者谓之良，以善胜人者，未有能服人者也。以善养人者，未有不服人者也。于国有所不知政，于家有所不知事。"还说隰朋用齐国的货币救济过路的难民，受惠者却不知道是他做的，说隰朋是大仁大德之人。

庄子是反对举贤任能的。之所以反对贤能，是因为举贤必然引起争斗。当然，还因为庄子有不同于世俗的贤能标准。庄子选择隰朋，是因为这个人物这个故事有一些庄子所认可的品德。当然，稍加庄子化了。不突出他的仁德，而突出他的其他品德。比如，上忘而下畔。比如愧不若黄帝，而哀不若己者。他的特点是忘，无心，有时不闻不见，当然，还有谦让。而鲍叔牙恰恰与之相反，特别是对于不如自己的就不亲近，闻人之过，终身不忘。过于明察，过于计较，这不是庄子认可的态度。

这样的思想，在后来的执政者中也有体现。比如唐太宗君臣。《贞观政要》中就记载，魏徵反对任用矜能伐善之人，以为恐长浇竞之风。他提出用人要进之以六正，戒之以六邪。六正之中，就有虚心尽意，日进善道，辞禄让赐，饮食节俭。唐太宗所任用的人物，比如房玄龄，就"不以求备取人，不以长格物，随能收叙，无隔卑贱"，而王珪为人，也很谦让，唐太宗问诸子之中谁有贤能，王珪就说：孜孜奉国，知无不为，臣不如玄龄；每以谏净为心，耻君不及尧舜，臣不如魏徵；才兼文武，出将入相，臣不如李靖；敷奏详明，出纳惟允，臣不如温彦博；处繁理剧，务必举，臣不如戴胄。至如激浊扬清，嫉恶好善，臣于数子亦有一日之长。很像这里的管仲，如实荐人之长。后来唐玄宗时期的贤相张说、张九龄也都有这样的品质。谦让，不自矜智，无心应物，常常和儒家举贤任能思想融合为一体。

【原文】

吴王浮于江①，登乎狙之山②，众狙见之，恂然弃而走③，逃于深蓁④。有一狙焉，委蛇攫搔⑤，见巧乎王⑥。王射之，敏给搏捷矢⑦。王命相者趋射之⑧，狙执死⑨。

王顾谓其友颜不疑曰⑩："之狙也⑪，伐其巧⑫，恃其便⑬，以敖予⑬，以至此殛也⑭。戒之哉！嗟乎，无以汝色骄人哉⑮！"颜不疑归，而师董梧⑯，以助其色⑰，去乐辞显⑱，三年而国人称之。（《庄子·徐无鬼》）

【注释】

① 浮：泛舟。② 狙：猕猴。因山上多猕猴，故称狙之山。③ 恂然：惊怕的样子。④ 深蓁：荆棘丛。蓁：通"榛"。⑤ 委蛇：通"逶迤"，转来转去。攫：搏。搔：即今抓字。⑥ 见：通"现"，见巧：表现自己的技巧。⑦ 敏给：迅速。搏：接。捷矢：快速飞来的箭头。⑧ 相：助。相者：协助吴王出猎的人。趋：快速行走。⑨ 执死：被执而死。⑩ 颜不疑：姓颜，名不疑。⑪ 之：此。⑫ 伐：夸。⑬ 便：敏捷。敖：通"傲"。予：我。⑭ 殛：死。⑮ 色：颜色，态度。⑯ 董梧：吴国的贤人。⑰ 助：通"锄"，除去。⑱ 辞：推辞。

【细读】

无以伐巧恃便

这是一则猕猴伐巧恃便而招致死亡的寓言。说的是吴王泛舟于江上游玩，登上一座猴山。众多猴子见了，都惊慌得四处逃走，躲到深树丛里。却有一只猴子，从容自得地在树间跳来跳去，在吴王面前卖弄它的技巧。吴王用箭射它，它竟然很敏捷地接住快速射来的箭头。吴王于是命令左右随从赶快上前去射它，那猴子终于死了。

吴王回过头对他的好友颜不疑说，这只猴子，炫耀它的技巧，依恃它的灵便在我面前表示傲慢，最终就这样死掉。大家要警戒啊，不要用你们骄傲的态度对待别人。

颜不疑回去后，拜董梧为师，消除自己的傲气，去除享乐，推辞显贵，修养了三年，国内的人都称赞他。

这是对智巧的批判。老子和庄子都多次讲到要绝圣弃智。《庄子·胠箧》曾说，君王如果真是推崇才智而不尊崇天道，天下就大乱了。制造弓、弩、网、箭的机关的智巧一多，鸟就不能在天上飞翔了。设计各种钓具网具的智巧一多，鱼就不能在水里正常游动了。巧妙欺诈、深刻毒辣、诡辩巧语的诈变一多，世俗之人就会被诡辩迷惑。所以在《天地》篇中，庄子甚至主张圃畦要抱瓮而灌，不能用机械。庄子说，有机械就有机事，有机事就有机心，这叫投机取巧。投机取巧，是违背道的。这则寓言写的猕猴，正是要在吴王面前表现它的机巧之心。

庄子多讲君道，这里讲的则主要是臣道。当然不全是臣道。

颜不疑归而师董梧，来消除其骄人之色，去除快乐，辞去显贵，结果三年后得到国人称扬，说的应该就是臣道。它说的不是一般的处世之道。

历史上，在君主面前矜其智巧而招致祸殃的人，不计其数。

春秋战国大夫种是一个例子。越王勾践被吴打败，大夫种和范蠡一起辅助勾践。他受勾践之命出使吴国，用美女宝器等贿赂吴太宰嚭，得以见到吴王，使吴罢兵而归，在危险境地保全了越国，又主持国政，帮助勾践把越国治理好，最终击破吴国，越国称霸。这时功成身退的范蠡在齐国给大夫种来信说，飞鸟尽，良弓藏，狡兔死，走狗烹，劝大夫种离开越王。大夫种见书，只是称病不朝，并未隐退。这时有人讥谗大夫种作乱，越王勾践赐给大夫种剑，说你教我伐吴之术有七种，我只用了三种就打败了吴国。还有四种在你这里，你为我跟从先王试一试吧。大夫种在越王面前展示的智巧太多了，以致越王不信任他，大夫种不得不自杀。他终因智巧致祸而死。

汉代的韩信也是一个例子。在楚汉战争中，韩信明修栈道，暗度陈仓，平定三秦，又平定魏国，背水一战击败代、赵，又北上降服燕国，最后会师垓下，围歼楚军，迫使项羽自刎。他应该是刘邦的第一功臣。但是他最终却落得被杀的下场，一个重要原因，就是他自矜智巧。平齐的时候，他就向刘邦请封假齐王，暴露他想自立为王的野心。刘邦虽然听从张良、陈平之计，封其为齐王，但这时对韩信未必没有疑心。楚将龙且，派人游说韩信，要他反汉与楚联合，三分天下而称王，后来蒯通又劝他。韩信虽然坚决拒绝，但刘邦未必没有防备之心。会战垓下，击破项羽，刘邦即袭夺齐王军，徙韩信为楚王。后来有人上书告韩信反，刘邦用陈平计，要会师诸侯军于楚。韩信就想发兵谋反，终于被刘邦擒拿，而以为淮阴侯。韩信由此日日怨望，后来想发兵袭吕后和太子。终被吕后用计擒获，斩之长乐钟室。韩信遇害，既因刘邦诛杀功臣，也与他几次反复，有谋反之意有关。他也自矜过智巧。他善于为将之道，却不善为臣之道。

【原文】

　　有暖姝者①，有濡需者②，有卷娄者③。所谓暖姝者，学一先生之言，则暖暖姝姝而私自说也④，自以为足矣，而未知未始有物也⑤，是以谓暖姝者也。濡需者，豕虱是也⑥，择疏鬣⑦，自以为广宫大囿⑧，奎蹄曲隈⑨，乳间股脚，自以为安室利处⑩，不知屠者之一旦鼓臂布草操烟火⑪，而己与豕俱焦也。此以域进，此以域退⑫，此其所谓濡需者也。卷娄者，舜也。羊肉不慕蚁，蚁慕羊肉，羊肉膻也⑬。舜有膻行⑭，百姓悦之，故三徙成都，至邓之虚而十有万家⑮。尧闻舜之贤，举之童土之地⑯，曰冀得其来之泽⑰。舜举乎童土之地，年齿长矣，聪明衰矣，而不得休归⑱，所谓卷娄者也。是以神人恶众至，众至则不比，不比则不利也⑲。故无所甚亲⑳，无所甚疏，抱德炀和㉑，以顺天下，此谓真人。于蚁弃知，于鱼得计，于羊弃意㉒。以目视目，以耳听耳，以心复心㉓。若然者，其平也绳㉔，其变也循㉕。古之真人，以天待人㉖，不以人入天㉗。古之真人，得之也生，失之也死；得之也死，失之也生。（《庄子·徐无鬼》）。

【注释】

　　① 暖姝：心满意足的样子。② 濡需：偷安一时的样子。③ 卷娄：勤勤恳恳的样子。④ 说：通"悦"。⑤ 未知未始有物：并无所得。⑥ 豕虱：生在猪身上的虱子。⑦ 择：选择。疏鬣：长在颈上的疏长鬣毛。⑧ 以为：认为是。广宫：宽广的宫殿。大囿：大的园子。⑨ 奎：两腿之间。蹄：蹄。曲隈：深曲处。⑩ 利处：好的住处。⑪ 鼓：奋举。操：拿起。⑫ 域：指所处的地方，此指猪身上。两句谓，或进或退，都限定在猪身上。⑬ 膻：膻气。⑭ 舜有人格魅力，故谓有膻行。⑮ 两句谓，百姓归服他，经耕历山、渔雷泽、陶河滨，三次形成了都邑。至邓：地名。虚：通"墟"。而：则。有：又。⑯ 童土：不长草木的土。⑰ 冀：希冀。其来之泽：他带来的恩泽。⑱ 年齿：年龄。聪明：视力听力。休归：退居家里休息。⑲ 恶：厌恶。比：亲近。⑳ 甚：特别。㉑ 抱德：坚守天德。炀和：温和。㉒ 三句谓放弃吸引众物的想法。得计：适意。㉓ 复：返回。㉔ 绳：木工用以取直的墨绳。

㉕ 循：顺，随顺于外部环境。㉖ 以天待人：以天道对待人事。㉗ 以人入天：用人事干预自然天道。

【细读】

以天待人，不以人入天

作者写了三种人。暖姝者：自得自满的人。濡需者：偷安一时的人。卷娄者：弯腰曲背，勤苦一生的人。

所谓自得自满的人，就是学到一位老师的话，就自以为得意，私下很满足，不知道自己并没有得到什么。所以这种人叫暖姝者。

所谓偷安一时的人，就像猪身上的虱子，选中了猪身上颈部鬃毛稀少的地方，自以为是宽广的宫殿，巨大的苑林。又选择猪的大腿根、蹄子弯曲的地方、乳房间、或者大腿空隙的地方，以为是安静的房间，方便的处所。不知道屠夫有一天扬起肩臂，放置好柴草，点上烟火，自己就和猪一起被烧焦了。进或者退，都局限在猪身上，这就是所谓濡需者。

所谓弯腰曲背的人，勤苦一生的人，就是像舜一样。羊肉不羡慕蚂蚁，蚂蚁羡慕羊肉。因为羊肉有膻气，舜有膻一样的仁义之行，百姓都喜欢他，所以三次迁居，他所到的地方，都成为都邑，来到邓邑这个地方，跟从的百姓竟有十多万家。尧了解到舜的贤能，把他从最卑微的地位举荐上来，希望得到他到来后的好处。舜从卑微的地位被举荐上来，年龄已经大了，听力视力已经衰退，但得不到休息，这就是所谓卷娄者。

最后写了神人。作者说：所以神人讨厌众人一起聚到一处。众人聚到一处，不可能都亲近，不亲近，就对他不利。所以对众人，没有特别亲近，也没有特别疏远，坚守天德，态度温和不偏，来顺应天下，这就是所谓真人。对蚂蚁来说，抛弃慕羊肉的智慧，像鱼一样悠然得意，对于羊来说，放弃吸引他物的志意。

作者说：用眼睛看自己的眼睛，用耳朵听自己的耳朵，用心灵召回逐物之心。如果能做到这样，他的平直就像墨绳，他的权变循应自然，这就是古代的真人。用天道对待人事，不用人事干扰天道，这就是古代的真人。

这里所谓暖姝者，应该指《秋水》所讽刺的拘于虚的井蛙，笃于时的夏虫，不可以语于道、束于教的曲士。如《齐物论》所批评的，大知闲闲，小知间间，大言炎炎，小言詹詹，不过是随其成心，他们劳神明为一而不知其同，都是隐于小成之言。他所批评的是战国时的诸子各家，奋其私智，自矜其说，特别批评儒墨之是非，批评儒家的仁义之说，批评墨家，以为他们骈于辩者，累瓦结绳窜句，游心于坚白同异之间，而敝跬誉无用之言。他们都是其所非而非其所是。

所谓濡需者，讽刺的是社会上那些追名逐利的人。如《骈拇》所批评的，天下莫不奔命于仁义，或者以身殉利，或者以身殉名，以身殉家，以身殉天下。

所谓卷娄者，是批评以仁义治天下者。如《马蹄》所批评的，儒家圣人们蹩躠为仁，踶跂为义，而天下始疑矣。澶漫为乐，摘僻为礼，而天下始分矣，屈折礼乐以匡天下之形，县跂仁义以慰天下之心，而民乃始踶跂好知，争归于利，不可止也。在庄子看来，像儒家圣人那样行仁义之政，越是勤劳辛苦，天下越是大乱。

作者所赞美的是神人。无所甚亲，无所甚疏，就是不用仁义。于蚁弃知，于鱼得计，于羊弃意，就是抛弃智慧，悠然自得，

最高的境界是真人。以目视目，以耳听耳，以心复心，就是收视返听，回归纯朴心性之本然，用任其天然的态看待一切人事，而不让纷繁的人事扰乱人的天性。

后世文人也因此讽刺暖姝者、濡需者和卷娄者。宋黄庭坚写《鄂州通城县学资深堂记》，讽刺浅闻寡见者之教不过是"暖暖姝姝，彼其得一也，非自得之故也"。周必大《赴金陵教官与张帅启》批评："腐儒挈瓶小器，暖暖姝姝而自悦；凉凉踽踽以何为。"吕祖谦《祭张荆州文》讽刺世俗之学，"暖暖姝姝，不复广求。"魏晋阮籍撰《大人先生传》说，礼法不过是一条开裆裤，所谓君子，所谓礼法之士，不过是守着开裆裤不敢出来的一群虱子。行不逾矩，动不违礼，少时见称于乡党，长欲闻名于邻国，上欲图三公，下不失九州牧，就像一群虱子守着一条开裆裤，逃到深深的裤缝里，藏在坏棉絮里，以为这是最好的住宅。行不敢离开布缝，动不敢出裤裆，以为循规蹈矩就可以了。但是一场大火，连山都烧焦了，城市都邑全都毁灭，那一群虱子在裤裆里也逃不脱毁灭的命运。这里用的就是庄子式的比喻和描写语言。

【原文】

圣人达绸缪①，周尽一体矣②，而不知其然，性也。复命摇作，而以天为师③，人则从而命之也④。忧乎知，而所行恒无几时⑤，其有止也若之何⑥！

生而美者，人与之鉴⑦，不告则不知其美于人也。若知之，若不知之，若闻之，若不闻之，其可喜也终无已⑧，人之好之亦无已，性也。圣人之爱人也，人与之名，不告则不知其爱人也。若知之，若不知之，若闻之，若不闻之，其爱人也终无已，人之安之亦无已⑨，性也。

旧国旧都^⑩，望之畅然^⑪。虽使丘陵草木之缗^⑫，入之者十九，犹之畅然，况见见闻闻者也^⑬，以十仞之台县众间者也^⑭！

冉相氏得其环中以随成^⑮，与物无终无始，无几无时^⑯。日与物化者，一不化者也^⑰，阖尝舍之^⑱！夫师天而不得师天^⑲，与物皆殉^⑳，其以为事也若之何^㉑？夫圣人未始有天，未始有人，未始有始，未始有物，与世偕行而不替^㉒，所行之备而不洫^㉓，其合之也若之何^㉔？ （《庄子·则阳》）

【注释】

① 达：通达，超脱。绸缪：紧密缠缚，引申为纠缠。② 周尽：周遍。③ 复命：静。摇：作于不得不作。作：动。④ 命：命名，称为。⑤ 忧乎知：为自己所知的事而担忧。行：运行。而：但。恒：常。恒无几时：智巧的运行常常不能持久。⑥ 止：停止。⑦ 鉴：镜子。⑧ 可喜：可爱，无已：不止。⑨ 安：喜欢，安于他之爱人。⑩ 国：国都。都：都邑。⑪ 畅然：欢快欣喜的样子。⑫ 缗：茂盛。⑬ 见见闻闻：见所见，闻所闻。⑭ 以：通"似"。县：通悬，耸立。⑮ 冉相氏：古代圣人。其：天道。环中：枢纽，要领。随成：随顺天道而成。⑯ 几：期。⑰ 一不化者：得其环中，故一不化，虚寂之本性不化。⑱ 阖：通"盍"。尝：曾。⑲ 师天而不得师天：有心师天，则师天反不得。⑳ 殉：失而不化。㉑ 为事：有心则有为，有为则有事，㉒ 替：偏废。㉓ 备：周至。洫：借作卹，不洫，无忧。㉔ 合之：与道暗合。

【细读】

得其环中以随成

这是论真性的。

真性是什么？首先，真性就是通晓世间一切绸缪之事，在世间的纠葛、纷扰中保持通达、超脱的心态。同时，将周尽之物，世间万物，视同一体。而且，一切顺乎自然，所谓不知其然。

圣人正是如此。圣人复命摇作而以天为师，所以人们从而命之，称他们为圣人。老子说，夫物芸芸，各复归其根。归根曰静，静曰复命。归根，也就是归根于性，归根于性，也就是复命，也就是归根于静。复命是静，摇作则是动。静为自然，动是摇作，摇是作于不得不作，摇作也是自然而作，因此复命摇作而以天为师。但是一般人不是这样。圣人任自然，任自然之性，而一般人则任知，所以他们忧虑智巧的运行经常不能持久，自然的运行是恒久的，智巧的运行则有时而止，这时，世人就不知道该怎么办。所以说，其有止也若之何？

生而美者，正是出于性。生而美者，对于世间一切，都抱通达态度，在他心目中，美与不美并没有区别，美与不美都是一样的，周尽一体矣。不知美，也不知不美，不知其然，所以，别人给他镜子，不告诉他，他也不知道他比别人更美。对于生而美，好像知道，又好像不知道，别人告诉他比别人更美，他好像听到了，又好像没有听到。正因为这样，他的可爱不会休止，别人喜好他，也不会休止。因为美者和好之者都出于本性。

圣人之爱人亦出于本性。对于圣人来说，并不特别爱人，也不特别不爱人，爱人与不爱人没有区别，因此，人们因其爱人而称其为圣人（人与之名），不告诉他，他也不知道他是爱人的。对于爱人，他好像知道，又好像不知道，别人告诉他爱人，他好像听到了，又好像没有听到。正因为这样，他的爱人不会休止，别人安于他的爱人也不会休止，因为都出于本性。

圣人出于自然之真性，就像游离于他乡之人，对于旧国旧都，一看见心情就很舒畅欣喜。即使丘陵的草木十分茂盛，遮住了它的十之八九，看上去仍然十分高兴。更何况见其所见，闻其所闻，见圣人之本性，闻圣人之德行，则更如以十仞之高台而耸悬于众人之间。就是说，圣人之真性有如旧国旧都，人们虽因游离他乡久而未见未闻，虽有重重遮蔽而难见其全貌，但一旦识其本心，就有回归故国旧都，欣喜畅然之感。

圣人者如何？冉相氏即古之圣人，其真性若何？其真性就是得道之环中，随顺万物以成功。随顺万物，无所谓终结，也无所谓开始，无所谓日期，也无所谓时节。具体来说，对于圣人来说，方终方始，方始方终，正如方生方死，方死方生，方可方不可，方不可方可。这就是道枢，这就是得其环中。每天随任万物变化，但一不化，顺任自然的本性不会变化。万物都会变化，但其环中不会变化。本性不会变化，得其环中不会变化，又何曾舍弃过它呢？

再进一步，随顺自然本身，也要出于无心，出于自然。如果有心师天，则师天反不可得，不可能真正做到师法自然，不是彻底的师法自然，并未做到一不化。这样，人的真性和物的真性都会丧失，是所谓师天而不得师天，与物皆殉。就是如《逍遥游》所说的，以物为事。不是彻底的师法自然，不是日与物化而一不化，而是以物为事，这种情况怎么办呢？其以为事也若之何？就是说，不可有事有为，因为如《庄子·天地》篇所说的，无为为之之谓天。

圣人出于真性，一切视若一体，天与人视若一体，因此未始有天，未始有人。始终、有物无物视若一体，因此未始有始，未始有物。一切视若一体，因此与世间万物同行而无所偏颇，《天地》篇所谓不同同之之谓大，行不崖异之谓宽。何谓"备"？"循于道之谓备，不以物挫志之谓完。"（《天地》）是以所行完全遵循于道，则无忧。这一切，皆合于道，道本为真性所有，道与真性本非有二，故其合之也若之何。

《庄子》外篇的一些篇章，比如，《骈拇》《马蹄》《胠箧》等，也论及不失性命之情，不要残生伤性，马之真性，无知无欲，是谓素朴，素朴而民性得，仁义礼智则民失其性等。这一段论述，则进一步把真性和随任自然，万物一体，得道之环中联系起来，当然也就和人生处世联系起来。

作者所强调的是一切无心，无为。一切不知其然，不论静与动（复命摇作），都顺其自然，不论生而美者，不论圣人之爱人，都要若知之，若不知之，若闻之，若不闻之，无所系念于心。而要做到无心无为，重要的是把一切看得没有差别，无终无始，无几无时，未始有天，未始有人，未始有始，未始有物，这叫与物偕行，这叫日与物化者，一不化者。

作者还提出，任其自然本身，也不要有心，所谓师天而不得师天。一切出于无心，无心本身也出于无心，也就是《齐物论》所说的，有一个有，有一个无，有一个没有无的无，无背后还是无。这就是庄子所理解的自然和真性。

【原文】

有国于蜗之左角者①曰触氏②，有国于蜗之右角者曰蛮氏③，时相与争地而战，伏尸数万④，逐北旬有五日而后反⑤。（《庄子·则阳》）

【注释】

① 蜗：蜗牛。② 触：取争斗之意为名。③ 蛮：取野蛮之意为名。④ 伏尸：倒在地上的尸体。⑤ 逐：追逐。北：败逃。

【细读】

蜗角之战

蜗角之战，或说触蛮之战，是大家熟悉的寓言。蜗角上的两个国家，左角上的触氏，右角上的蛮氏，为了争地盘经常打仗，每一仗都要留下数万尸体，打胜一方追赶败逃的一方，往返一次要十五天。

这是讽刺诸侯间的兼并战争，庄子前面就是这样写的，说是魏惠王莹与田侯牟订立了盟约。田侯牟违背盟约，魏莹大怒，要派人去刺杀他。这时，魏将军公孙衍听说了这件事，觉得很可耻，说：君主身为万乘君主，却用普通百姓的方式去报仇，请让我带领二十万甲兵，为君王攻打齐国，把那里的人民俘虏过来，把他们的牛马牵走，让他们君主的内心焦热从背上发作出来，然后占领他们的国家，迫使田忌出走，再打伤他的背部，折断他的脊梁。

魏国的贤臣季子听到这番话，感到可耻，说，筑十仞的城墙，已经筑了七仞，又把它毁掉，这是劳工们感到痛苦的。现在已经七年不打仗了，这是王业的基础。公孙衍是一个制造混乱的人，不可以听他的话。

又一位魏国贤臣华子听了公孙衍和季子的话，觉得很浅陋。他说：热切主张讨伐齐国的，是制造祸乱的人。热切主张不要讨伐齐国的，也是制造祸乱的人。说别人主张讨伐和不讨伐是制造祸乱的人，他自己更是制造祸乱的人。

魏王因此问道：那怎么办呢？华子说：君王只要一心求道就可以了。惠子听说后，就推荐戴晋人去见魏王。戴晋人就给魏王讲了蜗角之战的故事。

蜗角之战是寓言，魏国要讨伐齐国，魏王和公孙衍、季子、华子的这番争论未必是历史真实，但春秋战国时期兼并战争和其他各种杀戮、倾轧不断，却是事实。在庄子看来，这些战争都不过是蜗角之战，有些确实只是为一些小的事情。

比如鲁襄公十六年，晋侯宴请诸侯，宴会中诸大夫赋诗言志，而齐国大夫高厚之诗"不类"，被认为是"有异志"，晋侯马上会盟诸侯，讨伐"不庭"，引发了一场战争。鲁僖公十九年，诸侯在曹国的南部盟会，鄫国的国君鄫子迟到，宋襄公就让邾国的国君邾文公把鄫子抓起来，要杀掉他来祭祀这个地方的土地神。楚国人给郑灵公送来一只大甲鱼，正好公子宋的食指动起来，预言一定有好东西吃。不料其他大臣都吃了，郑灵公偏偏不给公子宋吃。公子宋大怒，把手指伸进锅里，蘸了甲鱼汤放到嘴里尝一下才出去。郑灵公大为恼怒，要杀公子宋，结果公子宋和另一名大臣一起把郑灵公杀了。有些当然是大事，所谓大事，多是争霸的事。晋文公为争霸，有晋楚城濮之战，楚庄王为称霸中原，有晋楚邲之战。还有齐鲁长勺之战，秦晋韩原之战，楚宋泓之战，秦晋殽之战、河曲之战，齐晋鞍之战，晋楚鄢陵之战，齐鲁艾陵之战，等等。司马迁说春秋时期弑君三十六，亡国五十二。孟子说，春秋无义战。这些争霸掠夺的战争，在庄子看来，当然不过是蜗角之战。

庄子反对各种兼并战争，当然也反对名利是非的各种争斗。在他看来，人世间的这一切，不过是蜗角小利而已。后世很多文人都受庄子这一思想影响。比如唐白居易的《不如来饮酒七首》其七写道："莫入红尘去，令人心力劳。相争两蜗角，所得一牛毛。"宋于石在《续金铜仙人辞汉歌》中写道："富贵蚁穴一梦觉，利名蜗角两触蛮。得之何荣失何辱，万物飘忽风中烟。"宋刘黻在《和紫阳先生感兴诗二十首》中写道："智巧役一世，往往悲古愚。触蛮荣利场，白日事浮虚。"宋何梦桂在《和何逢原寄韵》中写道："浮生萃草木，万变成飘风。触蛮两蜗国，王侯一蚁封。"阮籍在《大人先生传》中则把追逐名利的名教之士比作裤缝里的虱子，以为那是吉宅，不料一阵大火，这些虱子都死在裤缝里。和庄子蜗角之喻一样，都蔑视名利。

庄子所讲的这个故事中，最后戴晋人对魏侯说：上下四方没有穷，意识到自己的精神遨游在无边无际的空间，反观人迹所在的九州四海，这不渺小得若有若无吗？是的，视野、心襟更开阔一些，精神遨游于无穷的世界，眼前一些得失，是不是可以不那么看重呢？

【原文】

孔子之楚，舍于蚁丘之浆①。其邻有夫妻臣妾登极者②，子路曰："是稯稯何为者邪③？"仲尼曰："是圣人仆也④。是自埋于民，自藏于畔⑤。其声销⑥，其志无穷，其口虽言，其心未尝言，方且与世违⑦，而心不屑与之俱⑧。是陆沉者也⑨，是其市南宜僚邪⑩？"

子路请往召之。孔子曰："已矣！彼知丘之著于己也⑪，知丘之适楚也，以丘为必使楚王之召己也，彼且以丘为佞人也⑫。夫若然者，其于佞人也，羞闻其言，而况亲见其身乎！而何以为存⑬？"子路往视之，其室虚矣。（《庄子·则阳》）

【注释】

① 蚁丘：山丘名。浆：古代一种微酸的饮料。这里指卖浆的人家。② 极：屋脊的栋梁。③ 稯稯：犹总总，聚集一起的样子。④ 仆：学徒。⑤ 畔：田垄。埋、藏：均隐居意。⑥ 声销：名声销亡。⑦ 违：不合。⑧ 之：指世俗。⑨ 陆沈：虽在陆地而如沉于水。沈：通"沉"。⑩ 市南宜僚：人名，姓熊，字宜僚，居地市南，故名。⑪ 著于己：显露自己。⑫ 佞人：取巧的人。⑬ 而：你。存：在，在家。

【细读】

陆沉者市南宜僚

这是一则寓言。

说是孔子到楚地去，途中寄宿在蚁丘一户卖浆的人家。这家邻居有夫妻二人和男女仆人爬上屋顶，子路问孔子：这些人聚集在一起，是干什么的呀？孔子说：这些人是圣人的仆从。这位圣人自己藏匿在民间，自隐于田垅，消除自己的名声，但他的志向却无比远大。他口里虽然在说话，但心里却没有说话。他刚刚与世俗相脱离，心里不想与世俗同处。这是居于人间的隐者。他是市南宜僚吧？子路请求去召见他。孔子说：算了吧！知道我是显露自己的人，知道我要到楚地去，以为我要让楚王来召请他，他以为我是取巧的人。如果真是这样，他对于取巧失，耻于听到他的话，何况亲眼见到其本人？你根据什么知道他还有家呢？子路去看市南宜僚，市南宜僚的房子果然空无一人了。

故事当然是虚构的，故事中的孔子，当然庄子化了。作者旨在写市南宜僚，借市南宜僚的故事，说明庄子理想的人格和人生态度。

市南宜僚是一个隐者。他自埋于民，自藏于畔，消除自己的名声，与世违，而心不屑与之俱。孔子到楚地去，住在蚁丘之浆，那带着妻子男女仆人登上房顶的人就是市南宜僚。为什么登上房顶？就是要看看孔子是什么样的人。他发现孔子是一个显露自己的人，担心孔子会去见楚王，会让楚王召见自己，于是连夜携家离去，以致子路去看的时候，只剩下空空如也的房子。

庄子借孔子之口评价市南宜僚，说他是陆沉者。所谓陆沉者，用郭象的注来说，就是"人中隐者，譬无水而沉"。林希逸的注说得更明白："沉不在水而在陆，喻隐者之隐于市廛也。"一般说来，隐者是离世而隐，隐于远离人世的山中。但陆沉者不是离世而隐，不是隐于山中，而是隐于人世间，隐于市廛。

这体现了庄子对隐逸对处世的看法。

庄子鄙薄名利，视官位为腐鼠，愿曳尾于泥涂中，不愿意被人供奉在庙堂。他写过避世隐居，如《刻意》就写了就薮泽，处闲旷，钓鱼闲处的江海避世之人。但他说，他主张的是无江海而闲。就是说，不一定避处江海才是隐逸。《庄子》里，大量写的是如何在人世间虚而待物，游于无有，在政治的狭缝中游刃有余，如何在应帝王时用心若镜，不将不迎，应而不藏。所讲的这些，其实都是陆沉。

古代历史上，有一些逃官避世的隐士。比如周的伯夷、叔齐，巢父、许由，春秋时期的荣启期，西汉的严君平，宋的林逋。一些史书有专门的隐逸传或称逸民传。比如《后汉书》有逸民传，记有梁鸿、汉阴老等人。《晋书》隐逸传记有孙登、陶渊明等人。但更多的并非逃官避世，而是隐于人间。他们甚至认为，隐于山中，只是小隐，而隐于朝市，才是大隐。人们赞美这样的大隐，这样的陆沉。魏晋嵇康写《卜疑》，说："宁外化其形，内隐其情，屈身随时，陆沉无名，虽在人间，实处冥冥乎？"宋杨杰《留题张尉隐斋》写道："小隐隐林薮，大隐隐朝市。市朝心隐不隐身，山林未必忘名利。"元方回《隐乐堂诗序》说："所谓大隐者，谓身在朝市，而不敢萌穿爵厚禄之心。"他说，柳下惠不卑小官，老子为柱下史，庄生为漆园吏，东方朔官为金马门，扬雄官在天禄阁，虽居官而皆曰隐。

也因此，古代有亦仕亦隐之说，有仕隐一族。比如唐代王维，天宝年间，他在朝为官，先后任左补阙、侍御史，他就半官半隐，亦官亦隐，不问世事，经营蓝田辋川别墅，作为他和母亲奉佛修行的隐居之所。安史之乱后，他得到特别宽恕，最后官至尚书右丞，更是寄心空门，在京师每天和十数名僧以玄谈为乐，退朝以后，唯焚独坐，以禅诵为事。白居易也算一个！他早年积极入世，但经历几次挫折，不愿卷入朝廷政争，也不争名位，因此自请做地方官，或者在洛阳做闲散官，不去长安，得以远离政治斗争，免除朋党的祸害。他有很多以齐物、逍遥、隐己为题的诗。他写诗说："心足即为富，身闲乃当贵。"（《闲居》）又说："命即无奈何，心可使泰然。"（《咏怀》）又说："置心如止水，视身如浮云。"中晚唐，有不少文人，身为地方官，而有隐逸之心，如刘长卿、韦应物、戴叔伦等。他们把地方官府郡斋看作平静安宁的幽闲归宿，写下大量的郡斋诗，表现以仕为隐的思想。

仕隐一族既无衣食之忧，又有隐逸之实，因此为古代很多士人所践行。这些士人的这种人生态度，与庄子的陆沉思想有着密切的联系。

【原文】

少知问于大公调曰①："何谓丘里之言②？"大公调曰："丘里者，合十姓百名而以为风俗也③，合异以为同，散同以为异。今指马之百体而不得马④，而马系于前者，立其百体而谓之马也。是故丘山积卑而为高，江河合水而为大⑤，大人合并而为公⑥。是以自外入者⑦，有主而不执⑧；由中出者，有正而不距⑨。四时殊气⑩，天不赐⑪，故岁成；五官殊职⑫，君不私，故国治；文武殊能⑬，大人不赐，故德备；万物殊理⑭，道不私，故无名。无名故无为，无为而无不为。时有终始，世有变化，祸福淳淳^⑮，至有所拂者而有所宜^⑯；自殉殊面^⑰，有所正者有所差。比于大泽，百材皆度^⑱；观于大山^⑲，木石同坛^⑳。此之谓丘里之言。"（《庄子·则阳》）

【注释】

① 少知、大公调：均虚构人物。② 丘里：乡里。五邻为里，一说十家为丘，二十家为里。③ 十姓百名：泛指不同姓名的人。④ 百体：马体的各个部分。⑤ 水：小字之误。⑥ 大人：得道的人。合并：容合众人。⑦ 入：入于大人之心。⑧ 有主：有主意。执：固执。⑨ 距：通"拒"。⑩ 气：气候。⑪ 赐：偏私，偏爱。⑫ 五官：司徒、司马、司空、司士、司寇。⑬ 殊能：二字原缺，据王叔岷《庄子校释》补。⑭ 理：规律。⑮ 淳淳：茫昧难知的样子。⑯ 拂：违逆。宜：适合，统一。⑰ 殉：逐。面：方向。⑱ 度：分寸。⑲ 观：对照。⑳ 坛：用土堆成的平台，用以堆放东西，引申为基础。

【细读】

何谓丘里之言

关于道的本质，庄子虚构少知和大公调两个人物，假设他们的对话，分几个层面进行阐述。

第一个层面是丘里之言。所谓丘里，就是聚合许多姓名的人而形成的共有风俗。它把许多不同的东西融汇为一体，成为混合的共同体，又把混一的共同体分解为不同的个体。比如，今天有人指称马的身体的各个部分，那是看不到一匹完整的马，他们不知道，拴在面前的那匹马，把身体各个部分总合在一起就叫作马。所以山丘是从低处积累才成为高山，江河是把小的水合在一起才成其大。得道的大人把小的私合并一起，就成为公。所以，从外面进入内心的各种言论，虽然对它有主见，但并不固执己见。从内心流出的想法，虽然自以为正确，但并不拒绝别人的意见。四季气候各不相同，而天道并不偏私，所以才形成一年的节气变化。各种官位职位不同，君主并不偏私，所以国家才得到治理。文治武功才能各不一样，大人不偏私，文武之道才得以完备。世间万物发展有不同的规律，道不偏私，所以道没有名称。道没有名称，所以无所作为。无所作为，所以能无所不为。四时有开始有终结，世道有变化。祸福茫昧难知，有的违逆而有的很适宜。人们追求的方向不同，有的正确，有的则有偏差。好比在大泽，各种树木都生长其中。好比在一座大山，树木和石头同在一起。这就是丘里之言。

这里着力讲的是道的包容性。所谓合异以为同，散同以为异，重点在合异以为同。至于世俗之论，则是散同以为异，那已经不是道了。在作者看来，道主宰万物，当然包容万物，包容万物，当然是合异以为同。它是容汇各个个体而成的整体，就如把马的身体的各种部位总合而成一匹完整的马。合异以为同，包容万物，就如丘山把众小合而同则成高山，江河合众小水而成大河。当然，大人也是合并而为公。

因为合异以为同，包容万物，所以，不能有所偏私。各种事理，各种意见，可以有主见，但不能固执己见，不能拒绝别人的意见。当然，四时气候，五官之职，文武之材，万物之理，都是一样，都不能有所偏私。道为什么无名？作者解释，因为道不私。因为无私，所以无为，所以无不为。大泽的百材，大山的木石，都因其包容性，因其无所偏私，才得皆度同坛。

这看起来很有道理，但实际上和庄子思想，特别是内篇的思想还是有差距的。庄子讲的是万物齐一，所谓万物齐一，是根本不承认万物有差异，而不是把认为有差异的万物包容一体，不是合异以为同的问题。因为万物齐一，所以物论齐一，方可方不可，方不可方可，因是因非，因非因是。不是可以有主见，但不能固执己见，而是对任何事物问题不能有主见，不能说是，也不能说非，不能说可，也不能说不可。

道为什么无名？是因为任何名称都不足以完全表达道的含义。如老子所说，吾不知其名，强字之曰道，强为之名曰大，大曰逝，逝曰远，远曰反。这里说的道无私，故无名，含义多少有些不同。

这只是道的一个层面的含义，作者用通俗可能也是俚俗的比喻和语言来加以说明，以使丘里之人能够理解。或者因此，这叫作丘里之言，或者也因此，虚构的一个人物叫少知。少知者，知识浅薄者也。虚构的另一个人物叫大公调。大公调者，道德广大，公正无私，能调和众人者也。也因此，关于道，作者还有进一层的说明。

【原文】

少知曰："然则谓之道，足乎①？"大公调曰："不然。今计物之数，不止于万，而期曰万物者②，以数之多者号而读之也③。是故天地者，形之大者也；阴阳者，气之大者也；道者为之公④。因其大以号而读之，则可也。已有之矣⑤，乃将得比哉？则若以斯辩⑥，譬犹狗马，其不及远矣⑦！"

少知曰："四方之内，六合之里，万物之所生恶起⑧？"大公调曰："阴阳相照相盖相治^⑨；四时相代相生相杀^⑩，欲恶去就于是桥起^⑪；雌雄片合于是庸有^⑫。安危相易，祸福相生，缓急相摩^⑬，聚散以成。此名实之可纪^⑭，精微之可志也。随序之相理^⑮，桥运之相使^⑯，穷则反，终则始，此物之所有。言之所尽，知之所至，极物而已。睹道之人，不随其所废^⑰，不原其所起^⑱，此议之所止。"（《庄子·则阳》）

【注释】

① 足：可以。② 期：约略。③ 号：称。读：称呼。④ 公：公共，总括。⑤ 有之：指道之名。⑥ 辩：通"辨"，区别。⑦ 不及：不能相比。⑧ 恶起：从何而起。⑨ 盖：通"害"。相治：相济，互相补充。⑩ 相代：相替换。相生：相孕育。相杀：相消除。⑪ 欲恶：爱憎。去：疏远。就：亲近。桥：桔槔。桥起：如桔槔一样翘起，意即一头翘起而另一头落下。⑫ 片合：交配。庸：常。⑬ 相摩：相接。⑭ 纪：头绪。⑮ 随序：顺应自然的秩序。相理：犹相治相济。⑯ 桥运：犹桔槔一样运动。相使：想到作用。⑰ 随：追寻。⑱ 原：推究。

【细读】

睹道之人，不随其所废，不原其所起

少知和大公调继续讨论道的内涵，第二段对话和第三段对话。

少知说，像上面所说的那些叫作道，可以吗？大公调说，不可以。他说：如今计算外物的数量，已远不止万，不过因为数量之多而大略地称呼而已。所以，天地，是有形之物中最大的；阴阳，是无形之气中最大的；道是它们的总括，因为它很大而称它为道是可以的。已经有了道的名称，就不能用它来和一般的事物相比了。如果私自将它和其他事物相区别，这就好比狗和马，它们之间不相同是相差很远的了。

少知接着问：四方之内，六合之中，万物是怎么产生的呢？大公调说：阴和阳互相照应相互冲突相互补充，四季相互更替相互包孕相互制约，爱与憎、离去和接近，就此起彼伏了。雌和雄交合的现象由此而经常有，安全和危险相互变换，祸与福相互转生，缓与急相互交接，聚与散相因而成。这是有名有实可以理出头绪的，精妙之处可以记载的。顺应时序互相调理，此起彼伏相互驱使。事物发展到极端，就走向反面，到了终点就会重新开始。这是万物所具有的现象，是语言所能表达穷尽的，智慧所能到达的，这是穷极物理而已。体道大道的人，不去追寻事物消亡的原因，不去探究它的原起。这就是议论的归着点。

第二段对话，并没有新的内容。只是继续说，道的无限包容性的特点。既包容天地，也包容阴阳，有形无形的万事万物，均包容在内。

第三段对话，则有所侧重。侧重在万物相辅相成，物极必反。所谓安危相易，祸福相生，所谓穷则反，终则始，等等。作者把这比作桔槔，此起彼伏。

这显然是老子思想的推衍，老子所谓有无相生，难易相成，长短相形，高下相倾，音声相和，前后相随之类。只是老子的带有辩证色彩的思想，到庄子这里，变成了齐物之论。万物相辅相成，与万物齐一，有联系，也有区别。安危相易，祸福相生，安还是安，危还是危，祸还是祸，福还是福，只是互相转化而已。而在庄子这里，安和危，祸和福，本为齐一，安即是危，祸即是福。这也体现，老子的无背后是有，而庄子的无背后还是无。第三段对话，仍停留在老子万物辩证的层面上。

不过，相对于道包容万物，这已进了一个层面。当然，由此说明，不要追寻万物消亡的原因，也不要推究万物生成的原因，这也进了一个层面。

不管怎样，这对我们为人处世已经很有启发。既然万物安危相易，祸福相生，穷则反，终则始，那么，我们就不必为一时得失而烦恼。得，或许即是失；失，或许即是得。极力奋斗，获得权势金钱，是得；而耗神费心，损耗身体，则是失。一路上进，是得；但可能因此牺牲了友情亲情爱情，则是失。何以成功，何以失败，需要追究原因吗？可能越是追究，越添烦恼。已经过去的，任你追究也毫无益处，不去想那么多，一切处之淡然，可能更有益身心。

你想过这些吗？

【原文】

少知曰："季真之莫为①，接子之或使②，二家之议，孰正于其情③，孰偏于其理④？"大公调曰："鸡鸣狗吠，是人之所知；虽有大知，不能以言读其所自化⑤，又不能以意其所将为⑦。斯而析之⑧，精至于无伦⑨，大至于不可围⑩，或之使⑥，莫之为⑪，未免于物而终以为过。或使则实，莫为则虚。有名有实，是物之居⑫；无名无实，在物之虚。可言可意，言而愈疏。未生不可忌⑬，已死不可徂⑭。死生非远也⑮，理不可睹。或之使，莫之为，疑之所假⑯。吾观之本⑰，其往无穷；吾求之末⑱，其来无止。无穷无止，言之无也，与物同理；或使莫为，言之本也，与物终始。道不可有⑲，有不可无。道之为名，所假而行⑳。或使莫为，在物一曲㉑，夫胡为于大方㉒？言而足，则终日言而尽道；言而不足，则终日言而尽物。道物之极㉓，言默不足以载㉔；非言非默，议其有极。"（《庄子·则阳》）

【注释】

① 季真：与接子均齐人，同在稷下学官活动。季真主无为。② 接子主有为，即或使。③ 孰：谁。正：合。④ 偏：偏离。⑤ 读：解说，表达。⑥ 意：意测。⑦ 斯：剖析。⑧ 伦：比。⑨ 围：计量周长的单位。⑩ 或之使：即或使。⑪ 莫之为：即莫为。⑫ 居：存在。⑬ 忌：禁忌。⑭ 徂：一本作阻，是。⑮ 非远：死生人们经常见到，所以非远。⑯ 疑：怀疑。假：凭借。⑰ 本：开端。⑱ 末：终结。⑲ 有：掌握。⑳ 假：借。㉑ 一曲：一个方面。㉒ 胡为：哪里算得上。大方：大道。㉓ 极：终极。㉔ 载：表达。

【细读】

非言非默，议其有极

这是少知和大公调的第四段对话，继续论道。

少知说：季真主无为，接子主或使，这两家的学说，哪一家更近了真情，哪一家偏离了实际呢？

大公调回答说：鸡鸣狗叫，是普通人所知道的现象。但是，即使有大智慧，也不能用语言解释这种自然化育的现象，不能推测它们将会做什么。这样分析一下，那是精微到没有形象，巨大到不可量围。说万物有主使者，说万物没有主宰，都不免就物论物，看法终究有偏差。说有主使，则陷于滞实；说没有主宰，则流于虚幻。有名号，有实际，这是万物存在的方式。没有名号，没有实际，这是表明事物的虚无。可以言说，可以意测，这样越说就离事实越远。没有出生，不可以禁止，已经死去，就不可以阻挡。死和生都是身边不远的事，它的道理已经不可看见。说有主宰，说没有主宰，都是为大道凭借的东西所疑惑。我们观察事物的起始，它的过去是无穷尽的。我们探求它的终结，它的未来是没有止境的。没有穷尽，没有终止，这是语言无法穷尽的，这和万物同一道理。有主宰或没有主宰，这是说它的根本，和万物终始相随。道是不可以把握的，把握了就不是无。道这个名号，是凭借某个具体事物来运行的。有主宰，或者没有主宰，都说的是事物的某一方面，对于广大的道有什么作用呢？话说得圆满，那么一天所说的就足以把道说尽；如果话说得不圆满，那么整天所说的不过是物。道是万物的至理，言谈和沉默都不足以表达。不是言论，不是沉默，这才能议论道的原致。

这一大段议论，有些不好理解。作者既反对莫为，也反对或使。莫为应该就是无为，或使应该就是有为。如果是这样可以如此理解，何以无为也未免于物而终以为过？或者可以解释为莫为则知天不知人，或使则知人不知天，滞物一偏，终以为过，但是，老庄无为不正是知天不知人吗？说或使则实，莫为则虚，这是对的，但是，无名无实，在物之虚，是什么意思？何以或使莫为均在物一曲？

作者的基本思想是可以理解的。一个重要思想，就是不为物所累。

不论莫为或使，因为都未免于物，所以终以为过。如林希逸注所说的："谓之或使谓之莫为，皆未能远离于物。"有名有实，是物之居固然不对，无名无实，在物之虚也是不对的。无穷无止，言之无也，与物同理，对不对呢？或使莫为，言之本也，与物终始，对不对呢？按照作者的推论，这或者都未免于物，或者都不对。所以后面说或使莫为，在物一曲。如林希逸注所说："所谓无者，终在未能并与无者无之，亦是累于物也。"

道不可以持有，也不可以用言语说出。作者说，道不可有，有不可无。这或许是说，道不可持有，因为持有了，就不是无了。作者说，可言可意，言而愈疏。这是说，越是用言语表述，就越疏远道的本质。作者说，鸡鸣狗吠的现象，是一般人所知道的，但其自然变化的道理，却不可以言读，不能以意测。作者还说，如果可以用言语表达，用言语表达就足够了（言而足），那么终日言而尽道。

作者也反对"默"，所谓"默"，可能是前面所谓的"意"。意即意想，意想，即是不言。所谓不能以意其所将为。所谓可言可意，言而愈疏，应该还有意而愈疏。或许大公调是想说，如《秋水》所说，可以言论者，物之粗也；可以意致者，物之精也；言之所不能论，意之所不能察致者，不期精粗焉。或者大公调所说，就是不期精粗之道。或者因此，他最后说，道，物之极，言默不足以载，非言非默，议其有极。

既不能言语，也不能意想，那么如何体道呢？作者只说非言非默。或者，作者是用这种方法来说明虚而待物，说明去除一切系累，包括无为的系累，纯然入于无知无欲，当然也是无视无听的境界，则进入了道的境界。或者，他是如后来郭象所主张的，因为万物既不生于有，也不生于无，而是自生独化，因此要任性自通，无往不冥，冥然自合，冥于自然。因为大公调这里说的不能以言读其所自化，提出"自化"，这自化，正与郭象的自生独化相通。或者这是值得注意的？

第十三章 外物·寓言·让王·盗跖

《外物》论外物不可必，即没有定准，不当利害相摩，不要有狭隘的功利目的，不可执着，凡事要适性适分，随任自然，无心而为，去除是非之心，以无用为用，游世不僻，内心虚通，得意忘言。《寓言》既论全书寓言、重言、卮言的特点，又论学道门路，以为学道不可妄执是非，需顺应自然，忘喜忘气，且须循序渐进，去除悲喜之情，戒绝傲慢之气，不以天下爵位害名节，是隐士愤世避世之论。《盗跖》抨击追名逐利对人的自然本性的伤害，揭露儒家忠孝仁义的虚伪。

【原文】

庄周家贫，故往贷粟于监河侯①。监河侯曰："诺②。我将得邑金③，将贷子三百金④，可乎？"

庄周忿然作色曰⑤："周昨来，有中道而呼者⑦。周顾视车辙⑥中，有鲋鱼焉⑧。周问之曰：'鲋鱼来⑨！子何为者耶？'对曰：'我，东海之波臣也⑩。君岂有斗升之水而活我哉⑪？'周曰：'诺。我且南游吴越之王⑫，激西江之水而迎子⑬，可乎？'鲋鱼忿然作色曰：'吾失我常与⑭，我无所处。我得斗升之水然活耳⑮，君乃言此，曾不如早索我于枯鱼之肆⑯！'"（《庄子·外物》）

【注释】

① 贷：借。监河侯：监督河工之官。《说苑》作魏文侯，恐非。② 诺：许诺的状声词。③ 邑金：官吏于年终从封邑征收来的财物。④ 金：计算货币的单位，战国和秦时以二十两为一金。⑤ 忿然：生气的样子。作色：改变脸色。⑥ 中道：路中。⑦ 车辙：车轮碾过留下的痕迹。⑧ 鲋：鲫鱼。⑨ 来：语气词。⑩ 东海之波臣：水族之臣。⑪ 岂：其，表示诉使。斗升之水：喻极少的水。活：使我活。⑫ 且：将。游：游说。⑬ 激：引。西江：泛指东海以西的水流。⑭ 常与：经常居住的地方，指水。⑮ 然：则。⑯ 曾：竟。枯鱼：干鱼。肆：店铺，市场。

【细读】

如何救助车辙鲋鱼

庄周家贫，向监河侯借粟米，监河侯却许诺他，年底从封邑征收来财物之后，借给他三百金。庄子说，这就像车辙之中的鲋鱼，有斗升之水就救活，却说要引西江之水来救它，这就只能在干鱼市场上去见这条小鱼了。

这则寓言，或许反映出庄子的生活实境。《庄子》中有几处写庄子的生活状况。比如写他见魏王，穿的是粗布衣服，而且补了又补，穿的是草鞋，草鞋上的带子也是断了又接起来的。后来人们写到贫穷，也常常要写到这则寓言。比如，杜甫诗就写道：不达长卿病，从来原宪贫。监河受贷粟，一起辙中鳞。又写道：真成穷辙鲋，或似丧家狗。宋彭汝砺诗也写道：贷粟监河公自贫，蔬菹投我觉情亲。

这则寓言，当然有愤世嫉俗之意。或者鞭挞统治者的吝啬和虚伪，或者批评儒家礼乐教化迂阔，不切实际。《庄子》多处抨击儒家礼法，其中也指斥其迂阔无用。比如《在宥》篇就说，现今身首异处的死者交叠相枕，颈上脚上戴着枷锁的人互相拥挤，身体受到刑戮的人到处可以看到，但是儒者墨者却在这些戴着桎梏的犯人中间大摇大摆，阔步挥臂，高谈阔论。

也可能如郭象所注，恰当的理论没有大小之分。如果不恰当，理论再大也没有用处。或者在庄子看来，不但儒墨之论，世间的各种议论，如《齐物论》所批评的大知小知，大言小言，都是不当之论，都无法救俗世于水火。

当然也可能有随性适分的思想。不同事物，不同时期，所需并不一样。急需救贫，眼下的斗升之粟比来日的三百金更有用。车辙之鲋，当前的斗升之水比遥不可及的西江之水更宝贵。对于蜩与学鸠来说，大鹏的九万里风对它们来说是没有用的。鹪鹩巢于深林，不过一枝，偃鼠饮河，不过满腹。整个树林，整条河流，对于它们来说是没有用的。尧让天下于许由，可是整个天下，对于许由来说是没有用的。

庄子当然是认为，世人皆如车辙鲋，而庄子所论，就是那辙鲋所急需的斗升之水。在这则寓言前面，庄子描述了一幅社会情景。忠臣如夏桀时的关龙逢被杀诛，殷纣时的比干因忠谏而被剖心，箕子因忠谏不从，佯狂避害，最终免于被杀。佞幸之臣如殷纣时的佞臣恶来不免一死，而暴君如桀纣也终归灭亡。为人君者没有不希望他的臣下效忠自己的，但忠臣未必受到信任。比如春秋时楚国大夫伍子胥被杀后被抛尸于江中，周灵王时的贤臣苌弘因遭谗言先被流放，后被杀。为人父母的没有人不希望子女孝顺自己，但孝子未必得到抚爱。就像木与木摩擦就会燃烧，金属与火接触就会熔化，天地间阴阳错乱，就有震雷霹雳，雷雨闪电，人们都陷于利害之中而无法逃脱，忧虑不安，利害互相碰撞，心中产生一团极旺的火气，使他们不能取得成功，精神萎靡而天性丧尽。或者正是看到这一现实，庄子要用他的斗升之水，救俗世之人于车辙之中。

【原文】

任公子为大钩巨缁[1]，五十犗以为饵[2]，蹲乎会稽[3]，投竿东海，旦旦而钓，期年不得鱼[4]。已而大鱼食之，牵巨钩[5]，錎没而下[6]，骛扬而奋鬐[7]，白波若山，海水震荡，声侔鬼神[8]，惮赫千里[9]。任公子得若鱼[10]，离而腊之[11]，自制河以东[12]，苍梧已北[13]，莫不厌若鱼者[14]。已而后世辁才讽说之徒[15]，皆惊而相告也。夫揭竿累[16]，趣灌渎[17]，守鲵鲋[18]，其于得大鱼难矣。饰小说以干县令[19]，其于大达亦远矣[20]。是以未尝闻任氏之风俗[21]，其不可与经于世亦远矣[22]。（《庄子·外物》）

【注释】

① 任公子：任国的公子。任国在今山东济宁东南，是春秋时的诸侯国。缁：黑绳。② 犗：即犍牛，阉了的牛。饵：钓饵。③ 会稽：山名，在今浙江绍兴。④ 期年：一年。⑤ 牵：拖。⑥ 錎：通"陷"。錎没：沉没。⑦ 骛扬：迅疾浮游。鬐：通"鳍"。奋鬐：扬鳍。⑧ 侔：齐等。⑨ 惮赫：惊恐。⑩ 若：此。⑪ 离：剖。腊：晾干。⑫ 制河：即浙江。⑬ 苍梧：山名，可能即九嶷山，在今湖南宁远南。已：通"以"。⑭ 厌：通"餍"，饱食。⑮ 辁：用平面圆木制成的没有辐条的车辆，辁才：粗浅的才能。讽说：诵说，道听途说。⑯ 揭：举。累：细绳。⑰ 趣：通"趋"，走向。灌渎：排灌用的小水沟。⑱ 守：等候。鲵鲋：泛指小鱼。⑲ 小说：浅薄琐细的言论。干：求。县令：县尹。战国时县小于郡，一县之长即县令。一说：县通"悬"。县令即国家所悬赏的诏令。⑳ 大达：大道。㉑ 风俗：风度，气概。㉒ 经：处理。

【细读】

任公子为大钩巨缁

这是一个奇特的故事。

任公子做成了巨大的钓钩和又粗又黑又长的钓绳，用五十头犍牛作为钓饵，蹲守在会稽山，把钓竿投入东海，每天都在钓鱼，却整整一年没有钓到鱼。后来，有一条大鱼来食他的钓饵，拖着那巨大的钓钩，沉到水下，受到惊吓，又迅疾地游动，张开背鳍，那白色的波浪有如高山，那海水在震荡，那声响有如鬼神嚎叫，千里之内为之震惊。任公子得到这条鱼，把它剖开晾干，自浙江以东，到湖南苍梧山以北，没有不饱食这条鱼的。后来，那些才识浅薄，喜欢道听途说的人，都惊讶地互相传告。

作者评论说：那些拿着小小的钓竿和细细的绳子，走向小水沟，守候着小鱼虾的人，想要钓到大鱼是很难的。那些修饰浅薄琐细的言论以干求县令的人，他们离大道实在太远了。所以，没有见识达任氏风度气概，远不可以处理世事。

这则寓言明显带有扬大道，抑小说的倾向。这大道，当然是庄子自己的大道之说，而小说，应该是指世俗浅薄之说。庄子是主张小大齐一的，大知闲闲，小知间间，大言炎炎，小言詹詹，在他看来，都在否定之列。但那是世俗的诸家之说，在庄子看来，世俗的大知小知，大言小言，应该统统都属这里所说的"小说"，特别是儒墨之是非，以是其所非而非其所是。庄子说过：道固不小行，德固不小识，小识伤德，小行伤道。又说：井蛙不可以语于海者，拘于虚也；夏虫不可以语于冰者，笃于时也。庄子的思想独与天地精神往来，他以为，世俗的诸家之说，不过是浅井里的蛤蟆，不足以知东海之浩瀚无边，让他们观庄子之言，无异于使蚊负山，商蚷驰河，用管窥天，用锥指地。所以这里也说，揭竿累，趣灌渎，守鲵鲋，其于得大鱼难矣。饰小说以干县令，其于大达亦远矣。所谓大达，大鱼，就是庄子学说。这里的揭竿累，趣灌渎，守鲵鲋者，饰小说以干县令者，就是《秋水》篇所讽刺的埳井之蛙，使蚊负山，商蚷驰河，用管窥天，用锥指地者。庄子是认为，庄子思想宏大高深，只有像任公子那样，为大钩巨缁，五十犗以为饵才能理解，才能得到。

后世文人正是以任公子垂钓比喻壮伟志向。东晋应璩《报东海相梁季然书》就写道："足下顿弥天之网，收万仞之鱼，罩之以溪谷，数之以陔兆，何其壮乎。观夫任公子之所钓，此为鳅虾，未足为吾子道之。"唐李白《赠从弟南平太守之遥二首》其一写道："少年不得意，落拓无安居。愿随任公子，欲钓吞舟鱼。"

这里可能还有随顺自然的寓意。任公子为大钩巨缁，这时可能还是有心有意。后来且且而钓，期年不得鱼，却有些任其自然了。在庄子看来，一切本来是不得已，君子不得已而临莅天下，有心求道，反不可得道，一切要出于无心，万物无心而任乎自化，无为而万物化，无心得而鬼神服。无心，无为，在这里，则是有大鱼则得之，无大鱼则任其自然。

在我们生活中，是不是有意栽花花不发，无心插柳柳成荫？一些事情是不是也不能太着急？要任其自然，要无心而为，像任公子垂钓，旦旦而钓，期年不得鱼，最后不是得到那样一条大鱼？

【原文】

荃者所以在鱼①，得鱼而忘荃；蹄者所以在兔②，得兔而忘蹄；言者所以在意，得意而忘言。吾安得夫忘言之人而与之言哉！（《庄子·外物》）

【注释】

① 荃：通"筌"，鱼笱，竹制捕鱼器。② 蹄：一种捕兔的网。

【细读】

得鱼忘荃，得意忘言

鱼笱的用途在于捕鱼，捕到了鱼就可以忘掉鱼笱。兔网的用途在于捕兔，抓到了兔子就可以忘掉兔网。语言的用途在于表达意思，领会了意思就可以忘掉语言。我怎么才能找到忘掉语言的人并和他交谈呢？

这里说的是言和意的关系。关于言意的关系，春秋以来就一直为人们所关注。孔子说："辞达而已矣。"（《论语·卫灵公》）又说："志有之，言以足志，文以足言。不言，谁知其志？"（《左传·襄公二十五年》）《易传》也引子曰："书不尽言，言不尽意。"老子说："知者不言，言者不知。"又说："信言不美，美言不信。善言不辩，辩言不善。"实际也涉及这一问题。《庄子》中也有多处论述。《天地》说："语之所贵者，意也。意有所随。意之所随者，不可以言传也。"《秋水》说："可以言论者，物之粗也；可以意致者，物之精也；言之所不能论，意之所不能察致者，不期精粗焉。"这里提出得意忘言，是对这一问题的进一步阐发。

这里涉及两个方面。某种思想，内心的想法，某种情绪，一般说来，总可以通过语言文字来体现。而语言的用途就在于表达思想。所以说言者所以在意。但是语言的表达又有其特点，一方面，它往往不能那么完美地表达思想。一个人想的，总比他说出来的多。另一方面，一些巧妙的语言，往往可以让人从中体会到言语之外的很多东西，体悟到很多言外之意。人们的目的是通过语言了解其思想，既然目的在了解思想，那么语言本身就不那么重要，当人们了解了其思想，不论是未能完美表达的，还是其言外所包含的意思，语言本身就可以忘掉。因此说得意而忘言。

这一思想，对后世文学有很大影响。一方面，人们注重如何运用文学语言，充分、完美地表达思想，抒发情感，因此有很多关于文学语言，关于语言表达的理论探讨。比如南朝著名的文学理论著作《文心雕龙》，就用专门篇幅讨论声律、章句、丽辞、比兴、夸饰等问题。另一方面，人们注意到言与意的复杂关系，注意表现言外丰富的含意。晋代陆机《文赋》说："恒患意不称物，文不逮意。"《文心雕龙》说："意授于思，言授于意；密则无际，疏则千里。"他注意到："拙辞或孕于巧义，庸事或萌于新意。""至于思表纤旨，文外曲致，言所不追，笔固知止。至精而后阐其妙，至变而后通其数，伊挚不能言鼎，轮扁不能语斤，其微矣乎。"钟嵘在《诗品序》中提出："文已尽而意有余。"后世文论家，如司空图提出"韵外之致""味外之旨"，梅尧臣提出"含不尽之意见于言外"，严羽提出"言有尽而意无穷"。

庄子提出言意关系，宗旨在论道，论人生。就道而言，一方面，如老子所说，道可道，非常道。如庄子自己所说：道不可闻，闻而非也；道不可见，见而非也；道不可言，言而非也。因此，老子有知者不言，言者不知之说；庄子有意之所随，不可以言传之说，有言之所不能论，意之所不能察致之说。但是，任何思想都不得不用语言表达。如果不用语言表达出来，就不能为人所知。既不可言，又需用语言表达，庄子因此采用特殊的表达方式，这就是他所谓的寓言、重言、卮言，那些不以觭见之，连犿无伤的谬悠之说，荒唐之言，无端崖之辞。用这种特殊的语言方式，目的在表达不可言说之道。他因此要人们关注寓言、重言、卮言所深含之意，不要停留在这些语言本身，得意之后，需要忘言。

就人生而言，也是如此。这段得鱼忘筌，得意忘言的论述之前，庄子就说：人如果能悠游自适，那么，到哪里不是悠游自适？人如果不能悠游自适，那么，到哪里是悠游自适（人有能游，且得不游乎？人而不能游，且得游乎）？庄子又说：至人不执着于一种行为（至人不留行焉）。又说：只有至人能遨游于俗世而不流于邪僻，顺应人情而不丧失天性（唯至人乃能游于世而不僻，顺人而不失已）。就是说，只要生活悠游自适，就不要拘于某种形式。形式本身并不重要，生活适意才是最重要的。也正因为如此，庄子以为，不论何种环境，何种境遇，都可以体悟道的境界，进入逍遥游的境界。旨在逍遥游，而忘掉所处境遇，这就是得鱼忘筌，得兔忘蹄，得意忘言的真谛。

【原文】

寓言十九①，重言十七②，卮言日出③，和以天倪④。

寓言十九，藉外论之⑤。亲父不为其子媒。亲父誉之，不若非其父者也⑥。非吾罪也，人之罪也。与己同则应⑦，不与己同则反；同于己为是之，异于己为非之。

重言十七，所以已言也⑧，是为耆艾⑨。年先矣⑩，而无经纬本末以期年耆者⑪，是非先也⑫。人而无以先人，无人道也⑬。人而无人道，是之谓陈人⑭。

卮言日出，和以天倪，因以曼衍⑮，所以穷年。……非卮言日出，和以天倪，孰得其久！万物皆种也⑯，以不同形相禅⑰，始卒若环⑱，莫得其伦⑲，是谓天均⑳。天均者，天倪也。（《庄子·寓言》）

【注释】

① 寓：寄托。寓言：寄托之言。十九：十分之九。② 重言：受世人尊重者之言。十七：十分之七。③ 卮言：俯仰随意的无心之言。日出：天天出现。④ 和：符合。以：于。天倪：自然的分际。⑤ 藉：通"借"。外：他事他物。⑥ 意为父亲不为儿子做媒人，因为亲生父亲说赞誉之言，人们对其可信度有怀疑，因此让不是父亲的人来介绍，更能使人相信。⑦ 应：赞同。⑧ 以：用。己言：自己的话。⑨ 耆艾：长寿的人。⑩ 年先：年长。⑪ 经纬：原指织物的纵横纹理，借指事物的自然之理。本末：事情的始末原委。期：合。年耆：年老。⑫ 非：超过。⑬ 无人道：缺乏为人之道。⑭ 陈人：老朽之人。⑮ 曼衍：随物推移，游衍自得。⑯ 种：植物的种子，引申为万物的本原。⑰ 形：形式。禅：新陈代谢。⑱ 始卒若环：事物变化，首尾相接，如环一样。⑲ 伦：次序，端绪。⑳ 天均：即天钧，自然。

【细读】

寓言·重言·卮言

这是对《庄子》一书书写体例的说明。

寓言，是借外物论之，借着其他事物来发表言论。就是说，不是直接说出自己对问题的看法，而是将它寄寓于其他事物。重言，不应该是庄重之言，因为就庄子的思想来说，他是以天下为沈浊，不可与庄语，重言应该是受世人尊重者之言，世人所尊重的人，也就是年长之人，也就是后面所谓耆艾者，也就是历史上有声望之人。作者说"所以已言"，"已"是停止，一些问题人们争议不休，而借重这些人的言论，就可以制止人们无休止的争论。卮言，应该是《天下》篇所说的，谬悠之说，荒唐之言，无端崖之辞。

按照作者的说法，之所以用寓言，借外物论之，不是自己亲自说出，就好像亲生父亲不会为自己的儿子做媒人，因为人们觉得，亲生父亲赞誉儿子，不如别人称赞儿子更可信。这不是父亲的过错，而是世人的过错。同样的道理，用寓言而不是直接议论，也不是庄子的过错，而是世人的过错。因为世俗之人，和自己相同的思想就应和，不同的则反对。和自己一致的就认为对，不一致的就认为错。

重言是耆艾之言。按照作者的说法，年龄占先，但是如果没有对事物的深刻观察来符合他高寿的年龄，那就没有超过别人。一个人如果没有在才识上超过别人，就缺乏为人之道。作为一个人，缺乏为人之道，只是一个陈腐的人。就是说，之所以借重受世人尊重者之言，主要因为他们有阅历，对世事有深刻观察。

寓言并不是庄子发明的。先秦诸子，许多家都用寓言表述言论，寄寓思想。《庄子》的寓言确有其特色。他说，寓言十九，就是说，一部《庄子》，十分之九是寓言。如果准确统计，虽然未必到十分之九，但寓言运用之多，在先秦诸子中确实是特殊的。形式多样也是其特色。虚构人物，动物植物，甚至影子和影子的影子即景，皆可入寓言。短者数十字，长者一整篇，议论中穿插寓言，寓言中借人物议论，大寓言套小寓言，如此等等。

借他物论之，又借重受世人尊重者之言。寓言之中有重言，重言之中有寓言，因此寓言十九，而重言十七，也就是占十分之七。各种人物，尧、舜、许由、孔子、老聃、列子、壶子、颜回、子贡、惠施、鲁哀公、卫灵公、王倪、啮缺、南郭子、宋荣子、梁惠王、庖丁，等等，有真实的，有虚构的，有古代的，有当代的，有正面的，有反面的，不论哪一种，都被庄子化了。

至于卮言，作者后面还有一段说明。作者说，不发表言论，则物理自然齐一，但物理齐一和已发表的言论是不能齐一的，已发表的言论与物理齐一也是不能齐一的，所以要"言无言"，说一些没有言论的话。所谓言无言，就是终身言，未尝言；终身不言，未尝不言。因为按照庄子的思想，知者不言，言者不知，可以言论者，物之粗也，可以意致者，物之精也，而道是言之所不能论，意之所不能察致者。按照庄子的思想，道不可言，言而非也。只有无视无听始知道，只有心斋、坐忘才能体道。如何表述这个不可言说的道？寓言、重言是一个办法，而最主要的办法，是用卮言，用谬悠之说，荒唐之言，无端崖之辞。

卮言满篇都是，因此说，卮言日出，每天都出现。用《红楼梦》的话来说，是满纸荒唐言。当然，《庄子》背后，也是一把辛酸泪。卮言层出不穷，并合于自然，游衍自得，一年到头都是如此。所有的寓言、重言，说到底，都是卮言，都是谬悠之说，荒唐之言，无端崖之辞。

这是对一书书写体例的说明，也寄寓着庄子的人生哲理。特别是论卮言，作者对卮言作了说明之后，有一段，说，有自也而可，有自也而不可；有自也而然，有自也而不然。恶乎然？然于然。恶乎不然？不然于不然。恶乎可？可于可。恶乎不可？不可于不可。物固有所然，物固有所可，无物不然，无物不可。这段话，基本是齐物论的思想。作者的意思，是举例说明类似这样的言论就是卮言。当然也是说明卮言就是万物齐一之言，用《天下》篇的话来说，是不谴是非，以与世俗处。这是卮言特点的说明，也是人生哲理的说明。人生就应该不谴是非，可与不可，然与不然，是与非，不要作区别。

作者接着说，如果不是卮言每天都出现，并合于自然，怎么能得到长久！万物有其共有的本源，它们以不同的形式相互禅连，首尾相接，像环一样，无法找到它的端绪，这就是天钧。天钧就是自然的边际。就是说，合于自然，事物才得长久，随任万物之自然，循环往复，得其环中。这是卮言特点的说明，也是庄子人生哲学的说明。

【原文】

故曰：道之真以治身①，其绪余以为国家②，其土苴以治天下③。由此观之，帝王之功④，圣人之余事也⑤，非所以完身养生也。今世俗之君子，多危身弃生以殉物⑥，岂不悲哉！凡圣人之动作也，必察其所以之与其所以为⑦。今且有人于此⑧，以随侯之珠⑨弹千仞之雀，世必笑之。是何也？则其所用者重而所要者轻也⑩。夫生者，岂特随侯之重哉⑪！（《庄子·让王》）

【注释】

① 真：真髓，精华。② 绪余：残余。③ 苴：通"渣"。土苴：粪土。④ 帝王之功：指治国平天下之业。⑤ 圣人：得道之人。余事：正业之外的事。⑥ 殉物：追逐外物，追逐权势名利。⑦ 之：往。所以之：所追求的目的。所以为：之所以这样做的原因。⑧ 今且：发语词，假设之辞。⑨ 随侯之珠：相传随国国君见一大蛇受伤，用药物将它治愈，后蛇于江中衔一大珠来报答他，因称随侯珠，也称灵蛇珠。⑩ 所用者：指随侯之珠。要：求索。⑪ 岂特：岂但。随侯：下当补一"珠"字。

【细读】

以随侯之珠，弹千仞之雀，世必笑之

这是阐述贵生的思想。

作者以为，道的精华是用来养身的，它的残余才用来治国，它的糟粕才用来治天下。这样看来，帝王治国平天下的事业，对于得道的圣人来说，只是业余之事，并不是用来保全身体，颐养生命的。现在世俗的君子，很多都是危害身体、抛弃生命来追求外在的功名利禄，这样不是很可悲吗？圣人的一举一动，一定会考虑他将要去哪里，以及为什么要这样做。如果现在有人用稀世珍宝随侯之珠去弹射高山上的一只鸟雀，世人一定会讥笑他。为什么呢？因为他所用的工具太珍贵，而所获取的东西太轻贱。而且，人的生命，难道只有随侯之珠那样珍贵吗？

作者用好几个寓言故事来说明这一点。写了几个让天下的故事。尧让天下于许由，大王亶父让天下，又有王子搜的寓言和韩昭侯的故事。

《庄子》内篇和外篇，也写外天下，但同时写君子不得已而莅临天下，莫若无为。《逍遥游》也写了尧让天下于许由，那是写无功无名无己。也写贵生，写远祸全身，但更多的是写游心于德之和，写精神的超脱。这里写让天下，则主要是写贵生。对于作者来说，治理天下太费神，有起码的生活条件就够了，何以辛辛苦苦为天下呢？这应该是庄子后学的思想。这样贵生的思想，《吕氏春秋》中也有，《吕氏春秋》中说，圣人深虑天下，莫贵于生。夫耳目鼻口，生之役也。耳虽欲声，目虽欲色，鼻虽欲芬香，口虽欲滋味，害于生则止。《吕氏春秋》中有专门的"贵生"一篇，有一段与《庄子·让王》一样的文字。一说是《让王》抄《吕氏春秋》，我则更相信是《吕氏春秋》抄《让王》。

【原文】

原宪居鲁，环堵之室①，茨以生草，蓬户不完②，桑以为枢，而瓮牖二室③，褐以为塞④，上漏下湿，匡坐而弦⑤。子贡乘大马，中绀而表素⑥，轩车不容巷⑦，往见原宪。原宪华冠縰履，杖藜而应门⑧。子贡曰："嘻！先生何病？"原宪应之曰："宪闻之，无财谓之贫，学而不能行谓之病。今宪贫也，非病也。"子贡逡巡而有愧色⑨。原宪笑曰："夫希世而行，比周而友⑩，学以为人，教以为己⑪，仁义之慝，舆马之饰⑫，宪不忍为也。"

曾子居卫，缊袍无表^⑬，颜色肿哙，手足胼胝^⑭，三日不举火^⑮，十年不制衣，正冠而缨绝，捉衿而肘见^⑯，纳履而踵决^⑰。曳缞而歌《商颂》^⑱，声满天地，若出金石^⑲。天子不得臣，诸侯不得友。故养志者忘形，养形者忘利，致道者忘心矣^⑳。

孔子谓颜回曰："回，来！家贫居卑^㉑，胡不仕乎？"颜回对曰："不愿仕。回有郭外之田五十亩^㉒，足以给飦粥^㉓；郭内之田十亩，足以为丝麻；鼓琴足以自娱；所学夫子之道者，足以自乐也。回不愿仕。"孔子愀然变容曰^㉔："善哉回之意！丘闻之，'知足者不以利自累也，审自得者失之而不惧^㉕，行修于内者无位而不怍^㉖。'丘诵之久矣，今于回而后见之，是丘之得也^㉗。"（《庄子•让王》）

【注释】

① 原宪：孔子弟子，字子思。环堵：四周各一丈，居室狭小。② 茨：以草盖屋。生草：青草。蓬户：用蓬草编成的门户。不完：不完整。③ 桑以为枢：用桑树条作门的转轴。瓮牖：用破瓮作窗口。二室：把一间房隔开两间，夫妻各一间。④ 褐：粗布衣服。塞：堵塞漏洞。⑤ 匡：正。弦：当作弦歌，奏乐而歌。⑥ 子贡：孔子弟子，名赐。中绀：里衣红青。表素：外衣白色。⑦ 轩车：大夫以上所乘的车。不容巷：因车大，街巷容不了。⑧ 华冠：华木皮做的帽子。縰：通"屣"，无跟的鞋。杖藜：拄着用藜木做成的手杖。应门：应声出来开门。⑨ 逡巡：向后退步。⑩ 希：通"晞"，望。希世而行：观望世间风向而行事。比：近。周：合。比周而友：谓合得来的就成为朋友。⑪ 学以为人：为了别人看得起而学习。教以为己：为了自己的声誉而教。⑫ 慝：邪恶。饰：装饰。⑬ 缊袍：乱麻作絮的袍子。无表：没有外罩。⑭ 肿哙：脸肿而有病色。胼胝：手脚因劳动而长了硬皮。⑮ 举火：生火做饭。⑯ 正：整。缨：帽子上的绳子。句谓整理帽子，绳子就会断。衿：衣襟。见：通"现"。捉衿而肘见：衣服破烂，一拉衣襟手肘就露出来了。⑰ 纳履而踵决：一穿鞋鞋跟就破裂。说明鞋破烂。⑱ 曳：拖。《商颂》：《诗经》之内容。⑲ 两句谓声音响亮。⑳ 致道：求道。忘心：忘却心智。㉑ 居卑：所处地位低下。㉒ 郭：外城。㉓ 给：供给。飦：稠粥。㉔ 愀然：表情改变。㉕ 审：确实，真正。㉖ 怍：羞愧。㉗ 得：收获。

【细读】

致道者忘心

作者讲了几个故事。

一个故事。说原宪住在鲁国，只有一丈见方的狭窄居室，用青草盖着屋顶，门户用蓬草织成，还不完整，用桑木棍子做成门枢。房子已经很小了，还分成两间。用破瓮做窗户，用粗布破衣塞住缝隙。房子上面漏雨，地下是湿的。但是原宪端端正正地坐着，奏乐而歌。

这时子贡乘着高头大马拉的马车来了，他穿着天青色的内衣，罩着素色的外套，那车车身高大，走不进小巷。他来会见原宪。原宪则戴着桦皮冠，穿着没有后跟的鞋子，挂着藜草茎做成的拐杖，在门口迎接。

子贡说：哎呀，先生是得了什么病吧？原宪回答说：我听说，没有财产叫作贫穷，学习了而不能实行叫作病。我现在是贫，而不是病。子贡连忙后退，不好意思的样子。原宪笑着说：那种迎合世俗，合得来就结为朋党，学习是为了让人看重，教别人是为了自己，假托仁义而做坏事，装饰着自己的车马炫耀于世的事，我是不忍心去做的。

又一个故事。说曾参住在卫国，穿着乱麻做里絮的袍子，没有外套，脸色浮肿，手掌脚底长满了茧子。他已经三天没有生火做饭了，十年做不上一件衣服，衣帽鞋子都很破旧，想把帽子戴端正，却把帽带弄断了；想把衣襟拉平，却露出了肘子；想穿鞋子，鞋后跟又裂开了。但他依然拖着破旧的鞋子高唱着《商颂》，那歌声充满天地，清脆得像金石乐器敲击出的声音。这样的人，天子不能把他当作臣子，诸侯不能把他当作朋友。

接着就有上面的第一段话。这话说：保养心志的人忘记自己的形体，保养形体的人忘记了利禄，追求道的境界的人忘掉了私心。

再一段，是孔子与颜回的对话。孔子问颜回：你家里贫穷，地位低下，为什么不做官呢？颜回回答说：我不愿做官。我在城外有五十亩田，足以供给稀饭。城内有十亩地，足以供给丝麻做衣服。弹琴足以自娱。在先生这里学的道，足以自乐，所以我不愿做官。孔子顿时变了脸色，说，你的愿望很好。接着孔子说了上面这段话。

孔子说，知足的人不会因为利禄而牵累自己，确实能够自得其乐的人，失掉了什么也不会忧惧，内心注重修养，即使没有官位也不会羞愧。接着孔子又说：这些话我吟诵很久了，今天从颜回身上我才真正见到，这是我的收获啊。

这很有点安贫乐道的味道。类似的思想，在儒家典籍中也可以看到。这前两段文字的基本内容，又见于《韩诗外传》和《新序》。这或者有庄子自己生活的影子。如果《庄子》中一些关于庄子生平的寓言有生活根据，那么，庄子本人就应该是一个安贫乐道，鄙夷权禄者。他靠打草鞋为生，向监河侯借过米，见魏王时穿的是补了又补的粗布衣服，草鞋上的带子是断了又接起来的。他拒绝楚王的聘请，视相位如腐鼠。

这与庄子的思想当然有密切联系。庄子主张无功无名，以为穷达、贫富为事之变，命之行，以为小人以身殉利，士则以身殉名。当然也与儒家安贫乐道，持宁节操的思想相通。儒家在权势面前也强调要有傲然之气。儒家中人和道家中人，本都是士人，而且多为贫贱之士。面对权势，他们都希望有一种人格精神。

正因为这样，后世一些受庄子思想影响的士人，往往都能安贫乐道，往往不愿屈从于权势。魏晋嵇康，上不臣天子，下不事王侯，与这里的天子不得臣，诸侯不得友颇为相似。陶渊明追求返归自然的田园生活，从他的诗歌来看，他也有过冻馁，遇到过灾荒，他也差一点揭不开锅，还可能要过饭，他家的房子也会漏风，但他安贫守贱。

但是，庄子的思想还是有其侧重点的。《韩诗外传》讲"养身者忘家，养志者忘身"，《新序》讲"养志者忘身，身且不爱，孰能累之"。庄子也讲"养志者忘形，养形者忘利"，但同时强调"致道者忘心"。忘形忘利，进一步要忘心。忘心，就是摒弃心智，心归于宁静，就是抱神守静，这是庄子思想更为根本的东西。也因为如此，庄子一再强调知足，强调自得，强调行修于内。这也就是《在宥》篇所说的，慎汝内，闭汝外。

【原文】

平为福①，有余为害者，物莫不然，而财其甚者也。今富人，耳营钟鼓管籥之声②，口嗛于刍豢醪醴之味③，以感其意④，遗忘其业，可谓乱矣⑤；佚溺于冯气⑥，若负重行而上阪⑦，可谓苦矣；贪财而取慰⑧，贪权而取竭⑨，静居则溺⑩，体泽则冯⑪，可谓疾矣；为欲富就利，故满若堵耳而不知避⑫，且冯而不舍⑬，可谓辱矣；财积而无用⑭，服膺而不舍⑮，满心戚醮⑯，求益而不止⑰，可谓忧矣；内则疑劫请之贼⑱，外则畏寇盗之害，内周楼疏⑲，外不敢独行，可谓畏矣。此六者，天下之至害也，皆遗忘而不知察。及其患至，求尽性竭财⑳，单以反一日之无故而不可得也㉑。故观之名则不见，求之利则不得，缭意绝体而争此㉒，不亦惑乎！（《庄子·盗跖》）

【注释】

① 平：不多不少，恰如其分，与有余相对。② 营：谋求。管籥：笙箫一类管状乐器。③ 嗛：满足。刍豢：本指畜兽，草食动物为刍，谷食动物为豢。醪：醇酒。醴：甜酒。④ 感：通"撼"，动摇。⑤ 乱：惑乱，糊涂。⑥ 佚：非常。溺：沉溺。冯气：盛气。⑦ 阪：山坡。⑧ 取：带来。慰：

通"蔚"，病。⑨ 竭：精神疲竭。⑩ 静居：安居。溺：沉溺于享乐。⑪ 泽：肥。冯：满胀，指血气滞塞不通。⑫ 堵耳：耳朵堵塞。不知避：无法摆脱。⑬ 冯：胀。舍：舍弃。⑭ 无用：不用，舍不得用。⑮ 服膺：时常记挂在心上。⑯ 醮：通"焦"。戚醮：烦恼。⑰ 求益：力求增加。⑱ 疑：虑，担心。劫请：强求。贼：强求则有害，故谓之贼。⑲ 周：环绕。楼疏：窗孔交疏，犹今窗口的铁丝网之类，古代用砖砌成，用于防盗。⑳ 尽性：保全性命。㉑ 单：但，只。反：通"返"。无故：无事。㉒ 缭：缠绕。缭意：心意缭乱。"绝"字原本无，依《续古逸丛书》本补。绝：尽。绝体：尽全身之力。

【细读】

此六者，天下之至害

　　这是无足问于知和的对话，无足和知和都是虚构人物。这段对话，阐述了对名利的看法。

　　作者指出，人之所需，恰如其分就是福，分外之求就是祸害，世间万物无不如此，而分外之财富尤其如此。作者分析了六种危害。

　　第一种危害，耳朵谋求钟鼓管籥的声音，嘴里饱尝鱼肉酒浆的味道，由此动摇意志，忘记他的事业，这可以说是糊涂。

　　第二种危害，追逐名利，满腔盛气，深深沉溺于其中，就好像背负沉重的东西一步一步艰难地上高坡，这可以说是辛苦。

　　第三种危害，贪图财物而导致疾病，贪图权势而精神疲竭，闲居的时候就沉溺于享乐，身体肥胖，而气血不通，这可以说是疾病。

　　第四种危害，为了追求富有，趋就利禄，满是欲望，好像堵塞了耳朵而无法摆脱，物欲膨胀而不愿舍弃，这可以说是耻辱。

　　第五种危害，积攒大量财物，却舍不得用，时时记挂在心上，不愿舍弃，心里充满了焦虑，却还想增加财富，索求不止，这可以说是忧虑。

　　第六种危害，在家担心有强求之祸，在外害怕有人抢夺，房舍四周防守得非常严密，外出不敢一个人独自行走，这可以说是恐惧。

　　作者说，这六种，是天下最大的危害，但那些追名逐利的人却都忘了，不知道审察。等到祸患来临，想要保全性命，竭尽财物，只求换回一天平安日子，也不可能做到。所以，再想顾虑名誉，已经看不到了，再想追求财物，也得不到了，扰乱精神，弃绝身体来争夺这些外物，不是太糊涂了吗？

从无足问于知和的对话看，作者努力从人性的角度讨论这一问题。无足和知和，在人性的问题上看法正相对立。无足认为，人们没有不崇尚声名，追求利禄的。哪个人富有了，就会有很多人趋附于他，归附于他，就会对他表示谦下，就会尊崇他。这是一条保持长寿健康，心情愉快的途径。无足还说，声色、滋味、权势，对于人来说，不需要学自然就会喜欢，身体不用仿效，就会安于它。一切欲求的，厌恶的，回避的，趋就的，用不着老师来教，这是人的本性。

知和的看法则相反。知和认为，这些人实际全无主见，只是附和别人来看待古今之事和是非之分，他们附和世俗，实际抛弃了最重要的生命和最尊贵的真性。这种人看不清悲惨造成的病痛、欢欣带来的喜悦对人的精神的影响，他们知道有所作为，却不知道为什么要这么做。所以他们地位尊贵，成为天子，财产富有，拥有了天下，却仍然不能免于祸害。知和还说，德行充实有余的人，拒绝名利，抛弃天下，也不会自以为清廉，他们权势大到成为天子，也不会自以为高贵而傲视别人，财富多到拥有了天下，也不会以自己的财富戏弄别人。他们能够考虑到富贵将会带来的祸患，预测到物极必反的后果，认为这有害于真性，所以推辞而不接受，这并不是求什么名誉。尧舜成为帝王而不以此自傲，并不是有意仁爱天下，而是不愿用美名来伤害本性。善卷、许由得到帝位而坚决辞让，他们不是假意推让，而是不愿用这类世俗之事伤害了自己。

作者显然是站在知和一边。在作者看来，伤害人的真性的，正是世俗对名利权势的欲求。

作者吸收了老子知足的思想，所谓平为福，有余为害，正是老子祸莫大于不知足，咎莫大于欲得的思想的具体说明。所谓平，就是欲求平正，不求多，不求少。

《庄子》特别是其内篇，也讲不以物为事，不为物役，讲无功无名无己，但主要侧重精神的超脱，为物无不将，无不迎，撄而后宁，保持内心的宁静平和，进入精神无所系的逍遥境界。本篇作者的基本出发点，则是贵生，讲长生安体。也讲不要伤害精神，但他所讲的不要伤害精神，强调的也是贵生。这应该是庄子后学的思想。

《说剑》谈说为剑之道，旨在劝说统治者放弃游乐小道而心系天下国家。《渔父》借身在江湖而不能忘怀世事的隐居者渔父之口，批评孔子苦心劳形以危其真，提出法天贵真，不拘于俗。《列御寇》杂论人生境界，处世之道和原则，生死观，以为不当执着外物，违背自然，而须内心虚静，摆脱俗累，一切行为出自真性，弃绝人为，韬光晦迹，鄙弃世俗功名富贵，对生死抱达观态度。《天下》论先秦学术发展流变，由远及近地叙述和评论墨家、宋尹、彭蒙慎到田骈、关老、庄周、惠施等六家学派的学术观点，虽以为庄周学派为当时学术的高峰，而对各家评价大体客观。

【原文】

　　王曰："愿闻三剑。"曰："有天子剑，有诸侯剑，有庶人剑。"王曰："天子之剑何如？"曰："天子之剑，以燕谿石城为锋[1]，齐岱为锷[2]，晋魏为脊[3]，周宋为镡[4]，韩魏为夹[5]，包以四夷，裹以四时，绕以渤海，带以常山[6]，制以五行[7]，论以刑德[8]，开以阴阳[9]，持以春夏，行以秋冬[10]。此剑直之无前，举之无上，案之无下，运之无旁[11]，上决浮云，下绝地纪[12]。此剑一用，匡诸侯[13]，天下服矣。此天子之剑也。"文王芒然自失[14]，曰："诸侯之剑何如？"曰："诸侯之剑，以知勇士为锋，以清廉士为锷，以贤良士为脊，以忠圣士为镡，以豪桀士为夹，此剑直之亦无前，举之亦无上，案之亦无下，运之亦无旁，上法圆天，以顺三光[15]；下法方地，以顺四时；中知民意，以安四乡[16]。此剑一用，如雷霆之震也，四封之内，无不宾服而听从君命者矣。此诸侯之剑也。"王曰："庶人之剑何如？"曰："庶人之剑，蓬头突鬓，垂冠，曼胡之缨，短后之衣，瞋目而语难，相击于前，上斩颈领，下决肝肺，此庶人之剑，无异于斗鸡，一旦命已绝矣，无所用于国事。今大王有天子之位而好庶人之剑，臣窃为大王薄之[17]。"（《庄子·说剑》）

【注释】

　　[1] 燕谿：地名，在战国时的燕国。石城：地名，在塞外。锋：尖端。[2] 岱：即岱宗，泰山的别称。锷：刃。[3] 脊：剑背。[4] 镡：剑环。[5] 夹：通"铗"，剑把。[6] 带：连。常山：即恒山。

⑦ 五行：金、木、水、火、土。制以五行：用五行的道理支配天地。⑧ 论：讲究。刑：刑法。德：奖赏、鼓励等恩德。⑨ 开以阴阳：顺应阴阳以开合变化。⑩ 持：掌握。行：运用。两句谓运用四时变化的趋势。⑪ 直：向前伸。案：通"按"。运：转动。无前、无上、无下、无旁，说明所向无敌，不可阻挡。⑫ 决：裂。绝：截断。地纪：传说中维系大地的纲绳。两句意谓可以叱咤风云，改换天地。⑬ 匡：正。⑭ 芒：通"茫"。⑮ 三光：日月星辰。⑯ 四乡：四方。⑰ 薄：鄙薄。

【细读】

游乐为小道，心系天下国家为大道

赵文王喜好剑术，养着三千多剑客，昼夜在国王面前击剑，国势日衰。太子找到庄子，希望他能说服赵文王回心转意，停止收养剑客。于是庄子穿着剑服，去见赵文王，有了这一段关于天子剑、诸侯剑、庶人剑的对话。

庄子说，所谓天子之剑，就是把燕谿、石城作为剑锋，以齐国、岱宗作为剑锷，晋国、魏国作为剑背，周国、宋国作为剑把，韩国、魏国作为剑铗，用四夷包围着，用四时裹藏着，用渤海环绕，连带着常山，用五行制衡，讲求刑德，以阴阳开合，用春夏守持，以秋冬运行。这种剑，所向无敌，不可阻挡，可以开散浮云，截断地纪。这剑一用，可以匡正诸侯，威服天下。庄子又说，所谓诸侯之剑，是用智勇之士作为剑锋，以清廉之士作为剑锷，以贤良之士作为剑背脊，以忠胜之士作为剑环，以豪杰之士作为剑铗。这种剑举起来，也是无前无敌，效法圆顺的天道，顺应日月星辰三光；效法方正的大地，顺应四时，知晓民意，安定四言。这剑一用，有如雷霆之震，四境之内，没有不宾服，而听从君主命令的。庄子又说，所谓庶人之剑，是剑士蓬散着头发，戴着帽子，下巴结着冠缨，穿着短小的衣服，瞪着眼睛，不太说话，在人面前砍杀，这种剑，跟斗鸡没有什么区别。一旦使用，就会断绝性命，对国事毫无用处。

显然，这是借三种剑术，劝说赵文王应以国家大事为重，以天下为心，放弃斗剑取乐。

巧借譬喻，劝说国君，显然是一种战国时期纵横之士的游说之辞。战国时期那些剧谈雄辩的说士，善于揣摩对象的身份和心理个性，采用不同的说理方式，因其所好，避其所忌，由远及近，方法巧妙，语言机敏，《战国策》记载了大量这样的故事。著名的如触龙说赵太后，侧面迂回，动之以情，说明利害，说明人主爱子，必使其有功于国，才是长久之计。如邹忌讽齐王纳谏，从家庭小事入手，由情入理，引发深思，说明防止佞臣蔽君的道理。

在封建社会，确有不少帝王昏庸无能，贪图享乐，迷恋酒色，不顾国家安危，百姓疾苦。历史上，也有不少谏诤之士，敢于向皇帝进言，以争取清明政治。《说剑》一篇，所表现的虽不属庄子思想，但有其积极意义。

【原文】

真者，精诚之至也。不精不诚，不能动人。故强哭者，虽悲不哀。强怒者，虽严不威；强亲者，虽笑不和。真悲无声而哀，真怒未发而威，真亲未笑而和。真在内者，神动于外^①，是所以贵真也。其用于人理也^②，事亲则慈孝，事君则忠贞，饮酒则欢乐，处丧则悲哀。忠贞以功为主，饮酒以乐为主，处丧以哀为主，事亲以适为主^③。功成之美^④，无一其迹矣^⑤。事亲以适，不论所以矣^⑥；饮酒以乐，不选其具矣^⑦；处丧以哀，无问其礼矣^⑧。礼者，世俗之所为也^⑨；真者，所以受于天也^⑩，自然不可易也^⑪。故圣人法天贵真^⑫，不拘于俗。愚者反此^⑬。不能法天而恤于人^⑭，不知贵真，禄禄而受变于俗^⑮，故不足。(《庄子·渔父》)

【注释】

① 动：发。② 理：伦理。③ 适：顺。指顺合父母之意。④ 之：则。⑤ 无：毋。迹：途。无一其迹：意为不限于一种途径。⑥ 以：用。不论所以：意谓不管用哪种办法。⑦ 选：选择。具：饮酒器具。⑧ 礼：礼节仪式。⑨ 所为：人为造出来的东西。⑩ 受于天：出于自然。⑪ 易：改变。⑫ 法天：效法自然。贵真：珍重真诚。⑬ 反此：与此相反。⑭ 恤：忧。恤于人：忧心于人事。⑮ 禄禄：通"逯逯"，凡庸的样子。

【细读】

圣人法天贵真，不拘于俗

庄子提出法天贵真的问题。

这是针对孔子身行仁义提出来的。前面有渔父和孔子及其弟子子路、子贡的对话。子贡说，孔子天性信服忠诚，亲身施行仁义，整饬礼乐，制定人伦关系，对上效忠君主，对下教化百姓。但是庄子借渔父之口说，孔子不是拥有土地的国君，又不是诸侯的臣僚，这样做，虽是仁义，但只会苦心劳形而伤其真。所谓"伤其真"，就是伤害他的自然真性。渔父又说，天子、诸侯、大夫、平民，这四者各自摆正了位置，就是统治的良好境界。人有八疵四患，孔子认真推究仁义的问题，考察同与异的差别，观察动与静的变化，调适受与授的分寸，理清爱好与厌恶的感受，调和高兴与怨怒的情绪，这就很难没有祸患。他要孔子严谨地修养自身，谨慎地持守自己的真性，把身外之物还给别人，这样就不会有什么系累了。

从渔父的话来看，所谓真，就是真性。这真性，要靠自身持守，要自守其职，不能向外寻求。

靠自身持守，因此发自内心，所谓精诚之至。外在的表情和内心的感情要一致，不要勉强。作者说，强哭者虽悲不哀，强怒者虽严不威，强亲者虽笑不和。作者区分悲与哀，严与威，笑与和，前者是外在表情，后者是内心真实的感情。有真实真诚的感情，自然会动人感人，所谓真悲无声而哀，真怒未发而威，真亲未笑而和。内心操持真诚，神采魅力自然就会表现于外。把这种真运用到人伦之道，侍奉父母自然就慈孝，侍奉君主自然就忠贞，饮酒时自然就欢乐，居丧时自然就悲哀。

精诚之至，发自内心，就要看实际内容。忠贞以功业为主，饮酒以欢乐为主，处丧以哀痛为主，侍奉父母主要是顺适父母。功业达到完美，就不要拘于其形迹，不拘具体形式。侍奉父母，只要能顺适其意，不论用什么方法都可以。饮酒只要能达于快乐，不论用什么器具都可以。居丧能表达悲哀之情，就不要拘于形式礼节。这也就是后面所说的不拘于俗。

作者提出真，针对的是儒家礼法。作者说，礼是世俗之所为也，是人为的。前面说孔子苦心劳形以危其真，要孔子谨修其身，慎守其直，批评的也是孔子身行仁义，饰礼乐，批评孔子审仁义之间，察同异之际。具体到这段话讲的人伦，事君事亲，饮酒居丧，所谓不论所以，不选其具，无问其礼，都要出自真诚，而不拘礼节。

作者在这里，批评的是仁义礼法虚伪矫饰的一面，批评仁义礼法因其虚伪矫饰而带来的八疵四患，对人的真性的伤害。作者并没有否定仁义礼法本身，他还肯定事亲事君，肯定忠贞慈孝，肯定官治其职，人忧其事。这与《庄子》内篇以及外篇的一些篇章，比如《骈拇》《马蹄》《胠箧》，对仁义礼法的猛烈抨击很不一样。这反映了庄子后学的思想。

讲真诚，不拘仁义礼法，也可以说，仁义礼法要建立在真诚的基础上，建立在真实感情的基础上，这一点，后来王弼有类似的论述。王弼在《老子指略》中说："故闲邪在乎存诚，不在善察；息淫在乎去华，不在滋章；绝盗在乎去欲，不在严刑；止讼存乎不尚，不在善听。"他又说："父子兄弟，怀情失直，孝不任诚，慈不任实，盖显名行之所招也。"王弼在《论语释疑》中又说："自然亲爱为孝，推爱及物为仁。"就是说，"孝"不在如何遵守各种礼仪，不在表示孝行的各种形式，而在于表示自然的亲爱之情，发自内心的亲爱之情，把这种自然亲爱之心推及于物，这就是"仁"。自然亲爱为孝，反对怀情失直，孝不任诚，与庄子的法天贵真思想是一致的。

法天贵真，后世一些士人走向任情率真。比如阮籍，丧母之时，散发坐床，箕踞不哭，而葬母之时，蒸一肥豚，饮酒二斗，然后临诀，一声号哭，呕血数升，居丧不拘礼，与庄子这里所述的处丧以哀，无问其礼，很是相似。嫂子回娘家，阮籍去相见告别，邻家妇有美色，当垆酤酒，阮籍经常去饮酒，醉了就睡在女子旁边，但没有其他意思，史书说他外坦荡而内淳至。所谓内淳至，就是内心真诚。类似的例子，还可以举出嵇康、王澄、王徽之、陶渊明等人，还有唐代的李白。古代不少士人都有任情率真的性格特点。

【原文】

庄子曰："知道易，勿言难。知而不言，所以之天也^①；知而言之，所以之人也^②。古之人，天而不人。"

朱泙漫学屠龙于支离益^③，单千金之家^④，三年技成而无所用其巧^⑤。

圣人以必不必^⑥，故无兵^⑦；众人以不必必之，故多兵。顺于兵，故行有求^⑧。兵，恃之则亡。

小夫之知^⑨，不离苞苴竿牍^⑩，敝精神乎蹇浅^⑪，而欲兼济道物^⑫，太一形虚^⑬。若是者，迷惑于宇宙，形累不知太初^⑭。彼至人者，归精神乎无始^⑮，而甘冥乎无何有之乡^⑯。水流乎无形^⑰，发泄乎太清^⑱。悲哉乎，汝为知在毫毛^⑲，而不知大宁^⑳！（《庄子·列御寇》）

【注释】

① 之：往。之天：达于天然。② 之人：走人为之路。③ 朱泙漫、支离益：均虚构人名。④ 单：借为"殚"，尽。家：家产。⑤ 巧：屠龙的技巧。⑥ 必：必然之理。不必：非必然之理。⑦ 兵：争执。⑧ 求：贪。⑨ 小夫：匹夫。知：通"智"。⑩ 苞苴：礼物。古时赠礼物，用茅苇之叶包之（苞）或垫之（苴），故称。竿：竹简。牍：简牍，书信。⑪ 敝：耗尽。蹇浅：浅陋。⑫ 兼济：兼通。道物：无形之道与有形之物。⑬ 太一：本指天地未分前的混沌之气，此作动词用，混一。形：即上所言有形之物。虚：即上所高谈阔论无形之道。⑭ 形累：形体为外物所累。太初：道之本原。⑮ 归：

复。无始：万物没有开始，指道的境界。⑯ 冥：通"瞑"。甘冥：安居。无何有之乡：虚无的境界。⑰ 无形：没有固定形迹。⑱ 泄泄：流露。太清：太虚之境。⑲ 汝：你，指列子。为知：用心。在毫毛：有细小的事情上。⑳ 大宁：非常宁静寂寞的境界。

【细读】

至人者，归精神乎无始

这是假设列御寇与伯昏瞀人对话的一段故事，这段对话，表达了几个思想。

道是不可言的。伯昏瞀人引庄子的话说，了解道是容易的，了解道但不说出来是困难的。了解道而不说，这是通向自然。了解道但说出来，这是走向人为。古代的人，崇尚自然而不求人为。

道是无用之用。朱泙漫学屠龙于支离益，用尽了价值千金的家产，花了三年时间，学成了技巧，却发现这种技巧无处可用。这是比喻，道就是无所可用的"技巧"。

要顺其自然。作者说，圣人以必不必，所谓必不必，就是把不是必然的东西看作是必然的东西。故无兵，兵是兵器，借喻为争执。众人则不同，以不必必之，把本来是必然的东西看作不是必然，故多兵，所以有很多争执。前文伯昏瞀人说，"圣人安其所安，不安其所不安，众人安其所不安，不安其所安"，就是说，圣人安于自然，不安于人为，而众人则安于人为，不安于自然。这里则进一步说，不但必然的要看作是必然的，即使不是必然的，也要看作是必然的。这是要进一步地顺其自然。因为顺于兵，故行有求，顺从争执之心，为争执之心所驱使，就会有贪求。所以，兵，恃之则亡，依恃争执之心，就会自取灭亡。

精神要归于虚无。作者用小人和至人作对比，说，小人的智慧，离不开礼物互赠、书信来往，把精神耗费在这些浅陋的小事上，却想兼通有形的物和无形的道，齐一有形体的东西和虚无的东西，像这样，对于宇宙世界是一片迷惑，形体为外物所束缚牵累，不能知道万物起初的大道。但是至人不是这样。至人把精神归复于无始无终之境，安居于虚无的境界。作者说，这就像水流一样，不拘于固定的形迹，而流入太虚宁静的境界。

这些，当然延续了老子、庄子的思想。老子所谓道可道，非常道。庄子也说过，道不可言，言而非也。所谓学屠龙，三年技成而无所用其巧，让人想到庄子在很多地方讲过的无用之用。庄子不止一次说过，知其无可奈何而安之若命，说死生、存亡、穷达、贫富、贤与不肖、毁誉等，是事之变，命之行。所谓无可奈何，不就是不必吗？死生、存亡、穷达等，难道本来是事物的必然吗？但不管是必然或者不是必然，都要安之若命。至于归精神乎无始，而甘冥乎无何有之乡，庄子就说得更多了。《逍遥游》《应帝王》都有无何有之乡。《在宥》一再说，至道之精，窈窈冥冥，入无穷之门，以游无极之野。

当然，这里对老庄的思想也有所发挥。老子、庄子只说道不可言，没有说道可以知而言之。庄子说的无用之用，重在远害避祸，而这里是喻道本身就是无用的。庄子只说不肯以物为事，不为物役，道就是超脱外物系累的境界。但这里说兼济道物，是什么意思？是不是说，道与物可以兼济？是不是说，既与物相处，又归精神于无始，不拘于琐细浅陋的小事，而心入于道？

这些当然给我们以人生处世的启示。人生很多东西并不是必然的。汉代张良运筹策帷帐中，决胜千里外，居功至高，从事物之必然来说，他完全可以自择齐三万户，为什么只愿受封为留侯？按正常情况，刘邦与项羽作战，萧何居守关中，完全可以不把子孙兄弟送到前线去作战，完全可以以功受封，位居相国，不要把私家财物都拿出来移作军需，完全可以不贱价强买民间田宅，故意让百姓骂他、怨恨他，制造些坏名声。可是萧何偏这样做，这是不把这些不必然的东西看作必然吗？如果他不这样做，他能躲过一次又一次的祸患吗？评职称，晋升职务，不论从哪方面看，某某某都不应该上，按他的条件，不应该晋升教授，晋升处长，但晋升教授、处长的偏偏是他，而不是你，你怎么办？一项招标，无论从哪方面看，某某某都不具备条件，但最终结果下来，却是某某某，而不是你中标。这个时候，你怎么办？这个时候，一个办法，就是把不是必然的东西看作必然，不要因为不必要的烦恼而伤害你的真性，让你成天焦躁不安。这个时候，静下心来，想想下一步的事吧！

【原文】

宋人有曹商者，为宋王使秦。其往也，得车数乘。王说之[①]，益车百乘。反于宋，见庄子曰："夫处穷闾陋巷[②]，困窘织屦[③]，槁项黄馘者[④]，商之所短也[⑤]；一悟万乘之主而从车百乘者[⑥]，商之所长也[⑦]。"

庄子曰："秦王有病召医，破痈溃痤者得车一乘[⑧]，舐痔者得车五乘[⑨]，所治愈下[⑩]，得车愈多。子岂治其痔耶，何得车之多也？子行矣！"（《庄子·列御寇》）

【注释】

① 王：指秦王。说：通"悦"。② 穷间：陋巷。阨巷：狭小的里巷。③ 织屦：织草鞋。④ 槁项：颈项干瘪。黄馘：面黄瘦。⑤ 短：不善。⑥ 悟万乘之主：使万乘之主醒悟，接受自己的意见。从车：随从的车子。⑦ 长：擅长。⑧ 痈、痤：疮疖之类。⑨ 舐：舔。⑩ 下：卑下。

【细读】

破痈舐痔者得车

这是一则寓言。说是宋国有一个叫曹商的人，为宋王出使秦国。他去的时候，从宋王那里得到几辆车。秦王喜欢他，又增加了一百辆车。回到宋国，他去见庄子，说：住在偏僻狭小的闾巷里，处境困窘，织着草鞋，头颈干瘪，面黄肌瘦，这是我的短处。但是让万乘之主听从我的意见，让一百辆车跟从我，这却是我的长处。庄子于是对他说：秦王有病，找医生。能够使疮疖挤破出脓血的，得车一辆，能舐痔疮的得车五辆。治疗的病越卑下，得的车辆就越多。你不会是治痔疮的吧？怎么得到那么多的车子呢？你快走开吧。

这显然是用极其鄙夷的笔法鞭挞佞倖之臣。历史上，总有一些人用卑劣的手段得幸于君主，小人得志，尔后倚仗权势，作威作福。比如春秋末年楚国佞臣费无忌。楚平王为了联秦制晋，让其子太子建与秦女孟嬴联姻。费无忌作为太子少师，被派到秦国去迎接秦女孟嬴。费无极却在楚平王面前说秦女孟嬴绝世美丽，劝平王自己娶了她，借此逢迎楚平王。平王好色，果然强纳儿媳，费无忌也因此转为侍奉平王。担心太子建登位后对自己不利，又不断离间平王和太子建，迫害太子建与伍奢全家，伍子胥侥幸逃脱到吴国，留下了楚国大乱的隐患。

汉代有宦官，有些宦官就是佞倖之臣。比如汉惠帝时候的闳孺，没有什么才能，只是以婉佞而得贵幸，与皇帝每天一起卧起。朝廷公卿要见皇帝，要打通他的关节。邓通的佞倖更出名。《史记·佞幸列传》记载，西汉文帝时有三个宠臣，宦者赵同、北宫伯子，士人邓通。邓通没有伎能，只能弄水撑船。他的得宠只因一个偶然事件。汉文帝梦中想上天，却怎样都登不上去。这时有一个黄头郎从后面把他推了上去，他回头一看，黄头郎穿了一件横腰的单短衫，衣带系结在背后。梦醒后，文帝前往未央宫西边苍池中的渐台，暗中寻找梦中推他上天的黄头郎。恰好看到邓通衣带从后面穿结，跟梦中所见一样。召问他的姓名，说姓邓名通，音近"登通"。文帝听后十分高兴，从此一天比一天地宠幸他。邓通对文帝尽力事奉。文帝身患毒疮，邓通便经常为其吸吮患处。这与庄子所写的破痈溃痤舐痔十分相似。

邓通虽佞倖，却不专权。汉代佞倖而专权的，有石显。石显为济南人，少年时因犯法而被处宫刑，成为太监。进入皇宫，和另一个同样受宫刑的弘恭成为好朋友。弘恭博通文史，熟悉法令，处事老练。当时的皇帝是汉宣帝。两人苦心钻营，一步一步由普通的太监而成为接近皇帝的中黄门。汉宣帝死后，石显善于揣摩迎合汉元帝的心意，巧舌如簧，又很快被元帝信任。升为中尚书，掌管文书奏章，不离皇帝的左右。元帝有病时便将朝政托付给石显。石显倚仗皇帝宠幸，诳上欺下，让众臣感到畏慑。他陷害了很多大臣，如前将军萧望之、光禄大夫周堪等。

从思想史来看，这些佞倖最为士人所不齿。之所以如此，因为这些佞倖，特别是宦官出身的佞倖，与一般的朝臣不一样，他们之有权势，纯然是皇帝宠幸，既与传统礼法不合，又与士人的人格追求格格不入。正因为如此，历史上几个宦官专权的时代，往往也是士人抗争最激烈的时代。比如，东汉中后期，外戚、宦官交替专权，便有激烈的朝廷谏诤和士人群体在野清议。比如明代后期，有魏忠贤太监专权，便有东林党人。士人自认为清流，而佞倖之臣则是浊流。

从庄子的思想来看，他愤世嫉俗，自甘贫贱，视相位为腐鼠，当然不齿权势中破痈溃痤舐痔之流。

或者，应该这样来看这一寓言的意义。

【原文】

芴漠无形，变化无常，死与生与①，天地并与，神明往与②！芒乎何之③，忽乎何适④，万物毕罗⑤，莫足以归⑥。古之道术有在于是者，庄周闻其风而悦之。以谬悠之说⑦，荒唐之言⑧，无端崖之辞⑨，时恣纵而不傥⑩，不以觭见之也⑪。以天下为沈浊⑫，不可与庄语⑬，以卮言为曼衍⑭，以重言为真⑮，以寓言为广⑯。独与天地精神往来，而不敖倪于万物⑰，不谴是非⑱，以与世俗处。其书虽瑰玮⑲，而连犿无伤也⑳，其辞虽参差㉑，而諔诡可观㉒。彼其充实，不可以已㉓。上与造物者游，而下与外死生、无终始者为友㉔。其于本也，弘大而辟㉕，深闳而肆㉖；其于宗也，可谓稠适而上遂矣㉗。虽然，其应于化而解于物也㉘，其理不竭，其来不蜕㉙，芒乎昧乎㉚，未之尽者。（《庄子·天下》）

【注释】

① 死与生与：生死无常，无有定相。与：通"欤"。② 并：并存。往：交往。③ 芒：通"茫"。何之：往。④ 忽：恍惚，很快的样子。适：到。⑤ 毕罗：全部包括在内。⑥ 归：归宿。⑦ 谬：通"缪"。谬悠：深远不可捉摸。⑧ 荒唐：虚诞而广大不可测度。⑨ 无端崖：不着边际。⑩ 恣纵：放肆，无拘碍。傥：不倚，傥荡，随意无拘束的样子。⑪ 觭：角一俯一抑，犹今言倾向。见：现。⑫ 沈浊：污浊。⑬ 庄语：严肃的语言。⑭ 卮言：俯仰随意的无心之言。曼衍：随物推移，游衍自得。⑮ 重言：受世人尊重者之言。⑯ 寓言：寄托之言。广：阐发。⑰ 敖：通"傲"。敖倪：轻视。⑱ 谴：责求。⑲ 瑰玮：奇物宏伟。⑳ 连犿：随和，宛转。㉑ 参差：变化多端。㉒ 诚诡：奇异。㉓ 已：止。㉔ 外死生：超脱生死。无终始：不知始终。㉕ 弘大：博大。辟：通达。㉖ 深闳：深广。肆：畅大。㉗ 稠：通"调"。稠适：和适，适当。遂：达。㉘ 应于化：顺应万物变化。解于物：从物累中解脱。㉙ 来：来由，来源。不蜕：不离，连绵不断。㉚ 芒：通"茫"。昧：昏昧。

【细读】

庄子其书其辞其道

《天下》篇概述先秦学术源流，评论六个学派。这是对庄子学派其书其辞其道的评述。

道有什么特点？一是寂寞无形，二是变化无常。变是自无而之有，是为生，化是自有而之无，是为死。死而生，生而死，不知生死，方生方死，因此死欤？生欤？道生天生地，神明为天地之精神，因此天地与我并生，独与天地精神往来。道之为物，惟恍惟惚，寂寞无形，变化无常，因此不知何之，不知何适。道为万物之本，因此万物毕罗。道自本自根，自身不属于谁，因此不知道归宿于谁。

道寂寞无形，变化无常，因此表现这样的道，就要用缪悠之说，荒唐之言，无端崖之辞。语言，其表现形式，和道一样深远不可捉摸，广大不可测度，虚诞而不可测度。放肆，不可拘束，并且不表现任何倾向。因为天下很污浊，所以不用庄重的语言，而用卮言、重言、寓言。用俯仰随意的无心之言表现委曲随顺之意，用受世人尊重者之言，而使人信以为真，用寄托之言，进一步进行阐发。用卮言、重言、寓言，为的是独与天地精神往来，但不轻视万物。不轻视万物，不表现任何倾向，因此任何事情都不责问是非，超于世俗，又融于世俗。

《庄子》的特点呢？形式奇异宏伟，但不会有所伤害，不会伤害万物，不会伤害别人，也不会伤害自己。言辞参差不齐，但不齐者未尝不齐，而且奇异可观。内容则非常充实，丰富到不可穷尽的程度。

　　《庄子》一书所阐发的庄子思想的特点呢？上与造物者游，造物者就是自然，而下与超脱生死、不知终始者交朋友。就是说，庄子随顺自然，超脱生死，不知终始。他所阐发的道的根本呢？博大而透辟，深广而畅大。他所阐发的道的宗旨呢？非常调和妥帖，而上合于天道。尽管这样，他还是顺应万物变化，而从外物系累中解脱出来，他的道理不会穷尽，而他的渊源不会脱离大道，他所阐述的道，恍惚无形，昏昧深邃，没有办法穷尽。

　　从道的内涵，思想特点，到语言表达，都变化无常，缪悠，荒唐，恣纵，而又包容万物。思想奇特博大，却又不表现任何倾向，不轻视万物，不责问是非，与世俗处，随任万物变化，而又不受外物所累。

　　这让我们想到《齐物论》，死生是非，可与不可，作者表现了任何倾向吗？他只是照之于天；他只是说，彼是莫得其偶，谓之道枢，枢始得其环中；只说，是亦一无穷，非亦一无穷；只说和之以是非而休乎天钧，是之谓两行。这不就是不以觭见之，不谴是非吗？还想到《逍遥游》，大鹏小鸟，大之与小，汪洋恣肆，作者表现了倾向吗？当然还想到《养生主》《大宗师》《应帝王》，自本自根，不将不迎，应而不藏。当然还有《在宥》的至道之精，窈窈冥冥，《秋水》的是非之不可分，细大之不可为倪。我们相信，《庄子》内篇和外篇的一些篇章，比较接近庄子自己的思想。

　　庄子这些思想，虽与老子有关，但已由政治哲学走向人生哲学，由无为无不为，走向更为彻底的虚无。可能因此，《天下》篇把老子和庄子分开论述。后世《淮南子》有《原道》篇，虽也说太上之道，生万物而不有，忽兮怳兮，不可为象，幽兮冥兮，应无形兮，但《淮南子》已经走向宇宙论。从人生论吸收庄子思想，魏晋阮籍《达庄论》《大人先生传》或者近之。所谓至道之极，混一不分，同为一体，善恶莫之分，是非无所争，故万物返其所而得其清。阮籍的《大人先生传》和《清思赋》，描写迷离恍惚的游仙的境界，表明他所追求的，是虚无缥缈的与道一体的境界。这都与庄子的思想接近。当然，阮籍也实践了庄子的人生。